成电拾光

第二季

主编 邓长江

电子科技大学出版社
University of Electronic Science and Technology of China Press
·成都·

图书在版编目（CIP）数据

成电拾光. 第二季 / 邓长江主编. —成都：电子科技大学出版社，2023.10

ISBN 978–7–5770–0570–6

Ⅰ. ①成… Ⅱ. ①邓… Ⅲ. ①电子科技大学－校史 Ⅳ. ①G649.287.11

中国国家版本馆 CIP 数据核字（2023）第 176047 号

成电拾光·第二季
CHENGDIAN SHIGUANG DI-ER JI
邓长江　主编

策划编辑	段　勇　岳　慧	
责任编辑	刘亚莉　魏祥林	

出版发行　电子科技大学出版社
　　　　　成都市一环路东一段 159 号电子信息产业大厦九楼　邮编　610051
主　　页　www.uestcp.com.cn
服务电话　028-83203399
邮购电话　028-83201495

印　　刷　成都理想印务有限公司
成品尺寸　170 mm×240 mm
印　　张　29.5
字　　数　531 千字
版　　次　2023 年 10 月第 1 版
印　　次　2023 年 10 月第 1 次印刷
书　　号　ISBN 978-7-5770-0570-6
定　　价　128.00 元

版权所有　侵权必究

编 委 会

主　任：靳　敏
副主任：周　鹏
编委会委员（按姓氏笔画排列）：
　　王明东　王振兴　邓长江　邓淑华　石忠国
　　成孝予　朱国权　刘玉君　陈　艾　陈　伟
　　罗　东　凌宝京　葛　鹏　傅崇伦　廖品霖
　　漆再钦
主　编：邓长江
副主编：周　鹏　石忠国　朱国权
编写组成员：
　　彭晓燕　徐晓娟　陈晓轩　张　元　张和平
　　刘竞秀　张　仙　闫　勇　李功林

目 录

红色血脉篇

烽火连天驱敌寇，沧海桑田已百年
　　——记抗战老兵百岁老人王志明 2
无悔的追寻
　　——记离休干部、73年党龄老党员黄大用 12
闪光的军魂
　　——记成都电讯工程学院原总务处处长陈星 25
青春事疆场，携手共白头
　　——记抗美援朝英雄王旭、余榕珍夫妇 37
愿以丹心绘丹青
　　——忆成都电讯工程学院第三任院长王甲纲 47
那些火热的岁月
　　——记离休干部焦树仁同志 63

如烟往事篇

我在成电的日子 74
列别捷夫在成电503教研组的峥嵘岁月 86
怀念我的老师张煦院士 95
峨鼎冰山堪器度
　　——深切怀念江明德老师 105
往事并非如烟，记忆永萦心扉
　　——交通大学电讯系旧闻轶事 114
纪念赴米易湾丘"五七干校"五十周年 129
让成电铭记
　　——忆成都电讯工程学院早期筹建者周玉坤先生 135

西迁往事
　　——忆刘树杞教授筹建及西迁故事 151
梦回沙河
　　——校友林如俭的成电记忆 161

饮水思源篇

春蚕到死丝方尽，蜡炬成灰泪始干
　　——忆磁性材料与器件专家张有纲教授 176
三尺讲台丈日月，拼得此生与测量
　　——记电子测量专家张世箕教授 189
行健以酬天　不息以自强
　　——记电子工程专家肖先赐教授 198
一个纯粹的知识分子
　　——忆原三系301教研室胡忠谞教授 207
岁月无声，时光有痕
　　——记机械与电气工程学院方蕴文教授 219
松罹凝寒傲青山
　　——记电子科学与工程学院仝泽松教授 225
"朱"联"璧"合与君共
　　——记电子科学与工程学院过璧君、朱尧江夫妇 235
用青春描写奋斗
　　——记电子工程学院陈宏猷教授 243
成电，我的第二故乡
　　——记电子科技大学原常务副校长赵善中教授 257
风雨兼程，义无反顾
　　——小记钻石婚张贞民、李基田夫妇 265

奋斗之歌篇

趟出一条中国的光纤通讯之路
　　——记光纤通讯专家唐明光教授 280
心血浇灌人文"花"
　　——重温恩师管文虎《心路印迹》所感 293

信仰燃烧的火焰
　　——记原高能电子学研究所所长李宏福教授……304

巾帼有英姿，通讯遨天地
　　——记光通讯专家胡渝教授……323

与时争"算""计"许未来
　　——记原计算机学院副院长刘乃琦教授……332

历史的印迹
　　——记电子科技大学档案馆首任馆长漆再钦研究馆员……345

1+1＞2：我的成电生涯
　　——记原经济与管理学院院长郑家祥教授……368

铭记党恩　点燃理想
　　——记电子科技大学原副校长吴小平教授……383

腹有诗书气自华
　　——记遥测遥控专家王蔚然教授……396

笃志穷理　毕生为"芯"
　　——记功率半导体器件与集成电路专家李肇基教授……412

中国互联网垦荒者
　　——记网络通讯专家雷维礼教授……433

心中有"数"，滋兰以爱
　　——记数学科学学院徐全智教授……441

探索思政育人新天地
　　——记原马克思主义学院副院长戴钢书教授……452

红色血脉篇

烽火连天驱敌寇,沧海桑田已百年
——记抗战老兵百岁老人王志明

【人物名片】 王志明,1920年12月出生于四川绵阳梓潼县。1942年考入成都国民党空军教导大队学习汽车驾驶与地勤维护。1943—1945年参加抗日战争,在云南沾益国民党空军四总站汽车队担任运输员和地勤维护,为著名的"中国空军美国志愿援华航空队"——"飞虎队"战机加油。1949年12月9日在云南昆明参加由卢汉领导的起义,编入中国人民解放军西南军区司令部汽车队驻守成都。1955—1958年在四川省交际办工作,1959年调入成都电讯工程学院(1988年改名为电子科技大学,以下简称"成电"或"电子科大")。1987年退休。

烽火岁月

王志明出生的时代正是20世纪20年代的中国,国家积弱积贫,列强欺凌,军阀割据。在王志明的记忆中,父母年老,耕种困难,兄弟姐妹三人,从小就过着食不果腹、衣不遮体的日子。王志明小时候读了四年私塾,高小毕业后因家境贫寒未能继续上学,只得在家继续务农。20岁那年,因一个同学的父亲介绍,到四川公路局成都分厂谋生,当了两年半学徒。那个时候,即使地处内陆的成都也时常受到日本飞机的袭扰,看着嚣张的敌机在成都的上空无情地扔下一颗颗炸弹,然后扬长而去,看到被炸的房屋和倒在地上的同胞,王志明义愤填膺,做梦都想把敌人的飞机打下来。

20世纪40年代的王志明

不承想王志明的这个梦想居然和他后面的经历发生了神奇的联系。1942年1月，22岁的王志明看到国民党空军在成都招收空军地勤维护和汽车兵，他心想自己干汽车维修，长期和汽车打交道，何不去试试有没有报国杀敌的机会呢？结果很顺利地考入成都国民党空军教导大队。经过近一年的紧张培训，他熟练地掌握了驾驶技术和地勤维护知识。由于有着出色的驾驶技术，1943年，他被派往云南沾益国民党空军四总站汽车队担任运输员。

20世纪50年代，王志明一家人

当时云南沾益机场是国民党抗战运输中的重要中转站，大量军用物资和军队兵员被空运到沾益，再中转运到其他地方。1942年，抗日战争处在最艰难的时刻，日寇占领了大半个中国，切断了滇缅公路，大量的重要战略物资只能从印度的加尔各答运到国内。为了支援中国人民的抗日战争，1942年，"中国空军美国志愿援华航空队"入驻沾益机场，开通了著名的"驼峰航线"，飞机穿越喜马拉雅山，将大批物资运到沾益，再转运到全国的各个抗日战场。

1941年8月1日，国民党正式成立"中国空军美国志愿援华航空队"，由陈纳德上校为大队指挥员，高价采购100架霍克-81战机。1941年12月7日，面对10架入侵日机，陈纳德率第1中队和第2中队升空迎击，成功击落6架，击伤3架，志愿队无1架损失。志愿队初战告捷，昆明各报相继报道战斗经过，称美国志愿队的飞机是"飞虎"，志愿队此战成名，被称为"飞虎队"。当时的"飞虎队"，可谓是如雷贯耳，家喻户晓。"飞虎队"在中国、缅甸、印度支那作战7个多月，以空中损失12架飞机和地面被摧毁61

架飞机的代价，取得击落约 150 架敌机和摧毁 297 架敌机的战绩，为中国抗战胜利和世界反法西斯胜利做出了重要贡献。

"飞虎队"与战机

  作为空军地勤人员，王志明的主要任务是为飞机加油、装卸物资和检修飞机。王志明老人回忆，那时候飞行员日夜在"驼峰航线"上穿行，有时候一天就要往返三次。作为地勤人员，他们更是无怨无悔，加班加点，"驼峰航线"也创造了空前的空运成绩。据资料统计，1942 年 5 月到 1945 年 8 月期间，飞机飞越"驼峰航线"8 万架次，从印度运回物资 50 089 吨，从国内运到印度的物资 20 472 吨，运送人员 33 477 人。王志明说："刚开始的时候，估计飞机有 100 架左右，后来有七八十架的样子。每次我开着加油车去为战机加油的时候都特别兴奋。当时的霍克战机油箱也不大，一架战机两三分钟就加满了，战机升空作战两个多小时后就必须得飞回来重新加油。每一次飞机升空的时候，我的心也跟着飞起来，心里揪得紧。但'飞虎队'是很厉害的，几乎每一次升空作战都要打掉敌机，让我们特别解气。有时候我们肉眼就能看见残酷的空战，看着那些我加过油和经过我们亲手维护过的战机和敌机展开殊死搏斗，俯冲、拉杆、爬升、滚翻，你来我往，看到敌机被击中拖着长长的浓烟掉下来，心里感到无比解气。虽然我们不能亲自驾着战机和敌人搏斗，但心里同样感到特别兴奋。"

  虽然地勤人员没有战斗在一线，但也有一定危险。据王志明回忆，1944 年秋，日本飞机三次偷袭沾益机场，向跑道投掷重型及小型炸弹。有一天晚上，日机又来偷袭，炸弹就在他们的驻地爆炸，王志明幸运地躲过一劫。王志明老人说，"飞虎队"除了正面和敌机战斗和运输物资外，还承担打击日军军事目标的任务，实际上就是实施战略轰炸。"飞虎队"确实非常棒，打得敌人闻风丧胆。取得了制空权之后，敌机就很少出现了。每次"飞虎队"凯旋，他们作为地勤人员都会格外开心。

王志明老人荣获"中国人民抗日战争暨世界反法西斯战争胜利70周年"纪念勋章

抗战胜利后，王志明离开沾益到了空军汽车六中队（后改为908部队）。1949年12月9日，王志明在云南昆明参加了由卢汉领导的起义，后被编入中国人民解放军西南空军司令部汽车队，驻扎在成都的沙河堡。2015年，王志明老人荣获"中国人民抗日战争暨世界反法西斯战争胜利70周年"纪念勋章，是国家对这位抗战老兵所做贡献的充分肯定。

1954年，王志明转入四川省交际处工作，主要为领导和外宾服务。1959年3月起，王志明调入成电汽车队，从此他扎根成电，在后勤的岗位上为学校的发展兢兢业业、勤勤恳恳奋斗了一生，直到1987年退休。

与吴立人、刘盛纲的交往

王志明一生都在与汽车驾驶打交道，凭着小小的方向盘，在平凡的岗位上为国家的建设和发展贡献自己的力量。王志明爱车如命，刻苦钻研驾驶技术，细心清洁和保养自己的爱车，组织给他安排的每次任务他都能圆满完成。到四川省交际处工作后，王志明因为驾驶技术过硬，深受单位的信赖，常被委以重任。从1955年起，成电就开始积极筹建。刚到省交际处不久，单位就让他负责接送援建成电的苏联专家。他记得 1955 年的五六月份,由二机部局长带队一行数人,包括苏联专家罗金斯基,来到成都选址,他还记得当时的翻译叫钱汉光。王志明参与了接待工作,从学校选址、筹建到破土动工,王志明有幸成为参与者与见证者。后来的一年半左右时间,他专门为罗金斯基和列别捷夫两位苏联专家开车。

王志明及其当时为苏联专家驾驶的车辆

从 1955 年起,一直到 1958 年吴立人院长离开成电,这期间王志明和吴院长结下了深厚的友情。在王志明的印象中,吴院长待人特别好,对教师和苏联专家都非常尊重,对司机同志也非常和气,从不摆架子。吴院长还非常关心王志明的生活,听说王志明的妻子黄孝荣在成都一所小学任教,当时学校后勤也需要人手,就把王志明的妻子调到了成电。一想起老院长对自己的关怀,王志明就非常怀念这位可敬的老领导。

说起和刘盛纲院士的交往,王志明如数家珍:"当时刘盛纲为苏联专家列别捷夫担任翻译,刘盛纲那时候二十出头的样子,很年轻也很有朝气,对列别捷夫非常敬重。列别捷夫住在外面的成都旅馆,那段时间我基本上就成了列别捷夫的专职司机,每次我从旅馆接了列别捷夫都在上午八点把车开到成电主楼广场,每次都看到刘盛纲站在那里等候。看到我的车来了,他就赶紧上前去为列别捷夫开车门,恭恭敬敬地把列别捷夫迎到教研室。刘盛纲总是习惯性地热情招呼我一下,下午五点半又把列别捷夫送到主楼广场我的车上,我车开走了他才离开。一来二去,我和刘盛纲就非常熟悉了。两年左右的时间，天天如此。现在的年轻人应该向我们的刘院士好好学习尊师重道呀！我也是天天要和刘盛纲见两次面，因此和刘盛纲也结下了很深的友谊。现在我们都老了，刘院士也要90岁啰。"

王志明和谢立惠院长合影

1959年从省交际处正式调入成电工作的几十年，王志明默默奉献在平凡的岗位上，凭借精湛的驾驶技术，赢得了领导和广大师生的好评，被评为特级驾驶员。他工作积极，任劳任怨，大家都愿意和他打交道。

克己恭俭　长寿之道

在2019年12月仲冬之际，离退休处的工作人员特意到王志明老人家去拜望。

老人家住在沙河校区东二院一间60平米左右的房子里，房内装修非常简朴。电视柜里摆放着不少碟片，仔细一看，几乎全是邓丽君的，原来老人家喜欢邓丽君的歌，每天都要听半小时以上。

阳台边还摆放着一架电子琴，闲聊之际，才知道老人家还会时不时地弹奏一下。老人家从小喜欢音乐，小时候穷买不起乐器，年轻时为抗战跑后勤搞运输没时间，退休后，女儿王莉惠看到父亲非常喜欢音乐就送了他这架电子琴，至今它已跟随老人20多年了，陪着老人度过了许多平平淡淡的岁月。老人家80多岁才开始学电子琴，出于对音乐的喜爱，他很快就学会了电子琴，时不时弹上一曲自娱自乐，虽然没有受过专业训练，但他乐感非常不错。

琴键跳动之间，尽显老人的自在与旷达、洒脱与从容。

学校离退休处原党委副书记刘玉君看望王志明老人

王志明珍藏的碟片

王志明老人的电子琴

王志明 70 多岁的女儿王莉娟回忆说："父亲非常热爱生活，对新事物都充满好奇，爱学习。凡事都想得开、看得开，对物质和待遇要求很低。他 70 多岁还报名学跳交谊舞，结果跳得非常不错，既愉悦了身心，还锻炼了身体。"

王志明老人客厅和阳台的植物花卉

老人的客厅和阳台都摆放着不少绿色植物。这些植物，他自己亲自浇水、施肥，就像对自己的孩子一样细心呵护。老人家对我们说："看绿色植物有利于调节视力，特别是年轻人电脑看久了，盯着绿色植物看几分钟，眼睛就得到了很好的调节。"

王志明老人的小家电

厨房的架子上摆了不少小家电，有豆浆机、搅拌器、榨汁机等，看得出老人十分注重养生。王志明上午10点起床，每天两餐，生活简单而有规律。他年纪大了之后就让保姆把核桃磨成粉，每天来两勺。他说："人老了，特别需要补脑。要想身体好，第一，一定要管好自己的嘴；第二，生活要有规律，贵在坚持；第三，要注意运动，手脚要经常动一动；第四，心情要愉快，心胸要开阔，多听听音乐。"

王志明老人示范手部保健

王志明老人除了喜欢音乐和养植物外，还特别注重锻炼。现在虽然年龄大了很少出门，但他在家里经常锻炼。老人家对年轻人特别嘱咐说："你们年轻人上班，颈子、肩部、腿和眼睛都特别容易疲劳，更要记得适当运动。"

岁月无声岁月有痕　百年沧桑百年奋进

王志明老人出生的年代，正是旧中国备受凌辱、民不聊生、军阀割据的黑暗时代。他经历过全民抗战，赶跑了日本侵略者，在 1949 年毅然起义，加入建设新中国的时代洪流，对国民党和共产党两个政党的政治主张有切身体会，见证了伟大的中华民族在中国共产党的领导下，中华民族迎来了从站起来、富起来到强起来的伟大飞跃。王志明老人动情地说："我只是一个小人物，但是百年的岁月让我明白一个真理，只有共产党才能救中国。共产党真正是全心全意为人民谋幸福的。今天中国的发展和取得的巨大成就，是我以前做梦都不敢想的，我们现在每一个中国人都挺起腰杆做人，走到哪里都为自己是一个中国人感到自豪。年轻人一定要珍惜这个美好的时代，紧跟党的步伐，把我们的祖国建设得更加强大。"

百岁老人王志明的天伦之乐（子女三人共贺父亲百岁生日）

（作者：电子科技大学离退休处　邓长江　刘玉君）

无悔的追寻
——记离休干部、73年党龄老党员黄大用

【人物名片】 黄大用，原名何祚融，1925年出生于上海。1943年2月考入西南联合大学（以下简称"西南联大"），同年7月保送至清华大学电机系。1945年投笔从戎参加抗战，是西南联大立碑纪念的834名抗战学生之一。1946年5月加入民主青年同盟，同年10月进入清华大学电机系继续学习，参与反美抗暴游行以及"反饥饿、反内战、反迫害"运动。1947年在清华大学秘密加入中国共产党，1949年参加天津解放的接管工作，1956年调入成电，1985年离休。2015年荣获中共中央、国务院、中央军委颁发的"中国人民抗日战争胜利70周年纪念章"。

乱世飘摇中的家国情怀

据上海女作家宋路霞著作《上海滩豪门望族》记载，何祚融（后改名黄大用）的家族是当时上海十大家族之一。他的高祖在清代是从二品官员江苏布政使，曾祖父是扬州何园（原寄啸山庄）园主，祖父是清光绪庚寅科二甲第六名进士、翰林。

何祚融的高祖何俊是清道光年间三甲第一名进士点翰林，最初在工部等管理河道水利，曾因协助林则徐办妥"祥符大工"（奋战八个月，解除了黄河决堤造成开封被洪水围困面临灭顶之灾的危险），后逐步升任江苏布政使、护理江苏巡抚。

何祚融的曾祖何维键在湖北任汉黄德道兼管江汉海关，曾参与英国驻汉口领事权的斗争以维护国家主权，后因不满清廷屈从洋人而辞官隐退，以盐票经商聚资在扬州扩建园林，基于陶渊明"倚南窗以寄傲，登东皋以舒啸"诗意，取名"寄啸山庄"（现称何园，是全国重点文物保护单位、国家重点公园之一、国家AAAA级风景园林，参见中国文史出版社2015年出版的《扬州何园家族的百年记忆——寄啸山庄史料钩沉》一书），寄托自己对清廷的

不满之情。在扬州奉母18年后,1901年又受姻亲张之洞主张洋务运动影响,投资沪上金融、实业、教育等事业,走上了一条从封建绅商向民族资本主义工商业者转型的道路。

何祚融的祖父何声灏中进士点翰林后,同何祚融的高祖一道被誉为"祖孙翰林"。何声灏原在上海,后于1935年率子孙迁回扬州寄啸山庄居住,何祚融时年10岁,也随家居住在寄啸山庄。

扬州何园(寄啸山庄)

这样一个显赫家庭,因儒家理念,有着一套严格的家规家训,使几代人具有家国情怀。何家在近代和当代有太多的人物故事,不仅在何园史料陈列馆有介绍,而且在2016年还被中纪委收录进中纪委官网关于家风家训的宣传片第41辑中。

1937年11月因日寇在淞沪战争后侵占上海,何祚融73岁的祖父又率全家分批离开扬州逃难,包括嫡孙何祚融与外孙女王承书(后成为我国爆炸第一颗原子弹浓缩铀提取技术总负责人)。何祚融由此也开始了自己一生曲折而不凡的经历。

百年前的中国,是半殖民地半封建的社会,孙中山先生领导的旧民主主义革命,虽然推翻了旧中国千年的王朝,但军阀混战,民不聊生,社会经济停滞。在何祚融幼时于上海读书,外滩的公园门口挂着的牌子上写的是"华人与狗不得入内",极大地刺激着中国人的内心。何祚融的家族几代人都传承着儒家"修身齐家治国平天下"的读书人理念，民族自尊心个个强烈。何祚融兄弟几人自幼就熟知班超投笔从戎、文天祥的"人生自古谁无死，留取丹心照汗青"、史可法抵抗清兵等典故。何祚融小学四年级时便与哥哥一起谒拜古代民族英雄史可法的衣冠冢，从那时起，兄弟几人就在幼小心灵中埋下了报效国家的种子。

1937年，日本制造了轰动中外的"七七事变"，发动了蓄谋已久的侵华战争，扬言3个月攻下中国的日本军队，八月打到上海，上海顽强抵抗3个月后沦陷，日军继续向南京、扬州等地进发。时在扬州的何祚融祖父何声灏已73岁高龄，考虑到他自己的身份（曾是翰林，又在紫禁城内任过军机处章京），日军到扬州绝不会放过他，若不屈从也定会遭枪杀。他毅然选择带着全家20多口人离开故乡家园，开始了为期一年的逃难之旅，逃难的苦痛记忆深深地烙印在12岁的何祚融脑海里，多年后他依然不曾忘记。据他回忆，逃难的路途十分凶险，由扬州到武汉，20多人乘一叶孤舟在湍急的长江上划行，眼看就要被卷入漩涡，幸好上天眷顾，遇到一艘轮船，苦苦哀求之下，一家人才得以搭上轮船，挤在装草料的船舱内，几经周折到达武汉。在汉口又遇见日军飞机轰炸，前后两条街都被炸了，就这样提心吊胆地在汉口暂住了8个月。在第3个月的时候，家里发生了一件大事，16岁的二哥①瞒着家里报名参加了国民党的战时干部训练团，被录取参军，志在抗日报国。临别之际，二哥才告诉祖父和父亲。两位长辈顾虑其年龄尚小，百般劝阻，二哥说："你们从小就给我们讲投笔从戎、精忠报国，讲'人生自古谁无死、留取丹心照汗青'，现在眼看日寇侵华却不让我走，我做不到！"当年何祚融才12岁，这件事对他触动极深，每每忆及，泣不成声。

山河破碎寻找报国路

二哥离家5个月后，日军占领了武汉，何家老小再逃到广西桂林，在桂林待了3个月，日军频繁轰炸桂林，12月由桂林到达我国大陆最南端的广东

---

① 二哥何璞荪，原名何祚熙，名列北京大学校史人物记载中，是祖父孙儿中中共地下党的带头人，被称为"何家的盗火种者普罗米修斯"。他在北京大学学生运动中影响很大，1947年因地下党组织工作积劳成疾，英年早逝。2007年印制的《宛若流星》，是纪念他逝世60周年的文集，由众多北京大学老校友著文，曾任中央党校副校长和全国人大科教文卫委副主任的汪家鏐以他的同学和地下党支部战友的身份，为文集写了前言。

湛江，由湛江乘坐一艘运猪的船到香港，再由香港乘船往上海，租住在上海租界，结束了一年的逃难之旅。

在上海，何祚融继续读书，因连年颠沛流离从未学过英语，刚开始作业只得32分，到学年结束，勤学的何祚融英语竟然达到90多分。1941年他初中毕业，就在这一年12月8日太平洋战争爆发，日军进入租界，就读的东吴大学附属中学又被强制停课，亡国灭种的危机感愈发强烈，何祚融心中愤懑又徒唤奈何。

此时，二哥何祚熙参加国民党军队已有一段时间，身为排长的他，目睹了连长贪污军饷、滥用职权，甚至任意处死士兵的暴行，逐渐认识到国民党军队存在的弊病及国民党统治的反动性质，感觉这并不是报国之路。于是他愤然离军，在昆明的航校当了一名管理员。何祚融一心想要报国，于是想到了二哥，他给二哥写了封信，信中说道："现在我的岁数已经和你离开家时一样了，小鸟要展翅，不能一直待在笼子里。"碍于环境，不能明言，但字里行间透露出不愿受日军统治急于报国又报国无门的心情。二哥收到信，很快就回信支持弟弟的选择。在这样的背景下，他决定效仿二哥，离家寻求报国之路。他离开了家，怀揣哥哥的回信，想着自己孤身离家前途未卜又手无缚鸡之力，天下苍苍，前途何在？当夜，他流下了眼泪。一想到明天就是自己一个人生活了，他躺在被子里，腿一直发抖，可以想象一个志在寻求报国的青年的那种茫然与无助。但是他却没有回头，最终战胜了懦弱与恐惧，勇敢地向前走去。当时正值战乱，17岁的少年独自从敌占区的东南沿海辗转到西南边陲的云南昆明，要途经江苏、安徽、江西、湖北、湖南、广西、贵州等省，穿越半个中国，历时50多天，还要通过中日军事对峙的封锁线，但他就这样一直坚持着往昆明去，他相信到了大后方，一定有机会能够实现报国的理想。

在长沙到昆明的路途中，充满了难以想象的困难：第一是道路艰险，需要翻山越岭，途经贵州的"二十四道拐"，在崇山峻岭中颠簸。第二是交通工具落后，大后方经济凋敝，物资紧缺，民众生活困难，由于敌人封锁，汽油作为战略物资极端缺乏。公路上跑的车极少用汽油作动力，大多用的是酒精车，少数还有木炭车，需要两个人边走边加木炭，行车效率低，走走停停，经常抛锚。第三是频繁换车，从长沙到衡阳是铁路，衡阳到桂林是公路，桂林到金城江是铁路，金城江到贵阳是公路，贵阳到云南曲靖是公路，曲靖到昆明是铁路。凡此种种，对一个从未离家独自出远门的江南学子来说，无疑是十分严峻的挑战。在离开贵阳去昆明前，他发电报给昆明的二哥，计划1

月7日到，嘱其到昆明火车站接。因为火车、汽车晚点，二哥连去5天，直到1月11日才接到何祚融。从上海出发到达昆明，何祚融一路艰辛奔波已50余天。

一腔热血投笔从戎

1943年在昆明，正好赶上西南联大招生。因为时局需要，考试比较重视英语，考题要求是写关于"家"的作文，写成之后再翻译成英文，这正好与何祚融的身世经历相符，且英语又是他的强项，因此顺利地通过考试，成为西南联大的学子。

1944年，日军又发动豫湘桂战役，战火烧到了昆明的边缘。西南联大的学生贴出大字报，希望能够为国家献出一份力量，要求从军。何祚融和所有的热血青年一样，也在思考如何保家卫国，正在这时他看到一则招聘战时英语翻译的启事。他从学校出发，二十分钟就到了战时招聘地，恰巧考核官就是西南联大的老师，他掏出自己的学生证，老师一看，二话没说就通过了。就这样他加入了国民党军事委员会外事局组织的译员训练班，还参加了步兵训练营。在训练营中，他学会了使用作战武器，包括卡宾枪、冲锋枪等。1945年2月，他进入协同中国军队抗日的美军后勤部工作，主要任务是随美军后勤部人员对弹药和粮食等军用物资进行筹措、储备、管理与供应，为军事任务提供物质保障，何祚融担任翻译官，并被授予少校军衔。在讲述自己战时的生活时，他还提起了一件趣事：当时国民党连长和美国军官一起去查岗，发现了一个中国士兵抱着枪蹲着睡着了，连长上去就狠狠地踢了士兵一脚，何祚融感觉中国人在美国人面前打中国人有失尊严，便上前拉住了连长，但美国军官笑着告诉他"你不要拉住他，我们也是这样打的"。美国军官的一席话，大伙都笑了。

1945年8月15日，日本投降，举国欢庆，参加抗日的学生又回到了母校——西南联大。当时，西南联大三千学子中有一千余人从军，其中834人的名字被镌刻在了纪念碑上，他们的精神代代传承，其中就有何祚融的名字（在纪念碑的倒数第三行中间）。

1945年12月1日，震惊中外的"一二·一"事件爆发，国民党军政部所属第二军官总队和特务暴徒数百人，围攻西南联大、云南大学等校，屠杀了4名师生，20多人受伤。广大师生群情激奋，在中国共产党地下党领导下爆发了国统区第一次大规模的反内战、争民主的群众运动。这是何祚融第一次参加学生运动，他在游行中担任纠察一职，为防止别有用心的人捣乱，他跟着出殡队伍从西南联大出发，在城市中游行了一圈，最后将他们葬在西南联大的北面。比他大一岁的堂兄何祚綵是云南大学外语系学生，也是此次学生运动中学联的宣传部部长，在此次护校运动中不幸被特务打伤（棍棒击头，导致终身偏头痛）。正是在这次学生运动中，何祚融那份真挚的爱国之情和青年学生的热血让组织另眼相看，在西南联大复归北上前夕的 1946 年 5 月，他秘密加入了民主青年同盟。

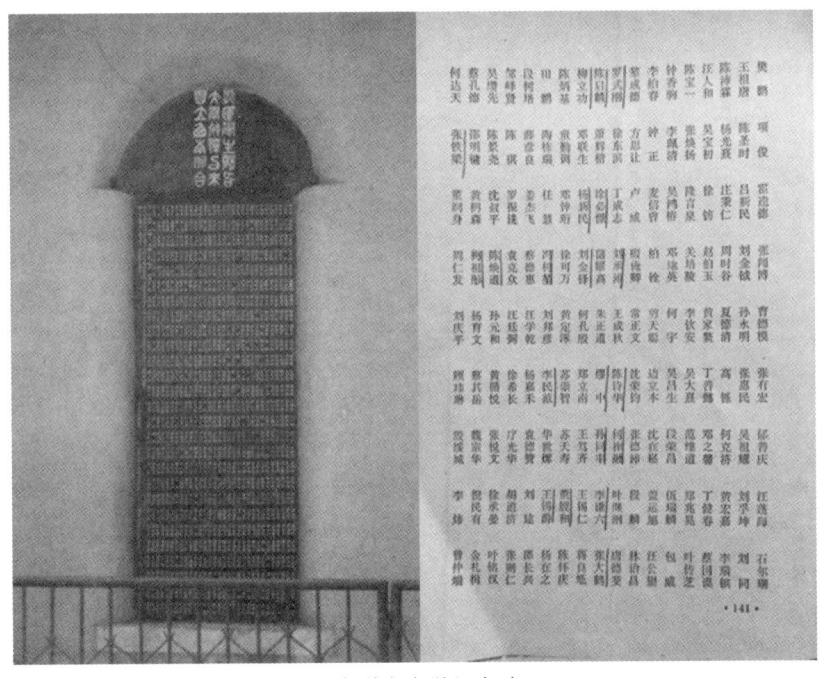

西南联合大学纪念碑

再回清华，实现自我蜕变

1946 年各高校复归北上，回到北平。何祚融也回上海见到了朝思暮想的家人，又于 10 月回到了复址后的清华大学电机系继续学习。他参加了学生会组织的各项活动，聊到参加合唱团的往事时，他轻轻地挥动起手臂，微晃着头，唇角带笑，缓缓唱起了之前经常唱的一首歌——《五块钱》，"这年头/怎么得了/五块钱的钞票没人要……"沧桑而低沉的嗓音顿时让人仿佛置身于舞台之下，眼前倏尔闪过一群学生合唱这首歌时的欢乐场景。

在清华大学学习期间,他积极参加学生运动。1946年12月24日,美军士兵强奸北京大学先修班女生沈崇事件发生后,学生掀起反美浪潮,他说:"当时我住在清华大学新斋,我们几个人拿着脸盆沿着宿舍一路走一路敲,整个宿舍门都大开着,灯都亮着,走廊里通亮,同学们的热情非常高。后来就是罢课、游行。"寥寥数语,刻画出中国学生敢于反抗残暴行径、不屈不挠的形象。

何祚融的大学毕业证书

1947年5月20日,在国民党发动内战的背景下,他又参加了"反饥饿、反内战、反迫害"的游行。学生们大喊"清华复员军人不打内战",走在西单的时候,西单的市民都招手鼓掌。经历了昆明和北平的一系列学生运动,再加上二哥亲身的经历,何祚融对国民党的本质看得更加清楚,对于共产党更加向往,正如他自己所言:"我对时局,对中国的看法,当然是跟着共产党走了。"与此同时,清华大学的地下党组织也时刻关注着这位进步的学生,注意到他在学生运动中的种种表现。一天,在食堂就餐之际,地下党员张治公就试探着问他是否愿意加入共产党,这让向往共产党已久的他兴奋不已,回去后回顾了自己这些年的经历,郑重地写下了入党申请书。1947年9月18日,这对何祚融来说是意义非凡的一天,这个日子,恰恰是唤醒中华民族危机意识的时刻,和自己的入党日联系在了一起,将国家和个人也联系在了一起。18日晚上,张治公带着何祚融到清华大学体育馆门口,他至今都清楚地记得他们坐在台阶上，念着入党誓词宣誓，"永不叛党、服从党纲……"。最后，张治公对何祚融说："你参加共产党了。"他紧紧握住张治公的手，热泪盈眶。

服从组织隐姓埋名

1948年11月2日，辽沈战役结束后，11月6日淮海战役打响，平津形势骤紧，地下党组织为保护可能被敌特盯紧的地下党员的安全，并为解放平津以后储备后备干部，决定将一些人员撤回解放区。何祚融收到了上级的通知，让他带着一个浙江大学女学生撤到解放区。从北京到解放区的路上要经过国民党的封锁线，为了避免身份暴露，他让这个女学生假扮成他的侄女，自己扮成去泰州做生意的商人，两人分别改名为吴秀珍和吴大用。夜里在大通铺休息时，国民党来查夜，同住的另一个学生说话时说漏了，被国民党带走了。查到何祚融他们的时候，因为事先有了准备，国民党相信了他们的说辞，没有多问就放过去了。封锁线是一条河，过河之前国民党会进行搜身，那时候他身上还带着二哥给的浪琴表和派克笔，这些东西在国民党搜查时都会扣下，他思来想去，把这些东西都交给了马车夫，许诺成功过了河之后给他五块钱作为报酬，这才顺利留下了二哥的遗物。何祚融和女学生到了解放区之后，就此别过。从此时起，为了保密需要，应组织的要求，何祚融改名为"黄大用"。"因为我的母亲姓黄，于是我就改姓黄了，黄大用这个名字一直跟我到现在，用了一辈子。"老人接受采访时回忆道。

在谈及解放区的生活时，黄老描述了他们住在乡下农家的场景："农家的正房侧面是炕，另一边是炉子，我们六个人就睡在炕边上，炕的那边烧热了之后就放上玉米面的饽饽……当时的饮食就是窝窝头、小米饭，但是组织对我们这些学生党员很照顾，一个星期会按人头发一斤面、一斤肉，到星期天我们就非常高兴，'当当当'地剁馅包饺子……"

迎接曙光　参与接管天津

形势发展很快，1949年1月天津解放。中央让这批从华北出来的学生党员参与接管平津两地。因为从北京出来的学生较多，大多数人都选择去接管北京，这样天津的干部十分缺乏，为了大局，黄大用便自愿地报名参加接管天津的工作。

根据上级安排，他先被分配在天津市教育局，但是黄大用始终希望多和工人接触，深入社会基层生活，不想单纯干行政工作，于是多次递交报告，终于如愿调入中国人民革命军事委员会工业管理处下属电工北厂（即电缆厂前身），任党支部副书记。上任的第一时间，他就收集了全厂人员的档案，这为后来肃清该厂国民党反动团伙奠定了基础，并保证了该厂安全生产运营任务。与此同时，他积极宣传我党政策，迅速组织工人生产，1950年7月，所在党支部被评为天津市六个模范党支部之一。黄大用与当时在工厂里搭档的书记工作配合默契，可贵的是，此后两人的战斗友谊保持长达了六十多年。

也正是在天津电缆厂工作期间，一位同厂做统计工作的、温婉美丽的浙江女子江佩安走进了他的生活，成为他的知心爱人。他俩风雨同舟恩爱至今。

黄大用全家福

风云变幻中的不变初心

1953年黄大用被委派为二机部第十局秘书，但1955年肃反运动时，却因曾在抗日战争时担任过美军翻译而接受审查达一年之久。澄清之后，1956年即应国家建设需要，调入成电，参与筹建工作。而在十年之后的"文化大革命"时，黄大风又因同样原因被隔离到牛棚半年之久。屡经挫折，身心自然压抑受损，但当他回忆到二哥和自己当年追寻正义、历经艰辛的革命道路的时候，自觉问心无愧，加之家人的关心、老同志的理解，他相信误解终究会有冰释的一天。

2015年岁末之际，时值国际反法西斯战争胜利70周年，这位年逾九旬的耄耋老人收到了由中共中央、国务院、中央军委颁发的"中国人民抗日战争暨世界反法西斯战争胜利70周年"纪念勋章，这枚勋章代表了党和国家对抗战老兵的尊重，是祖国对在民族解放事业中做出贡献的老人的最高褒奖。

"中国人民抗日战争暨世界反法西斯战争胜利70周年"纪念勋章（左）
"庆祝中华人民共和国成立70周年"纪念章（右）

"庆祝中华人民共和国成立70周年"黄大用留影纪念

黄大用老人来到成电至今（2022年）66年。在29年的工作中，他先后在房产科、物资处、生产处任职。作为受党教育多年的党员干部，无论在什么岗位，他始终勤勤恳恳、任劳任怨、业绩突出、深受好评。自生产处副处长任上离休至今已36年。离休后仍然坚持做着力所能及的工作。从60岁到74岁，连续15年每年教自学考试一个班的英语；从78岁到91岁，又担任电子科大老教师外语合唱团英语指导。"You don't have Chinese accent"就是他人对老人英语的评价。一直到91岁，老人实在是站不动了，才恋恋不舍地从教学岗位上退下。离休后，他足足又工作了31年。谈及为何如此，老人是这么说的："这说明我还是有用的，有价值的，这对90岁的人来说，比什么都重要。"这就是一位老党员的奉献精神。

离休后，黄大用给学生上英语课

老教师外语合唱团（2009年）

老教师外语合唱团（2016年）

在采访中，黄大用说："年轻人，要明白习近平总书记的期望，两个一百年的重任落到了你们这一代人身上，一定要时刻提醒自己不忘初心、牢记使命、人民至上。"不忘初心、牢记使命，这正是老人一生工作的写照，正是老人心中始终恪守并践行的准则。即使曾经受排挤，受打压，被隔离，老人始终不忘初心、奉献自己。老人几十年经历所呈现的这种精神，正是老人对年轻人最好的寄语，而友人的赠语"九死一生终无悔，忧国忧民永不休"，就是对老人最好的写照。

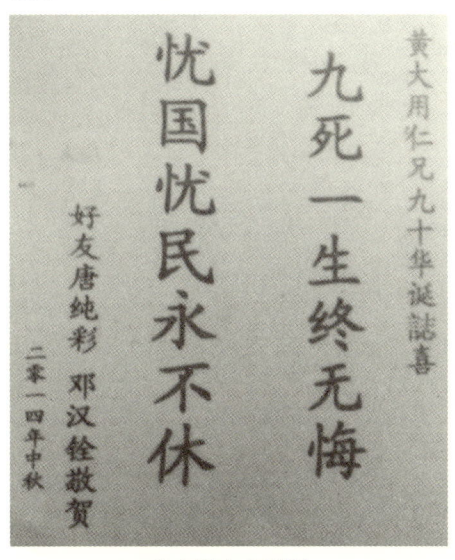

黄大用友人赠语

96岁的黄老,经历了从富家子弟到热血爱国青年,从国军少校到中共地下党员,从地方干部到高校干部的多次转变。他从一个封建社会的富家子弟,蜕变为终身信仰马克思主义的中共党员,从一个侧面反映出近代史上中国社会的急剧嬗变,其跌宕传奇的经历,给我们年轻人以启迪:信仰+知识=精彩人生。

黄大用采访现场

(作者:成电拾光工作室学生记者 农基淇 余雨茹 指导老师:邓长江)

闪光的军魂
——记成都电讯工程学院原总务处处长陈星

【人物名片】 陈星，1926年9月出生于山西省武乡县，1945年2月参加革命工作，1945年9月加入中国共产党并入伍，先后参加挺进大别山、淮海大战、解放大西南等大小战役和战斗数十次。在部队期间，陈星主要负责部队征粮工作，辗转晋冀鲁豫军区、川东军分区、凉山军分区、成都军区，在艰苦卓绝的对敌斗争中不畏艰难、不怕牺牲，出色地完成了部队的征粮工作，为部队作战提供了坚强保障。其光荣事迹在《开国将士风云录》《中华名人文论大全》等书中都有报道，淮海战役中记二等功1次，1955年被中央军委授予三级解放勋章，1964年被授予中校军衔。陈星于1976年转业至成电工作，在住房分配、后勤保障的工作中兢兢业业、身先士卒，为成电的建设发展做出了积极贡献。1985年光荣离休。

2021年是抗战胜利76周年。生活在和平年代的我们听过无数革命先烈们可歌可泣的英勇事迹，小兵张嘎、王二小的故事几乎每个人都耳熟能详。而主人公陈星11岁就参加了抗日游击队，抗战胜利后他又加入了中国人民解放军，辗转大半个中国，最终迎来了革命的胜利。今天就让我们一起来感受一下这位革命老人一生的不平凡经历。

年少离家　投身抗日保家乡

1926年9月，陈星出生在山西省武乡县石盘村的一个农民家庭，父母生了6个孩子，陈星是老二。当时的中国，军阀割据，社会动荡，内忧外患，山雨欲来。1931年，震惊中外的"九一八事变"爆发，拉开了14年抗日战争的序幕；1937年"七七卢沟桥事变"发生，日寇全面发动侵华战争，中国抵御侵略、反抗外敌的抗日战争也全面展开。日军侵华的战火很快烧到了华北山西，陈星的家乡。

当时年幼的陈星是武乡县石盘村的一个放羊娃，常在山上放羊。当时山上还有野狼，时不时就会偷袭羊群。陈星的侄女回忆说："二叔打小就很勇敢，家里老人说他 11 岁那年有一次放羊，一只野狼叼住了一只羊，他拿着镰刀，拼命往狼身上砍，野狼目露凶光盯住他，但他毫不畏惧，继续挥舞着镰刀向野狼砍去，野狼最终落荒而逃。"

日军侵华战火燃到山西武乡县后，陈星家中的土房被日寇烧光，全家人饥寒交加，无法生存，只好去山沟里挖了土窑洞居住，以野菜充饥，过着牛马不如的生活。但是一直躲在山上也不是个办法，大半个中国都在日寇的铁蹄之下，又能躲到哪里去？在武乡县的共产党员武华和石盘村的共产党员陈德云的发动和带领下，整个乡村的有生力量被集合起来组建抗日游击队。陈星年龄虽小，但血液里却流淌着勇敢的基因，自己的家乡被日寇蹂躏，鬼子比狼还可恨，而今自己的羊连一块啃草的地方都没有，这样的日子没法过。就这样，年仅 11 岁的陈星和他 16 岁的堂兄一同加入了抗日游击队。陈星整天扛着一杆比自己还高的红缨枪跑前跑后，浑身透着一股机灵劲儿。他给一个八路军连长当勤务员，同时还参与游击队的放哨、设卡工作。陈星跟着连长耳濡目染，从懵懵懂懂地打鬼子保家乡，逐渐了解到八路军是一支不怕牺牲、真心打鬼子的队伍，知道了共产党是帮助老百姓翻身获解放的党，从此对共产党和八路军非常向往。

由于战斗需要，游击队经常要长途跋涉，这对于年幼的陈星还是相当困难的，但他以超乎常人的毅力坚持了下来，从不掉队。有一次春节前夕，游击队一天急行军 80 华里（1 华里=500 米）从段村赶回本村。正值除夕夜，连长就对他说："小星子啊，你今晚就回家看望一下你父母，陪父母守岁吧。"陈星一听就急了："连长，我不能脱离部队搞特殊。"连长看到小陈星态度坚决，心里暗自赞叹是个好苗子。陈星抓紧时间于次日清晨出发前回家打了个招呼，然后跟着大部队走了，还受到了连长的表扬。还有一次，部队急行军三天到平遥祁县一带打游击，破坏敌人的交通。敌人三月份开始，分九路围攻，他们奉命撤回。当他们撤回到本县盘龙镇小西村时，被敌人包围了，情况十分危急，粮食和牲口都被抢了，大家分头突围。陈星在突围的时候机智地拉出一头驴子，得到了领导表扬。

到了秋后，为了保证部队的机动性和灵活性，便于战斗，游击队开始精减。根据需要，连长决定把他留在儿童团，连长告诉他："小星子啊，你呀，先参加家里的儿童团，保卫家乡。等稍微长大些，再去部队参加革命队伍。"

陈星响亮地答道："我听连长的，以后一定参加革命队伍。"回家后他加入了儿童团，站岗放哨，盘查过路行人的路条，核实行人的身份证明和通行凭证，防止敌人、特务和汉奸对根据地进行破坏，同时还协助部队搬运公粮和缴获敌人的军用物资。陈星非常敏感机警，他带领儿童团多次识破敌人的伪装，及时通报信息，避免了根据地遭受更大损失。由于表现良好，陈星经张宗良介绍加入牺盟会。

1939年夏天，在武乡县决死队的堂兄陈维生回家探亲。不料在路上看到一小队日寇正往石盘村行进，陈维生见状绕路跑回村子组织群众转移，然而一名鬼子发现了转移的群众并追了上来。陈维生在路边设伏和那名鬼子扭打在一起，为群众争取了撤离的时间，两人从山崖上跌落至一大片玉米地中。据后来群众口述，陈维生掉下去之后，另一名鬼子赶到，残忍地杀害了这名年仅18岁的年轻战士。陈维生长陈星5岁，陈星参加抗日游击队时一直受到这位兄长的照顾，这是陈星第一次直面亲人被日寇迫害，悲痛之余，更加坚定了他杀敌的决心。

1942年陈星去武西抗日高校学习一年，1943年又考进太行联中榆武分队学习。共产党有意培养这些优秀的孩子，所以开办行政干部性质的学校，开设基础课程及军事课等。当时由于敌人频繁地对根据地进行扫荡并实行"三光"政策，学校的物质条件和经济状况非常艰苦，但师生们不畏艰辛，一边开垦种地，一边上课教学。陈星非常珍惜难得的学习机会，有一股不服输的劲头，无论是学习还是劳动都力争上游。他在务农中被推选为农业生产委员，以身作则地带领同学们开垦荒地，丰收后受到上级表扬。陈星和同他一起管理生产的同学一并被评为劳动英雄，并获得了人生中的第一个"勋章"——毛主席像章，陈星受到莫大的鼓舞，视若珍宝。这不仅仅是对他劳动成果的嘉奖，更成为他精神的支柱和毕生的信仰。他每遇到困难和高兴的事，都要拿出像章，轻轻触摸像章，向毛主席汇报。90多岁后，陈星由于大脑机能减退，已经基本失去了记忆，脑子经常犯糊涂，但唯独对毛主席的记忆深深地印在心里。有一次，92岁的陈星走到离退休办公室（因为多次参加党支部活动，这是当时的他唯一记得的地点），他让离休支部的陈晓轩给毛主席打电话，说要到北京为毛主席服务。小陈善意地告诉他："毛主席现在让你回家要好好休息，等你身体健康了，需要你的时候就通知你。"老人听了非常高兴，于是高高兴兴地回家了。大家并没有笑这一幕，而是对这位老兵肃然起敬。

陈星在校园中

筹集粮草　只为每一寸土地

陈星在晋冀鲁豫边区行政干部学校整风学习半年后，结业时由李拯民、郝纯介绍加入了共产党。1945 年，历经 14 年的抗日战争终于取得了胜利，中国人民普天同庆，然而以蒋介石为首的国民党反动派却罔顾民意，撕毁双十协定，悍然发动内战。为了培养更多军需人才，陈星作为培养对象之一被分配到军区供给学校学习一年。1946 年 11 月，陈星被调到二野供给部任粮秣会计。随后，陈星便作为一名后勤人员，正式开启了自己的军旅生涯，投入解放战争之中。

"中国人民抗日战争胜利 60 周年"纪念章

经鲁西南豫北和陇海战役后,党中央和毛主席进行战略部署,刘伯承和邓小平率领二野千里跃进大别山,像一把利剑直插敌人后方,所谓兵马未动,粮草先行。陈星跟着后勤部队运送大量经费物资从冀鲁豫地区出发,物资最初是由民工用十几辆马车运送,他们翻山越岭,渡过河流,途经之处还有山匪袭扰。陈星和同志们在跋山涉水的同时还要时刻防范盗贼的袭击。由于地势原因马车无法前进,所以只能弃车改用骡子托运,加之民工、饲养员不断减少,很多牲口都要靠干部来牵,过浮桥时只能靠人把物资一袋一袋背过去,一路下来非常艰苦。陈星在大别山的斗争中,克服难以想象的困难,认真完成工作,牵牲口、驮骡子、征粮、刷标语、转移伤员,努力完成党交给的各项任务,他的积极性和出色的征粮工作多次受到支部表扬。回想起在大别山的工作,他说这是他和战友们一生中最艰苦的岁月。

1948年秋季,中国人民解放军在全国各个战场上的胜利,特别是在东北战场上第一个战略决战性战役辽沈战役的胜利,使中国的军事形势进入一个新的转折点,战争双方力量对比已经发生了根本变化。党中央和毛主席审时度势,决定趁热打铁发动淮海战役,大量消灭国民党军队的有生力量,加快战争进程。在淮海战役中,陈星为保障前线的粮草,常常夜以继日,组织群众开展支前活动,多次冒着炮火把一车车粮食推送到前线。当地的老百姓热情空前高涨,为了推翻国民党的反动统治,大家都把家里的口粮无偿地捐献出来,推车支援前线。陈毅曾说,淮海战役的胜利是老百姓用小车一车一车推出来的。回忆起半个多世纪前的那场残酷战争,陈星感慨万千,共产党之所以得天下,就是因为得到了老百姓的拥护和支持,老百姓就是胜利的源泉。看到前线的战友为了中国人民的解放事业一个个倒下,他深知胜利来之不易,那是用战友的鲜血和生命换来的啊!在淮海战役中,陈星记二等功一次。

淮海战役纪念章

陈星荣获爱国自卫战争二等功功劳证

山河破碎风飘絮，身世浮沉雨打萍。陈星一生辗转多处，几经波折，经历了多个大型战役，也立下了汗马功劳。1949年3月建立兵团后，陈星被调到三兵团供给部任粮秣科员，负责征粮队的工作。他先后又参加了渡江战役和解放大西南的战役。特别是在进军大西南之前，为了保证胜利，部队决定派遣一支队伍事先悄悄进入四川境内开展秘密征粮，为进军大西南做好粮草准备。陈星因为在后勤保障方面的能力被委以重任。他率领征粮队秘密入川，到各地展开艰苦的征粮工作。由于四川当时相对封闭，一些地方的百姓对解放军不是很了解，一些地方武装还很仇视解放军，加上国民党政府的统治，给征粮工作造成了巨大的困难。但陈星没有被困难吓倒，他和战友们冒着生命危险，耐心给百姓做工作，时不时和地方武装枪对枪地干，在很短的时间内，就完成了数十万斤粮食的筹备，为大部队进军大西南创造了重要的物质条件。在1950年兵团供给部的总结中，陈星因此被评为甲等模范。同年的元月，国民党投降的部队在酉阳地区发动叛乱，陈星又被调到平叛部队担任财务股长，在该地区陈星招收培养当地学生充实后勤岗位，并通过调查研究解决了部队在伙食方面的困难，同时他还积谷防饥，以自己的远见卓识为后人栽树，惠及一方。正因为此，陈星愈发被器重，1951年被提拔为财务副科长。

1950年战友合影（右一为陈星）

但就是这样一位革命功臣，却在 1952 年的"三反"运动中，被中伤，被批斗，甚至有一次七天七夜不让睡觉，受尽磨难才被放出来。虽说陈星是老革命，但在当时也不过是一个意气风发的青年人，受了委屈自然是难过的，但在首长的开导下，陈星很快又恢复了革命的热情和斗志。随后他又辗转茂县、内江、凉山等多个地区，积极协助当地部队开荒种地，解决副食品供应，生产大量粮食。陈星授人以渔、播撒火种的政绩受到了军区和总部的表扬。

凤凰于飞　扎根天府之国

陈星随部队进军大西南之后，结识了未来的妻子刘婉芳。说起来，这还是一段因革命而紧紧联结的缘分。刘婉芳出身官宦书香门第，家世显赫，也正因如此受到了很好的教育，思想开明而进步，在书籍和报刊中接触了进步思想的她一直想为人民解放贡献一份自己的力量。1949 年，成都迎来解放，上过会计专科学校的刘婉芳随即加入了中国人民解放军，作为一名后勤人员为战士们做好各类保障工作，也正因如此，她结识了当时正风华正茂的陈星。二人的爱情也并非一帆风顺，当时刘婉芳的家中有人前来提亲，对方是一名年轻的军官，但是与刘婉芳素未谋面。好在她的父母很开明，在当时还流行包办婚姻的情况下将选择权交给了自己的女儿。尽管陈星当时还是一名外乡人，也是一名"穷小子"，刘婉芳依然坚定地选择了他。他们二人志同道合，最终结为一对革命伉俪，怀揣着共同的革命理想携手白头。

1955年陈星在凉山军分区军需处担任科长，在工作过程中他逐渐发觉自己的专业知识不够扎实，亟须提升。什么时候开始学习都不算晚，毛主席都还提倡终身学习呢！陈星立即付诸行动，1960年，34岁的陈星争取到机会，前往解放军后勤学院军需系学习。虽然学习的时间只有短短一年，但是陈星抓住这来之不易的学习机会像海绵一样汲取知识，将书本上的理论知识与自己的实践经验相结合，争取打牢自己的知识底子，摸索出更多保障部队军需物资供应的法子。在解放军后勤学院，同来的战友都佩服陈星求知若渴、刻苦钻研的精神。1964年，陈星被调到成都军区司令部管理局，担任供给科科长，在工作中他坚持原则，无论身处何地都兢兢业业、一丝不苟地做好自己分内的事情。1967年3月19日，中央军委发出《关于集中力量执行支左、支农、支工、军管、军训任务的决定》，要求军委各总部、各军兵种机关要视情况抽调三分之一至三分之二的人员，立即投入支左、支农、支工、军管、军训的工作，即"三支两军"。陈星正是"三支两军"中的一员，他前往四川省革命委员会生产指挥组负责商贸工作，此时"文化大革命"已经开始，像陈星这样以长远眼光顾全大局的干部也未能独善其身，一样被抓、批斗、受到指控。在这艰难时刻，陈星心中没有丝毫畏惧和退缩，他心想：面对日寇和国民党反动派我都挺过来了，在新中国我还能怕什么？咬一咬牙，相信光明终会到来！就这样，陈星在被批斗之后又被派到四川省石油局继续从事工作，尽管历经挫折和坎坷，但陈星一到工作岗位上就充满干劲，他也深知中国共产党能够胜利的根本原因，那就是共产党是依靠人民群众、为了人民群众的政党。秉持着这样的理念，陈星和地方同志深入基层，走进矿区，和井队工人同吃同住，帮助他们解决遇到的困难，设身处地地为他们谋福利，受到了广大人民群众的交口称赞。领导看到陈星做群众工作水准极高，甚至还短暂地将他外派湖北支援五七油田建设，陈星也没有辜负领导的期望，高质量完成了外派工作，因此陈星还受到了当时的石油部部长康世恩的表扬。

前人栽树　荫庇成电校园

1976年，因为种种原因，陈星转业到了成电，担任房基处处长。"文化大革命"结束之后，党中央开始拨乱反正，各行各业逐渐走上正轨，1977年，中断十年的高校招生工作恢复。新的形势，给了陈星新的舞台。干了一辈子革命，来到高校，他感到特别新鲜，也爱上了高校安宁的环境，这不正是先烈们孜孜以求的梦想吗？他以军人那种一不怕苦、二不怕死的革命精神，为学校的发展添砖加瓦。他上任后遇到的第一个难题就是住房问题。学校走上正轨后，师生数量激增，青年教师的住房供给非常紧张。住房分配工作一直是"烫手山芋"，要面对错综复杂的关系，便只能一拖再拖。陈星新官上任三把火，甫一到任，就大刀阔斧地开展工作。他坚信从前再棘手的群众工作都能推进下去，学校的工作也一定也可以！陈星一边完善住房分配相关的规定，不合理的进行更改，老旧的进行更新，以"律"分房，不按"闹"分配，安排得明明白白、妥妥帖帖；一边解决抢占住房的顽疾，坚持按原则办事，结果抢占的住房都陆陆续续退回到了学校。毛主席说，世上就怕"认真"二字。陈星的一系列措施，虽然也得罪了一些人，但他毫无私心，最终赢得了公心，得到了大多数老师的肯定和赞许。

1979 年，陈星调任学校总务处处长。俗话说，前人栽树，后人乘凉。可能很少有人知道，成电老校区成片的银杏树正是陈星任总务处处长期间倡导种植的。当时的沙河校园整体绿化水平比较差，校园里包括主楼两边的干道都是以法国梧桐树为主，显得单一而且树种质量欠佳。他决定从外面引进一批比较好的银杏树种，他的这一想法得到了当时主管后勤的副校长梅荣厚的大力支持。他通过各种渠道想方设法从各地引进了一批比较成熟的银杏树，把学校的主干道两边和图书馆门前的法国梧桐全部换成了银杏树，这才有了如今美丽的校园。这是最让老人自豪的事儿。如今（2021 年）老人已经 95 岁高龄，前几年他还能自己走动，每当秋冬如约而至，校园里金色满园，他都会到这里走一走，看一看，看看这条路上铺满的银杏叶、依偎在树下的小情侣、和他一样散步的耄耋老人、校外慕名参观的人群，以及他们的欢笑、拥抱、玩闹共同构成的一个如诗如画的欢乐世界。每当此时，陈星就会回忆起自己当年和总务处的老师们种植银杏树的种种情形，有汗水、有泪水、有欢笑。而今电子科大的银杏树已经成为学校一道靓丽的风景和对外的名片，更成为电子科大的一个精神符号。为学校种树成了陈星骄傲的事情之一。

陈星上任后遇到的第二个难题则是关乎民生的伙食问题。当时高校的食堂属于包办，不负盈亏，有拨款兜底，而且某一个单位只能吃某一食堂，不准自由选择。这样一来，虽然食堂的价格便宜了，但是食堂员工工作没有积极性，烹饪饭菜时不甚用心，饭菜质量很差，大家怨声载道。针对这种情况，陈星首先调查研究、采集数据，不仅自己去食堂吃饭实地探查，还向同学们征求意见和建议，发现食堂的饭菜口味确实还有很大的提升空间，经常还有学生吃不完饭造成浪费。民以食为天，这是一等一的要紧事，倘若办好了便会惠及全校师生，他决心对食堂的经营模式进行改革。在咨询了解了一些餐饮的经营模式后，陈星采取了按营业额多寡给炊事员发放奖金的激励措施，规定师生可以在所有食堂任意选择就餐，并将食堂的营业额和员工自身的利益直接挂钩。这样，食堂的师傅们必然希望来自己食堂用餐的学生多多益善，自然会改善口味、提高饭菜的质量。经过半年试点，各个食堂不仅饭菜口味大有提升，令老师同学们赞不绝口，还使得食堂小有盈余得以奖励炊事员。在此之后形成了良性循环，学生们也越来越愿意到学校的食堂去吃饭了。这种利用市场的作用将学生的利益与食堂员工利益联系挂钩，实现双赢目的的机制在现在看来很寻常，但在改革开放之初由计划经济向市场经济转型的初始阶段，它却是一个具有不平凡意义的改革创新尝试，充分体现了陈星求真务实的思想作风和敢作敢为、勇于担当的工作作风。

作为一名共产党员，他非常重视师生们的意见，解决师生们反映的具体问题。有学生向他反映食堂的馒头供应量少且口味不佳，他就亲自北上南下，调研采购做馒头的机器，并下厨和工人师傅们一起调制馒头发酵的配方。经过一番实践，蒸馒头的技术难关得以克服，蒸出来的馒头大受师生欢迎，这项技术一直延续至今，让现在的师生依然受益。

陈星在成电度过了9年时光后就离休了。虽然时间不长，但谁又能否认他为成电所做的贡献呢！他的革命经历，和其他到成电工作的革命先辈一样，如涓涓细流凝结成为成电精神的红色基因，在成电这片土地上不断赓续。离休之后，陈星曾担任支部书记，继续在组织内发光发热。陈星对抗击侵略者、建立新中国做出的贡献也被铭记，《开国将士风云录》《中华名人文论大全》等书籍都收录了陈星光辉的革命经历。

因为年龄和身体原因，这次的采访并非由95岁的陈星本人亲口讲述，而是他的三个孩子和侄女回忆（就在采访结束的第三天，陈星这位可敬的老人就离开了我们）。在他儿女们准备的照片中，陈星目光如炬，一身戎装意气风发，仿佛不曾离去。

陈星入选《开国将士风云录》

陈星入选《中华名人文论大全》

陈星戎装照

闪光的军魂——记成都电讯工程学院原总务处处长陈星

每年银杏叶黄，当你漫步在金色的银杏林中时，请你不要忘了那位可歌可泣的身影；每当你惬意地欣赏着如画江山时，请不要忘记那位共和国老兵的身影。

（作者：成电拾光工作室学生记者　陈浩亮　余秉楠　指导老师：邓长江）

青春事疆场，携手共白头
——记抗美援朝英雄王旭、余榕珍夫妇

【人物名片】 王旭，1928年出生于河北蓟县（今天津市蓟州区），1945年应征入伍，迅速成为一名报务员，参加抗日战争，隶属冀热辽军区。1946年1月加入中国共产党。1947年部队合编为东北第八纵队，他担任纵队电台支部支委，随部队参加了东北秋季、冬季攻势作战和辽沈战役。1948年担任报务主任。1949年入第四高级步兵学校学习，获优秀学员。1953年入朝参战，历任54军134师通讯科副科长、科长、报务参谋。1958年回国，1959年进藏剿匪。1960年调至成电工作，先后担任保卫处副处长、党办主任。1985年离休。

余榕珍，1935年出生于广西桂林。1949年应征入伍，成为45军134师的一名文艺兵，在解放海南的战斗中，余榕珍因工作积极、学习认真、埋头苦干被评为单位模范文化教育典范。1950年余榕珍随部队入朝作战。1952年加入中国共产主义青年团。入朝作战期间，她刻苦学习报务技巧，成为一名优秀的报务人员，荣立一等功，并结识了志同道合的革命伴侣王旭，在异国的土地朝鲜宣川郡结婚，被传为战地爱情佳话。1958年夫妻随部队回国。1960年随丈夫王旭一起到成电工作，1990年退休。

王旭、余榕珍夫妇

92岁的王旭和85岁的余榕珍老人坐在家中温馨的客厅里，丝毫不露老态。呼啸的敌机、轰隆的炮声、一个个战友倒下的身影、报务员不断敲动的按键、与朝鲜人民结下的生死情谊……两位老人带着我们的思绪穿越到70年前那战火纷飞的岁月，一同去感受那血与火的洗礼。

英雄不问出处　革命岂分年龄

"雄赳赳，气昂昂，跨过鸭绿江……"1950年10月的北方已经是秋转初冬，呵气成雾。一个个中华好儿郎分批奔赴异国土地保家卫国，抗美援朝战争拉开了序幕。其中一位志愿军小姑娘在随军的队伍中格外引人注目，她时不时地打起快板，为战士们加油鼓劲。她就是志愿军宣传干事余榕珍。

时光倒回到1949年的夏天。

一天，广西桂林当街的一条道上热闹非凡，上面一条解放军招兵的标语格外引人注目，不时有小伙子或姑娘排队上前询问。原来是人民解放军第45军从东北一路挥师南下，到广西时，发动了广西战役，歼敌1.6万人，这天正在桂林休整招兵。这时候一个幼小的身影出现在征兵点不远处，一双水灵灵的大眼睛怯生生地偷看，心中对参军向往无比却又没有勇气走上前去。过了好一阵子，征兵的解放军叔叔看见这位小姑娘，便笑着招呼她过去。

"小姑娘，你叫什么名字？是不是想参军啊？"

"我叫余榕珍，想参军。"小姑娘本来心里有些害怕，看见解放军叔叔和蔼可亲，胆子就慢慢大了起来。

"为啥想参军呢？"

"在家里老受气，嫂子欺负我。"

解放军叔叔一听乐了："那你多少岁呀？"

"13岁。"

"那可不行呀，小姑娘。等你长大些再来吧。"

眼看参军的愿望就要落空，小姑娘急中生智："我会唱歌跳舞。"

于是，13岁的余榕珍大着胆子现场表演起来。就这样，13岁的余榕珍因为文艺特长破例参军，加入了革命队伍。

余榕珍当时在桂林的一所中学念一年级，可由于母亲早逝，父亲年老多病，家里由着嫂子当权，脏活苦活都让余榕珍干，她从小就没有感受到家庭温暖。参军后也没有和家里人告别就跟随部队南下，参加解放海南的战斗。

余榕珍很快在部队成长起来，由于聪明伶俐、活泼可爱、能歌善舞，战士们都十分喜爱这个小姑娘。小小的余榕珍很快就学会了打快板、编段子、演话剧等,成为一名优秀的文艺宣传队员。在行军途中,她看见战士们疲乏了,立马就拿起快板来上一段;一到驻地,她就和其他文艺宣传员一起赶着排演话剧,下连队慰问演出,为战士们送去精神食粮。为此她还获得过一次优秀表彰。

年轻时的王旭、余榕珍夫妇

　　王旭出生于河北蓟县一个贫农家庭,从小目睹山河破碎,心中自不免有国难家仇。奈何七尺男儿,报国无门,堪堪读书到高小。1945年部队在当地征兵,17岁的王旭终于盼来了机会,光荣地成为一名解放军战士。由于受过一定程度的教育,他被组织安排参加报务工作培训,成为一名光荣的报务员。王旭在一次次战斗中更加意识到通讯联络的重要性,战友们常常因为装备落后、通讯延迟吃了很多亏,有时候甚至因为通讯不畅,命令不能及时传达,使部队遭受重大损失。他拼命地学习通讯报务知识,很快就因成绩优异被提拔为报务主任。王旭所在的部队最初属于冀热辽军区,遵照中共中央关于向东北发展并争取控制东北的战略部署,他所在的部队也进入东北,1947年8月合编为东北民主联军第8纵队。王旭随部队参加了东北秋季、冬季攻势作战和辽沈战役,与兄弟部队一起,先攻克锦州,后插入大虎山、台安之间,堵住国民党廖耀湘兵团南逃道路,为战役胜利创造了条件。1948年11月,根据中央军委命令,东北人民解放军第8纵队改称中国人民解放军第45军。王旭于1947年担任东北第8纵队电台支部支委,1948年担任报务主任,1949年组织安排他到第4高级步兵学校学习,因成绩突出被评为优秀学员。精湛

青春事疆场,携手共白头——记抗美援朝英雄王旭、余榕珍夫妇

的业务使他成为报务科的中流砥柱，后被分配到 45 军 133 师司令部担任报务工作。王旭于 1951 年担任 45 军 133 师司令部小组长，1952 年成为 45 军 133 师小组长支委，1953 年 1 月成为 54 军 134 师报务参谋。

异国战地　浪漫爱情

1950 年朝鲜战争爆发，美国欲把战火引到鸭绿江边，企图对新生的社会主义中国进行钳制和扼杀。毛泽东主席以非凡的胆略决定出兵朝鲜，抗美援朝，保家卫国。1950 年 10 月下旬，余榕珍所在的部队改编成 54 军秘密入朝。当时部队已在汉口，临时接到上级命令迅速开赴鸭绿江。刚刚从海南北上的战士们衣衫都很单薄，为了按时抵达集结地点，他们甚至来不及试穿御冬的棉衣，只得随便抓起一套就往身上穿，管不了长短大小，穿上就出发。部队一路急行军，余榕珍一路给战士们唱歌、打快板，加油鼓劲。跨过鸭绿江的时候，余榕珍心里热血沸腾，充满了昂扬的斗志，为自己能够跨出国门为保卫自己的祖国做贡献深感兴奋和自豪。

到了朝鲜，余榕珍早已把生死置之度外，她常常冒着敌机的轰炸，用自己甜美的歌喉为战士们除去疲劳。

"余奶奶，您那时候那么小，看到身边倒下的战友，您有没有感到害怕呢？"

余奶奶回答："说实话，不晓得是咋回事，我当时真是没有感到害怕过。我觉得正是因为我们有不怕牺牲的精神，才让我们能够战胜不可一世的美帝国主义。"有一次部队在攻打一个山头的时候牺牲了很多战士，她在清理战场的时候看到一个个躺在异国的土地上再也站不起来的身躯，看到用战士们的鲜血染红的土地，她感到的不是害怕，而是对敌人满腔的仇恨。

也有很多与死神擦肩而过的时候。余奶奶回忆说："我记得有一次在一个山头值班，我换完班刚到半山腰，就听见'轰轰轰'几声炮响在值班的山头炸开，换我班的那位女同志再也没有回来。也许是因为我不怕死，幸运之神一直眷顾我，我居然没有受过一次伤。"余榕珍一次次面对死神的威胁，却依然淡定与从容，始终保持着革命的乐观。

1953 年，虽然美国被迫和中国、朝鲜在板门店签订了停战协定，但敌人还没有完全撤军。为了守住三八线，前方局势依然比较紧张。王旭到了朝鲜后，先是在 134 师做报务科副科长，不久就升任为科长，他的岗位就好比人的大脑，是部队的中枢神经。他以自己精湛的业务，和战友们一道维系着部队通讯的畅通，为战争的胜利默默地做着贡献。

朝鲜战争停战后，54军归20兵团指挥，驻守朝鲜，作为武装力量，维持停战后的战时和平局面，同时也帮助朝鲜人民重建家园。就这样，王旭和战友们一起一直坚持到1958年，54军才作为最后一批志愿军撤回祖国。刚刚回国不久，西北民族地区发生大规模叛乱，王旭随54军马不停蹄前往甘肃、青海高原地区平乱，后又参加西藏剿匪。最后因为身体原因不得不接受组织安排从西藏撤下来。

王旭和余榕珍的爱情故事起源于1954年。一天，王旭所在的师部突然来了十多名小年轻奉命来学习报务，其中就有余榕珍。高大帅气的王旭给余榕珍留下了深刻的印象，而漂亮活泼可爱的余榕珍也让王旭一下子就记住了她的名字。余榕珍先是被安排到军部去参加报务培训，为了迅速掌握报务技术，余榕珍拼命练习。短暂的培训后，返回师部时余榕珍已经可以每分钟打40字，但她知道这个速度还远远不够，于是又经常找王旭指点。在王旭的帮助下，加上自身心灵手巧，她的业务得以迅速提高，由每分钟40字提高到140字左右。在朝鲜这块充满硝烟的土地上，革命的友情慢慢酝酿出爱情的火花，虽然时不时还面临着牺牲的危险，却依然挡不住两颗温暖的心相互吸引。

本来一对金童玉女何等让人羡慕，然好事多磨，两人的爱情故事差点儿戛然而止。余榕珍漂亮活泼、乐观大方，不知有多少人暗中爱慕。其中就有一位30多岁的首长，这位首长委托组织部找她谈话，婉转表达爱慕之情。余榕珍虽然也非常尊敬这位首长，可是自己一颗芳心已系在王旭身上，对爱情充满了美好的向往。她顶着压力婉言拒绝了，可是又不知道王旭到底如何想，心里暗自忐忑。也不知怎的，王旭很快就听得一些消息，心里非常着急。他拿出军人雷厉风行的作风，抽个空当，趁一个傍晚约了余榕珍散步。王旭在一坡前停下，鼓足十二分的勇气终于向余榕珍表白。其实早已两情相悦，加上王旭的真诚，余榕珍羞涩而甜蜜地点了点头，落日的余晖照在宣川郡山头的一片秋草上，显得格外温馨而烂漫，两人牵手的背景就此永远定格。

1955年，在朝鲜宣川郡一对新人喜结良缘举行了简朴的婚礼。这时候战事相对较少，他们的副师长为这对新人证婚，新人买了一堆喜糖，战友们围坐在一起向他们道喜。当时大家还弄了几件啤酒，同志们开怀畅饮，场面非常热闹。大家都为这一对革命伴侣的结合感到高兴，为他们送上真挚的祝福。

王旭、余榕珍夫妇的艺术照

以后的几年他们一边努力工作,维护和平,一边和朝鲜人民打成一片。余榕珍回忆说:"当时好多村落大部分都只剩下妇女了,几乎见不到男子,男子大多在战场牺牲了。"字里行间透露出战争的残酷以及和平的来之不易。余榕珍还向朝鲜的妇女请教学会了做辣白菜,也喜欢上了辣白菜酸酸爽爽的味道。她至今见到辣白菜都会情不自禁地想起在朝鲜的日子,以及和朝鲜的姐妹们一起做辣白菜的情形。

患难与共 与子偕老

1958年,终于等到回国的日子。余榕珍在朝鲜跨越了9个年头,是在朝鲜时间最长的一批人。王旭在朝鲜也有5年了。虽然马上就要回到祖国的怀抱,但是离别的日子总是让人伤感。他们告别这战斗过的土地,告别永远埋在异国的战友,告别朝鲜老乡的泪雨倾盆,回到了自己的祖国。呼吸着祖国的空气,脚踏着祖国的土地,余榕珍和王旭感到幸福而踏实。在这一刻他们才意识到,原来幸福如此简单。

还没来得及喘一口气,王旭就跟随部队西进,往甘肃、青海参加平叛,后又去西藏剿匪。在西藏，王旭出现了严重的不适，高原反应强烈，王旭瞒着组织没有及时治疗，发展成为肝硬化。组织发现后强行把王旭撤回后方养病。

1960年，夫妻双双在成电安了家。王旭担任保卫处副处长，那个时候学校属于军事保密院校，门卫要持枪站岗，保卫的工作还是比较繁重的。王旭历经抗日战争、解放战争、抗美援朝和进藏剿匪，对学校的保卫工作自然驾轻就熟，深孚众望，几十年来把学校的安保工作做得井井有条。后来上级拟调王旭到广西桂林一个研究所任所长，一来王旭在四川已有了孩子，二来喜欢上了成电，喜欢上了这里的师生和环境，所以就一直扎根在成电了。

回国后的王旭、余榕夫妇

在成电开始生活后，余榕珍意识到最重要的是让王旭恢复健康，肝硬化在当时几乎就是不治之症，很有可能发展为肝癌，很难恢复。彼时的余榕珍为了王旭，除了白天干好自己手头的工作，回家就对王旭精心照顾和调理。每日凌晨三点她准时起床煎药，无论严寒，不计酷暑，事无巨细，数年如一日，只为王旭能战胜病魔。苍天不负有心人，王旭的病情逐渐好转，也许连死神都被爱意感动，已经被医生判了"死刑"活不过几年的王旭竟然奇迹般好了起来，他的肝硬化完全消失，身体甚至没有受到任何影响，恢复到了当年的鼎盛状态。大家都知道当年的成电有两个"甩手掌柜"，从来不去菜市场买菜，其中一个就是王旭。可见为了让王旭恢复健康，余榕珍真是牺牲多多，但是看到王旭恢复得这样好，余榕珍心里感到再苦再累都值得。

后来他们一起经历"文化大革命"，王旭被拉去批斗，造反派说王旭是

青春事疆场，携手共白头——记抗美援朝英雄王旭、余榕珍夫妇

反动派，要余榕珍和他划清界限。余榕珍嗤之以鼻道："王旭革命了一辈子，若他都是造反派了，那谁才有资格做革命派呢？"余榕珍对王旭的信任，让他们一起度过了那段艰难的岁月。

王旭的"甩手掌柜"到了 20 世纪八九十年代也画上了句号。有一天，余榕珍在回家路上，由于天黑光线不好，不幸遭遇车祸，当场就被撞昏迷了，好心人将她抬到成都市第二人民医院（以下简称"二医院"），把她放在医院外面的一个角落，但一直没人招呼治疗。王旭回家后，眼看到晚上 11 点过了妻子还没有回家，心里就急了。他像个没头苍蝇到处找，边找边呼喊余榕珍的名字。冥冥之中，到凌晨 5 点多的时候，王旭找到二医院附近，喊道："余榕珍，你在哪里？余榕珍你听见没有？"突然一个微弱的声音响起："我……在……这……里。"声音不大，却一下子传到了王旭的耳朵里。王旭找到余榕珍后把她紧紧地抱在怀里哭泣。在这一刻，王旭内敛的情感再也控制不住，他说："老婆，你可不能有个三长两短啊！我们一起穿过枪林弹雨，死神也要为我们让路，这点苦算不了什么。"余榕珍也回忆说："当时我迷迷糊糊的，四周一片黑暗。但突然就感到好像爱人在呼唤我。我瞬间就清醒了，也不再害怕了，几乎下意识地就回应了。"

经过检查，万幸的是余榕珍并没有生命危险，脑部也没有受到伤害。在王旭的精心照料下，余榕珍很快得以康复。从未经历柴米油盐的大男子一下子变成了都市"暖男"，洗衣拖地、买菜做饭都由他一人承担。另一个"甩手掌柜"对王旭开玩笑说："从此成电就只有我一个'甩手掌柜'了。"王旭只是憨厚地笑笑。他与妻子彼此的爱有战火的洗礼，也有生活的磨砺，连死神好像都在让步。

余榕珍在学校负责学生工作。她工作期间勤勤恳恳，认真负责，桃李早已遍布天下，获得荣誉无数。她视学生为自己的孩子，给予他们无私的爱，许多学生始终不忘，时至今日，仍有各地的学生时不时探望这位可敬的老人。余榕珍记得，有一个特别调皮捣蛋的学生，屡教不改，啥都不怕，一副破罐子破摔的架势，其他老师对他也是无可奈何，只好暂时听之任之，只要他不捣乱即可。但余榕珍却没有放弃，经常找他谈心，关心他，特别是生活上对他无微不至的关心。有一次这个学生生病发烧，由于远在异乡，父母不在身边，没有人主动去管他，但余榕珍却像妈妈一样给他煮鸡蛋，带他去吊盐水，跑前跑后。这个学生问她："您为什么要管我这样一个'废物'，让我自生自灭多好。"余老师却说："每一个孩子天性都不坏，他们也许只是一时糊涂，也许只是为了好玩，他们甚至只是为了受到关注而犯错误，可是人非圣贤，孰能无过，谁不会犯错误呢？"这个学生瞬间哭了，他滔滔不绝地向余老师倾诉内心的孤独与不安……余老师用她的爱融化了这个学生冰封的心。多年以后这个学生已经成为单位的骨干，而学生也永远记得像妈妈一样的余老师。

老年时期的王旭、余榕珍夫妇

王旭爷爷和余榕珍奶奶和我们聊了一个下午，却依然精神饱满。我们惊叹于两位老人清晰的记忆。余奶奶现在还每天下午和老朋友们搓搓麻将活动脑子。两位老人有三个子女，都在学校工作。问及两位老人的长寿秘诀，王旭爷爷感慨地说："现在祖国强大了，人们生活也一天比一天好了，我们天天开开心心，哪能不长寿呢？"他寄语我们："今天的幸福生活来之不易，你们要倍加珍惜，学好本领，才能让我们的祖国更加强大。"

坐在英雄的身边，听着英雄的谆谆教诲，我们觉得肩上沉甸甸的。衷心祝愿王旭爷爷和余榕珍奶奶及所有保卫祖国和平安宁的英雄健康长寿，向长眠在朝鲜土地上的英烈们深深致敬！

"庆祝中华人民共和国成立70周年"纪念章

"中国人民志愿军抗美援朝出国作战70周年"纪念章

成电拾工作室采访现场

(作者:成电拾光工作室学生记者 孙博轩 苏晓蓉 指导老师:邓长江)

愿以丹心绘丹青
——忆成都电讯工程学院第三任院长王甲纲

【人物名片】 王甲纲，1917年1月出生于云南省富源县。1932年考入中山大学数学天文系，1936年毕业。1937年正式进入陕北公学学习。1938年3月加入中国共产党。1941—1947年，先后在华北联合大学（现中国人民大学）、延安自然科学院、晋冀察边区工业专门学校、华北工业专门学校（后与北方大学工学院合并成立华北大学工学院，今北京理工大学）从事教育办学工作。1948—1955年，在中央军委三局从事无线电研究工作，这期间参与了北平解放的接管工作。1956年2月担任成电筹委会副主任，协助吴立人同志进行学院筹备工作。1957年被国务院任命为成电副院长。1978年担任成电院长。1983年退居二线。1987年离休。1991年在成都逝世，享年75岁。

2021年是电子科大建校65周年。校庆日，校园里四处洋溢着欢快的气氛，清水河校区焕然一新；沙河的涓涓流水、老主楼微微泛黄的墙壁，仿佛在无声地诉说着成电65年来的底蕴和奋进的足迹。在沙河主楼的东侧，银杏树下不起眼的一个角落里，王甲纲院长曾嘱咐后人在自己身后将骨灰埋在自己一砖一瓦搭建过的主楼前。

时光轮转，65年已经过去，但还有人记得……古人这样说：不见五陵豪杰墓，无花无酒锄作田。但是我们想说，建设成电和建设祖国的先驱，我们将始终铭记。

投笔从戎 追寻宝塔山的灯光

1917年，王甲纲出生于云南平彝县（今富源县）的一个军人家庭，他的父亲王国栋是参加过辛亥革命、护国运动及北伐战争的爱国军官，比王甲纲大16岁的长兄王甲本是著名抗战将领、国民革命军第79军军长。王甲纲两岁的时候母亲就病逝了，五岁时父亲也离开了人世，他在叔祖父王怀仁和长兄王甲本的照料下长大成人。王怀仁是平彝县有名的举人，作风正派，通晓孔孟之道，以授私塾为业。这样一个不平凡的家庭背景，也注定了王甲纲会走上不平凡的路。王怀仁对王甲纲要求严格，这让王甲纲打小就形成了良好的生活作风。同时，叔祖父浓厚的民族主义思想在潜移默化中为王甲纲埋下了爱国的种子。抗日战争爆发之前，王怀仁因病去世。

因为有着良好的学习条件，王甲纲顺利地读完小学、中学。1932年秋，他以优异的成绩考入中山大学本科组理学院数学天文系。大学期间，他目睹了中国军阀割据、内忧外患的现状，思考着学生当如何自处之。天下兴亡匹夫有责，自己的兄长在战场上杀敌，自己一介书生，如何才能为自己的祖国贡献绵薄之力？他觉得中国近代以来的积贫积弱和科技落后脱不开干系，科技报国也是一条可行的道路。1936年从中山大学毕业之后，王甲纲考上了南京国立中央研究院天文研究所的研究生。然而，此后不久发生了震惊中外的卢沟桥事变，日寇开始了全面侵华，中华民族到了民族危亡的时刻。王甲纲得知卢沟桥事变后情绪激动：战火纷飞之中，哪能放得下一张平静的书桌？！他只能放弃学业。之后，王甲纲由南京奔赴武汉，寻找报国门路。在武汉，王甲纲接触到了八路军驻南京办事处主任李克农，由此打开了他的新天地，让身处迷茫的王甲纲对于以后道路的认识逐渐变得清晰起来。经过介绍，王甲纲最终到陕西省泾阳县安吴堡青训班学习，第一次接触到了党组织。

随后的几年中，王甲纲辗转泾阳、延安接受革命教育和精神洗礼，思想逐渐有了巨大的转变。尤其是在延安陕北公学（中国人民大学、西北政法大学前身）学习期间，他聆听了毛泽东及其他中央同志的讲话，他对中国的出路逐渐有了清晰的认识。除了思想方面的进步，王甲纲还深入学习了游击战的初步知识，在当时很有经验的老红军的教导之下，他初步掌握了基本的军事知识，并参加了多次实训。1938年，王甲纲在陕北公学经其他同志介绍加入了中国共产党。1939年，由于工作需要，王甲纲在接受了短期军训之后加入了晋冀察军区三分区，担任政治部宣传干事、干部教育干事，走上了一条和自己当初设想不同的救国之路。1941年，部队干部组织文化学习，王甲纲被派往华北联合大学教育学院进行短期学习，以便组织开展文化学习。短期学习结束之后，由于表现优异，王甲纲留校任教，为党的事业培养干部人才、积聚知识文化力量。

1944 年，晋冀察中央分局决定将华北联合大学教育学院高中部及一部分教员迁往延安，王甲纲随之迁往延安自然科学院任教，国务院前总理李鹏就曾经在王甲纲任教期间接受过革命理论和科学文化知识教育。此前在华北联合大学，王甲纲主要培养政治军事人才。后来，王甲纲到了延安自然科学院，这里对他这个科技工作者和科技教育者来说是个重要开端，他在中山大学时期打下坚实的数理基础在这里派上了用场。工作认真负责的王甲纲不久即从教员升任延安自然科学院教干科长，兼任总支委员。1945 年，中华民族迎来了抗日战争的伟大胜利，经中央研究决定，延安自然科学院迁到了河北省张家口，改名为晋察冀边区工业专门学校（简称"工专"），王甲纲任校长。这所学校就是今天北京理工大学的前身。

后来，时局不宁，国民党发动全面内战，上级决定将学校撤离张家口。身为校长的王甲纲临危受命，率领师生冒着敌机轰炸的危险，跋山涉水，经历了许多艰难险阻，终于将学校迁至河北省平山县柏岭镇。由此师生们摆脱战时的动荡状态，学校正常活动得以开展。到了柏岭镇后，王甲纲领导师生"学习生产两不误"，除了开展教学工作，还组织生产活动，自给自足，他们开荒种地，种蔬菜，做鞋染布，减轻农民负担，改善师生生活。作为校领导的王甲纲和师生们同甘共苦，吃黑豆、杨树叶，住草房，睡大通铺。

在条件如此艰苦的岁月里，王甲纲还颇有远见地为学生开设了数学和英语课，以便适应将来形势的需要。王甲纲一贯向师生们强调数学的重要性，认为数学是许多学科的基础和灵魂。他给学生讲数学，一边讲课一边学习，不断提高工作水平。在外语方面，王甲纲认为外语是学习借鉴外国科技成果的桥梁，他说："外语很难学，难也要学好，不要让语言变成绊脚石。"在紧锣密鼓的生产和有条不紊的学习中，师生们过着充实的生活，期盼胜利的到来。

1947 年 9 月，随着革命形势的变化，王甲纲又一次率领师生从河北省平山县柏岭镇辗转搬迁，转移到河北井陉煤矿老区。在这时期，国民党的飞机时常在矿区上空袭扰，师生们面临着随时被轰炸的危险。王甲纲带领师生发扬不屈不挠的办学精神，"再难也要把学校办下去"。他亲自主持校务会议，一面研究建立防空预警，一面打钟摇铃，按时上课，组织师生进行防空演习，以避免损失。敌机来轰炸的时候，学校组织五个组分路疏散。这些措施有效保证了师生安全和教学正常进行。

抗战期间的王甲纲

王甲纲在延安自然科学院工作时，他的专业实力和踏实的工作作风给时任自然科学院院长的李强留下了深刻的印象。1948年年初，李强调至中央军委三局工作，他立即想把王甲纲调到中央军委三局协助工作。经过李强推荐，王甲纲依依不舍地告别了工专师生，来到了中央军委三局从事电波传播器的科学研究工作，走上责任重大的新岗位。1949年，北平和平解放，中国人民解放军北平军事管制委员会对北平实行军事管制，对国民党原有的军事、政治、经济、文教机构所属的全部物资，进行有领导、有计划、有步骤、自上而下的接收管制。王甲纲随中央军委三局进入北京参与完成了对国民党原有的电讯人员、设备的接管工作，为中华人民共和国电讯事业的起步做出了贡献。随后几年，王甲纲先后任军委电讯总局干部处处长、邮电部人事司干部司司长，直至1956年2月调往筹建中的成电。

夙夜奉公　奠基新中国第一所无线电大学

1955年7月21日，成都无线电技术学院第一次会议在北京二机部会议室召开，拉开了筹建新中国第一所无线电大学的序幕。1956年2月，王甲纲由邮电部人事司司长调任筹委会副主任，协助筹委会主任吴立人同志开展工作。据妻子吴曼华回忆，王甲纲从北京奔赴成都时，全身的行头也不过是两个装满书籍、文件和衣服的皮箱，可谓是两袖清风。

王甲纲对成电的筹备工作满怀热情，干劲十足。曾在成电工作的苏联专家列别捷夫在回忆文章《1956—1958：我在成电的日子》中称赞王甲纲是"出色的党和国家的工作者""是一位热情和很活跃的发展成电的支持者"。当时的主楼还未完工，学校周围还是一片稻田，大家吃住都在工棚里。王甲纲非常关心学校的建设，经常巡视校园的建设情况。他心头焦急地盘算着日渐临近的开学日期，常说"一切为了9月开学"。基建任务十分紧迫，所有的筹建工作都紧锣密鼓地展开。教务筹备上，王甲纲从学校的规模、专业和教研组的设置、行政机构的组建、干部和教师的配备到教学计划的制订和图书资料的筹集都全面统筹，确保开学事宜的顺利。

1956年9月29日下午3时，学校在沙河校区主楼旁举行了首次开学典礼，全校三千多名师生员工和来宾见证了这一重大的历史时刻。1957年2月，国务院任命王甲纲为成电副院长。

学校初建，许多方面还不够成熟。由于师资力量不足，大批留校任教的刚毕业的年轻教师不得不登台上课，讲课质量不高，教学效果不好。王甲纲组织老教师传授教学经验，发动年轻教师备课、试讲，改进教学方法。同时，还发动教师自制教学仪器设备，加强实验教学环节。1959年6月，中央召开了包括成电在内的全国重点高校工作会议，王甲纲出席了这次会议。回校之后，他组织全校师生认真学习，全面贯彻执行了以教学为主，教学、生产劳动、科学研究三结合的方针。在狠抓教学的过程中，提出稳定教学计划、教学大纲、教学日历的主张，要求教师认真备课、认真讲课、认真答疑、认真指导实验，把教师主力安排到教学第一线，使学校整体的教学质量有了显著改善。

当时学生是先入学后分系，同学们对分系的认识程度很不够。王甲纲通过各种方式向同学们做动员工作，解决同学们的困惑。他晓之以理，动之以情，给同学们解释了学校五个专业的设立缘由——"根据国家的需要比例来培养人才"，勉励同学们面对专业分配要树立正确的价值观和态度。他开设的新生导论课也为同学们认识专业、选择专业起到了重要的引导作用。

在科研方面，成电很快成长为我国电讯领域的中坚力量。根据1956年国家"十二年科技规划",成电有 23 个无线电电子学领域课题进入科研计划行列。1958 年,学校研制成功 3 cm 波导测试系统、传真电报机、黑白闭路电视系统。王甲纲作为学校的领导,经常深入一线,每学期都要到各系逐个检查科研项目的进展情况,尤其关注学校年轻教师的科研情况。当时还是青年教师的冯世常回忆道:"有次晚饭后我们一行人在校园内散步,王甲纲院长加入了我们散步的队伍。令我惊讶的是,他不但知道队伍中资历最浅的我,还一口说出了我当时从事的地质雷达科研项目中所用的大功率晶体管型号:2G711。可见,王甲纲院长对科研项目的熟悉程度超过了我的想象,令我由衷佩服!"到了 1964 年,学校教师参加了国防科委所属院校共同进行的我国第一台晶体管数字电子计算机的研制工作,取得了重大科研成果。学校这些丰硕科研成果的取得,离不开王甲纲的大力支持。

1966 年,"文化大革命"来临,王甲纲一夜之间被错误地打倒,受到严重迫害,身心遭到严重的摧残,近十年的时间,他凭借顽强的意志和坚定的信念坚持了下来。

1978 年,天朗气清,形势好转。中共四川省委决定,王甲纲任成电院长。成电迎来了快速恢复和发展的春天。担任院长期间,王甲纲重点抓了两件事情,其一是学校的干部队伍建设,其二是学校的师资培养。王甲纲不搞宗派主义,不搞团伙,坚持学校的用人原则和程序,对有能力的人大胆向学校推荐、重用,任人唯贤。干部队伍建设的良好开展,为学校各项工作开展提供了必要保障。

1982 年 12 月,王甲纲在师资规划会上提出,1990 年前学校的主要学科要达到国内一流重点大学水平,争取 2~3 个学科赶上国际先进水平。而建设一支素质优良、结构合理、水平高超的师资队伍在王甲纲看来是实现前述目标的必要条件之一。为此,王甲纲加强了教师队伍学习新知识,尤其是当时的计算机和外语的学习力度,组织开展大规模培训。大力开展教师队伍纳新工作,从已经毕业的研究生中遴选部分优秀青年进行进一步培训以达到博士水平并在学校从事教学、科研工作。同时,王甲纲意识到师资队伍建设也不能闭门造车,他注重出国人员的选拔、培训工作,注重选配热爱祖国、思想政治好、业务能力突出的优秀骨干人员出国留学深造。这批青年教师回国后很多都成为学科中的领军人物,为学校的发展注入了一剂强心针。

天南海北　她一路相随

王甲纲的妻子吴曼华，早年在北京与王甲纲相识相恋，共同经历了风风雨雨。他们二人的爱情故事还得从当年北平解放说起。

王甲纲、吴曼华夫妇

1949年北平解放，王甲纲跟随中央军委三局进入北平后，负责对北平电讯人员、设备等的接管工作。就在这期间，王甲纲认识了一个并肩作战的"革命战友"，也是后来与他相濡以沫的妻子——吴曼华。吴曼华回忆起第一次见到王甲纲的场景，至今还清晰如昨，她说："那是1949年年初，那一年我19岁。他带着一批战士来接管北平的电讯局，当时天冷，他身穿一件解放军战士的大黄棉袄，戴着军帽，没有别的当官的那种盛气凌人，朴实却坚定的精神面貌感染着我。"

吴曼华1930年6月生于北京，父母是普通的工厂职工，她在家里六个孩子中排老三，家庭非常拮据。吴曼华小学、中学都读于彼时北平最好的中学——师大女附中，接受了良好的教育。在初中的时候，由于家境的缘故，不得不辍学在工厂打工补贴家用，但好学的她心里一直怀着一颗"读书梦"。"家里从小就教育我要自强不息。我想读书，就一定要让梦想变为现实！"凭借自己的努力，吴曼华考入笃志中学。她一边读书，一边下课之后去上班挣钱，省吃俭用，还要将多余的钱交给父母供养弟弟妹妹，生活过得异常艰苦。

中学时代的吴曼华

在读书期间，吴曼华受到寝室室友的影响，阅读了不少的进步书籍，如《共产党宣言》《新民主主义论》《大众哲学》等，还在颐和园多次参加读书会。回忆起那段经历，吴曼华说："那时自己年纪轻，还是懵懂的，后来才知道室友是地下党员，她像大姐一样时刻关心我的学习和生活，在她的影响下，我也逐渐走上了革命道路。"

接受进步思想的熏陶后，吴曼华又在室友的带动下参与了1947年的罢工运动——反对当时国民党引起的物价飞涨，以及后来的"六八斗"斗争，反饥饿、反内战的学生运动等。亲身的投入和切身体会，让吴曼华痛恨国民党统治下的民不聊生，更加接受了中国共产党的政治主张。在室友的推荐下，吴曼华于1949年加入新民主主义青年团，当选团支部书记，进入党团办公室工作；同年，她递交了入党申请书并顺利入党，从此她找到了自己的信仰并为之而坚定地走下去。

除此之外，吴曼华参加了培养青年干部储蓄人才的"干训班"，有机会听了许多大人物的授课，比如瞿秋白的夫人杨之华等。"那时的生活条件很艰苦，上课就坐在小马扎上，吃饭时八个人围着一盆萝卜和豆腐，没有肉。但是大家对于革命事业都有着十足的热情。"

胡俊副校长看望、慰问"光荣在党50年"的吴曼华老人

北平解放后,王甲纲担任邮电部的人事司司长,吴曼华则在邮电部人事科工作。由于工作上的交集,他们熟识了起来。1949年9月,吴曼华参加了政协会议,见到了很多大人物如宋庆龄、李济深、张澜、沈钧儒、黄炎培、柳亚子等人。能让她自豪一辈子的是,领导还安排她给毛主席献花。"记得当时是上午,我手捧鲜花,心儿怦怦直跳,手心都是汗,一会儿毛主席、周总理等党和国家领导人步入会场,大家都热烈鼓掌欢迎。我赶紧走上主席台给毛主席献花。毛主席笑容可掬地接过花,并主动和我握手。我浑身像触电一样。每当回想起这件事,我都感到特别幸福。以后不管遇到什么挫折和困难,我都能泰然处之。"

好学而聪慧的吴曼华不断充实提高着自己。工作一段时间后,她希望能够上学继续深造,学习更大的本领。一旦有了新的追求,她就像开足了马力的小火车。1954年,吴曼华顺利考入了中国人民大学的经济系。当时的中国人民大学也是大师云集,在那里吴曼华聆听了恽代英之子恽希良讲授的经济学,还有著名的历史学家翦伯赞讲授的历史学,在知识的滋润下吴曼华迅速地成长起来。在学校,她也保持着要强的个性,每门课都非要争优不可。记得有一门课考试老师只给了四分,她找到老师说要重修再重考,硬是拿到五分才心满意足。

王甲纲赠送给吴曼华的《资本论》

当时的邮电部百废待兴，非常需要人才。吴曼华作为业务骨干自然深得王甲纲器重，同时在长期的共同工作中，王甲纲也被吴曼华正直、热情、有理想、善良、上进的性格所打动，两颗心彼此靠近。吴曼华考入中国人民大学，对于人手紧缺的王甲纲来说，工作还是有一些影响的，但他非常理解和支持吴曼华读书。吴曼华回忆说："大学期间，我们经常通信，王甲纲十分关心我，经常问我在学校过得怎么样。他还专门给我送了一套《资本论》，鼓励我多学习马克思主义。"这套已经发黄的书籍至今还在吴曼华家里的书架上珍藏。回忆起那时的情景，吴曼华老人脸上洋溢着满满的幸福。

1955年年初，王甲纲奉命筹建成电，并于当年就到了成都。那时，吴曼华还在中国人民大学读书。吴曼华就利用暑假到成都来看望王甲纲，看到如火如荼的建设场面，看到和工人师傅们一起夯土的王甲纲，吴曼华下定了决心：不管他走到哪里，我就跟随到哪里。毕业之后，吴曼华毅然离开了自己的家乡北京，随着王甲纲来到成都这个陌生的城市，来到成电这片崭新的热土，从此扎根这里，把青春和汗水留在这里。吴曼华记得第一次来成电时是1956年暑假，那时沙河的主楼正在紧张施工，周围还是一大片农田。彼时还发生了一件让吴曼华至今记忆犹新的事。当时人事处的一位领导看到王甲纲的妻子大老远从北京跑过来探望，于是就按照接待标准准备了一笔接待费。谁知耿直刚正的王甲纲知道后大发雷霆，坚决拒绝把妻子的开销纳入公务接待中。王甲纲就是这样始终亭亭净植、大公无私，无论面对何种情况，都恪守着一名人民公仆的高标准、严要求。

吴曼华在学校的工作照

1960年，吴曼华正式调入成电后，学校成立了自然辩证法教研室，吴曼华是该教研室的首批教师。从此他和王甲纲一起为成电的事业贡献着自己的力量。吴曼华同时为本科生和研究生授课，课程有"政治经济学""自然辩证法""科学史""科学学""科学哲学"等，赢得了同学们的良好反响。此时的吴曼华也没有停下学习的脚步，她在做好本职工作的同时，还坚持旁听理科课程，学习自然科学知识。凭借着自己的刻苦努力，吴曼华甚至还发表了多篇关于科学技术革命和人工智能的论述文章，获得了四川省科学协会的表彰。

1985年在成都召开的全国技术论学术讨论会

在成电的奋斗岁月里，吴曼华也逐渐认识到了王甲纲的另一面。"他的生活作风正派，担任干部清廉、正直，从不占公家的便宜。记得当时他给我写信，用的信纸、信封都是专门到建设路去买的。他说公私一定要分清，这是原则。还有一次教研室选主任，他作为校领导一点没有插手教研室的事，是我自己获得大家信任被选上的。"

王甲纲为成电的筹建工作付出了很多心血。在担任党委副书记期间，他工作一直勤勤恳恳，为成电的发展做出了杰出贡献。可是，"文化大革命"期间，王甲纲由于长期主管教学与科研工作，被错误地打倒。事情的缘由还得从一次课堂说起。当时，王甲纲讲授哲学课程"矛盾论"与"实践论"，提到马克思主义中"一分为二"的观点时，有人别有用心地问："毛泽东思想能否一分为二？"王甲纲坦然答道："当然可以，真理也可以分为绝对真理和相对真理。"王甲纲的这个回答从哲学观点本身和逻辑上来说滴水不漏，然而他却因为这句话被人构陷，成了"打倒王甲纲"的直接导火索。

吴曼华和子女

此后，王甲纲本人的工资被削减了大部分，家里三个孩子的温饱都成了问题。尤其是王甲纲原本活泼可爱的读小学的大女儿，因为父亲的事情，在班级受到了师生的排挤孤立，心灵受到极大摧残。王甲纲本人也多次被抓去大会上"挨批斗"，在自己曾经为之奋斗过的校园里举着滑稽的旗子唱"豪歌"……然而，不管遭受何种诬陷，吴曼华始终深爱着王甲纲，坚信自己的丈夫是一个真正的革命者、真正的共产党人。每次王甲纲被批斗，吴曼华都看在眼里疼在心里。"每次王甲纲出门挨批斗前，为了能让他少受点皮肉之苦，我就尽量给他穿厚点，把毛裤、棉裤等五件裤子全部穿上。"在王甲纲被关牛棚的时候，吴曼华每天都给他送饭，还经常跑到菜市场专门给他买鱼做来吃，悉心照料王甲纲。在最黑暗、最难熬的时候，王甲纲也曾想过一了百了，但是吴曼华的关爱——既是一位妻子的责任，又是一位革命战友的支撑，让王甲纲始终没有吞下早在衣兜里备好的几颗小药丸，最终迎来了胜利的曙光。

光明终将战胜黑暗。在熬过这段痛苦的日子后，王甲纲终于迎来了大展身手的春天。在成电逐渐摆脱"文化大革命"的影响后，他重新担任了成电的党委副书记。"文化大革命"期间，无论造反派们"打倒王甲纲"的叫嚣多么聒噪，拨云去雾之后，王甲纲依旧坚守着知识分子的风骨和一名共产主义战士的忠贞，他始终坚信党，坚定共产主义信念，坚持党实事求是的思想路线。上级下派负责重整学校工作的领导是来自部队的政委郭坚化,其行事作风雷厉风行、为人正派。由他领导的工作组经过广泛调查,得出了王甲纲对党忠诚、能力强、经验丰富的结论,认为王甲纲"是一名久经考验的马克思主义战士,既不是叛徒、特务,也不是走资派"。由此,王甲纲被任命为成电的第三任院长,拨乱反正,承担起恢复成电的重任。在王甲纲的努力下,成电的教学和科研重新走回了正轨,但王甲纲自己的身体却受"文化大革命"和繁重的工作的影响每况愈下。

三代同堂

1983 年,66 岁的王甲纲退休,但他一直心系成电的发展。1991 年,王甲纲离开了人世,他的家人遵循他的遗嘱,把骨灰撒在沙河主楼前的花园里,让他守护着自己一直心心念念的成电校园,目睹着校园日新月异的发展。2021 年是中国共产党成立 100 周年,成电建校 65 周年,作为党忠诚的战士、成电发展建设的奠基人之一,王甲纲在参加革命、投身教育几十载的风风雨雨中历经坎坷、久经考验,战胜了各种艰难险阻,宠辱不惊,身处逆境而不坠青云之志,把报国的理想和初心化作对祖国和党的事业的赤诚丹心,用无私奉献、坚韧不拔、艰苦奋斗的精神描绘着成电的美好明天。

王甲纲老院长,您的名字,成电不会忘记!

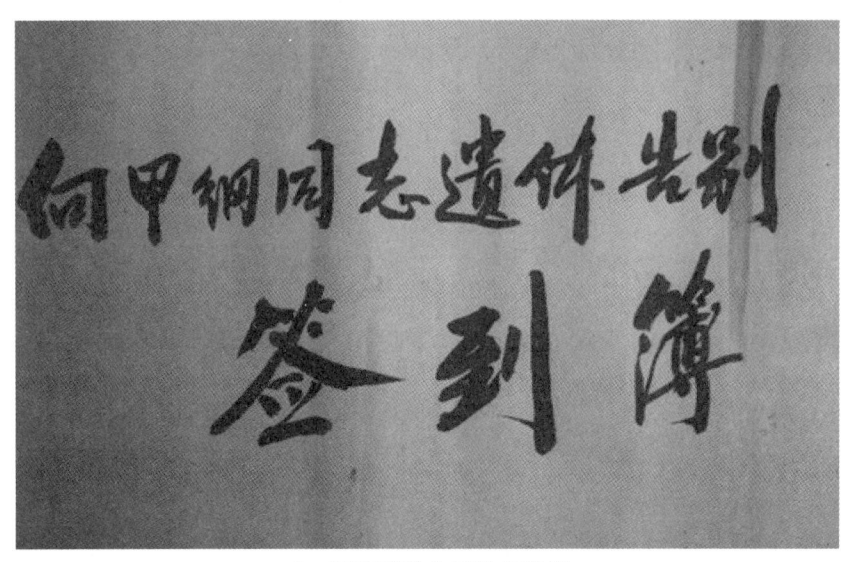

向王甲纲遗体告别的签到簿

向王甲纲骨灰告别

愿以丹心绘丹青——忆成都电讯工程学院第三任院长王甲纲

吴曼华老人接受成电拾光工作室采访

（作者：成电拾光工作室学生记者　陈思芹　陈浩亮　指导老师：邓长江）

那些火热的岁月
——记离休干部焦树仁同志

【人物名片】 焦树仁,1931年1月出生于山西省保德县。1944年,年仅13岁的焦树仁投身于抗日队伍,在晋绥军区第二分区医院做战时医护工作;1946年1月,调雁门军区文工团;1947—1949年,在晋绥军区司令部做电台报务工作;1949年7月初在晋绥军区司令部电台科加入中国共产党,时年18岁;先后在川西党委电台、西南军区后勤部、西南空司通讯队、西南空军广汉机场承担报务工作。从军11年中,他3次历经生死关头。他以电台为舞台,在报务工作这个特殊岗位上,凭借自己的聪明才智和扎实的报务功底,为中国革命的胜利做出了自己的贡献。获抗日战争胜利60周年、70周年纪念章各一枚及解放勋章一枚,2019年荣获"庆祝中华人民共和国成立70周年"纪念勋章。1956年投身成电,先后在学校三系(无线电零件系)、五系(电子器件系)、保卫处、教行总支工作,把自己的余生都奉献给了学校的建设和发展。

焦树仁近照

1921—2021年，百年韶华，如白驹过隙；一百年的时间，对于亘古的天地不过是弹指一挥，但对于生活在华夏大地上的中华民族来说，可谓是地覆天翻的一百年。这一个百年里，中国诞生了伟大的中国共产党，党从诞生到团结带领中华民族建立新中国，经历了千锤百炼。为了能让中华民族走上繁荣富强的道路，有多少碧血丹心的有志之士甘愿抛头颅、洒热血，老一辈的流血牺牲、努力奋斗换来了今天的新面貌、新气象。今天我们的主人公是一位历经了抗日战争、解放战争的老同志，名叫焦树仁。访谈开始之前，这位九旬老人很庄重地朝着家乡的方向鞠躬，带着我们一同回到了当年的烽火岁月之中……

三叔牺牲　坚定革命路

1931年1月，焦树仁出生于山西省保德县的一个进步家庭中，彼时的中国正值多事之秋。1940年年初，保德县解放，成立抗日民主政府，属中国共产党领导的晋西北行政公署二专署（岢岚区）领导。焦树仁的父亲很早就参加了民主政府的商贸工作，给予八路军资金支持；母亲也力尽所能，一针一线纳鞋底送给前线的战士。"我的母亲因为给部队做鞋子还受到了部队上的表扬！"焦树仁回忆道。父母的言传身教对儿时的焦树仁影响深远。

然而，让焦树仁终生难忘的是自己的三爹（方言，即三叔）焦克显——一位为了革命献出自己年轻生命的英烈。在焦树仁印象中，三爹是个白白净净的文化人。"三爹念书很聪明，考上了北京大学，后来因为北平被日本人侵略，家里又没有多余的钱供他随校南迁，不得已便休学了。"有一次全家人围着吃饭，五六岁刚刚开化的焦树仁问道："三爹三爹，你念过书，你帮我改个名字吧！人人都是人，我为什么要叫树仁？"三爹说道："小娃娃你不懂。树仁就是要讲仁义，先人后己，与人无争，你这个名字好听，不要改。"这个场景焦树仁至今记忆犹新。在焦树仁对三爹为数不多的印象之中，他还是一个对待革命事业热情似火的"拼命三郎"，焦树仁道："有一次他刚去河曲工作（调任河曲县牺盟特派员）不久就染了重病，不得已回家疗养。病情刚有好转，他便马上回河曲工作了。"全家人送三爹回河曲工作的场景在年幼的焦树仁的脑海中，像是一幅国画，写意、朦胧，又是那么活跃，充满童真的味道。"我站在远处，三爹朝我喊话'树仁——在家好好念书——长大了三爹带你参加革命！''好——我会听三爹的话！'我到现在还记得清清楚楚。"焦树仁稚嫩的童声飘荡在空气中。他没有想到，这是自己和敬爱的三爹最后一次见面。

　　三爹焦克显于1934年秘密加入中国共产党。1939年2月，焦克显调任河曲县牺盟特派员，任党的地下县委统战部部长，他对国民党河曲县政府消极抗日、积极反共的政策经常予以尖锐的批评，招致伪县政府的强烈仇视。1939年12月，阎锡山悍然发动反共的"晋西事变"，河曲县的党组织受到波及，县府派军警包围县抗日团体驻地，焦克显不幸被捕！据史料记载，1940年正月初四凌晨，国民党驻河曲86师被八路军358旅击败，溃不成军。敌人在溃逃之前，将焦克显等四名同志残忍杀害！焦树仁回忆道："三爹牺牲之前英勇不屈，被敌人剜去双眼，割断舌头，残忍地杀害了！"

　　三爹的离去在焦树仁心中留下了深深的烙印，在他心中坚定了日后参加革命的决心。彼时的山西在军阀的统治下，教育极为落后，七八个县只有一个中学，还是在新中国成立后建立的。1943年，焦树仁小学毕业报考二中，当时所在的班上只有第一、二名才能成功升学。焦树仁的父亲受三弟的影响，非常重视孩子的教育，竭尽所能让焦树仁继续读书，又将焦树仁送到学校补习了一年，之后他被校长冯老师写信推荐前往八路军二旅医院当护士，由此，焦树仁走上了革命道路。

焦树仁（后排左一）与战友合影

行伍途中　在炮火中成长

回忆起入伍的细节，焦树仁难掩欣喜之情。焦树仁回忆道："1944年暑假，有一天我的同学到我家里报喜，冯老师通知我们两人去八路军二旅医院当护士。同学问我去不去，我就说当然去！"就这样，不满14岁的焦树仁带着冯校长的介绍信，来到八路军保德医院报到，正式成为一名光荣的军队护士。当时日本侵略者还未败退，战场形势瞬息万变，前线上每天都有很多伤员进入医院。焦树仁年纪虽小，但却聪明伶俐，他一边学一边做，很快就能在军医的指导下熟练地给伤员打针、换药，为此很受八路军战士的喜爱。

1945年8月15日，日本天皇宣布无条件投降，神州大地，为之沸腾！保德县人民群众欢欣鼓舞，连夜召开庆祝大会，一时间，保德街头万人空巷。保德县二分区文工团到处进行文艺演出，庆祝抗战胜利。焦树仁一看到文工团的演出顿时就来了劲儿，这与他小学期间的经历不无关系，他说："我小学的时候既是一个内向的人，又是一个外向的人；内向是不怎么喜欢说话，外向是非常喜欢文艺活动，像踩高跷、扭秧歌、演话剧我都参加过。"在文工团快离开的时候，焦树仁鼓起勇气找到了文工团的指导员张清仁，表示希望加入文工团，张清仁问了问情况便欣然同意。焦树仁立即向二旅医院院长请示，院长考虑到战事暂时告一段落，又看到焦树仁活泼好动的性格，没有阻拦，便说："好吧，那你就去吧，好好发挥你的特长！"

加入文工团之后，焦树仁也跟随着剧团走出了家乡保德，走遍了山西省的各个县。国民党发动内战后，文工团常到大同的前线附近进行慰问演出，焦树仁等人白天在街头进行宣传活动，晚上就演各种戏。在文工团的十个多月时间里，焦树仁虽然年纪小，演的角色也多是跑龙套的，但是他学戏的韧劲儿在剧团中可是出了名的。有一次，焦树仁需要扮演一名县官的听差，这个角色是个老头，而焦树仁当时才15岁，无论是体态还是神态都相去甚远。为了演好老人的角色，他拄着拐杖练习老年人的步伐，同伴提醒他："你的角色是伺候别人的，不能拄拐杖哦。"焦树仁就戴上假的白胡子，画了脸谱，一遍又一遍地刻苦练习。演出结束后，战士们都夸这个"小老头"演得活灵活现，真的像个老头子，惹得大家捧腹大笑。

1946年内战全面爆发后，战事吃紧，部队上急需人才，焦树仁所在的文工团也被改编。焦树仁因为年纪小，有一定文化，人又聪明，就被调去做报务员。当年10月，焦树仁进入晋绥军区司令部报讯队，学习了7个月的报务，通过考核后正式进入电台工作。报务工作对于部队作战至关重要，司令部和外界的信息收发都要经过报务员之手。焦树仁要通过电台直接接收和下达首长的军事命令，随时给前线的部队提供天气状况，战时第一时间接收上级下达或给下级发布的各种预警和紧急警报，等等。可见，当时报务员身上担负着重要的责任。为了听清电报，确保无误，焦树仁将耳机音量开得很大，这也导致了他后来听力的衰退。

1954年空军十三师时期的焦树仁

　　1948年4月，焦树仁难得连续几天没上夜班，因此看文艺演出的爱好又有了萌芽的机会。附近来了文工团演戏，每天晚上他与同事一同前往不远处的剧场观看。一天晚上，焦树仁和同事们像往常一样来到剧场附近，却发现前方黑压压，站满了警卫，剧场被隔开了，看戏的人们都被隔开到了后边。焦树仁正觉得疑惑，同行的一位李参谋说道："你还不知道呐，'中央一号'到了！"这时焦树仁才反应过来："中央一号"，原来是毛主席来了！顿时兴奋不已。过一会儿，毛主席到场了，围观的人群分散在两边，中间让出一条路来。这时的北方四月份，空气中还有一丝寒意，毛主席穿着棉大衣，向大家挥手致意。焦树仁挤到人群前面，袖子都和毛主席擦着了。"当时太激动了,真想和毛主席握手!但是上级有纪律规定,我只得拼命克制自己。但是毛主席和我擦肩而过的情形却一辈子烙在我的记忆里。"焦树仁一边开心地回忆,一边站起来模仿毛主席当年向大家招手致意的风采。

1948年10月到1949年4月,焦树仁随着所在部队参加了太原战役。太原战役可谓是解放战争中最为惨烈的战役之一,足足持续了6个月时间,为了对抗山西阎锡山的强大势力,解放军不怕牺牲,浴血奋战,直到1949年4月24日,太原一战获得胜利,南京和太原相继解放。焦树仁的报务工作没有出过一次差错,为解放军提供了有力的通讯保障。

作为司令部的电台工作人员,焦树仁可以经常看见贺老总、李井泉政委等八路军军政领导,他们平易近人的形象让焦树仁至今都记得清清楚楚,并深深怀念。

扎根西南　三过鬼门关

太原战役结束后,华北解放。焦树仁所在部队接到中央的命令,准备进军四川,会同第二野战军接管大西南。1949年5月,焦树仁和战士们出发了,大家都兴高采烈,说要去解放四川的大城市了,革命终于又可以往前推进一步了!

1949年12月底,成都解放。焦树仁所在部队也到达了成都,驻扎在成都与新都之间的一个镇子——三河场。由于刚刚经历了一场小规模战役,大家显得疲惫不堪,军容不整,但是脸上都洋溢着胜利的喜悦。焦树仁回忆起进驻成都的场景:"到成都城时天刚刚黑,街上灯火通明,大街两边群众夹道欢迎,他们用四川话大喊欢迎解放军!欢迎解放军!还不断地往车上递上水果等慰问品。"老百姓对解放军的爱戴可见一斑。

1950年6月,解放军以成都为依托进军解放西藏,需要汽车大队运输各种后勤物资,然而汽车的口粮——汽油极为匮乏。为了满足部队运输车辆的汽油需求,焦树仁被调到了汽车团,负责从宝鸡往川内运送汽油。焦树仁跟随车队跑了三趟宝鸡,最后一趟在途中差点丧命。用毛主席的话说,就是"差点到马克思那里去报到"。那时,天还没亮,焦树仁和战友们坐在军用卡车的车厢里,他是最后一个上车的,靠在车右侧的铁栏杆上。司机是个国民党起义部队的人员,开车特别快,本来车是最后出发的,因为不停地超连队的其他车,就跑到了整个连队的中间去了。车一路往南走,到了大巴山的北边。在上山途中,焦树仁的右边是高山,左边山下就是嘉陵江。这时天才蒙蒙亮，开着夜灯走山路，一路上都是坑坑洼洼的土公路，也没有任何标识，路况十分险恶。在一个拐弯处，路面被山水冲出了一个大洞，司机没有注意到前面的大坑，车径直冲向前，结果向左侧一翻，整辆车就摔下山去。焦树仁也从山坡上翻滚了下去，一下子晕了过去；当他迷迷糊糊醒来的时候，一摸自己的头，发现是湿漉漉的，心想：完了，头破了，流这么多血，肯定活不了。他环顾四周，公路大概有一两百米高，下面就是湍急的嘉陵江，自己被摔到了山坡下，所幸的是，汽车被石头和树卡住了，没有摔到江中，而自己正好被汽车的后轮胎挡住。车上有10多个人，有参谋、商人、政治处干事、报务员、译电员、卫生员等，都摔到车外，昏迷不醒。焦树仁清醒之后，第一个念头就是救人。他奋力爬上山坡，坐在路中间拦车，大喊："出事了，车滚到山下去了，快过来帮忙啊！"幸好他及时地拦下了最后三辆车，大家才脱险。过了一个小时，伤员们都被抬上来，参谋牺牲了，其他人腿上、肚子上受了伤，只有焦树仁自己有惊无险，并未受伤——原来他头上湿的那一片不是血，而是露水。就这样，19岁的焦树仁死里逃生，躲过了一劫。

后来，焦树仁又经历了两次死里逃生。1949年，四川解放后，虽然国民党大部分被歼灭，但还有相当一部分残兵败将不肯投降，溃逃、藏匿在山区，不时骚扰解放军和当地的百姓。1952年，西南军区为了彻底剿匪，发动了黑水战役。焦树仁也参加了这场战役，当时他已经被编入了西南空军，负责指挥飞机为战士们空投蔬菜、粮食、生活用品等物资。汶川到松潘的路途沿着岷江东岸，江对面就是土匪的巢穴，为了躲避敌人的机枪，战士们不得不进行夜行军。焦树仁一行人凌晨四点出发，车队在行驶过程中，焦树仁突然看到对面的山崖上冒出一道火舌，还没听到枪声，坐在自己前面的排长就倒下了，子弹正中胸口，排长当场就牺牲了。焦树仁与同行的战士们英勇还击后迅速撤出了现场。另一次是焦树仁已经到了毛尔盖，在混战的战场上指挥飞机进行空投，炸弹把房子炸塌了，焦树仁的半边身子被房子的柱子压住，所幸的是没有受伤。

闪闪红心　精神永流传

2021年是中国共产党的百年华诞，回忆起自己的入党经历，焦树仁娓娓道来。1949年5月初，焦树仁所在的部队离开晋绥军区步行南下，支援其他地区。一路上，国民党的飞机不时在头顶呼啸而过，飞机来一次，战士们就趴在地上躲一次。就这样，接连走了15天，经过七八个县辗转到达了山西临汾，部队一边等待上级的命令，一边休整。此时解放战争胜利在望，焦树仁白天赶路，晚上夜深人静之时上机工作，在一个个的摩斯代码、一声声的滴滴答答中将重要的信息、情报或接收或发送。焦树仁深知报务员就是部队的千里眼、顺风耳，没有了报务员，部队就要摸瞎，因此他对待报务工作从来都是一丝不苟。1949年7月初，表现优秀的他受到了报务主任的青睐，问他："小焦，入党干不干？"回想起多年前三爹对自己的教诲，焦树仁坚定地说："当然干！"就这样，经过晋绥军区司令部的杨锦春、张朝彬两位同志介绍，部队司令部党支部在临汾召开了全体党员大会，通过了焦树仁加入中国共产党的申请。"整个司令部只有一个党支部，支部书记主持支部大会，参谋处处长兼政治处主任以及司令部的司令员参加了支部大会，五六十个党员在一个大会议室开会，大家举手通过了！"那一年焦树仁才十八岁半，在此后的人生中，这一天一直刻在焦树仁的脑海之中。

焦树仁在空军十三师川八团通讯队

1956年成电开始筹建，此时焦树仁在四川省邮电管理局工作，已从部队转业到地方一年半。为了响应成电的筹建，省委组织部派人来到局里宣讲，指出需要抽调一部分政工干部支持学院的建设。当时，焦树仁正在邮电管理局任主办科员，在相对熟悉的环境中他完全可以继续待下去。但焦树仁并不是一个"安分"的人。"处长，我想去成电！"焦树仁直截了当地对领导说出了自己的想法。焦树仁喜欢学校，喜欢这样沉浸在文化氛围中的象牙塔。

"好，你去了新环境，好好发展，边工作，边学习！"就这样，几乎没什么犹豫，焦树仁来到了兴建中的成电。初来成电，焦树仁在三系担任组织干事、总支委员，负责系里的党建工作，抓学生们的思想建设。后来调任党委审干办公室、保卫处，这段工作经历让焦树仁津津乐道。"在保卫处我跑外调。学校一千多人，我们跑外调的只有7个人，除了沿海的省份我几乎跑了个遍！"时间一晃到了1971年，焦树仁同众多成电的老师、干部一同踏上了前往五七干校的火车。五七干校是"文化大革命"期间为贯彻"五七指示"和让干部接受贫下中农再教育的精神，将党政机关干部、科技人员、大专院校教师等下放到农村进行劳动教育的场所。成电的"五七干校"坐落在米易湾丘的半山腰上，原来是个劳改农场，在他们去的前三天才把犯人转移腾出房间给成电的老师住。焦树仁在干校负责分配劳动任务，在这里，他遇到了与自己年龄相仿的青年教师、后来的中国科学院院士——刘盛纲教授。焦树仁注意到，刘盛纲在结束每天的劳动之后都要点着油灯读书学习，他不禁感叹此人对知识和学术的热情。经过一段时间的观察，时任三连指导员的焦树仁特意把刘盛纲从种田的岗位上调离，安排他去放牛。如此一来，这位醉心学术研究的教师就可以在牛安静吃草的时间里悄悄摸出揣在胸前的书本钻研一番，或阅读专业文献，或推导数学公式。在那样一个高压的年代，焦树仁的善意之举为这位青年学者创造了宝贵的学术生存空间。

从成电建校开始，焦树仁在每一个岗位上恪尽职守，兢兢业业，始终秉持着老一辈革命志士"我是革命一块砖，哪里需要往哪搬。我是发展一枝花，哪里能开往哪插"的信念，扎根成电，奉献成电。正是有了这些前辈们的拼搏奉献，才有了如今成电的蒸蒸日上。

1991年4月22日，焦树仁从教行总支书记的职务上离休。他和老伴杨培林都特别重视家庭红色教育，传承红色基因。正是在两位老人的言传身教下，孩子们听着他们的故事长大成人，红色基因烙印到骨子里。

焦树仁的大女儿焦白光是成电校医院的医生，救死扶伤，治病救人；大女婿是成电的教师、博导，教书育人，探求学术真理；几个孙辈也长大成人，飞向了更加广阔的天空。焦白光介绍，自己和孙辈们从小就受两位老人的革命传统教育，树立了艰苦奋斗、勤俭节约、自强自立的品质。老人家的革命故事全家人都熟记在心，引以为豪。

焦树仁与妻子青年时期的合照

焦树仁与妻子老年时期的合照

对于成电的年轻学子,焦树仁同样充满期冀,他说:"你们是尚未进入社会的准优秀人才,希望同学们能勤勤恳恳争取优秀毕业,以后到国家需要你们的岗位上建功立业,做出应有的贡献!"

岁月似尘封的酒,愈久愈醇,迈入鲐背之年的焦树仁正像一坛老酒,历经岁月洗礼,而革命精神的光芒却更加璀璨,鼓舞着成电学子,鼓舞着一代又一代中华儿女,在实现国家富强、民族复兴的征途上砥砺前行。

(作者:成电拾光工作室学生记者 陈浩亮 陈思芹 指导老师:邓长江)

如烟往事篇

我在成电的日子

【人物名片】 列别捷夫，技术科学博士，莫斯科动力学院功勋教授，苏联国家奖金获得者，俄罗斯联邦科学与技术功勋活动家。

1956年8月，列别捷夫作为苏联援建中国专家来到中国，担任高等教育部首席顾问；同年10月到成电开展工作。在1956—1958年的时间里，列别捷夫为发展中国超高频电子学，培养该领域研究生和青年教师，做出了杰出贡献。1958年荣获以周恩来总理名义颁发的中苏友谊章。

来到成都

20世纪30年代末和40年代初，超高频电子学和微波技术诞生，并获得广泛发展。苏联对这一科研方向连同其他两个最新领域——原子技术和火箭技术给予了特别的重视。20世纪50年代的中国政府同样准备积极发展超高频电子学，但是，当时的中国亟须帮助。

1957年10月，列别捷夫在成电

1956年夏天，苏联高等教育部建议我到中国去，目的是帮助我们的中国朋友培养中国电子工程和国民经济需要的科研和工程技术人员。根据我的工作性质，我适合做这件事，因为我从 1954 年秋季起就在莫斯科动力学院电真空器件（现更名为"电子器件"）教研室讲授超高频技术和器件课程，指导学生毕业设计并担任若干名研究生指导教师。我同苏联的电子工业企业界和苏联科学院也有紧密联系。

1955 年，上级领导曾以同样目的建议我到印度去，在孟买创办一所技术大学。那时我坚决地拒绝了这个建议并继续在莫斯科动力学院开展科研和教学工作。

我可以坦率地承认我曾经因若干理由想过拒绝到中国出差。因为若出差，我将在很长一段时间内，搁置我在莫斯科动力学院和工业界的重要研发工作。当时已经有一批结果可以写博士论文，但长时间的工作中断，会使提交和答辩博士论文遇到很大的困难。

1957 年 2 月，高等教育部首席顾问列别捷夫来校参观

但是根据国家之间的约定，我必须到中国去。所以，我必须在暑假的一个半月里，写出博士论文并提交给莫斯科动力学院学术委员会审阅。然后，我迅速地收拾行李，将妻子列别杰娃·维拉·拉基米洛夫娜和我们的小女儿留在莫斯科，在 1956 年 8 月底乘飞机前往我完全陌生的国家。当时从莫斯科到北京乘伊尔 12 飞机需要飞两昼夜，经停 7 个中转站：喀山、斯维尔得

洛夫、奥木斯科、新西伯利亚、克拉斯诺牙尔斯克、伊尔库茨克和乌兰巴托。

苏联高等教育部事先告诉我，到了中国后我要讲授超高频技术和器件课程，还要在组织和开展科研工作中给予帮助。因此，我从莫斯科向北京发出一大箱行李，包括必要的波导和其他设备，一些仪器和成套的设备和装置图纸，以及一批学术文献。事实证明，这箱行李对于我在中国开展工作是非常有用的。

我是1956年8月30日到达北京的。北京的一切对于我来说是新鲜的、陌生的。很快来了一位令人喜欢的年轻人——刘盛纲，他是1955年毕业于南京工学院（现东南大学）陆钟祚教授领导的超高频电子系的学生。从这一时刻起，刘盛纲成了我的主要翻译。命运使我和他幸福地相处了很长时间。事实证明了刘盛纲的能力，他在我到达中国前的几个月里，受陆钟祚教授委托开始自学俄语，就开始为担任我的翻译作准备了。当时，我还认识了两位年轻的中国教授——刘树杞和孙诗瑛，我同这两位教师友好地工作了很长一段时间。孙诗瑛成为我的第二位翻译，之前，她是苏联科学院谢尔盖·阿尔卡基耶维奇·越克师恩斯基院士的翻译，越克师恩斯基院士是苏联电真空技术领导人之一。

1957年10月，列别捷夫与刘盛纲在主楼前合影

一开始，我并没有马上在中国开始实质性工作。因为中国高等教育部和第二机械部（十局）对于我应在哪个城市工作有不同的意见。起初，甚至有三个方案：北京、成都、南京。争论最大的方案是我们应该在南京还是在成都工作。王甲纲（他后来是成电的副院长）和十局总工程师王世光讲了一些有利成都的话。当时在十局工作的顾问鲍利斯·尼克拉耶维奇·毛热耶维洛夫支持他们的观点。我记得很清楚，为了这件事我多次到位于北京的十局设计所。

但是中国高等教育部杨秀峰部长的决定倾向于南京。在中国高教部的苏联顾问伏拉基米尔尼·古拉耶维奇·阿尔赫波夫支持杨部长的意见，他认为，最好不要在成都这所新建的学院开展电子学的工作，而应该利用南京已有该专业的高校。当然，这个争论并非他个人意见。但是，在成都创建和发展超高频电子学，有更深层的原因，在中国的腹地（四川省）发展电子工业和发展国防工作紧密相关。

在北京经过若干次长时间会议之后，领导建议我和刘盛纲一起去成都和南京实地看看，到底哪个地方有更合适的条件开展我的工作，以便做最终的决定。

出行和多次的会议占用了我大量时间。我本人得出的结论是成电更适合——刚好在1956年9月建成，具有最佳的发展前景。当时已经有由莫斯科往北京到达成都的苏联专家P.A.尼列恩杰尔教授，他担任过莫斯科电真空器件工厂总工程师，并兼任莫斯科动力学院教研室主任。他和我一样支持成都。后来，中国高教部还是通知我尽快去南京，并在南京长期工作。我撤销了在北京的领事登记，他们为我和刘盛纲买了去南京的火车票。但是在离开北京去南京的最后一天，通知我说，采取了另外一项决定——去成都，并在成都发展超高频电子学。我们不得不去退已购的北京到南京的火车票，并重新购买我与刘盛纲飞往重庆的机票（经停太原和西安），从重庆乘火车到成都，否则就得长时间等候下一班自重庆到成都的班机。

很有趣的是，在火车的同一节车厢里，我们遇到多家报社的苏联记者。其中包括刚刚发刊的《苏维埃俄罗斯报》的记者，我们谈论了中国的成就和很多关于认识成都的非常正面的印象。1956年12月6日，《苏维埃俄罗斯报》上发表了关于我们见面的特写。我夫人收到这份报纸（我们家订阅了该报），并将这份报纸保存至今（附件给出特写的译文片段）。这家报纸至今仍在发行，并且是俄罗斯最进步的报纸之一。2006 年 7 月，该报庆祝发刊 50 周年，几乎同电子科大同时庆祝 50 岁的生日。

在结束上述过程之后，我终于在 1956 年 10 月 21 日同刘盛纲一起来到成都。此时，我未来的研究生、进修生和教师，正在从中国各地汇集到成电。稍早时候，另一位苏联专家伏拉基米尔·尤里维奇·罗金斯基从列宁格勒电工学院来到成电，他讲授无线电测量课程，一年后来自梁赞电工学院的第三位苏联专家鲍利斯·依万诺维奇·布拉金加入了我们的行列，他讲授无线电元件课程。

开始在成都工作

吴立人院长和王甲纲副院长是创建成电的领导人，当然，他们两人都不是电子专家，我认为他们是出色的党和国家的工作者。在苏联早期建立高等学院时，也有过类似情况，我记得我是 1940 年考入莫斯科动力学院的，当时的校长就是一位党的工作者——依万·依万诺维奇·都特基。后来适合做科研组织工作的著名学者被任命为高校的校长和副校长。王甲纲是一位热情、活跃地发展成电的支持者。正是他在中国教育部和十局的争论中坚持了自己的观点。许多年后，1990 年，我最后一次见到了王甲纲，当时他躺在成都的一所医院里，他患了重病——中风。在成电同我有过很多合作的有中国著名专家蒋葆增教授和顾德仁教授，还有刘树杞老师。我和他们不仅讨论系的教学计划，还讨论具体的学术问题。我记得同顾德仁教授深入广泛地讨论波导电动力学和电子光学的某些问题。但是同刘盛纲讨论了更加仔细和感兴趣的问题，还很年轻的他很快做了我的翻译，并成为很多讨论的参与者。我和他一起准备了我讲课的讲稿，由他译成中文，然后很快印刷出来，并分发给所有的听课者。他总是在教室里口译我的课，翻译听课者的问题，以及我对这些问题的解答。这些课程每周两次，每次 3 小时，每周还有三四小时关于上述课程讨论问题的答疑。因此，刘盛纲的负担是相当重的。尽管如此，我还是决定让他成为我的研究生，进行科学研究，目的是准备中国第一批超高频技术和器件的科学技术博士论文。

1957 年 10 月，列别捷夫与刘树杞在主楼合影

在多次谈话和答疑中，孙诗瑛给予了我巨大的帮助。她的俄文很好，她听我的课并同其他研究生和进修生一起通过了所有的课程的考试，其后很长一段时间我和孙诗瑛保持友好通信联系，据我所知，她作为上海交通大学教授，取得了不少成果。

苏联 382 厂厂长热渥必斯采夫（右六）来校访问，
列别捷夫（右四）、王甲刚副院长（右五）等人陪同合影

稍晚时候，王祖耆从美国归来，获得了美国科学硕士。我同王祖耆的来往和友谊一直延续了很长时间。他后来成为另一所大学的校长。若干年后，在北京我们作为老朋友再次相见。

1958年春节，列别捷夫的女儿同孙诗瑛和王祖耆及其夫人在一起

我给研究生、教师和从北京、南京、西安和其他城市来到成都的青年进修生讲课。除了刘盛纲外，研究生共有6人，他们工作都很积极。他们拥有很好的基础知识，但这些知识需要加深和扩展。我怀着满意和尊敬的心情，回忆这些研究生们：关本康、张其劭、叶幼璋、曾绍箕、查春江、耒尧丰。我给他们每个人都布置了单独的超高频器件和装置的课题，目的是创建新的实验装置，在众多的进修人员中（40～60人），我特别记住了张克潜、周炳坤、裘明信、杨存皋、胡德钦、潘华章、袁榘、胡埃明、钱慰宗等。若干年后，我见到其中不少人已经成为中国科学院、高等院校的著名专家。

1957年元旦前夕，我妻子和一岁半的小女儿婀拉终于来到成都。他们乘火车从莫斯科到达北京，然后乘飞机经过太原、西安、重庆，最后到达成都，我的生活变得正常起来。

1957年2月初，莫斯科动力学院召我回莫斯科进行博士论文答辩，我到中国之前已经顺利地通过了莫斯科动力学院学术委员会博士论文的审查。答辩是在1957年2月15日进行的，很顺利。然后，我立即返回成都，我从莫斯科动力学院随身携带了一批成电还没有的新仪器。这些仪器对成电今后的发展是十分需要的。

1958年3月，列别捷夫教授夫人与女儿阿安恩卡

我回到成都后，恢复了所有的讲课和答疑。在我回国期间，又来了一批将同我一起工作的进修人员，当时成电已一切走上正轨，来了不少设备。所有这些，为后来的工作创造了良好的条件。

同研究生、工业界的合作

在这篇文章里，可以不写我们同研究生、教师和进修人员开展的详细学术活动和具体的工作。但必须说的是，这些工作同当时最新型的超高频器件是紧密相关的。这些器件包括速调管、研控管、行波管，以及气体放电超高频器件、热敏电阻、半导体超高频二极管。我们的工作是介绍关于苏联发展雷达过程中，在该领域所积累的科研教学经验，其中也包括莫斯科动力学院的经验。当时，我们还考虑了其他国家，首先是美国的成就。我们还最大限度地照顾到中国高等教育的特点和传统。

当时，我坚持了这么一个观点，即必须立即创建和考虑教学过程和工业界及国防实际任务的联系。为达到这一目的，我们尽最大可能使理论和计算同电子器件工艺和结构联系起来，充分利用从莫斯科运来的仪器、技术文件和成套的工业图纸。有趣的是，这些图纸不仅用于成电的教学过程中，还直接在中国已建成的工厂（776、774、772）中得到应用。据我们所知，这使得在苏联电子工部的工艺文件正式移交中国前,就已经加速了某些器件的生产。

1958年,列别捷夫在实验室对研究生进行辅导

在所有的苏联高等工业院校中,大学生的生产实习起了很大作用。生产实习是在三年级或四年级进行的(当时苏联高校是五年制)。我们在1957年夏天就开展了类似的实习。为此,我同王祖耆、刘盛纲、孙诗瑛和5个研究生先到了北京的工厂,然后又到了南京的工厂。研究生们在那里熟悉了电真空器件的研发和生产过程,每个人完成了单独解决生产中急需的任务的方案。

后来,这批研究生在成都完成了毕业论文。1958年5月进行了这些论文的公开答辩。答辩委员会由学院领导、系和教研室领导组成。新校长谢立惠教授也出席了答辩会。

刘盛纲是按特别的单独计划完成学术工作的。他的工作是关于新型宽带波导气体放电开关器(微波双工器)理论和实验研究。当时在中国尚没有副博士论文答辩系统,但是中国高等教育部为了刘盛纲,首次允许按照苏联进行副博士答辩的方式开展这项答辩工作。我必须说明的是,刘盛纲出色地完成了自己的工作。答辩是在1958年5月8日举行的,来了许多人,其中包括在成都新建工厂的苏联专家。所有出席人员对刘盛纲发表的论文给予了很高评价,认为他提交的论文有高的学术水平和创新价值,是实际工作中迫切需要的。答辩委员会进行了秘密投票，刘盛纲以全票被授予技术科学副博士学位，这一学位同世界其他各国的博士学位是对应的。

离开后重回成电

我在成电工作的两年中，发生了很多事情，我目睹了一个大学术集体的出现，这一学术集体开始成功地培养电真空器件和无线电工程新领域的工程师。成电的教师们不仅开始解决教学中出现的问题，而且已开始出售某些超高频设备的商业产品。这些设备是在成电所属专用车间生产的。成电的建筑物也在高速建设中，从而保证了教学、科研活动的需要，并考虑到科研的前景和扩展应用及进一步的发展。

在初期阶段肯定会遇到不少困难，但均被成功克服。所有这些都证明，当时决定成电创建和发展超高频电子学的正确性和合理性：超高频电子学教研室和电真空技术系取得了很好的成绩；超高频方面的工作已不只局限于厘米波段，已进入毫米波段；出版了超高频电子学的教材，以上下两卷的形式大量印刷，成为中国高校有关专业的教材。

由于我在中国工作取得的成果，我得到以中国国务院总理周恩来的名义颁发的最高荣誉——中苏友谊章，这枚章我保存至今。

在离开中国回国前，我有两个感受。第一个感受是高兴，在完成受托任务后，我和妻子、小女儿在同苏联朋友、同事和亲人分离两年后终于可以回到祖国，回到莫斯科了；第二个感受是遗憾，我不得不同如此好的集体、出色的人们，同中国分别了。在这两年中，中国几乎成为我们的祖国了。但是我们相信，成电将会成功地延续从1956—1958年开始的工作，实际上正是如此。

回首往事，我不仅想用美好的语言回忆我在本文中提到的中国同事和领导，还想到我第三个翻译董永昇给予我们的帮助。他不仅是教学、科研翻译，还是日常生活方面的翻译。我们家遇到了困难，当时，我们的女儿很小（1955年5月16日出生），董永昇经常帮助我夫人去找中国医生、买菜和处理其他生活方面的事宜。我还要记住懂俄文又帮助过我们的中国同事——刘发栋和李苏娅。我记住了他们和很多其他中国朋友。

我回到莫斯科后，又继续在莫斯科动力学院工作，而我夫人在莫斯科大学工作。很多被派遣到苏联学习的中国大学生，其中有贾续彪、周充东、陈忠英、陈胡如、刘全如、金钟、罗衣林，他们回到中国后，和其他莫斯科动力学院毕业生都成为中国不同城市的专家、学者,并出色地完成了自己的工作。

李慎成为莫斯科大学的研究生,他在莫大物理系同我夫人相识。李慎完成了副博士论文答辩回到中国,成为电子科大的教授。当他作为代表团成员重返莫斯科时,我们同他多次相遇。我们同张开华教授也建立了良好的联系和友谊,他在发展电子科大和俄罗斯的友谊方面,做了不少工作。

我们同中国科学院刘盛纲院士一直保持着联系和特殊友谊,他是世界级的学者,并担任电子科大校长多年。

电子科大50周年校庆,列别捷夫与刘盛纲、张开华等人合影留念

在1990年和1995年,我同夫人又回到成都,并为成都的变化,为中国的巨大变化感到高兴。2006年,我们与电子科大所有师生,与我们的老朋友刘盛纲、顾德仁、刘树杞、张其劭、关本康、李慎、张开华教授和许多其他更年轻的朋友,共同热烈祝贺电子科大50年校庆。

祝愿你们取得更大的成就。

(作者:列别捷夫,2006年写于莫斯科
翻译:张开华,早期留苏学者,退休前系电子科技大学电子工程学院教授)

附：《苏维埃俄罗斯报》记者同列别捷夫的谈话摘要

清晨我们乘坐的火车快驶入成都了。成都位于中国西南部四川省，是省会的所在地。我在车厢里认识了一位苏联电子工程师列别捷夫。他是成都电讯工程学院的教师和顾问，这所学校刚刚建成，就位于我们将要到达的城市里。列别捷夫热情地对我们说："中国正以令人吃惊的速度发展工业和教育。成都电讯工程学院的创建过程就足以证明这一点。今年2月份才破土建设，现在已经有近两千学生在上课了。"

我问道："为什么学院建在远离中国工业中心的地方呢？"列别捷夫回答："什么？远离中国工业中心？我给您看地图，上面标明大企业的名称，在成都没有大工业企业？您最好看看车窗外面，看看林立的厂房和高耸的烟囱，就知道成都的工业发展是多么快。"当列车进入成都后，在阵阵晨雾中，确实看到了很多大的厂房、高高的烟囱。（以下略）

（原载于1956年11月17—21日《苏维埃俄罗斯报》，有删改）

张兆镗教授回忆补遗：列别捷夫博士来成电时才33岁，是副博士、副教授，一年后回国通过了博士论文答辩，1958年5月离华回国后不久便提为正教授。他带来的多份磁控管图纸便是772厂、776厂生产的依据，另外几大箱波导管管材为我院实习工厂生产我国第一套波导元件提供了资料，填补了空白，波导元件前后共生产了100套，满足了全国高校研究单位急需。他还带来多套排气台、焊接机、老炼设备的工艺设备图纸，还是我亲自送至南门708厂的。他还带来全套教学大纲、教学日历、课程设计及毕业设计指导书，还有磁控管及速调管课程设计参考资料，后由我翻译成中文供学生使用。

1996年，列别捷夫夫妇来校时走到主楼正面东侧门前，列别捷夫的夫人拿出一个相机，要我帮她在门台上拍一张照。她说，她第一次来成电就是从此门洞进入二楼会客室受到王副院长的接见的。

俱往矣！列别捷夫几年前离世时正值他93岁高龄，来时33岁，走时93岁，整整度过了一个甲子！他的点点滴滴，永远铭记在我心中！

列别捷夫在成电 503 教研组的峥嵘岁月

成电五系（电子器件系）503 教研组（超高频教研组，又名"微波教研组"）成立于成电建院后不久的 1956 年 10 月，苏联专家列别捷夫即将到来，同时还将接收来自南京工学院的关本康、张其劭、查春江、曾绍箕、叶幼璋、未尧丰这 6 名 1956 届应届毕业生作为专家的研究生，并由 1955 年毕业于南京工学院电真空专业的刘盛纲老师担任专家的俄语专业翻译，同时还从北京调来曾任苏联专家俄语翻译的孙诗瑛担任专家翻译，协助刘盛纲老师完成口头翻译、答疑翻译及部分书稿翻译与整理工作。此外，又从外语教研组抽调董永昇老师作为苏联专家及其夫人的生活翻译，有时还有其他外语教研组的老师进行协助，总之，翻译力量是比较强大的。

503 教研组成立初期全体成员合影
前排左一为郭玉恒，左二为孙诗瑛，左三为刘盛纲，左四为毛清明，
右一为刘德胜，右二为关本康；后排左一为主任王祖耆，
左二为秘书潘师瞻，左三为张兆铿，左四为陈瑞征

当时除 503 教研组外，五系尚有 501 教研组（电子管教研组）、502 教研组（电子束管教研组）、504 教研组（电真空工艺教研组）、505 教研组（真空教研组）、506 教研组（离子管教研组），后来经过一些改组，名称也

有相应的调整与变化，不久后又建立了附属于五系的507厂。

503教研组主要从事超高频技术、超高频电子管的教学与科研工作。1956年刚成立时只有三名教师、两名实验员及一名实验设备仓库保管员，1957年暑假后增添了陈瑞征与张兆铿两名应届毕业生，1958年夏又增加了列别捷夫专家的两名留校工作研究生，他们是关本康与张其劭。

503教研组于1959年获得成都市先进集体奖，并于中华人民共和国成立10周年前夕选派陈瑞征同志作为代表赴北京参加全国群英会，受到周恩来总理的亲切接见。

之后，503教研组又增添了大批的年轻教师，组建成人数较多的教研组。

503教研组主任王祖耆（前排左五）、张其劭（后排左五）、张兆铿（后排右三）、关本康（后排右一）、孙诗瑛（前排右二）、候露莹（前排左二）、张德骝（前排右四），欢送西安电子科技大学进修教师时合影

苏联专家列别捷夫偕夫人于1956年10月抵蓉，被安排在现新华大道红星路附近的专家招待所内居住。专家来校时年仅33岁，为苏联副博士、副教授，其夫人为光学专家，被安排在四川大学物理系讲学。

教研组刚成立时只有刘盛纲、孙诗瑛及1956年毕业于南京工学院的潘师瞻老师，由潘师瞻担任教研组秘书。在我记忆中当时没有主任一职，原来是虚位以待，等待王祖耆老师。他于1955年与钱学森同船自美国回国后，在南京工学院任教。按照最初的计划，南京工学院的师生本该于1956年7

月与交通大学（上海交通大学和西安交通大学的前身）和华南工学院（现华南理工大学）的师生一起西迁到成都组建成电，后因故南京工学院的无线电系师生大部分不再入川，只有10名左右老师分别于1957、1958年两年内分批调入成电，其中包括王祖耆、王同熙、王端骧、葛允怡、谢处方、魏志源、陈星弼、范隽元、沈庆垓、王欲知等。

列别捷夫等苏联专家在吴立人院长陪同下考察学院建设

由于学校初建，教学人员奇缺，加上南京工学院多数教师不能来校任教，因此将1957届应届毕业生中15名正在做毕业设计的学生派往成电作为教师，其中金矛昌与陈瑞征两人正式成为503教研组的青年教师，尽管尚未报到，但已经属于503的编制了。

王祖耆毕业于美国爱荷华州立大学电机系并取得硕士学位，毕业后在美国西北大学攻读博士学位。1955年，由于一个偶得的回国机会，他毅然中断博士学位的学习，加入了由钱学森等几十名在美工作多年的各个专业的科学家队伍，辗转回到祖国。新中国成立前他在上海交通大学读书时，由于参加进步学生运动而被特务打伤，不得不逃亡美国，再次回到祖国时不由感慨万千！从美国回国后，王祖耆被安排在南京工学院电真空技术（当时又称为电真空仪器系）系工作，时年29岁。1957年年初，王祖耆老师从南京工学院正式调入成电，被任命为503教研组主任。他一边工作，一边听专家的课来提高自己，很快就成为骨干。直到王祖耆1980年调杭州电子工业学院（现杭州电子科技大学）任副院长，他在成电度过了23个年头。

503教研组主任王祖耆（中间坐者）与部分教师合影
前排左一为张兆镗，前排左二为陈汝全，前排右一为北京邮电学院进修教师，
前排右二为金长伦，后排左一为张其劭，后排左二为谢丰忠

1956年11月，苏联专家抵校后立即投入研究生的教学工作，听课的除了6名研究生外，尚有清华大学、武汉大学、复旦大学、南京工学院、北京十二所、京字0038部队等单位的十多名进修教师，他们学成后回去都创办了相应的微波实验室或相应的专业。

专家每2个上午讲一次课，每次课3个小时，包括3门课程：超高频技术、超高频电真空器件、超高频电真空器件的测试。下午指导研究生论文工作，每一名研究生都有各自不同的论文题目，有时还在系里作学术报告，工作十分繁忙。尽管列别捷夫当时只有33岁，但他在工作之余还抓紧时间继续写他的博士论文，以便回苏联参加暂时中断的博士论文答辩。

列别捷夫专家虽然年轻，但学识渊博，注重理论联系实际。他不仅带来了莫斯科动力学院电真空技术专业全套教学计划、主干课程的教学大纲、教学日历、课程设计及毕业设计指导大纲，还有磁控管、速调管和行波管三种管型的课程设计参考资料，磁控管及反射速调管的设计图纸；更难能可贵的是他还带来了电真空器件制造过程中需要的焊接台、排气台等全套图纸，以及几大箱3厘米及10厘米波段的空心波导管原材料。3厘米波段的波导元件，例如测量线、波长计、衰减器、定向耦合器、阻抗调配器、移相器、匹配负载、弯波导、扭波导、分支波导、波导开关等近20件，为我院生产成套波导元件打下了坚实的基础（详见后述）。波导元件的设计，图纸整理及生产后的调试工作由王祖耆老师领导，由我与陈瑞征两位刚毕业不久的助教担任具体的零部件解剖、测绘、制图等工作，然后送实习工厂再编制生产流程进行批量生产。我记得有一次在测绘波长计时，因为无法量得内部的结构尺寸，于是我与陈瑞征两人就直接用工具将波长计拆卸后测量，正在这时，被列别捷夫看见了，他狠狠地批评了我们两个人，说："波长计校准定标时要花去很多时间才能完成，你们随便拆卸就要重新校准与定标！"这使我们惭愧之余也感到心服口服，从此以后，我们铭记在心，没有再犯同样的错误。后来院实习工厂共生产了100套，供应全国各地急需，特别是高校及军工科研院所。

列别捷夫专家虽不是院长顾问，但吴立人院长却非常尊重他。本来高教部为吴立人院长派了另外一个苏联专家罗金斯基作顾问，但在重大问题决策上，吴立人院长似乎更愿意采纳列别捷夫的建议与意见。

列别捷夫对研究生的学习要求是非常严格的。研究生入学一年后，其中一名研究生因在超高频技术课程考试中未能通过，他坚决要求其退学，该研究生不得已只好办了退学手续而转至北京电子管厂工作。

当时来院进修的还有清华大学无线电电子学系的系主任张克潜及刚毕业的周炳琨，后者进修几个月后又被清华大学重新委派至苏联莫斯科大学转学半导体技术，改革开放初期又被派往美国斯坦福大学学习激光技术，回国后由于在激光技术领域做出重大成绩而当选为中国科学院院士，后担任国家基金委副主任，此是后话。

除张克潜、周炳琨以外尚有复旦大学的袁榘（学成返校后被提拔为复旦大学的副校长），他后来撰写了一本《超高频电子管》的教科书。他在成电进修期间，将头发剃成光头，人们都开玩笑地说他这也是向列别捷夫学习。

此外，尚有南京工学院的曹世昌、西安交通大学的钱慰宗、武汉大学的一位老师（忘记姓名）、北京0038部队的莫松涛、北京12所的杨存皋等。加上503教研组的王祖耆主任、潘师瞻秘书、孙诗瑛、陈瑞征与我共20多人参与听课。后因我要赴南京电子管厂参加研发我国第一只微波电子管，即磁控管，不得不中断向专家学习的机会，让我遗憾终身。但我也为能有幸参与研发第一只磁控管感到无比兴奋与自豪，这次经历影响了我的一生，让我与磁控管结下了不解之缘，并决定与它终身相守：我一生中撰写的教材、设计手册、科技专著及不少学术论文、发明专利和专题报告与咨询意见等都与磁控管紧密相关。

成电学生、教师与苏联专家列别捷夫、罗金斯基等苏联专家合影
中排右四为列别捷夫，中排右七为罗金斯基，中排右二为刘盛纲，中排右三为王祖耆，
中排左四为顾德仁，前排左二为孙诗瑛

列别捷夫在电真空器件的材料工艺测试及应用领域有很深的造诣，在繁忙的讲课与研究生论文指导时间之外，他还不忘继续完成他的博士论文。一年后，列别捷夫回国并顺利地通过了学位论文答辩，我们为他辛勤努力取得的成绩感到欢欣鼓舞，同时也向他表达了我们诚挚的祝贺。

列别捷夫夫妇在成电校庆40周年时与部分五系教师合影
后排右七为张兆镗，后排右八为张其劭，后排右十为刘盛纲，后排右十一为刘树杞
后排右十三为研究生班班长关本康

列别捷夫不仅为我国的超高频技术及超高频电子管领域培养了大批技术专家与人才，还亲自帮助我国建立了超高频技术及超高频电子管相应的实验室。除了带来近20件X波段的波导元件及几大箱我国当时无法生产的空

心波导管原材料，为后来我院实习工厂生产国内首批 X 波段的波导元件奠定了基础，填补了国内的技术空白，满足了国内院所及国防微波实验室的急需。此外，他还从苏联引进了许多微波仪器，如信号发生器 43И、大功率计 ИМ-4、雷达测试仪 PT-10、外差频率计 44И、宽带波长计 35И、小功率计、噪声发生器（向英国微波仪器公司订购了 6 套完整的 X 波段的波导元件）上百件，这是国内罕见的！

列别捷夫不仅来校讲课与培养研究生，同时还带来了几套微波脉冲磁控管的全套图纸。我国第一台雷达发射机中的 800 kW 脉冲磁控管 МИ-26、2 MW 大功率脉冲磁控管 МИ-14 等，都是南京 772 厂及成都 776 厂建厂以来生产的第一批脉冲磁控管，也是我国仿制苏联的首批脉冲磁控管，这是对我国的电真空工业做出的引领性的重大贡献。

列别捷夫同时带来的电真空生产工艺设备，如高真空排气台、大电流焊接机、真空镀膜设备、老炼台等全套图纸，后来都由我亲自送至成都九眼桥南门外的南光机器厂（708 厂）。按图纸生产的设备也是该厂生产的第一批电真空器件制造工艺设备，对我国的电真空工业做出了重大的贡献。当时苏联对中国的援助是无私的，周围的 776 厂、773 厂、715 厂、784 厂等都有大批苏联专家在各设计所及生产车间从事技术援助、产品开发及人员培训等工作，当时在成都东郊随时都能见到他们的身影。

1996 年，列别捷夫夫妇与刘树杞（右二）、王祖耆（右一）、关本康（左一）、张其劭（左二）合影

列别捷夫专家所授课程的四本教科书分别由刘盛纲老师与孙诗瑛老师翻译后，由高等教育出版社出版（1958年）和人民教育出版社出版（1961年），这四本书成为当时全国相关专业的主要教材，至今仍有实用与参考价值。

列别捷夫还在与大家的交谈中谈到他的两个宝贵的经验：一是上课不要带任何书本讲义或讲稿，最多带几张小纸片，上面记些烦琐的公式或数据等；另一个是进入图书馆后尽量不去洗手间，集中精力阅读书刊或做笔记。这两件看似极为普通的小事，却影响了我的一生！我在以后的各门课程讲授时学习列别捷夫，做到两手空空连个小纸片都不携带，哪怕连上四节课，是两节微波电子学与两节模拟电路这样截然不同的课程也是如此。

列别捷夫在成电培养了多名研究生和许多知名大学与研究所的进修教师，回国后仍秉承一贯的中苏友谊，在苏联培养了北京十二所的贾学标，成都国光电子管厂前厂长贾高、副总师刘庆瑞，西安交通大学微波教研室的罗亦麟夫妇等。不仅如此，在成电建校40周年（1996年）及50周年（2006年）校庆时，列别捷夫虽已高龄但仍克服困难带领夫人前来参加校庆，并在大会上作了充满激情的发言。苏联解体后，成电物理电子学院部分教师出访俄罗斯时都曾去学校或家中拜访过他，他对数十年前在成电的短期工作仍然兴趣盎然，回味无穷！记得1996年成电40周年校庆时，他携夫人参加校庆，有一天我们陪同他们夫妇两人途经主楼南侧右边门洞时，只见他夫人在手提包中取出一个小相机，请我们为她拍了几张站立在门洞前阶梯上的照片，并充满感情地说出了拍摄此照的意义，她深切怀念起40年前（1956年）初次来成电时从此门进入主楼并上二楼学院会客室受到王甲纲副院长接见时的情景，情真意切！

如前所述，列别捷夫对成电的贡献无疑是巨大的，主要表现在：

1. 为研究生及进修教师开设了三门超高频课程，并正式出版作为相关专业的专业课教材。

2. 带来了电真空专业有关的教学计划、教学大纲、教学日历、课程设计及毕业设计指导书、课程设计参考资料、生产实习指导大纲等教学法资料。

3. 培养了6名超高频专业研究生和近20名各院校、科研所的进修人员。

4. 带来了几大箱波导管原材料——波导管（当时国内无法生产的），为成电生产X波段波导元件奠定了物质基础。

5. 带来了多套磁控管设计图纸及多套电真空制造工艺设备设计图纸，为相关工厂提供了设计依据，加快了产品的研发进度。

6. 带来了 10 多件几乎全套的超高频测试仪器，建立了西南地区唯一一个高校超高频实验室，在实验室中发送出了第一个微波信号。

1956 年他来校时在众多师生面前坦然承认自己不是布尔什维克（苏联共产党员），但在学校规划、行政管理、学科设置、教学计划等方面，校领导们总是先征求他的意见，尽管他不是院长顾问，可见他在吴立人院长和王甲纲副院长心目中的地位！他在成电期间，给与他接触过的师生均留下深刻的美好形象。在他 93 岁高龄去世时，我们远在万里之遥的成都怀着十分悲痛的心情，祝愿他一路走好，借用苏联电影《萨特阔》中的一句名言：长眠就是幸福！安息吧！尊敬的列别捷夫老师！

（作者：张兆镗，退休前系电子科技大学五系 503 教研组教授）

怀念我的老师张煦院士

【人物名片】 张煦，1913年11月生，江苏无锡人，信息与通讯系统专家。1934年毕业于交通大学。1940年获美国哈佛大学科学博士学位。1956年调入成电，1978年调回上海交通大学。1980年当选为中国科学院院士（学部委员）。

1952年出版了《长途电话工程》《无线电工程》《多路载波电话》教材。1957年，翻译出版了《通讯论简述》，是国内首次推出的在信息论领域的优秀科技书。

20世纪60年代初期，随着半导体技术的兴起与发展，他编著出版《晶体管电路分析》和《载波机晶体管电路计算原理》。

20世纪70年代初期，翻译出版了《数据通讯原理》《数据传输》和《通讯传输系统》三本美国名著。

20世纪80年代初，编撰出版了《光纤通讯原理》《光纤通讯系统》两本专著，还主编了《光纤通讯技术》《光纤传输系统设计》《光纤通讯技术词典》。

1995—2004年，八九十岁高龄的张煦还先后出版了《信息高速公路》四集、《谱写科学人生》、《信息高速公路纵横谈》三集、《通讯技术发展趋向》等九套书。

张煦一生共编著、译著的著作和教材共56部，公开发表文章400余篇。

张煦老师是我的研究生导师，我是他的第一位研究生，也是他在成电唯一的一位研究生。他不仅传授给我知识，而且培养了我分析问题和解决问题的能力，在我的成长过程中倾注了他大量的心血。张老师对我的教诲、对我的培养，为我以后的发展奠定了一个很好的基础，使我终身受益。我们的师生情谊已不限于教与学，而扩展到了方方面面。从时间上说，一直延续到他离开成电以后。

张煦老师的教学和对我的培养

1956年我入学成电后，被分配在一系（有线电系）。当时就听说该系由上海交通大学原班人马组建，老师和高年级同学都一起来到了成电。老师中还有不少知名教授。

1957年秋张煦老师被划为右派，但到1959年下学期已"摘帽"，并恢复了参加教学工作的权利。十分庆幸的是我们毕业前的专业课（长途载波通讯）将由张老师来上了。虽然之前张老师没有给我们上过课，但他认真、负责的精神和良好的教学效果我们早有所闻。

每次上课，他总是穿一套整洁的中山装，头发梳理得十分整齐。上课铃声一响就精神饱满地登上讲台，教室里随即回荡着洪亮而又抑扬顿挫的声音，黑板上留下他工整的板书……有同学这样评论说："我感觉张老师是把讲课当作一件十分神圣的事在做。"张老师讲课条理清晰，循循善诱，根据课程知识结构的特点，重点突出，层次分明。

年轻时的张煦

除了上课之外，张老师还参加辅导答疑，并抽改几本作业和指导实验课等。他还主动为基础较差的同学（"调干生"、部队派来的进修生等）"开小灶"，即在星期天、节假日给他们补课。

学校确定我们班为四年制之后（应在1960年7月毕业），1960年年初又决定我班部分同学（包括我在内）留校作预备教师，并于1960年3月提前进入教研室（我被分配到长途通讯教研室）。1960年9月，学校计划试行研究生培养工作，而研究生则由组织分配。当时一系计划培养5名研究生，我是其中之一。最初，我的导师是当时的系主任张铣生教授，但因张铣生老师行政事务多，将我转到张煦老师名下，由张煦老师指导。于是，我成为张煦老师的研究生了。

由于我们是在大四时被"拔青苗"提前毕业留校工作的，当时学校规定：研究生除了正常的助教工作要完成外，还要参加一系列的专业课的听课和考试，凡是考试不及格的，取消研究生资格（一年后，果真从5人变成了3人）。而张老师对我的要求是每一门功课必须在"良"以上，否则他就不带这样的研究生了。能得到张煦老师的指导，我真是太幸运了。我告诫自己必须加倍努力，不负张老师所望，最后，我每门课程的考试成绩都是优。

同时，张老师对我还有一些要求：第一，听他讲课的同时，还要一起参加对学生的答疑。这样使我既巩固了已学的知识，同时也能从同学们各式各样的问题中受到启发、开拓自己的思路。第二，要求了解国外通讯技术的发展趋势。第三，走出校门，去了解国内现有通讯系统设备状况，以及国内主要通讯设备生产工厂正在研制新设备的情况，为研究生论文作好铺垫。

张老师对我的研究生论文，从选题、研究、实验验证，以及论文的撰写等各个环节都一丝不苟、严格要求，论文中也凝聚了他大量的心血。我的研究课题在技术上既有先进性，又有实用价值，因此我的研究生论文有一定的创新性。没有辜负张老师对我的期望，我的研究生论文以"优"的成绩通过答辩，并获得了较高的评价。

张老师是中国通讯事业的奠基者和开拓者之一

1956年张老师服从组织安排，从上海交通大学来到成电，1978年年底又回到上海交通大学，在成电工作了整整22年。1980年张老师当选中国科学院技术科学部学部委员（院士）时，所公布的公告中给出的评价是"中国通讯事业奠基者和开拓者之一"。虽然张煦院士铜像落成在上海交通大学电院文化长廊，但应该说，1980年中国科学院评价中所指张老师"对中国通讯事业的奠基和开拓的任务"，主要是在成电完成的。

张煦院士铜像

1957年张老师因被打成"右派"，被剥夺了上课的权利。除了写检查和劳动之外，他将所有的时间和精力都用于学术研究和写作上。张老师深信国际通讯技术总是在不断向先进领域发展的，国内的通讯事业也是要不断向前推进的，决不会因某一个人的一时挫折而停滞不前。如果自己停顿下来或有所松懈，将会成为时代的落伍者。张老师深信，凭借自己的学术能力和坚忍不拔的精神，是一定能为国家做出贡献的。当年他在国外留学时"祖国培养我，我要报效祖国"的信念，在处于困境时仍然不断地支撑着他。

1957年至1959年，国外通讯技术正从电子管向晶体管过渡，而当时国内掌握晶体管技术的人员非常少，一些关键的通讯技术资料也看不懂。为推动我国电子技术从电子管电路向晶体管电路发展，张老师结合载波机晶体管设计原理的研究，在参阅大量国外技术资料基础上，首先编写了《晶体管电路分析》，成为当时国内晶体管电路的重要教材，随后编著了《载波机晶体管电路计算原理》（1965年，由人民邮电出版社出版）。

1959年9月张老师"右派摘帽"，恢复教学权利之后，张老师心情好多了！不过他更忙了。1960年，他开讲了晶体管电路方面的课程（在国内高校中尚属首批），除做好教学工作之外，他将所有的时间和精力投入国外最新通讯技术的引进和推广工作中。白天就在图书馆的外文期刊室阅览大量的资料，晚上就在宿舍翻译文稿、撰写和编写教材。当时很多著作无法出版，他就购置了油印教材所需的钢板、蜡纸等，自己刻写蜡纸，然后送去印刷所油印、装订。张老师利用讲课和外出讲学的机会，将这些宝贵的技术资料及时传播、普及开来。他在引进国外先进技术的同时，进一步将其推广到国内的生产第一线，最初（1960年假期）所到的单位有眉山邮电通讯设备厂（505厂，是当年邮电部最大的上海邮电器材一厂"内迁"厂）、南京有线电厂（734厂，当年电子部最大的载波机研制、生产厂）、上海邮电管理局等。张老师向这些生产、管理一线的技术人员讲授晶体管电路、晶体管载波机设计原理，为推动我国通讯设备的晶体管化和我国电子技术从电子管电路向晶体管电路的发展做出了重要贡献。

在成电期间，张老师将国外先进技术推广到我国生产第一线的工作持续不断。除1960年外，其他时间段有1961、1962年暑期，1963年寒假，1964、1965年暑假，以及1972—1977年；到过的单位（有许多单位是去过多次）有眉山505厂、南京734厂、绵阳730厂、上海无线电24厂、上海517厂、杭州522厂、铁道部通讯工厂、河南新乡无线电厂（736厂）、南京无线电厂（718厂）、上海仪表局通讯工厂等；管理部门、研究所和高校有上海邮电管理局、上海长话局，石家庄通讯研究所（19所）、遥控遥测研究所（17所）、上海传输线研究所（23所），以及上海铁道学院（现上海铁道大学）电讯系、重庆邮电学院（现重庆邮电大学）、上海科技大学等。

张老师每次外出讲课，均要得到学校批准之后才前往。他讲课不收取任何费用和礼物，完全是利用完成学校教学任务之外的业余时间，为我国通讯事业发展做出的无私奉献。这一历程让张老师念念不忘并十分满足。这也是他在成电心情最舒畅的时刻。他曾回忆道："20 世纪 60、70 年代，我到过四川、河南、河北、江苏、浙江、上海等省市许多单位，可以说走遍中国半壁江山。学术讲演的题目，先是载波机设计和晶体管电路分析，后是数据传输和光纤通讯，都是当时国际上刚兴起的新技术，广大通讯工作者渴望掌握这些新知识。每一个单位讲学时间平均两个月，用的是我编著的讲义。各单位教育部门为我提供普通的食宿，没有其他报酬。每到一处，听众踊跃，听课认真，热情相待，友好相处。老年忆旧，回顾这一段讲学经历，不免津津有味，十分愉快和满意。"

20 世纪 60 年代，张老师向工厂技术人员讲授的主要内容是晶体管电路和设计原理。为推动我国通讯设备的晶体管化，促进我国电子技术从电子管电路向晶体管电路的发展做出了重要贡献。随着技术的发展，从 20 世纪 60 年代末至 70 年代初期，张老师敏锐地察觉到，数字通讯已呈现出明显发展趋势。通讯技术领域即将面临一场以数字通讯替代模拟通讯新的革命。国内也势必面临这种通讯工程重大转变的新形势，应当迅速跟踪、及时赶上。当时，"文化大革命"高潮已过，但学校没有教学任务，许多教师处于无所事事的状态。张老师却抓紧利用一切可以利用的时间，独自在外文期刊阅览室埋头阅读。他不失时机地相继翻译了当时国外最经典的三部数字通讯技术方面的权威著作：《通讯传输系统》（贝尔研究院著）、《数据通讯原理》（勒基著）和《数据传输》（贝奈特著）。

张老师是当时成电出版著作、教材最多的教授。通常，他在给出版社寄稿件时，会在附信中说明不要稿费。但有一次出版的数据传输方面的书籍，被国防科学技术工业委员会（以下简称"国防科工委"）指定为重要参考资料，国防科工委直接将大约 300 元的稿费寄给了学校领导，要校领导亲自交到张老师手里，要他务必收下。1957 年至 1978 年，张老师编写了油印教材四本，出版书籍八本（有的未署名，或以集体、单位署名），完整保留下来的未出版手稿有十八本。

从 20 世纪 70 年代开始，学校秩序逐渐恢复，然而张老师科研无门，在学校也没有教学任务。但是，让张老师闲下来是不可能的。经学校同意，他将自己的课堂安排到我国通讯事业第一线的工厂、研究所。张老师利用寒暑假先后到我国的一些重要通讯工厂讲授了数字通讯课程。由于相关知识的概念是全新的，并需要使用相应的数学工具，当时国内通讯方面的技术人员就面临着知识更新的难题（这也是不少通讯方面研究所和高校来函邀请张老师去讲课的重要原因）。为此张老师在《通讯传输系统》等三本经典著作的基础上，编写自己的数据传输基本原理讲义，在诠释和普及数据通讯技术、引领我国通讯技术发展方面发挥了独特的作用。20世纪70年代中后期张老师讲课的内容还涵盖了光纤通讯的知识。

回顾张老师的奋斗历程，他敏锐地把握了国际上通讯技术几乎十年时间就会有一次的重要的突破时机，在通讯工程和技术面临重大转变的形势下，为了国内能迅速跟上，一方面，他不失时机地编译、编写相关著作，将国外发展的新技术引入国内；另一方面，他不仅在课堂上讲授相关的新技术，还不辞辛劳地将这些新知识和新技术传授到我国通讯事业第一线的工厂和研究部门，对中国通讯事业的发展起到了巨大的引领和推动作用。就这样，张老师在成电这块平台上成为"中国通讯事业的奠基者和开拓者之一"。诺贝尔奖获得者、香港中文大学原校长高锟曾指出：张煦老师被称为"中国通讯界元勋"是当之无愧的。

师 生 情 谊

1960年下半年，我成为张老师的研究生后，与张老师的接触多起来。他对教学和跟踪、引进国外通讯新技术工作的狂热深深地触动了我。我告诫自己：一方面，自己要努力将研究生论文和相关工作做好；另一方面，我虽然在教学、新技术引进方面不能做任何可以帮助张老师的事情，但我应该在生活等方面尽力为他减少压力。

1956年张老师克服家庭的困难（大女儿残疾瘫痪，需卧床由保姆来照顾，家中还有八九岁的小女儿，师母自己也是大学教授，还要照顾两个女儿），只身来到成电，对家人的牵挂是可想而知的。每年的寒、暑假张老师都要回上海。购买回上海的火车卧铺票、到火车站接送张老师成为我出力的机会。

1959—1961年的"三年困难时期"，四川是受灾较为严重的省份，学校师生健康受到严重影响。1960年下半年，张老师面部逐渐浮肿，还发展到左面部神经痉挛。当时，我们（新留校的教师）在教学区的集体食堂吃饭，而张老师是在家属区职工食堂用餐。每当我与他谈起有关食堂伙食、健康之类的事情时，他总是比较乐观，认为自己能挺得过来。还好，1960年年底情况似乎开始有些好转，农民开始种自留地，而且养鸡、养鸭了。1961年春的一天，我在建设路人行道旁，看见一位农民将他的背篼翻过来放在地上，背篼底朝上成了"桌面"，上面放了一只被宰成两半的鸡。我喜出望外，花了3元多钱买了半只（当时应当是高价了），回家炖了半锅汤（当年我还没结婚，没有属于自己的家，生活虽困，但我们总能想到办法煮点东西吃）。我将盛好的一碗鸡汤送到张老师宿舍，一开始张老师觉得有点意外，并婉言让我拿回去自己吃。我告诉张老师："家里还有一半，如果您不吃，我拿回去，我们是肯定吃不完的。"之后，每隔一段时间我们都会特意做一点好吃且有营养的菜，给张老师送一些去。后来得知每次送去的菜张老师都要分为两顿吃（只要天气不是太热）。我说："第二顿饭前我来将菜取回去，热好再送来。"他让我不要麻烦，说他在大饭盒内盛上开水，可将剩菜热好。于是，我再送菜去都选择在中午，以免第二顿的菜要过夜。

每逢五一、国庆等节假日的上午，我都要去张老师宿舍看望他，同时看看有没有什么事情需要我来做。每次我去，他都要给我冲杯咖啡，开初我坚持只喝白开水（这些咖啡都是师母在上海为张老师准备好带到成都的，在当时的条件下，这应该是张老师十分珍贵的饮品），但张老师不听，仍然要给我冲。在张老师那里，我一生中第一次喝咖啡，那浓郁香甜至今还有印象。逐渐我也习惯了那杯咖啡，它让我能多陪张老师聊聊，让他能开心些，多休息一会儿。

1964年我研究生毕业后分配到北京水电部电力科学研究院。虽然我离开了成电，但我每次回成电探亲（夫人在成电工作），都要去看望张老师。

1967年1月，张老师得到通知，要他从原来住的20多平米宿舍（在三楼），搬到一楼厕所旁不足8平方米的杂物间去住，兼做打扫厕所的工作。那时，正值春节前我利用探亲假从北京回到成电，当时我去找了一位常在成电收废品的师傅来帮忙搬家。由于要搬去的房间狭小，除摆放一张床、一个书桌和三个书架外，几乎没有剩余空间。根本无法放下张老师原来堆放在墙角地板上的大量书籍、讲义、笔记和手稿。于是只能由张老师挑选最重要的资料保留下来，其余的当作废品处理了，而这些"废品"足足装满了一大车，实在令人心痛！

1978年11月，几经周折，已到六十五岁退休年龄的张老师终于回到了上海交通大学。学校对他十分信任和重用，加上改革开放和恢复高考的大环境，他的学术抱负终于可以尽情发挥了。他被委以电子工程系系主任职务，开始招收博士生，组建光纤技术研究所（1988年被评为国家重点实验室）。之后，张老师相继当选为上海市人民代表大会第七、八、九届代表。

张煦老师参加上海市第八届人民代表大会第六次会议

回到上海后，张老师与家人团聚的快乐，使他心理和精神上得到了极大的安慰。张老师的工作和生活状况也使我为之高兴。我大约一两个月会给他写一次信问候和请教疑难问题。张老师收到我的信后都要回信，来信中仍不断对我的工作予以关怀和指导，鼓励我"老老实实地做学问，要注意团结同志，爱护青年人"，并不断将他的著作寄给我，使我从中学到新的知识、受到新的教育和鼓舞。

张煦老师的著作及相关成果

只要我出差或有其他机会去上海或路过上海，我都会去张老师家看望他。2005年我和夫人一起到上海，去看望张老师时，邻居告知说张老师摔跤后去了华东医院，至今仍在医院（师母已于 1993 年去世）。我们急忙赶到华东医院，见到张老师摔伤早已康复，但学校要张老师长期留院疗养。张老师是闲不住的人，床头的长柜上放着几本图书、资料、手稿等，桌面上放着正在书写的手稿。

吴诗其及其夫人去医院看望张煦老师

2012年11月,我和夫人应邀赴上海交通大学参加张老师百岁寿辰庆祝会。11月6日上午庆祝会在上海交通大学钱学森图书馆会议厅隆重举行。上海交通大学党委书记、校长及多位上海交通大学前领导,学校各部负责人、师生代表和张老师的家属参加了庆祝会。此外,中国科学院院士工作局、上海市教委、上海市科协和电子科大,以及张老师家乡无锡市政协等部门的领导也参加了大会。会上,时任我校党委副书记的李言荣代表电子科大宣读了贺信,感谢张煦先生在成电22年工作期间所做出的重要贡献。

张煦老师百年寿辰庆祝会

根据医生的建议，上午在学校的庆祝大会张老师没有参加。下午，简朴庄重地向张老师祝寿、切蛋糕的庆典，在华东医院1号楼内张老师病房旁的小会议室举行。前来祝寿的有学校领导和许多张老师的学生。大家轮流上前向寿星祝寿。那天寿星满面红光，思路清晰。对前来祝寿的人几乎都能逐一地回忆起来，下面的照片是我们夫妇俩和张老师，以及他的小女儿迅玲的合影。

吴诗其夫妇和张煦老师及其小女儿的合影

2015年9月12日7时58分，张老师永远地离开了我们，享年102岁。

2015年9月22日上午，我赴上海龙华殡仪馆大厅参加了张老师的遗体告别仪式（共计500多人参加）。张老师，您一路走好，您对我的培养和教诲，我将永生难忘！

（作者：吴诗其，退休前系电子科技大学信息与通信工程学院教授）

峨鼎冰山堪器度
——深切怀念江明德老师

【人物名片】 江明德，1925年7月出生于浙江奉化。1948年5月参加革命工作，1949年8月毕业于南京大学并留校担任助教。1951年9月至1956年8月在南京工学院无线电系任讲师，1956年8月奉调成电，同年9月赴苏联科学院计算技术与精密机械研究所学习计算机技术，1960年8月研究生毕业后回成电工作。1965年1月调四川师范学院（现四川师范大学），1979年10月再回成电计算机系工作。1992年3月离休，2016年9月获批享受正厅级待遇。他是我国著名的计算机科学家，学校计算机领域的奠基者之一，从事计算机科学研究和教育事业四十余载，为我国计算机事业培养了大批栋梁之材，为计算机科技的发展做出了杰出贡献。

清明时节雨纷纷，礼敬秉笔缅故人，欲问先生何处在？流光已铸成电魂。

这是一个怀念亲人、故友的时节，在整理《成电计算机》稿件的时候，我又见到了江明德教授的照片和笔墨，捡拾这些历史的碎片，回忆与先生接触的岁月，不禁感慨万分。

江明德教授20世纪50年代和90年代照片

投身科研，筚路蓝缕终无悔

1956年9月，成电建校。院长吴立人授权许德纪教授组建电子自动化设备系，含解算装置和自动控制装置两个专业，江明德、刘锦德、周锡令三名成员参与解算装置专业筹建。

20世纪50年代成电招生专业简介

1956—1959年，根据周恩来总理的指示，中国派遣了几批学者和技术人员到苏联学习计算机。当时，中国科学院计算所选拔了10人赴苏攻读研究生，其中李三立、王选民、江明德、徐培南、唐裕亮被安排去苏联科学院精密机械与计算技术研究所进修学习。出国前，学员们先后在外语学院进行了俄语培训，后分批出发，李三立、王选民、江明德等于1956年出发。1956年9月11日，中国科学院数学研究所闵乃大先生率中国计算技术考察团访苏，并与访苏进修学者们合影留念，江明德老师也在其间。

闵乃大率计算技术考察团访苏合影
（由中国科学院计算技术研究所张伟提供照片，图中所圈为江明德）

江明德在苏联科学院学习

1960年，江明德先生提前从苏联回国，时任四系（无线电设备系）主任的许德纪到火车站迎接。江明德回到成电后，在四系任教，并在扩建后的401教研室担任了一段时间的教研室主任。

1961年年初，江明德老师由四系调到六系（基础理论系）数学教研室。江老师在苏联科学院学习的是计算机系统及硬件，到数学教研室后，由于环境所限，无法继续进行计算机系统方面的研究，则将研究方向转向控制论。

1962年，龚天富老师从南京大学进修"数理逻辑"后回到成电，江明德老师与龚天富老师一道，建立了成电的自动机研究方向。这也是江老师一生没有放弃的研究方向和内容，围绕此领域他相继发表了80余篇论文。自动机理论与方向也成为成电计算机专业软件与软件理论的奠基石。两位老师在成电数学系建立了数学专业计算机专门化的研究方向，面向1960级学生开课，江老师讲授"数理逻辑"，龚老师讲授"计算机原理"，为培养具有数学基础的计算机人才奠定了基础。

1964年下半年，江明德老师被调离成电，到四川师范学院数学系任教。"文化大革命"期间，江老师身陷囹圄，一路坎坷荆棘，但他并没有因此而放弃，依然在计算机领域默默耕耘！他刻苦钻研，潜心学问，诲人不倦，对待每一件事都认认真真、兢兢业业。

为人师表，软件理论称翘楚

"文化大革命"结束后，1979年10月，江明德老师从四川师范学院调回成电，在计算机系软件教研室（804）任教。1984年，计算机系成立语言与编译教研室（806），主任是龚天富，副主任是江庆林，顾问是江明德。教研室后改名"计算机系统软件实验室"。

回到成电后，江明德老师重新焕发出旺盛的学术生机，成为他学术研究的一段高峰期，在计算机学术领域被认为是成电计算机软件学科的泰斗。国家开展"863"计划时，江老师一举成功拿下4个研究项目，可见其学术造诣和研究的前瞻性。

他先后承担和主持国家、省部委多项研究课题，如国家"863"项目"新的人工智能语言及其支撑环境"（1988年）、国家"863"项目"智能语言及其实现技术"（1990年）等。江明德教授主持的"多体裁AI语言SELFF及其环境的基础系统MAILE"课题获四川省科技进步三等奖（1992年），"SELFF语言的研究与实现"课题再获四川省科技进步三等奖（1996年）。同期，江明德教授发表了50余篇有关计算机理论、计算机代数、自动机、计算机语言模型等的论文。

1977年以来，计算机专业陆续开设了多种不同体裁和结构的高级程序设计语言课程，如Fortran、ALGOL60、BASIC、LOGO、Pascal、COBOL等。为解决计算机程序设计（编程语言）和开设不同计算机语言的教学问题，江明德老师和龚天富老师一致认为要创新教学方式，将多门高级程序设计语言课程逐步缩减到一门Pascal课程。

他们认为，为每一种语言开设一门单独的课程没有太大的意义，学好一门语言后再学习其他新语言是可以举一反三、一通百通的。作为计算机专业的高级程序设计语言课程，不仅要教会学生使用某种高级程序设计语言，而且要使他们能够掌握高级程序设计语言的共同性概念和规律，以便分析、鉴赏、评价、选择、学习和设计高级程序设计语言。

为了培养学生具有上述能力，遵照两位老师的提议，计算机专业决定在教学计划中增加讲授高级程序设计语言的基础理论和设计思想的课程。

当时国内其他高校还没有开设同类课程的经验，也没有类似的教材，两位老师查阅了国内外相关资料，发现早期的资料或教材大多是罗列一些常用的语言，或介绍它们的历史，或讨论它们的差异，或从形式或结构上分析和对比它们的优、缺点，不能满足计算机专业培养学生的教学要求。经过大量的阅读和调研，选用了 C.Ghezzi 和 M.Jazayeri 编写的 *Programming Language Concepts* 一书作为主要参考书，龚天富教授结合自己多年的科研和项目经验，编写了《高级程序设计语言概论》教材。1990 年为研究生开设的"高级程序设计语言概论"课程，是国内最早开设的讲授高级程序设计语言基础理论和设计思想的课程。

江明德等老师的著作

该教材论述了高级程序设计语言的共性结构，即控制语句结构（便于描述算法）和数据类型结构（便于描述数据结构），以介绍程序设计语言的基本原理、设计方法和实现技术为教学目标，使学生掌握设计和实现一个程序设计语言的基本思想和方法，培养学生分析、鉴赏、评价、选择、学习、设计和实现一个高级程序设计语言的基本能力。教材自 1997 年出版以来，一直作为电子科大计算机专业编译原理课程的教材使用，并逐步向其他学校推广，获得国内多所高校师生好评。目前教材已 4 次再版、10 多次重印，先后被评为国家"九五""十一五"规划教材。

1997 年 9 月 28 日，"第六届全国高校编译课程教学研讨会"在电子科技大学计算机学院举办，会议代表共有 34 人，龚天富教授主持会议，陈火旺（国防科技大学）、侯文永（上海交通大学）、徐永生等专家、名师莅临会议。计算机学院江明德、龚天富等出席了会议。

右二起：江明德、陈火旺、龚天富　　二排右起：江明德、陈火旺、龚天富

江明德教授对学术追求孜孜不倦，对研究生培养认真负责、尽心尽力，先后有李广星、舒敏、车量、赵小侠、李涛、张松梅、沈宁川等一大批优秀弟子脱颖而出。他总是默默无闻地耕耘在科研和教学的第一线，与世无争，俯首为牛。

江明德教授指导研究生

江明德教授与李三立、徐培南、徐家福、魏志源等都建立了恒久的友谊，南京大学教授、著名计算机科学和计算机软件学专家、中国软件先驱徐家福先生对江明德教授赞誉有加，特地为他书写了一款条幅：道德文章居上乘，自强不息明真理。

江明德教授在国家级刊物及专业性刊物发表学术论文80余篇，其中19篇组成《泛函程序设计理论研究》论文集，获机械电子部1989年科技进步奖二等奖。江明德教授1983年被评为成电先进工作者，1984年获成都市"五讲四美三热爱"为人师表活动先进教育工作者称号，1987年获成电研究生培养一等奖，1986—1987年度被评为成电优秀教师，1988年被评为成电优秀党员。

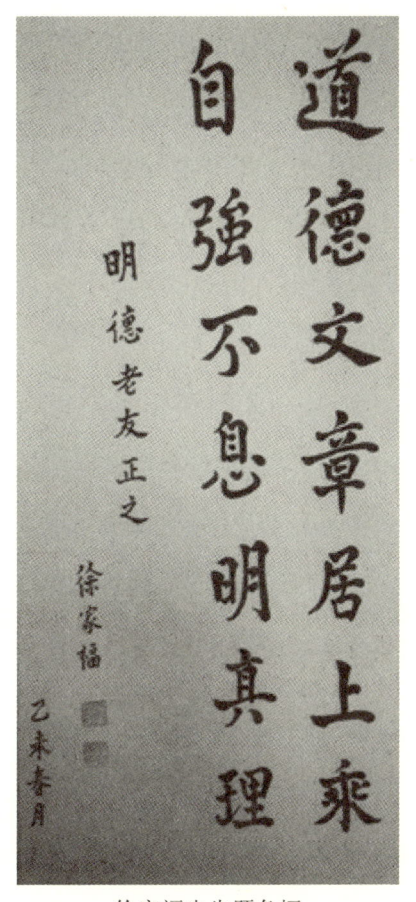

徐家福先生题条幅

江明德老师还担任过中国计算机学会理事、四川省电子学会理事、西南计算机学会理事。他为人正直、热情，关心他人，对自己要求严格，受到师生的一致好评。

诗词大家，气韵天成自从容

江明德教授除了在计算机理论领域是学术大拿外，在文学（诗词）领域也造诣深厚，他的诗词别具一格，笔墨绘画也颇具功力。他曾向我展示了他的诗词手稿，那是抄写在方格稿纸、横线信笺、笔记本上的诗词记录。在接触过程中，他觉得我也很爱好文学和诗词，就请我帮忙整理这些诗词。他将这个集子取名叫《冰山玉烟》。起初我一直未明白这个名字的含义，直到他给我其中部分诗稿。

由于诗词抄录在稿纸和笔记中，江明德老师把其中一部分自行抄写了下来，用一种自定义为"诗词组合体"的格式交给我，让我录入计算机中。部分诗词用了"明德健生"这个笔名。此外，在诗词中，江老师也以"峨鼎"（峨眉山顶寺中有一尊三足古鼎，也称"峨鼎"）和"冰山"自喻。

他写道："诗词组合体（简称组合体或组合诗）是作者所首创。此诗歌体裁早见于2003年问世的作者所著诗集《寒江钓雪》中。A 表示古体诗，B 表示近体诗，C 表示词；AA 表示该组合体诸成分里含有两首或两首以上的古体诗，BB、CC 同理。"并选用一首"七律"《天涯风雪夜》作为《冰山玉烟》诗集的总代序：

> 暮色苍茫万象寒，彤云密布涧山阑。
> 弥天蛱蝶婆娑舞，疑是祥星落玉銮。
> 旋浪棉糕纷乱卷，莫非絮米济贫残。
> 幽幽飘荡精灵恨，子夜长歌路杳漫。

当我读完江明德老师的诗词后（还仅仅是一部分），陷入了沉思。他给我的这一部分诗词，包含了他忧国忧民、处逆境而昂首、自奋图强的心境和志向。若慢慢细品，了解其意，则热泪盈眶。

江老师的诗词手稿中有不少繁体字，且有不少典故出处，有的我不清楚，就去查找渊源，这样才能够理解它在诗词中的含义。我把《明德诗》录入并打印出，交江老师再校正。那时他已有眼疾，看东西需用放大镜。他说继续给我另外一些诗词，我等着，也询问着，不过很遗憾，没有等到。

读江老师《天涯风雪夜》（《冰山玉烟》第一部）后，我填《蝶恋花》词一首，连同诗词打印稿交江明德教授，如下：

蝶恋花
——读《天涯风雪夜》

> 苦旅人生何足数，雪夜迢迢天涯坎坷路。
> 晦雾迟消心早悟，余生劫后言难诉。
> 燕子归来春已暮[1]，谢了梅花菡萏迎风舞[2]。
> 峨鼎冰山堪器度[3]，还将旧令琢新赋[4]。

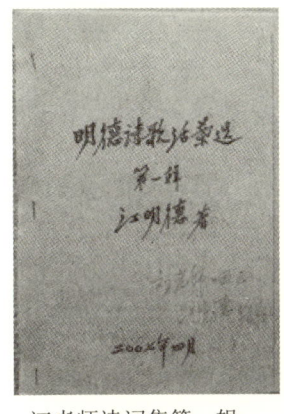

江老师诗词集第一辑 　　　江老师的画作《钓雪图》

我与李国华老师看望江老师

江老师于 2019 年 10 月 13 日驾鹤西去。江老师在世时，我与同事常去看他。这位受人尊敬的好前辈、好师长如今在天上看着我们，祝福着我们不负韶华、砥砺前行。

江老师离开我们已经一年有半，谨以此文作为对他的怀念。

（作者：刘乃琦，退休前系电子科技大学计算机与工程学院教授
原载于《计算机六十年》，2021 年 4 月 8 日，有删改）

【注】

[1] 喻先生 1979 年重返计算机学科，但人生最好时光已过。

[2] 梅花傲雪凌霜，不屈不挠；荷花出淤泥而不染，清馨高洁：喻江明德先生品德。

[3] "峨鼎"与"冰山"均乃江明德先生之自喻，江明德先生诗文气韵、识量涵养、气魄风度均在上乘。南京大学软件泰斗徐家福教授曾赠先生条幅谓："道德文章居上乘，自强不息明真理。"

[4] 江明德先生的诗词以小令为多，言简意赅，今日读之，仍荡气回肠。

往事并非如烟，记忆永萦心扉
——交通大学电讯系旧闻轶事

最近，"成电拾光"栏目推出了周玉坤先生的文章《让成电铭记》，让我深受感动！周先生不仅是原交通大学电讯工程系（以下简称"电讯系"）的系主任，还是筹建成电最初的五人筹备组成员之一，劳苦功高，德高望重（详见"成电离退休"微信公众号文章《让成电铭记》）。64年前，我还是交通大学大三的一名学生，在周先生的带领下，我们电讯系的全体师生西迁到了成电。64年过去了，如今我已是85岁的老人，然而读着追忆周先生的一幕幕往事，在西迁之前交通大学电讯系的点点滴滴也如潮涌来，思绪万千，心潮澎湃！

电讯工程系的建立

1952年全国高等学校进行院系调整，交通大学成立了电讯系，周玉坤先生从上海工业专科学校校长岗位上调至交通大学，并被任命为电讯系主任，职称评定为二级教授，后被选为交通大学教育工会主席、上海市政协委员。

由于1952年全国院系大调整，当时的交通大学电讯系也牵涉甚广。其中有1952年学习苏联进行高校院系调整中部分调出、并入的一些学校和系科，如将无线电专业教师及部分设备调入南京工学院无线电工学专业；将山东大学工学院通讯专业的陈茂康教授、陈尚勤讲师（陈茂康之子）、杨鸿铨讲师，上海沪江大学的裘明信、唐茂成，同济大学的许德纪教授等多人调入交通大学，组成了以陈湖教授为组长的市内电话教学组，成员有吴兴吾教授及刚毕业不久的助教张有纲、洪福明。以张熙为组长的长途电话教学组，成员有刚毕业不久的助教刘锦德、李乐民，陈尚勤讲师从北京邮电学院（现北京邮电大学）进修回校后也加入了长途电话教学组。另由周玉坤、许德纪教授及唐茂成助教组成了电讯线路教学组，后来1955年刚毕业的陆世昌也加入进去当了助教。另由赵国南讲师、蔡祖端等组成了电讯传输教学组。还有以毛钧业副教授为组长的电报教学组，1955年后新添了张有正助教，实验员有房国荣、黄蓉蓉等，还有教"电子管"课程的裘明信。有些人在电讯系内授课，但不属电讯系编制，如交通大学副教务长兼"电工基础"授课者黄席椿教授及两名助教钱慰宗和傅君眉，有教"电子管放大器"课程的陈鸿彬，还有陈耕云作为系实验室主任担负着实验仪器设备的调配与管理工作，他有着一手维修精密仪表的精湛绝技，来成电后更为闻名。林劲先建系初期曾借调鞍钢工作两年，返校后参与交通大学迁校成都的筹备工作；郁曾倩毕业后准备当俄语翻译，后为苏联专家奥捷列夫斯担任口译；还有杨鸿铨、陈茂康、周宗大、杨淑艺、刘侃等，由于年代太久，我已无法想起他们当时在系内的归属及教学情况。

系主任周玉坤及无线电工学与电气通讯类新生录取名单

我还记起和周玉坤先生结缘的一件小事。1953年7月的某天，我去交通大学柿子湾分部的体育馆参加高考（考场由二楼篮球场临时改造），刚坐下不久，只见一位中等身材、脸色红润、目光炯炯有神的年约50岁的监考老师正在过道间来回巡查，我并不在意。9月初，我在南京路国际饭店门口的报亭上买了一份《解放日报》，从录取名单头版中间交通大学无线电工学与电气通讯类中找到了我的名字，排在第 35 名，当时我是多么高兴呀！我的第一志愿就是交通大学，终于遂了我的心愿！我的第二志愿是浙江大学，第三志愿是清华大学，名单上前 34 名为上海市应届考生，后 26 名为非上海籍考生，包括江苏、浙江、福建、安徽、山东等外地考生，而且男女生各占一半左右，男有 28 名，女有 32 名，成为当年交通大学新生中独特的风景线。我毕业于浙江省天台中学，1952 年高考前夕得了一场大病，错过了当年的高考时段，后赴上海看病与疗养，故只能在上海参加 1953 年的高考。我至今仍记得我的学号为 36035，3 代表 1953 级，6 代表六系，035 代表录取名录中的排名，这一编号还被绣在装饭碗的布袋上，每天饭后放置于食堂内的碗柜中。

新生报到后不久，学校在文治堂（交通大学礼堂）举行迎新晚会。同学们都很兴奋。我记得彭康校长也亲临晚会现场，他当时还讲了话，向同学们简要介绍了交通大学的历史，并祝贺 3000 多名新生成了交通大学的新鲜血液。他自豪地说，咱们交通大学现在有 96 名教授，然后逐一介绍了各系主任，当介绍到六系即电讯系时，站立起来的周玉坤主任向台下同学们挥手致意，我突然感到一怔，这位系主任不正是两个月前在高考考场上的监考老师吗？想不到堂堂交通大学的系主任还亲自参加监考，心里不由得对周先生更生敬仰。

电讯系的系楼——科学馆

交通大学电讯系在位于工程馆（恭绰馆）右侧的红砖结构的科学馆内，该楼共三层，楼的右侧就是机车系的机车车辆实验室，内置一台蒸汽机车供学生实验之用。

工程馆内广场中央矗立着一根为纪念无线电发明者意大利人马可尼（Marconi）的天线模型，马可尼曾于 1933 年 12 月到访过交通大学，并由他亲自将圆柱天线植入，可惜天线在抗战时被毁，我在交通大学时，只看到遗址，后来于 1986 年重建，当时还由张煦院士撰文纪念。我们许多课程都在工程馆的教室中进行，相反地，在科学馆内只做实验，从未在内上过任何课程，因为楼内没有教室。

交通大学电讯工程系系楼——科学馆

在科学馆内有几件小事让我一直记忆犹新。

一件是市内电话实验室墙上挂着一块市内电话交换机的示教模型板，据说是陈湖教授当年留学德国时，从德国西门子公司带回的。陈湖教授在1935年曾担任交通大学电讯研究所所长；新中国成立后，历任交通大学教授、成电教授、成电无线电系主任，中国邮电通讯学会电话交换技术专业委员会副主任。他还是第三届和第六届全国人大代表，第五届全国政协委员。他长期从事有线电通讯教学和研究工作，编著有《电话学》《市内电话学》《市内电话网技术设计基础》等。

当时，"市内电话学"课程本来安排由陈湖教授主讲，不幸的是开讲前陈老师重病，不得已改由吴兴吾教授主讲。不知什么原因，讲了没多久，又变成由张有纲与洪福明两位年轻助教继续把课讲完。

吴兴吾教授在交通大学时著有《人工电话学》，译有《滤波器》等著作，在成电工作到1980年，然后调去杭州电子工业学院。

另一件是科学馆三楼一个房间内完好地保存着有一人高的一台立式无线电发射机（电台），据说本来是要调至华南工学院的，后来经过艰苦努力终于保留了下来。

陈湖教授在上课　　　　　　　吴兴吾教授

据当时钱慰宗老师介绍，在抗战胜利后的反内战、反饥饿学生民主爱国运动中，交通大学师生誓死赴南京请愿，国民党极力阻挠，不让火车开动，但机车系学生发挥专业特长，自己开动火车从北站出发，向南京方向前进，其间用于进行联络的电讯楼内的无线电台，在当时发挥了重大作用。

第三件就是科学馆二楼西侧有一实验室，门口挂有"晶体切割实验室"的牌子，据说是由陈茂康教授用于切割各种晶体的（用于振荡器内作稳定频率的各向异性的石英晶体）。陈茂康教授出生于1887年，1915年获美国协和大学电工硕士学位，原在山东工作，院系调整时并入交通大学，但由于年近古稀，我与他相见不多。他的儿子陈尚勤教授后来在通讯理论与模式识别等领域颇有建树。1956年西迁至成电时，从年龄上看陈茂康教授算是交通大学最年长的一位了。

"长途电话学"课程与张煦先生

张煦先生出生于1913年，1934年毕业于交通大学电机系电讯门，1936年赴美国哈佛大学留学，1940年6月获哈佛大学科学博士学位，他的博士论文题目为《磁控管特性的研究》，实际上当时哈佛大学正在大力开展负阻磁控管的理论与实验研究，并在几年后出版了两本负阻磁控管的专著（上下册），张煦先生正是其研究团队成员之一。由于这种类型的磁控管缺点很多，很快就被英国发明的行波磁控管代替，并于第二次世界大战中，在构成微波雷达时作为发射管发挥了极大的作用，正如英国前首相丘吉尔在第二次世界大战结束后的一句名言"雷达是战胜法西斯的一件法宝"，而磁控管就是雷达发射机的心脏。

我在20世纪50年代末一个偶然的机会从天津801库中获得了美军的剩余物资，其中就包括2只负阻磁控管。这正是张煦先生在哈佛大学作博士论文时实验所用的同类型管子，由于年代久远，这种管子极为稀罕，恐怕在美国都不一定能找到了，因此我将此两只负阻磁控管还有其他不同波段的多只行波磁控管悉数赠送给了成电的电子科技博物馆作为馆宝。

《长途电话学》主要介绍载波电话通讯原理，当时国内各地城市间远距离电话，包括铁路沿线的调度都采用载波电话技术，因为当时尚未发明光纤通讯技术。

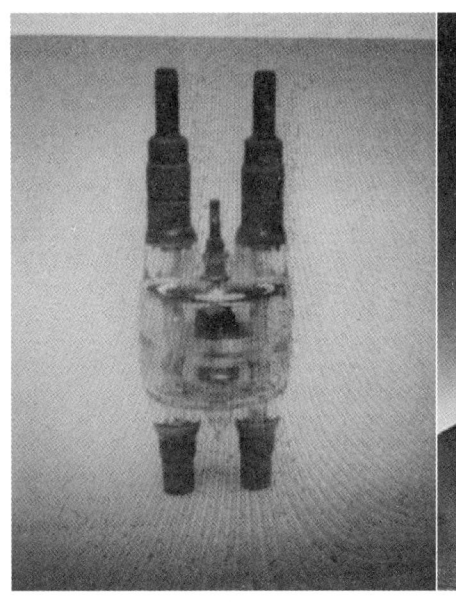

负阻磁控管（美国产）　　　　　张煦院士

1955年暑假时，由张煦教授及唐茂成与陆世昌两位青年教师带领我们到上海市各电讯局或市话分局进行生产实习，实习中曾去过江西中路、泰兴路、南京东路、四川北路横浜挢等地，在横浜桥电讯局实习时还请该局总工程师钱尚平做了一场关于长途电话的技术讲座，钱总著有一本《长途电话学》，还请张煦教授写了序言，他们俩关系甚好，报告会亦由张煦教授主持，由于有此层关系,我们此次实习收获颇丰。到南京东路实习时主要是在电报局及无线电台两个单位内进行,而其他几处实习都是市内电话,包括爬入地道内检查 1200 对粗大电话电缆、寻找解决故障的手段与方法,有时也会爬到马路的电线杆上检测信号数据,真可谓上天入地了,虽然暑假炎热,但是大家在十分紧张的同时也觉得非常愉快!

"电讯线路"课程与许德纪先生

许德纪教授获学士学位后赴德国留学并在西门子公司工作过一段时间,回国后在同济大学工作,院系调整时转入交通大学电讯系,教授"电讯线路"课程,1956 年转入成电并筹建电子自动化系,担任了首任系主任,1978 年重回同济大学工作,曾任全国人大代表。

我还记得在上"电讯线路"课时,曾有多次于周末跟随许德纪先生与周玉坤主任等到浦东进行科学实验,主要进行三相高压线断裂掉地时对电讯线路信号的干扰效应实验。由于我们几个是大三在读学生,只能做些搬运仪器设备、记录实验数据等辅助性工作,但是也学到了许多书本上学不到的知识,收获颇丰!更重要的是学到了进行科学研究与实验的方法,为今后的独立工作能力的培养打下了基础,至今难忘!

不过许德纪先生绍兴方言口音很重,上课时让我们可吃了不少苦头。现在回想起来,却又感到格外亲切,可惜再也听不到先生的声音了。

"电报学"课程与毛钧业先生

毛钧业先生 1942 年毕业于交通大学电机工程系,后来一直在电讯系工作,他给我们从莫尔斯电码讲起,声音洪亮,板书工整。另外,他的裤腿很长,通常拖到地上,令我印象深刻。迁至成电后,毛先生离开有线系,创建了无线电零件系(三系),同时创建了新成立的半导体教研组,跨度相当大!真敬佩他的勇气和勇于担当的精神。他对学生要求极其严格,他的第一个硕士研究生提交的论文被他退回要求重写,这在当时的成电是一件非常轰动的新闻,受到师生的称赞。

1985 年,时任电子工业部部长的江泽民同志来成电视察时,一到校就指名要见毛先生,说他在交通大学时毛先生就是他的授课老师,就像他几次出国赴美访问时,抵达美国纽约不久就提出要会见已相当高龄的当年交通大学老师顾毓秀老教授一样，还侃侃而谈顾教授上课时不带书稿，公式全记忆在脑子里。

毛钧业教授　　　　　吴文华教授

毛先生的夫人吴文华本不属电讯系教师，在交通大学时任校直属电机实验室主任。电机实验室位于工程馆进门后左侧的大房间内，右侧则为热力学与内燃机实验室。迁校时，吴文华随毛老师一同西迁，精神可嘉！

"电工基础"课程与黄席椿先生

黄席椿教授为交通大学的副教务长兼教授，1936年毕业于清华大学电机系，1938—1940年在德国德累斯顿工业大学学习，回国后任教于同济大学，后转入交通大学。1954年我们大二时开设的"电工基础"课程由他主讲，但是不到一个学期，他因和上海市政协参观团一道前往东北工业基地参观考察与访问，不得不将"电工基础"课程转请钱慰宗与傅君眉两位老师代讲，两位虽然都是刚毕业不久的助教，但课堂教学与实验教学都讲得有声有色，深得同学们喜爱。还记得钱老师对学生极其严格，记得有一次做关于日光灯实验时，班上一位女生因实验报告不符合规格要求，重写后仍不达标，不得不留一级，从1953级变成了1954级，毕业不得不拖后了一年。

黄教授1955年参与了迁校筹备工作，并暂借调到成电一年，主持日常科研与教学工作，1957年返西安交通大学担任副教务长。

黄席椿教授

在上海时，我们几位同学曾到黄老师位于淮海西路的家中拜访过他。他酷爱京剧，而且尤其喜欢在课后到校后门摊上买烘山芋（烤红薯）作为点心。他待人温和，学术造诣较高，电磁理论基础相当深厚，尤其是讲到旋度散度等矢量代数时，不看讲稿，顺手推演，这对我后来不拿讲稿直接推导电磁理论的烦琐公式起了潜移默化的作用。

"电子管"课程与裘明信先生

在1954年学校放暑假时，裘明信老师带领全班同学到杨树浦的上海有线电厂（736厂）进行生产实习，吃住都在厂里，主要从事电话机及程控交换机的组装工作和一些车、铣、刨、磨的金工操作。一个周末晚上，裘老师接到电话，说夫人庄老师生了一个女儿，裘老师急忙赶回家去忙活了。我由此也就记得裘老师家的老大是1954年暑假出生的，后来取名裘琪，长大后曾在校外办工作。

开学后进入二年级，由裘老师给我们讲"电子管"课，采用的教材是由清华大学翻译的苏联富拉索夫的《电子管》。谁也没有料到，迁至成电后，新成立的五系（电子器件系）501教研组就叫电子管教研组，也就是当年裘老师给我们讲的"电子管"课。从教"电子管"课程到成为电子管教研组主任，裘老师是成电五系建系时的元老与先驱之一，后来501教研组变成了激光教研组，在离开成电前曾担任五系系主任，离开成电后，裘老师调至桂林电子工业学院（现桂林电子科技大学）担任院长多年，最后又回到了杭州电子科技大学直到去世。

裘明信教授

"电讯传输原理"课程与赵国南老师

在大二时赵国南老师给我们讲授"电讯传输原理"，主要讲无源网络理论，如T形网络、Π形网络、串中剖、并中剖，以及各种滤波器等，讲得非常有趣。赵国南老师好像身上切割了一个肾脏，因此讲话时轻声细语，慢条斯理，还带有浓重的浦东口音，我们曾多次去位于交通大学图书馆南侧的小居室拜访他，他与我们无所不谈，相处甚欢。

1980年他调至杭州电子工业学院，在微波CAD及测量技术领域做出了不少成绩与贡献，真是老当益壮！

1984年，当我在北戴河海滩散步时，无意中遇到四年前调到杭州电子工业学院的赵国南教授，他也正在此避暑胜地休养。由于我们从交通大学至成电，二十多年朝夕相见，久别后在异乡重逢，真是不胜欣喜，我们从学术谈到工作与生活，谈到身体与健康，转眼到了晚饭的时间了，我们边走边谈直到他的疗养院门口，没想到我们的住处相距还不足百米。

"电子管放大器"课程与陈鸿彬先生

"电子管放大器"由年轻讲师陈鸿彬主讲，每次上课时，他总是衣着整洁，穿一双擦得光亮的尖头皮鞋，手里拿一个带盖的茶杯，在木制地板上"咯咯"地走到讲台前开始讲课，他也是我们在校三年来唯一一位带茶杯上课的老师。

陈先生上课结合实际应用并举例说明,课堂气氛活泼生动,深受同学们的喜爱,他是我印象中电讯系课讲得最好的老师之一。1957年,他调入西安交通大学,几年后出版了《电子管放大器基础》,并由张煦教授写序言,出版后在国内引起很大反响。因为当时国内许多人对半导体才刚刚开始研究,大学中的半导体专业才刚成立不久,各种广播、电讯设备包括电视机、收音机、扩音机、电台、通讯机等都只采用各种类型电子管,半导体器件尚未批量生产,1957年才由苏联援建的北京电子管厂(774厂)正式投产供应全国各种电子设备,因此该书的出版满足了当时各行各业的急需,很受欢迎。

交通大学的实验课

在交通大学三年的学习、生活中,我曾在多个实验室做过大量的实验,感到交通大学与众不同的实验步骤与方法,值得肯定与推广。在每次实验前,同学们自己组成两人组,并事先领取相应的实验指导书。实验时,填报所需实验仪器名称、数量、接线、电源板等,请指导老师审查签字后到仪器室领取(仪器室由高寿成主任管理),然后用推车推至指定桌号旁,自己连接及安排所有仪器、电表及连线,开始实验,读取数据,结束后将所得结果及数据交给老师审阅,签字后拆卸所有仪器设备连接,送回仪器室,由高主任验收成功才算最后完成。正是这种组织与管理方法,培养了学生良好的独立工作能力,事后的实验报告书的撰写也同样有极其严格的要求。

离别前的留影

1956年7月离校前夕,班上同学在交通大学图书馆前的留影是我们在交通大学三年的美好记忆,只可惜有近20人由于临走前忙于各种事情未能到场。所以,至今遗憾在大学四年居然找不到一张全班齐全的合影,连1957年作为成电首届毕业生的毕业照同样如此。

在离开交通大学前最后一个寒假,系里交给我们一个任务,安排我与张筱东及章鉴汀两位同学在交通大学60周年校庆前完成两件事情。一件是制作一个电讯沙盘模型,在近2平方米的展板上制作出有长途载波机的机房,有明线电线杆并配置有相互交叉的长途电话线,当然还应有河流与树木等。开始时,我们无从下手,但三个臭皮匠顶个诸葛亮,最后还是勉强完成了这一沙盘模型的制作,提供给60周年校庆展览备用。另一件是复制与描绘从苏联拿来的许多办公家具及用品的图纸,提前半年给上海家具厂制作,其中有办公桌、写字台、皮椅、皮沙发、衣帽架等，加工完毕后将在下一个暑假随西迁教职员工一起运往成都，可立即投入使用，提前解决到成都后的办公家具困难。这项工作比较简单，很快就完成了，现今的电子科大逸夫楼内还能找到当年从上海运来的皮椅子。

1956年迁校前在交通大学图书馆前的部分同学合影

旧地重游

每次出差到上海时，我都要旧地重游，因为交通大学是我的母校啊！当进入古色古香的有大屋顶的朱红大门前，我总要亲手抚摸一下门口一对可爱的石狮子，仿佛又回到了60多年前的峥嵘岁月。在此整整三年的奋发图强、努力拼搏的陈年往事历历在目，涌上心头，校园内的许多建筑物里都曾留下过我的足迹，校园内的一树、一木、一花、一草无不留下我离别时的眷恋之情。图书馆前的民主广场不就是新中国成立前学生运动的集散地吗？"红色堡垒"不就是当时广大师生与市民对交通大学地下党的最高称谓吗？1947年，现离休在杭州的杭州电子科技大学原校长王祖耆教授就读交通大学时曾参加反内战、反饥饿的民主爱国运动，他跟着游行队伍行至外滩时被特务打伤，在医院就医时仍受到特务的跟踪与搜寻，在不得已情况下只好借其姨父在美国的一笔买卖冒名逃到了美国后才能继续读书，直至 1955 年才与钱学森等同船回到了祖国的怀抱，1957年调至成电，我毕业后就当了他的助教，一直到他调去杭州电子科技大学为止。

交通大学正门（上海华山路 1954 号）

交通大学饮水思源雕塑

就在 1949 年新中国成立前夕，两名爱国青年学生穆汉祥与史霄雯正在交通大学门外一小饭馆吃饭时，被国民党特务抓获后就义于龙华，新中国成立后在民主广场的左侧为他们专门修建了烈士纪念碑。上海市首任市长陈毅同志亲笔书写了碑文，碑前经常可见前来凭吊的人所献的鲜花，向烈士们致哀致敬！

穆汉祥、史宵雯烈士纪念碑

　　俱往矣！交通大学科学馆！交通大学电讯楼！

　　而电讯楼内曾经繁忙工作过的教职员工们，在培养新中国电讯科技人才中所做出的丰功伟绩将永远镌刻在交通大学的历史丰碑上。

　　交通大学电讯系的老师们：周玉坤、张煦、陈湖、许德纪、黄席椿、毛钧业、吴文华、陈茂康、陈尚勤、陈耕云、赵国南、周宗大、杨鸿铨、林劲先、刘侃、裘明信、刘锦德、李乐民、张有纲、洪福明、唐茂成、吴世昌、陆世昌、郁曾倩、张松芝、曾继贤、房国荣、黄蓉蓉、张丽君、彭水贞、陆蓓蓉、杜壁君、韩昭春、葛圣漪、高寿成、徐丽园、吉正德、陆根林、王茂忠、石俊良等奔赴成电后都成了建院时师资队伍的半壁江山，也可称他们为建院时的开山鼻祖，有些还成了一系（有线电系）、三系（无线电零件系）、四系（电子自动化设备系）、五系（电子器件系）的首任系主任或建系元老！对于这些前辈，我们将铭记在心！

　　功绩卓著，泽被后人！

1986年,成电建校30周年时部分交通大学电讯系校友合影

谨以此文献给交通大学西迁至成电的校友们!

(作者:张兆镗,2020年7月9日写于寓所逊敏斋,
　　　同时感谢陈艾教授对本文提出的宝贵意见)

纪念赴米易湾丘"五七干校"五十周年

6月1日是众所周知的国际儿童节,是全世界儿童共同欢庆的节日。50年前(1971年)的这一天,全国各地的小朋友们依然兴高采烈地以各种方式庆祝自己的节日,而成电的部分教职员工在学院党委的号召与安排下准备启程前往四川米易县湾丘"五七干校"进行劳动锻炼。

当天,成都是个阴天,气候温和宜人,大家穿着中山装外套,背着沉重的行囊来到学校主楼广场整装待发。集合完毕后,近200人的队伍鱼贯而出,从校门步行至成都火车北站候车室等候开往西昌方向的火车。50年前的火车还是蒸汽机车,时速仅为60公里,尽管成都到米易只有557公里,火车却足足开了十多个小时。到达米易后,我们从铁索桥上跨过安宁河,走上小山丘上的小路,奔赴连队驻地。所有教职员工分成三个连队,安排到相隔不远的三个地方住宿。以原五系为主的近50人入住原四川省湾丘劳改农场三连旧址,连队指导员为刘世明同志,连长为杨开愚同志,连队人员除五系的沈庆垓、陈俊雷、刘树杞、刘盛纲、范隽元、陈瑞征、张兆镗、刘歧山、凌宝京、李宏福、陈宝瑜、吕祥珍、沈凤鸣、凌跃基、吕名正、冯锁华、卢继林之外,还有院级领导王甲纲、军宣队李团长、军宣队队员李大东、教务处长丁宵明、教务部主任张华俊、总务处副处长常庆寿、事务处长刘银录等,另有林炎武、罗中伟、朱文茂、古立洋、徐飞岳、石建功、孙忆忠、许孝辛,及队医董锁槐。

我所在的三连被分为大田班,负责播种、施肥、锄草、收割等农事,劳动强度较大。放牛班负责连队中五头硕大的水牛,养猪班负责猪圈内猪的日常喂食及清洁,炊事班负责全连几十口人每天的伙食。连队中还有负责晒谷及修理农具的小组。

刚到米易时正值二季稻播种,农事繁忙,尽管学院大多数人对农事并不熟悉,但在当地农民的帮助下,大家很快学会了弯腰插秧的技术活。由于当地气候炎热,男同胞们都光着上身插秧,一天下来累得一点力气都没有了。更有甚者,过了两三天后,后背晒起了一个个大水泡,痛苦不堪,晒脱皮后后背会变成紫色。我们这些知识分子过去从未亲身体会过终年面朝黄土背向天的农民兄弟们的艰辛生活，从心底里感叹他们平凡而伟大的一生！

前排左一常庆寿，左二李大东，右一刘世明
后排左一石建功（后调杭州电子科技大学），左二刘银录，左三丁宵明，右一张兆铿

湾丘地处丘陵地带，山虽不高，可是大家对于挑起几十上百斤的肥料上山还是很不适应的。最初，我只能挑四五十斤重的担子，几个月下来居然最重可挑起144斤重的谷子，没有到干校劳动锻炼是不可能有此进步的，也可能还有当时年仅30多岁的缘故吧。每天劳动结束后，大家都会到山顶上清澈见底的小水渠内洗澡，遗憾的是有人就此得了血吸虫病，严重地影响了身体健康。米易地处青藏高原东南缘，昼夜温差较大，白天相当热，到了晚上却要盖被子。夜色降临，大家围坐在屋前晒谷场上观看在成都完全看不到的近景天象，天幕之上繁星点点，北斗七星清晰可见，北极星更是闪闪发光可供世人定位，牛郎织女诸星似乎近在眼前，可惜人群中对天文熟悉者寥寥无几，不然可以讲述许多精彩的民间故事。

由于我身体较差，不能胜任繁重的体力劳动，领导决定将我从大田班抽调至晒谷组，与许孝辛一起从事早晒晚收谷子和玉米的工作，无须远距离奔走于稻田之间，相对说来轻松了不少。晒谷组需将摘下来的玉米棒晒干后用手剥成玉米粒，时间久了难免手掌起泡，亦是疼痛不已！除此以外，我还与凌跃基一起负责手扶拖拉机的维修工作，并且经常到田间安装塑料水管供灌水之用。当连接两根口径相同的塑料管时，需要用加热的方法将其中一根的管口直径扩大,然后迅速将另一根未经扩口的塑料管插入,冷却后由于冷缩原理致使大管口向内收缩,从而形成紧密的接头,避免漏水。从这些琐事中我学会了许多书本上学不到的有用技能。

前排左一林超,左二卢继林,左三李宏福,左四范隽元
后排左一凌宝京,左二张兆铿,左三刘盛纲

  可能由于米易的安宁河河水中含有一些稀有的矿物质,大家刚去时几乎人人出现了腹部胀气、不停放屁、腹泻等症状。我是其中最典型的代表,一天内竟拉了 13 次肚子,几近缺水状态,服什么止泻药物都不见效。董医生给我开了许多包活性炭服下,终于止住了拉肚子的毛病,也因此休整了好几天,身体才得以恢复。

  由于经费紧张,炊事班中的蒋师傅、刘树杞老师及采购员罗中伟等想尽办法改善伙食。平时以蔬果为主,每个月宰一只羊来打打牙祭。每逢此日,大家都兴高采烈地翘首以待,可对我来说却是折磨,因为我从小就吃不惯羊肉,一闻到羊膻味就想呕吐,更不要说吃了。往往大伙大快朵颐之时,我只能悄悄地去厨房要些泡菜下饭。有一次,连里给每两人发一个猪肉罐头,罐头内几乎三分之一都是雪白的猪油,大家喜不自禁。因为饮食上长期缺乏油水,对猪肉更是很久未闻其味了,同住一个房内的王甲纲副院长由于身体肥胖不敢吃如此之肥的猪肉,就将自己分到的一份转赠给我们。王副院长解放初从延安到北京作为邮电部接收大员,后任人事司司长,1956 年以九级干部身份调任成电副院长，辅佐七级干部吴立人书记兼院长，开展学院初期建设与教学管理工作。他作风正派，坚持原则，善于用人，与苏联专家列别捷夫关系甚笃，在学院建院时落实知识分子政策等方面均做了大量工作。他来到干校后立即放下九级高干的架子，与我们一起下农田干活，有时还讲些延安时期的故事，平易近人。冯锁华经常伸手去摸摸王甲纲光胴胴的大肚子，而他对此从不生气，就像我们的同班同学一样，真是难能可贵！

平日里，炊事班不时蒸些大包子改善伙食，尽管没有肉馅，但大家吃得津津有味。我吃3个就饱了，作为女同胞的沈凤鸣一顿却能吃上6个，让我惊讶不已！而冯锁华却能一下子吃下13个，真不可思议！

张兆锃（后排右一）与同事在安宁河铁索桥上合影

刘盛纲老师负责放牛，他每天早出晚归，有时带些干粮权作午餐。一天傍晚，大家正在用餐时，忽见刘老师满头大汗急匆匆地来到驻地向连队领导报告，他放养的五头水牛不见了，这可是件不得了的大事！于是，连队决定让几乎所有人都带上手电筒和火把漫山遍野地去寻找包括"门板"（大家给其中一头牛角最宽处接近两米的水牛取的别号）在内的五头水牛。终究是人多力量大啊！一个小时后终于有人发现了走失的五头水牛，这才使刘老师放下了沉重的思想负担。事后，大家均在猜测也许刘老师正在聚精会神地思考学术问题，也许正在推导公式，完全忘了他正在照看的几头低头吃草的牛，当他抬头时不见了牛群,可以想象他当时的心境与紧张状态,独自一人满山遍野地寻找却没有找到牛。在当时的情况下,唯一的办法就是立即返回连部报告情况,发动大家一起寻找。

　　一天半夜时分,突然听见隔壁上铺的吕名正大叫一声,称他抓到了一条蛇,把邻近几个宿舍的人都吵醒了。原来,熟睡中的吕名正发现一条蛇爬进了他的蚊帐内,便勇敢地用一只手捏住了蛇的七寸,使其动弹不得,然后下床来到了室外。随后有很多人闻风而起,有人建议立即宰杀,有人就到厨房拿了一把菜刀,三下五除二地将蛇皮剥下并取出蛇胆,来自化学教研组的一个人居然直接将蛇胆生吞了下去,有人将蛇肉煮了一锅汤让大家分食,折腾到下半夜才结束。

　　还有一件不得不说的趣事,那就是大家每晚临睡前都会躺在床上漫无边际地聊天,以消除白天的劳累。其中,凌宝京与刘开诚两位是聊天主角,什么隐身人、蜘蛛人等,不一而足。由于连队中缺少娱乐设备与条件,不要说电视机了,连个收音机都没有,大家只有吹吹牛消磨时间。最有意思的是睡在我上铺的刘开诚,说睡就睡,一分钟前还在滔滔不绝地高谈阔论,一分钟后已经呼声如雷,犹如电灯开关一样,说关即关。多年后说起此事,我们还心照不宣,会心一笑。

　　在湾丘"五七干校"七个多月的劳动锻炼中,有一次在山下的四川省"五七干校"总部放映电影(也是唯一的一次),于是我们成群结队地冒着毛毛细雨走过安宁河铁索桥直奔放映地。这是一个在篮球场上挂起一块白布作为银幕,而且幕前幕后均可观看的露天电影场。大家等了很久才开始放映,没有想到的是居然连续放映了三部日本影片,其中一部是《啊!海军》,另一部是《山本五十六》,还有一部怎么也想不起来它的片名了。尽管冒着细雨站着观看电影,而且一站就是五个多小时,但我们完全忘记了时间,被片中的故事情节深深吸引。当年,即使在成都也只能看到八个革命样板戏,还有就是《地雷战》《地道战》,谁也没有料到在远离成都的米易"五七干校"中却放起了进口大片。影片《啊!海军》以二战期间日本海军中一些激进的年轻军官造反内斗及海军决策错误造成军事失败为题材,故事情节跌宕起伏,加上演员演技精湛,吊足了大家的胃口。我们在观影时还遇到了分驻在第一和第二两个连队的成电战友们,在返回驻地的途中彼此寒暄,到住宿地时已近天明,第二天上午就只能休整而无法出工了。

张兆锽于安宁河畔桥头

　　米易有两件宝，那就是爬沙虫与香茅草，星期天我们常会约上几个战友到安宁河中从石头缝里抓爬沙虫。这是一种外形像蟑螂似的小爬虫，洗净后在油锅中炸熟即可食用，由于其体内含丰富的脂肪与蛋白质，既香又脆，不少人都喜欢食用它增加营养。香茅草也可作为枕芯之用，还可以制作香茅油，有许多药用价值。

　　米易县城很小，有人说，站在城中高地，大声叫喊可以使全城百姓听见，当然这是夸大之言，说明城郭不大，城中心不多的几家商店十多分钟就可逛完。时隔五十年，现在的米易县城完全今非昔比，如今已高楼林立，还有许多度假酒店和各种公寓供不同旅居者落脚。由于阳光充足，日照时间长，没有工业污染，空气清新，它是四川省内冬季避寒首选地之一，不少人在此购房，作为冬日旅居之地。可惜五十年来我从未旧地重游，加之年事已高，只能遗憾终身了！

　　五十年前的往事依稀，如今我已是耄耋老人。许多干校校友、王甲纲、张华俊、丁宵明、常庆寿、李大东、沈庆垓、陈俊雷、陈瑞征、陈宝瑜、林炎武、徐飞岳、古立洋……相继离世，在此谨向这些前辈与同事们致哀。他们在干校时的音容笑貌我一直铭记在心，无法忘却。五十年，半个世纪在时间的长河里仅是沧海一粟，但对来去匆匆的凡夫俗子而言已是大半个人生了。

　　值此赴米易湾丘"五七干校"劳动锻炼五十周年之际，撰文权作回忆纪念！

（作者：张兆锽，写于赴米易湾丘"五七干校"五十周年前夕）

让成电铭记
——忆成都电讯工程学院早期筹建者周玉坤先生

【人物名片】 周玉坤，1902年2月出生于江苏扬州。1924年毕业于南洋公学（交通大学的前身），随后担任浙江省电话局总工程师，引进、安装了中国第一个自动电话交换总机。1933年，赴美国、英国、瑞士、瑞典、挪威、德国等国留学、访问，并在美国贝尔实验室、英国曼布雷研究所担任研究员，1937年担任英国通用电气公司驻香港总工程师，随后到位于昆明的通用电气公司中国分公司工作。抗战爆发后于1939年参加了滇缅铁路建设并任电讯工程师。1942年在重庆担任交通部材料总署副署长及总工程师，因痛恨贪污腐败，不久离职赴中央大学任教并担任电机系主任。1948年任上海工业专科学校校长。1949年上海解放前夕，他积极组织护校运动，坚决抵制国民党把学校迁往台湾，保住了学校并回到共产党的怀抱。1952年全国第一次院校调整，他调往交通大学电讯系并担任系主任。1956年他响应国家号召，组织交通大学电讯系全体师生西迁至成都，为建设新中国第一所电子科技高等学府——成都电讯工程学院做出了积极贡献。到成电后，他担任了成电有线通讯系主任，并当选为四川省政协委员，四川省人民代表和九三学社会员。1958年调成都机械研究所工作。1976年退休，1978年担任上海金山石化专科学校顾问。2004年去世，享年102岁。

1956年8月，一场关系着新中国第一所电子科技高等学校——成都电讯工程学院命运的西迁行动，率先在交通大学校园展开。交通大学电讯系师生、教辅人员近400人及仪器设备，全部登上了当时全国最大的"江新"号轮船，向着目的地成都进发。而促成此次西迁的关键人物之一，正是交通大学电讯系主任周玉坤先生。60余年时光荏苒，那些人、那些事都已逐渐远去，已至模糊，但周先生的壮举与事迹，却定格为成电发展历史的起点，让成电永远铭记。

四海漂泊心系祖国　　冒险护校迎接新生

1924年周先生从交通大学甫一毕业，就展现了出众的才华。他担任了浙江省电话局总工程师，在他主持下引进、安装了中国第一个自动电话交换总机，这在中国的电话史上具有开创性的意义。随后他出任英国通用电气公司驻香港总工程师。为了进一步提高自己的业务水平，从1933年起，他独自一人远赴海外，先后去美国和英国、瑞士、瑞典、挪威、德国及其他欧洲国家留学、访问，并在美国贝尔实验室、英国曼布雷研究所担任研究员。他研究并收集了大量的长途电话通讯系统、传输网的建设资料，翻山越岭、不辞艰辛地拍摄了几千张其他国家先进的架设在市内、郊区、公路、山区野外的长途电话线路照片。一方面为他以后回国在大学教授电话电报通讯专业课和著书立说准备了大量丰富的资料，另一方面也为自己祖国电话事业的发展积攒着力量。

周玉坤任浙江省电话局总工程师期间与赵竹君女士合影

1938年周先生回到了自己的祖国。面对国难家破之时局，周先生满腔愤慨，谋生之际亦在思索如何为国尽力。他先在通用电气公司中国分公司（昆明）任总工程师，一边养家糊口，一边等待报国时机。这个时候，原交通大学的同班同学、当时的交通部部长曾养甫专程到昆明找到周先生，请他参加抗日，筹建滇缅铁路。周先生感到报国有望，遂毅然放弃了外国公司的高薪工作，参加了滇缅铁路筹建，并任电讯工程师，负责铁路通讯工作。直到1942年因日军占领缅甸，铁路工程才被迫停建。周先生此一时期的工作，为滇缅会战中抗击日寇做出了积极贡献。

周玉坤先生（1989年）

　　铁路工程停建后周先生被调到重庆，交通部任命他为材料总署副署长兼总工程师。抗战时期重庆正是物资紧缺之际，但周先生却发现有人走私和贪污，大发国难财。他切齿痛恨，并着手清查。不料却因此得罪有关利益集团而受诬陷，到国民党中央党校受训（实为审查）。因他一生清廉使诬陷未能得逞，然此事亦使他彻底看清了国民党的本质，思想也逐渐发生变化。他开始接触一些进步书籍，自学了不少共产主义和苏联社会主义的小册子，认识到国民党因腐败根本不可能救民于水火，而这个希望在中国共产党，这也为周先生选择以后的人生道路埋下了伏笔。此后周先生到内迁重庆的中央大学任教，并兼电机系主任。抗战胜利后，他带全家回到上海，担任中央大学、交通大学、之江大学等多所大学的教学工作，后担任上海工业专科学校的校长职务。当时该校拥有国内最好的机械设备和电话交换设备（300门电话自动交换机，由澳门雷士德工业大学援助）。上海解放前夕，时任国民党政府上海市市长的吴国桢，要周玉坤将该校搬迁到台湾，并讲已准备好轮船，但周先生却断然拒绝了吴国桢，于是国民党欲派军队进驻学校强迫他们迁台。周玉坤遵照中共地下党的指示组织了护校运动，坚决阻止军队进驻。他冒着飞机轰炸的危险，天天从上海市西愚园路住处赶乘公共汽车（中途要转车）去上海市北的杨树浦上海工业专科学校护校。在他的带领下，全校爱国师生们团结一心，保卫学校的财产不被抢走、偷走，保证了学校全部财产完整无缺地交给国家。1949年上海解放后，周玉坤被中共上海市教育局任命为上海工业专科学校校长（当时全上海市只有两名继任校长）。

1952年全国高等学校进行院系调整，周先生被调至交通大学，并被任命为电讯系主任，职称评定为二级教授，后被选为交通大学教育工会主席，上海市政协委员。1953年时任交通大学校长的朱物华介绍周先生加入了九三学社，对周先生工作积极认真、爱国的态度赞赏有加。

满腔热忱筹建成电　积极建议终定校名

1955年，国务院总理周恩来亲自决定成立全国第一个无线电技术的专业大学。由副总理薄一波、二机部部长赵尔陆主持，在北京召开会议，周先生还受到周总理的接见。在同年3月高教部党组织向国务院总理周恩来呈送的《关于沿海城市高等学校1955年基本建设任务处理方案的报告》中提到：将交通大学、华南工学院、南京工学院等校的电讯工程有关专业调出，在成都成立无线电技术学院。

1955年7月21日，成都无线电技术学院筹备委员会正式成立。徐思铎任副主任委员，黄席椿、冯秉铨、陈章、周玉坤、高峻为委员。筹委会办公室下设秘书组、基建组、教务组。筹委会成立后，立即开始了紧张的筹建工作。同年7月30日，在成都市委和成都市建委的支持下，提出了四个选址方案，初步确定在成都东北郊簸箕街以东一带为校址第一方案。同年9月2日，筹委会决定，由二机部十局设计处承担教学区的设计，并编写学校设计计划书，由建筑工程部西南设计院承担福利区的设计。同年 9 月 12 日，筹委会决定在交通大学成立仪器设备采购组，三校提出仪器设备采购计划。在筹委会上，周先生提出了将"成都无线电技术学院"改为"成都电讯工程学院"的建议，他认为无线电不能涵盖学校的主干专业，比如交通大学就是以有线电为主。他的建议得到了有关领导的高度重视，同年 9 月 19 日，高教部发文将成都无线电技术学院更名为成都电讯工程学院，后来由学校请郭沫若先生题写了校名。

为人表率举家西迁　殚精竭虑奠基一系

周玉坤先生一家抵达成都火车站（图中小孩为周玉坤年仅三岁的儿子周平平）

为了新中国的第一所电讯大学，为了总理的信任与嘱托，周先生满怀革命教育工作的热情，东奔西跑地出差、开会、规划、筹建新校舍。他几次出差到当时还没有直通铁路、较为偏僻的成都实地考察建校校址。回交通大学后，多次向全电讯系师生员工介绍情况，积极、热情地介绍成电的宏伟蓝图、发展远景，动员全系师生员工响应国家号召，迁往祖国大西南去建功立业。尽管如此，还是有一些同志不愿意到成都去，无论是环境、待遇、交通、日常生活等，当时的成都显然都无法和上海相比。这个时候，周先生不是简单地说教，他以身作则将在上海的七个儿女（除大女儿、大儿子在清华大学就读之外）全部从上海西迁到地处大西南的成都。当时，最小的儿子周平平才三岁多,还有两个子女正在上海读高中三年级,面临高考,周教授的岳母、大姨和小姨都在上海愚园路 1050 弄 11 号居住着一个三层楼房子,周先生的两个子女完全有条件在上海参加高考,但周教授仍毅然将他们两人的户口也一同迁去成都。正是由于周先生的积极推动,特别是身先士卒,使一些原来不愿意离乡背井的上海师生员工们,都下了决心响应国家的号召,才有了电讯系师生西迁的壮举。

迁到成电后,由于教学主楼及居住区尚未完全建好,全体师生员工都在公共食堂用餐,住房则是借附近工厂的工人宿舍,厕所也未完工,只有临时作为公共厕所的茅草棚,一下雨满地泥泞,不少人都摔了跤。上课是在"边建边教"的主楼,还和着"交响乐"(建筑施工的声音)的伴奏。虽然条件如此艰苦,但周先生始终以最大的热情任劳任怨地、忠诚努力地工作,他用自己的表率和关怀帮助在困难环境中不安心的同事和同学们。

"从今以后我们就是一家人了!"周玉坤老师代表由上海来蓉的师生,感谢学院一路上对他们的照顾和关怀,表示一定要全身心投入到建校工作中,把学校建设成为美丽幸福的大家园!

周玉坤来成电后参加会议

张兆镗和张筱东是交通大学 1953 级电讯系的学生,陈艾是 1954 级学生。在三位老人的记忆中,周玉坤始终是他们心目中敬仰的老师。有一件事张兆镗印象特别深:1953 年他高考后顺利进入交通大学电讯系,在新生迎新晚会上彭康校长介绍出席晚会的领导,当介绍到电讯系主任周玉坤出场时,张兆镗一下子就认出了周主任正是自己两个月前参加高考的监考老师之一,这让张兆铿欣喜不已。1956年迁校的时候，张兆铿和张筱东和其他交通大学电讯系的同学一起，跟随周先生一起迁到了成都。张筱东回忆道："周老师来成都后继续给我们讲'电讯线路'课，他那个时候已经50多岁了，所以讲课时一般都准备两副眼镜——一副老花镜，一副近视镜，两副眼镜轮换着用，十分专注。他很关心学生，有一次学校食堂炒的回锅肉上的毛有点多、有点长，让刚刚从上海等大城市来的同学很不适应，吃不下去，就倒掉了。这一下子让很多从农村考上来的学生很不满，觉得太浪费了，结果双方就争执起来，还在食堂互贴大字报。周老师知道情况后，没有简单地批评哪一方，而是从爱护学生的角度出发，耐心细致地给双方做工作，取得相互理解，结果让双方都心服口服。"

根据李乐民院士回忆，我们进一步了解了周先生为筹建学院付出的心血。周先生到交通大学之前是上海工业专科学校的校长。1952年，全国高等学校院系调整，他被调往交通大学并任电讯系主任。交通大学对周先生非常器重，专门给他分配了住房，是校长楼一号，他和夫人连同九个孩子都住在那里。周先生并不因为自己是大牌教授就高高在上，他和同事们打成一片，对工作非常投入，绝大部分时间都在办公室里处理系务工作，大家随时能找到他。李乐民那个时候刚刚毕业，年轻而充满朝气，学校为了减轻周先生的工作，也兼顾培养年轻人，就安排李乐民做周先生的行政秘书，协助他处理事务。李乐民记得当时他和唐茂成（后随交通大学师生一起到了成电）住一个寝室，唐茂成是周先生的教学秘书，李乐民除了做周先生的行政秘书外，也做张煦先生的教学助教，因此，周先生和张先生的学识、品行和对工作的态度也默默地影响着李乐民。到了1954年后，李乐民到天津大学和北京邮电学院进修去了，所以和周先生共事的时间只有不到两年。李乐民记得当时周先生开设的课程叫"电讯线路"，课程特别注重工程实践，对提升同学们的实践动手能力很有帮助，同学们普遍感觉收获很大。此外，他的英语很熟练，令大家十分羡慕。1956年交通大学电讯系西迁成都时，有些同志处于犹豫彷徨中，这个时候周先生站了出来，他把在上海的财产做了处理，在全系的大会上明确表示，自己全家全部随同西迁。他还把自己家的钢琴带到了成都捐给学校，成为20世纪五六十年代学校唯一的钢琴。由于他的表率作用和坚决的态度，交通大学电讯系几乎全部西迁到成都，在西迁三个源头学校中，交通大学的西迁最完整，可以说交通大学电讯系的西迁对成电的发展至关重要。

周先生到成电以后，以交通大学为底子组建了一系，即有线电系，他担任系主任。李乐民也从北京邮电学院直接到了成电。到了学校以后，周先生再次让李乐民做他的行政秘书。在给周先生做行政秘书的一年多时间里，李乐民记得周先生为了筹建一系，事必躬亲，一一过问，殚精竭虑。在他的努力下，以交通大学的教师为主要班底，一系很快就搭建起来了，它就是信息与通信工程学院的前身。在1956年招生的5个专业中，其中就有有线电设备设计及制造，一系下设市内电话、长途电话、电路3个教研组。同时他又根据学院的发展需要，由他主持，抽调毛钧业、林劲先、陈耕云、唐茂成、张有纲等交通大学的中青年教师为骨干，积极筹建三系（无线电零件系）。而这两个学院对学校的发展都具有举足轻重的作用。可以说周先生对学校专业的创建和以后的发展都发挥了十分重要的作用。

但就是这样一位为学校发展做出了巨大贡献的知识分子，却难以逃脱时代的命运。1957年周先生被错划成右派。李乐民为此感到很痛心也很无奈，他默默祈祷周先生能够平安渡过艰难岁月。一年后，周先生被调离了学校，学校失去了一位非常有学术声望的教授。但周先生是一个非常坚强的人，无论环境多么恶劣，他始终不卑不亢，也从不在师生和孩子们面前有半句怨言，坚守着一个知识分子的良知和品行。在李乐民的印象中，周先生中等身材，但他的身体却仿佛蕴含着一股力量，像一棵压不垮的青松，在那个动荡不安的年代昂首挺立。

1958年周先生被摘了右派帽子，调到成都市科委刚组建的物理研究所（"文化大革命"时又更名为成都市机械研究所，为市机械局下属单位），除了降职、降薪，在校住房也被没收，被安排在附近未完工的970厂集体宿舍居住。一个九口之家挤在两间工房内，没有自来水，没有厕所，书架和厨房都在敞风飘雨的走廊里。周先生每天去机械研究所上班要换乘几次公共汽车，虽然已接近六十岁了，但他仍不屈服于精神和物质生活上的打击，从没有一句怨言和不满。他精神振奋地在这个专业不对口的机械研究所，对当时刚兴起的复印机（当时尚无国产）的复印材料进行研究，并参阅有限的外国资料，自己动手研制复印机。

以身垂教各成栋梁　知书达理一生陪伴

1902年2月10日，周先生出生在江苏扬州，正值旧中国军阀割据、民不聊生之际。周先生的祖父周绍南是江苏扬州人，祖母江国英。周家家境殷实，有一定地位。周先生在自叙里记载："我出身于一个小资产阶级的家庭，幼时在家随家庭教师读四书五经，辛亥革命以后，我升入高小，再升入中学。受家庭教师的影响爱好数理化，投考南洋公学，幸被录取，当时只知安分守己，埋头读书，寻求个人出路。"

　　1932年周先生完成了人生中的一件大事，他与赵竹君女士成婚。老丈人是有名的开明人士赵运文（赵鸿钧）教授，他是上海第一医学院（现复旦大学上海医学院）及湘雅医学院（现中南大学湘雅医学院）的建校人之一，上海第一医学院院长严福庆教授的老同事，具有相当的声望。赵先生有四女，个个贤淑知礼。周先生当时风华正茂，事业正蒸蒸日上，周先生与赵竹君女士的结合可以说是天作之合。在后来的岁月中，无论多少艰难困苦，赵竹君女士始终不离不弃，与周先生相互敬爱，相濡以沫，一路相伴，直到1987年年底，周夫人赵竹君病逝。据周先生最小的儿子周平平回忆，母亲一家在湖南是名门，亦暗中支持革命。1920年，毛泽东、何叔衡、易礼容等在湖南开展革命活动，创办了长沙文化书社，开展新文化运动，积极宣传新思想。1920年9月9日，文化书社正式营业，社址就设在潮宗街，租的就是湘雅医学专科学校的三间房子，而且由赵运文资助了文化书社的第一笔经费20大洋。一时间，湖南新思想运动和学生运动如火如荼，湖南督军张敬尧对湖南学生运动又恨又怕，力图严密控制局势，继而暴力镇压。毛泽东以新民学会会员为骨干，领导学生发起了"驱张运动"。毛泽东作为本次活动骨干，处境十分危急。赵运文把毛泽东打扮成伤员，头上包上纱布，然后坐上湘雅"赵老爷"的轿子被安全地送出了长沙城。周平平回忆说，当时毛泽东还给赵家人留下了一方珍贵的印章，他亲眼在母亲那里看到过，可惜在"文化大革命"时被抄了。

　　在周平平的日记里有一段是这样记载的："那是1967年的一个异常炎热的下午，我当时十四岁，失学在家，成天不知所措，站在家门口篮球场边的台阶上，看见父亲手提着那个年代的网兜，里面装了半个西瓜，满头白发、衬衫湿透、步履沉重地回来，虽然自抄家以来，我对这种状态习以为常，无可奈何，但心里依然为父亲心痛不已。待我回家，父亲一个人躺在那个自制的板床上，也不知是否入睡，我们安静地在旁边让父亲休息。过了一阵子，父亲起来后将半个西瓜切分与我们享用，但他什么也没说，我和母亲早已适应父亲沉默对待一切的习惯。多年后三姐夫说起当天他看见父亲在烈日下被人批斗后还被罚以拉架架车，回家后还平静地给大家分西瓜，这是一个没有对家人说过半句怨言的老人。那时的父亲一定是太累了，他用沉默回答了现实。他或许并不特别，也谈不上伟大，但他的隐忍和付出却是属于那个时代的我们最难以忘怀的回忆。"

周玉坤先生与赵竹君女士（1982年）

即使在这样的时候，周先生依然坚信国家的光明前途，以自己对祖国、对党的信仰，以自己的人格和品行，默默地对子女言传身教。有一件事让子女们至今记忆深刻。1976年4月周恩来总理逝世时，周玉坤夫妇正在北京，两位老人对总理的逝世悲痛万分。周总理出殡那天，周玉坤夫妇冒着-20℃的严寒，一大早从清华大学赶到长安街，守候了10个小时等候总理的灵车通过，想与总理告别，瞻仰总理的遗容，那时他已77岁高龄。

周先生就是这样始终对祖国和人民奉献爱和自己的一切，不遗余力，几十年如一日地勤奋工作，身体力行教育、影响着九个子女（周逸湖、周光湖、周建吾、周连湖、周达吾、周珍湖、周蔚吾、周觉吾、周平平）。九个子女在他的言传身教下，都各有所成。如周蔚吾，毕业于西安交通大学，后留学丹麦技术大学，获自动控制博士。1991年周蔚吾出任加拿大不列颠哥伦比亚省交通部交通工程和智能交通工程处处长，成为北美地区人工智能和最优控制在交通系统实现应用的领头人。2002年为了回国，他放弃加拿大政府优厚的待遇，提前10年退休。自2000年年底开始，周蔚吾为了中国交通现代化在中国整整工作了 13 年，为中国的交通事业做了大量工作，出版了 14 本技术指导书籍。2018 年周蔚吾作为国外高端人才被引进（R 签证），被宁夏理工学院和宁夏大学聘请为教授。

周玉坤先生一家（1964 年）

再如周逸湖，1954 年毕业于清华大学建筑学院并留校，作为教授和国家一级建筑师，她主持和参与了深圳大学、山东财政学院、西南科技大学等数十项校园规划设计工作，以及多个住宅小区规划设计工作，并多次获奖。主要著作有《大学校园规划与建筑设计》《科教建筑》《高等学校建筑规划与环境设计》《花园别墅及独院住宅》《联排住宅与叠合住宅》等。

我校陈艾教授回忆道："我和周光湖（周老的二女儿）夫妇是 1954 级交通大学电讯系的同学，光湖天资聪慧、学习勤奋、成绩优秀，1958 年被选留学校一系任教。我们三人分别于 20 世纪 80 年代初，作为访问学者去美国研学，她在洛杉矶南加州大学，我在加利福尼亚大学伯克利分校，我们一直有着联系。她研修的专业是计算机辅助设计在医学领域的应用及计算机人体 CT 扫描技术。两年按期回国后，转至自动化系创办生物医疗工程及仪器专业。周教授所研制的 CT 系统和测试台在四川省医院成功应用。20 世纪 90 年代初，周光湖受聘美国朗讯公司供职直至退休，积劳成疾，不幸 2002 年因病于洛杉矶去世，享年 66 岁。"

在周老夫妇的言传身教下，九个孩子秉承了他们善良正直、自强不息的品质，经过各自的努力，个个成才，事业有成，如今都已退休，其中五人留在成都和重庆。

周玉坤夫妇与女儿周光湖、儿子周蔚吾（1984年）

君子之行家国天下　一生坦荡初心不改

周先生在成都机械研究所一直工作到1976年退休。1978年上海市金山石化总厂聘请他担任上海金山石化专科学校顾问，继续为中国工业教育发挥余力。

1986年周玉坤先生返校定居，成电建校30周年时，成电交通大学校友会联谊会合影

1986年，成电庆祝建校30周年时，时任党委书记原钧、院长顾德仁代表学校诚挚邀请周先生回校居住。函文中写道："您是成电建院元老之一，在1956年筹建学校及以后的教学和担任系主任领导工作中做出了应有的贡献……我们诚恳地邀请周老教授夫妇来我院定居……"

作为老一辈知识分子，周玉坤始终秉承着中国传统儒家知识分子倡导的修身齐家治国平天下的信念。即使受到反右、"文化大革命"的冲击，但他始终爱国、爱党、爱人民。他衷心拥护党的改革开放，十一届三中全会提出的把全国工作重心转移到加速建设四个现代化的英明决策，让他无比激动。他说："我虽年事已高，但体力尚充沛，有生之年把自己的一技之长献给祖国的四个现代化是我最大的愿望。"为此他不辞辛劳，积极争取海外亲友回国参加祖国建设，如动员赵曾珏（妻子赵竹君的堂兄）回国。赵曾珏1924年毕业于交通大学电机系，之后赴美国哈佛大学深造。学成回国后于浙江大学任教3年，后来任浙江省电话管理局总工程师，1932—1943年任东南电讯局局长、上海市公用局局长。1957年起在美国哥伦比亚大学河畔电子研究所任资深研究员直至1966年退休。他毕生从事工程科研工作，积极为华裔后辈开拓机会，主持美洲中国工程师学会的重组建设，成就卓著，德高望重。在周先生的努力下，1985年赵曾珏回国时受到时任上海市委书记江泽民同志接见和宴请，周玉坤也参加了宴会。随后赵曾珏到北京又受到邓小平同志接见。1993年，江泽民同志参加亚太经济合作组织西雅图会议又会见了赵曾珏及交通大学校友会在美国知识界的人士。1994年赵曾珏参加国内第一次咨询会时又一次受到邓小平同志接见。

2020年4月22日，习近平在西安交通大学参观考察时充分肯定了交通大学老教授们的西迁精神并指出："'西迁精神'的核心是爱国主义，精髓是听党指挥跟党走，与党和国家，与民族和人民同呼吸、共命运，具有深刻的现实意义和历史意义。"60多年前，周玉坤先生正是西迁大军中的一员。周玉坤自觉把个人选择融入国家需要之中，以自己的言行阐释了"西迁精神"胸怀大局、无私奉献、弘扬传统、艰苦创业的内涵和老一辈知识分子深厚的爱国之情、永远听党指挥跟党走的家国情怀，诚为知识分子之楷模，民族复兴之动力。

2004年4月14日，周老以102岁高龄在成都逝世。每当我们站在宽阔的主楼广场，面对熟悉的主楼，仿佛又看到慈眉善目、两眼炯炯有神的周老微笑着向我们款款走来。

先生之举，历史不忘，祖国不忘，成电不忘！

2003年4月，陈艾教授等人探望周玉坤先生并庆祝其101岁生日

李乐民院士回忆周玉坤先生

陈艾教授、周玉坤之子周平平接受采访

张兆镗教授接受采访

张筱东教授接受采访

（本文根据李乐民院士、陈艾教授、张兆镗教授、张筱东教授、周玉坤之子周平平的采访，以及《电子科技大学志》等有关材料整理而成　整理者：邓长江）

西迁往事
——忆刘树杞教授筹建及西迁故事

【人物名片】 刘树杞，1924年8月生于湖南长沙。1946年毕业于位于重庆的中央大学电机工程系，1955年在南京工学院无线电系任教，同年参与成电筹建工作。

1956年调入成电，先后任五系主任助理、系副主任、系主任，1991年退休。

叩开刘老的家门，刘老的状态让我们有些吃惊，虽然年近期颐，但刘老却精神矍铄、脚步沉稳。刘老看到我们后十分开心，热情地与我们小辈一一握手，欢迎我们来家做客。刘老边领着我们往屋里走，边走边跟我们寒暄，我们也跟着刘老走进了他60多年前的激情岁月。

紧锣密鼓

1946年，正值青春年华的刘树杞从当时位于重庆的中央大学毕业后，短暂回家乡长沙探亲，同年11月回已迁回南京的母校任教。新中国成立后中央大学更名为南京大学。1951年适逢中国共产党建党30周年，刘树杞通过集中学习党史深受教育，思想觉悟明显提高。1952年全国高等学校学习苏联进行教学改革，新组建的南京工学院中的无线电技术系，设置有无线电工学与电真空技术两个专业。刘树杞任该系教学秘书并讲授"真空技术"课程。1954年1月他加入中国共产党，此后更积极投身于社会主义的教育事业。

直到1955年夏天之前，刘树杞绝没有想到还能有机会回到曾经培养自己的西南大地上继续耕耘。第一个五年计划期间，苏联援助中国的许多电子工业的重点项目被集中布局在未来西南无线电工业基地的中心——成都。与之形成鲜明对比的是，在四川没有一所专门培养无线电专业人才的高等院校，当时的高等院校多分布在沿海城市。当时在成都，工业发展需求与人才培养的矛盾日益突出。从国际形势看，新生的中国强敌环伺，沿海一带处在战略前沿，更易遭受攻击。因此，必须在祖国的大后方建立人才培养的战略基地。

1955年7月下旬，在北京三里河第二机械工业部会议室举行了成都无线电技术学院筹备委员会第一次会议。筹委会成员有华南工学院教务长兼电讯系主任冯秉铨教授、南京工学院无线电系主任陈章教授、交通大学副教务长黄席椿教授，及该校电讯系主任周玉坤教授。刘树杞有幸同陈章教授列席了该会。会议由二机部技术司副司长徐思铎主持，他是筹委会副主任委员。二机部副部长刘寅出席了会议。他在会上传达了国务院周总理的重要决定：将华南工学院、南京工学院、交通大学等校的电讯工程有关专业调出，在成都组建无线电技术学院。会议对成都新建学校的各系的专业设置及未来发展进行了讨论，并建议聘请两位苏联专家，即超高频技术与超高频管专家、无线电测量专家。此后，还确定了苏联专家的专业翻译，华南工学院负责培养超高频技术方面，交通大学则负责无线电测量方面。同年9月19日，高教部发文将无线电技术学院更名为成都电讯工程学院。

成电教学区（主要包括教学主楼和各系系楼）的基建设计任务由二机部十局设计所承担。为使各专业实验室的基建设计能适应教学和科研上的需求，交通大学林劲先与南京工学院刘树杞及华南工学院吴桓基三位教师同于九月被抽调到北京为设计所提供咨询协助。

成电新校区的选址、学校行政机构的组成与人员配备、基础课（数学、物理、化学与外语）与政治课的师资配备，还有教职工宿舍与学生宿舍以及生活福利区的建设等，真可谓千头万绪，而且时间紧迫。1955年11月5日，二机部决定调七局局长吴立人任成电筹委会主任。吴立人统观全局，处事果断。他的到来使纷繁的成电筹建工作变得井井有条，更迅速地向前推进。筹委会还做出决定：必须保证1956年9月1日开学。

1955年12月中旬，教学区基建设计完成，教学主楼总建筑面积约2.6万平方米，各系楼的建筑面积约7000平方米，电真空技术方面还有煤气站与氢气制备室。吴立人指派刘树杞与林劲先于1956年年初同赴穗、沪、宁三地的三个学校，向电讯系领导及教师介绍成电教学区的基建设计情况，使大家对新校未来的形象增进了了解。

1956年3月7—12日，筹委会第二次会议在二机部会议室召开。这次会议主要分组讨论了各教研室的组织机构与师资人员的配备问题。

1982年，刘树杞全家合影

西 迁 之 途

1956年7月初，成电筹委会第三次会议在成都召开。会议结束后，周玉坤、陈章与冯秉铨即返回原校，交通大学、南京工学院、华南工学院三校电讯系的师生员工准备启程赶赴成都。事物的发展通常是曲折的，不总是一帆风顺的，成电的筹建也是如此。陈章教授回南京后，南京工学院汪海粟院长告诉他暂缓启程，听候上级指示。因为不久之前江苏省委根据南京电讯方面许多工厂和研究所反映，认为将南京工学院无线电系迁离南京，势必使多年来行之有效的厂所校合作的良好态势被破坏无遗，这无疑对江苏省的教育、科研和工业发展都极为不利。此时，正巧周恩来总理到上海视察工作，江苏省委特派专人去上海面呈省委意见，要求留下南京工学院无线电系。周总理听取汇报后，立即表示返京重新研究解决。此后，教育部急电南京工学院无线电系暂缓迁川听候处理，并会同二机部邀三校院长聚集北京讨论善后事宜，商讨后报周总理批示后决定，南京工学院无线电系仍留南京，但须调该系王端骧、沈庆垓两名教授及王祖耆、刘树杞、谢处方、钟祥礼、王同煦、江明德、魏志源、许宗藩、陈星弼、梁子南、郭乃健、刘盛纲等14名中青年教师去成电，一场迁系事件最终得到及时解决。不过，因南京工学院电真空专业高年级学生仍留南京，沈庆垓先生承担这些年级的教学任务，因此不能早日赴蓉。1956年10月电真空系成立之初，专业师资极为缺乏，成电校领导决定让无线电系顾德仁教授代管电真空系工作。为补充青年师资，高教部同意将南京工学院电真空专业57级学生提前预分配给南京工学院与成电各 12 名。预分配给成电的是钱恩荣、蒋毓滨、屠德雍、郎敦钰、陈瑞征、金矛昌等人。1957 年年初，二机部十局决定调南京无线电中技校蒋葆增副校长来成电工作。蒋先生是电真空技术元老级专家，抗战期间曾在广西桂林创建电子管厂并兼任技术总负责人。蒋先生 1957 年 2 月到校后迅即被任命为代理电真空系主任，直到 1958 年 5 月沈庆垓来成都为止。1958 年通过二机部十局，从停办的南京 292 技工学校调来 5 名技术精湛的技工，他们是冯殿选（排气封口）、陶振芳（芯柱制作）、潘润仙（点焊装架）、饶慧芳（化学清洗）、马德成（玻璃吹制），同时调来一些制作普通电子管的设备如排气台、高频加热机、芯柱制作机及点焊机等。这样就充实了电真空技术系办工厂（后命名为 507 厂）的技术骨干力量，使 507 厂不仅能供学生进行生产实习，且能为教研室科研工作提供制造工艺方面的支持，还培养带出了一批新的青年学工，如王佳慧、朱宝清、尹华俊等。

苏联专家

1956 年 8 月，无线电测量专家罗金斯基抵达北京。刘树杞曾前去火车站参与迎接。据刘老回忆，这位苏联专家很有实践经验，为人坦诚友好，对来中国工作充满了热情。随后，超高频管专家列别捷夫抵达北京，他在超高频电子领域学识渊博、造诣深厚、治学严谨，后来成为苏联的功勋科学家。他在学校两年左右培养了一批研究生，这些人后来都成为该领域的专家，发挥了重要作用，其中就有成电历史上三个杰出学生，号称成电的"刘关张"（刘盛纲院士、关本康教授和张其劭教授）。

1957 年 10 月，列别捷夫先生与刘树杞在主楼合影

苏联382厂厂长热渥必斯采夫（右六）来校访问，
列别捷夫（右四）、王甲纲副院长（右五）等人与其合影

1996年，列别捷夫夫妇与刘树杞（右二）、王祖耆（右一）、
关本康（左一）、张其劭（左二）合影

列别捷夫专家开讲的"超高频技术""超高频器件"及"超高频测量"课程，听课的除研究生外，还有全国各地高校（清华大学、武汉大学、复旦大学等）与研究所（北京十二所等）派来的人员，听课者无不感到受益匪浅。

扎根成电

1956年10月中旬，在北京完成筹建任务的刘树杞和爱人吴鸠生两人带着两岁多的幼儿，一家三口由北京出发，风尘仆仆赶往成都。吴鸠生原是北京俄语学院（现北京外国语大学俄语学院）教师。那时宝成铁路尚未通车，由京赴蓉交通十分不便。他们先去武汉，转经宜昌，坐轮船过三峡到重庆，再乘成渝铁路火车，终于在10月26日清晨抵达成都。说来也巧，和他们同车的还有四川省水利厅厅长李紫翔，李紫翔和吴鸠生父辈是世交，同为安徽泾县人。出车站后李紫翔即让吉普车送他们去成电校区，见到了院办的傅远林同志。傅远林是成电筹委会的工作人员，与刘树杞相见甚欢，立即带他们去已为他们安排好的住处，在眷四1单元3楼6号。住房宽敞明亮，且配有书桌、靠椅、书柜、木床、木凳等家具。学院对员工生活上的照顾可说十分尽心，令员工十分感动。刘树杞他们终于到了新家，喘息稍定，刘盛纲就来了，他要刘树杞当天下午就去见苏联专家列别捷夫，他住在城里专家招待所。与此同时，吴鸠生也接到通知，因为俄语师资不够，需要她赶紧去上课。其实刘树杞也得马上上课，因为电真空器件系除招收新生300人外，还有二、三、四年级各一个小班，分别由抽调交通大学与华南工学院电讯系二、三、四年级学生组成。为高年级同学开出的真空技术一课，当时正由南京工学院的莫纯昌老师代上，他急于返回南京，要刘树杞尽快去上课。1956年11月吴立人院长决定电真空器件系成立三人小组，成员是刘树杞、吴恒基与曾光烈。刘树杞分管教学与专家工作，吴恒基负责系行政事务，曾光烈负责政治思想与党务工作。在教学工作方面，刘树杞为五系的电真空技术、电真空化学，以及激光技术专业的建设和发展做了大量工作。他先后担任五系的主任助理、副主任、主任，为五系（电子器件系）的建设和发展可谓呕心沥血，为后来的光电讯息学院的发展奠定了坚实的基础。从1979年起，他还为研究生讲授"激光技术""光纤传输基础""量子电子学"等课程。刘树杞参与编写审核翻译了多种教材、专著，并先后参加和指导多名研究生进行光纤传输及通讯技术的专题科研工作。在行政工作方面，刘树杞30多年来一直秉持着踏实认真、任劳任怨的态度，积极做好系务工作。

刘树杞与成电拾光工作室学生记者郑涵、吴忻苒分享 Ipad

1991年退休之后，刘树杞依旧保持着很好的学习习惯，看书看报，上网了解更多的信息，可谓是"活到老，学到老"。即使是现在 98（2022 年）岁高龄，还经常使用 iPad 浏览学校微信公众号中的信息，时刻关注着学校的建设与发展。刘树杞爱好广泛，适时给家里的植物花卉浇浇水，像待自己的孩子一样。另外他特别爱阅读，阅读跨度从《中国书法》到《平凡的世界》。他还订有不少报刊了解时事，让人钦佩不已。刘树杞还喜欢看励志的电视片，如《跨过鸭绿江》等。

刘树杞在电脑上学习

刘树杞精心浇灌的花卉

刘树杞阅读的部分书籍

刘树杞在阅读杂志

　　从 1955 年北京的第一次筹委会开始,刘树杞教授就已经和成电的命运紧紧地联系在了一起,筹建学校,校舍设计,聘请专家,调动教师,还要保证教学质量和科研。看着刘树杞的身影,我们眼前不断浮现出三校师生西迁西进的感人画面,不断浮现出老一辈成电人筚路蓝缕、以启山林的艰辛创业历史,那是成电的根,那是成电的魂,那是激励我们每一位成电人不断前行,建设"双一流"大学生生不息的力量之源!

离退休工作处刘玉君同志看望刘树杞老人

刘树杞老人多次接受成电拾光工作室的采访

刘树杞接受成电拾光工作室的采访

（作者：成电拾光工作室学生记者 郑涵 吴忻苒 指导老师：邓长江）

梦回沙河
——校友林如俭的成电记忆

【人物名片】 林如俭，1939年7月生，四川省资中县人，中共党员。上海大学教授、博士生导师。曾任该校通讯与信息工程学院现代通讯实验室主任。1961年毕业于成电五系（电子器件系）电真空器件专业，毕业分配至上海科学技术大学（现上海大学）。他先后主持和参与了二十余项科研项目，曾获得上海市科技进步奖一等奖二项、二等奖三项。发表学术论文一百七十余篇（其中八篇在全国和国际会议上获优秀论文奖），出版专著三本，参与编著二本。1991年起享受国务院政府特殊津贴。先后荣获国防科工委光华科技基金会三等奖、2004年上海实施发明成果优秀企业家奖和2005年上海市"最具活力科技创业者"称号，又获得中国广播电视协会2011年广电科技杰出贡献奖、中国电子学会2012年广播电视科学技术奖。先后当选为上海市通讯学会理事、光通讯专业委员会委员、普及与教育专业委员会委员、上海市特种光纤重点实验室学术委员会委员、电子科大宽带光纤传输与通讯网技术国家重点实验室学术委员会委员、上海凌云天博光电科技有限公司首席科学家。

2016年9月底我回到家乡成都，参加母校电子科技大学建校60周年庆典，见到了一些阔别已久的老同学。自从我大学毕业到上海生活，55年光阴似乎转瞬即逝，母校也发生了天翻地覆的变化，当年风华正茂的同学们也都七老八十了，让我不禁感慨万千。

为了这次回归我期望了许久，也盘算了许久。记得母校40周年校庆的时候，我从上海嘉定邮电局给母校光电技术系发去了贺电。2016年3月我从《光明日报》上看到了母校60周年校庆的广告，心中就激动不已，心想：这次我一定要回去。后来又从互联网上发现了电子科技大学60周年校庆的消息，遂向校庆办公室发去了邮件，终于与校友总会联系上，如愿参加了校庆并和老同学们相聚，十分开心。感慨之余，遂行文记之，与诸君分享。

离蓉 55 载，沙河常在梦中

成电五系 6426 班同学 1959 年摄于沙河校区主楼前

成电五系 6426 班同学 1960 年摄于沙河校区主楼前

成电五系 6426 班同学 1960 年 3 月北京实习后摄于北京火车站广场

成电五系 6428 班同学 1960 年留影

1956年9月，我来到成都东郊沙河之滨，开始了大学生涯，那年我17岁。

成都电讯工程学院是新中国第一所综合的无线电电子科学技术的高等学府，我所学习的是电子器件系电真空器件专业。电真空器件直到20世纪60年代仍然是世界电子系统的心脏。连同电真空工艺在内，成电的电子器件专业招收的第一届新生竟然有七个小班，210多人。同时进校的还有从交通大学和华南工学院并入的二年级和三年学生。他们都来自江苏、浙江、广东沿海一带地方，衣着比我们四川学生洋气，有的女同学还戴着项链，口音也和我们不同。学校办有有线广播台，机务员和播音员都是高年级同学。广播在下午课外活动和三餐时间最为活跃，除通告、语言节目外，还经常播放西洋古典交响乐和施特劳斯圆舞曲，《蓝色多瑙河》是首选。学校还有铜管乐队，指挥和乐手都是高年级同学。后来成立了民乐队，四川同学才逐渐加入。我们6426班的同学唐正经后来成了民乐队的队长。

到校之时，学校除主楼、部分教师和学生宿舍、食堂初步建成外，其余地方仍然是工地。就连主楼两端的阶梯教室也尚未完工，地面还是沙土。礼堂尚未开工，开会就在学生大食堂进行。有时上课每人拿一个小竹凳就在食堂进行。在这样艰苦的条件下，干部、职工、教师、学生团结一致，一边建设，一边教学，学校工作在我们在校的第一个五年中就取得了很大的进展。

之后，国际、国内政治形势的发展反映到成电校内，引起了许多变化。那时我国刚刚迎来生产资料所有制社会主义改造的高潮，第一个五年建设计划也即将顺利完成。但一些历史原因对学校正常的教学秩序造成了冲击，成电的苏联专家也从1958年开始相继离去。记得我们五系教师和各班学生曾聚集在一起，依依惜别送走了对成电贡献甚大、受到周恩来总理褒奖的苏联超高频技术专家列别捷夫。他不但举办培训班培养了刘盛纲等一批来自成电和外校的青年教师，而且他的著作《超高频技术》和《超高频电子管》被翻译、出版后成了新中国成立以来的最早的微波专业教科书，我本人就受益匪浅。

总体来说，成电的教学还算正常，我们学生学习也相当勤奋。学校的教师队伍相当强大，他们来自交通大学、华南工学院和南京工学院，其中有知名教授陈湖、张煦、冯秉铨、林为干、沈庆垓等，还有一批青年教师和苏联专家。我们五系学生学习了基础课、专业基础课和与电真空器件设计与制造有关的所有专业课程，其中基础课、专业基础课学得比较扎实。到1959年年底，课程已大部分学完。1960年春节后，我们到北京电子管厂进行了一个月的生产实习。

五系6426班同学欢送列别捷夫及其夫人

回校以后大多数同学突然被通知将提前于1960年夏天毕业，我则是五系剩下的三分之一读完全部五年的学生之一。在提前毕业的同学离开后，我们剩下的一批6426班同学并入了6428班，还有整整一年时间，就被安排做毕业设计。我的毕业设计在501教研组组长裘明信老师的安排下进行。1959—1961年，因营养不足造成的浮肿病在师生中蔓延，以致停课。我心中的报国志愿日益强烈，对毕业作业做得更加用心，自学了许多资料，完成了静电控制超高频管振荡器的谐振腔设计。在毕业答辩时，教研组副组长说了一句"看来你当教师是很适合的"。这句话似乎预言了我以后几十年的生活。

在上海科学技术大学的初创岁月

告别了沙河的成电校园和家乡的东郊电子工业区，1961年10月我离别年迈的父母，与6431班两位同学一起奔向上海，到上海市科学技术委员会报到。同年11月，我和蒲世刚被分配到初创的上海科学技术大学教书，刘光金则去了上海电子管厂。

上海科学技术大学成立于1958年。它与母校成电不同，没有基础，白手起家。我毕业后就被分配在这个学校，这成为我人生新的起点。因为国家"三年困难时期"的调整，原来准备建立电真空专业的计划被取消，我进入无线电基础教研组，成了专业基础课的助教。幸好我在母校时基础课程学得还算扎实，对工作很快能够胜任。

我们无线电电子学系只有毛启爽教授、冯子来高工、侯元庆教授三位老教师，其余都是来自各地的青年教师。我在无线电电子学系（20 世纪 80 年代初更名为电子工程系）有幸在三位老教师指导下工作，很快得到上课机会。先是担任毛启爽先生所教"无线电基础"课的辅导，1962 年 3 月又被侯元庆先生选中，担任"微波电子管"主讲。从那以后直到 1965 年我为无线电物理专业学生讲授"微波电子管"，同时为雷达技术专业讲授"无线电发送设备（微波部分）"，我不满意原有教材，于 1964 年自编了讲义。1963 年 9 月开始，我同时辅导冯子来先生讲授专业基础课"电子管线路"，1964 年 9 月转为该课的主讲，还兼其他课的辅导和实验指导。我同时担任了两门课程的主讲，在系里同期来的 30 多名青年教师中凸显出来，在 1965 年上海科学技术大学建校以来的第一次职称评审时，成为无线电系唯一提名可以破格提升讲师的年轻教师，但我主动放弃了，向系务委员会会议坦言道："我还年轻，要好好向老先生和同事们学习，这次不要提升我。""文化大革命"期间，虽然职称评审停止，我以助教身份继续工作到 1978 年，但心中并不后悔。自从离开母校，我就一心报国，不计较个人得失。这段经历让我十分感谢在成电学习过程中所获得的专业知识和技能，让我有了快速起步的本钱。

创立微波通讯专业

1969 年 12 月，我参与开办了上海科技大学与上海市仪表电讯工业局合作的"7·27 工人电子训练班"，学制一年，两个专业，其中雷达技术专业办在上海无线电四厂（生产收音机、电视机和雷达设备），半导体专业办在上海元件五厂（生产晶体管和集成电路）。1970 年 12 月，在上海科学技术大学开办雷达和半导体专业的试点班，学制三年，招收工农兵学员。我负责雷达试点班的教学组织工作，并主讲"电路基础"。在此期间，面对"文化大革命"时期中国电子工业和教育相对于世界形势的滞后，我努力查文献，补知识，积极应对电子管技术到半导体技术的转移，与同事一道编写和出版了《雷达接收机高频设备》和《雷达接收机中频视频设备》，其中我系统介绍了半导体微波器件，填补了当年这种技术出版物的空白。1972 年 5 月我国大学教学全面恢复，我担任无线电系基础教研组组长，并主导了微波通讯专业的创立。

1972 年年初，上海市革委会决定在上海科学技术大学设立通讯专业，由军方提出的专业名称是"微波通讯和空间通讯"。我受上海科学技术大学无线电系党政领导的委托筹组新专业，于1972年5月招收了微波通讯专业的第一班学生。这是今天上海大学通讯专业的源头，也是我学术领域的第一次转型。

随着半导体器件和集成电路的发展，从20世纪60年代中期开始，时分多路数字通讯技术迅速发展，首先是电话的数字化（信源的脉冲编码调制PCM技术），其次是时分多路传输体制（准同步复接PDH）走向标准化。我们认识到，新建的通讯专业必须面对通讯技术发展的世界潮流。在通讯专业的初创阶段，我们沿着数字通讯——光纤通讯和微波通讯——两个方向培养教师队伍，在这个节骨眼上，我们得到了成电通讯权威张煦教授的大力支持。1975年，母校成电同意张煦教授借调半年，来上海科学技术大学无线电系讲授他的新编讲义《数据传输》，培养了我校第一批通讯专业的青年教师。后来张教授回到上海交通大学，我和他成了忘年之交。1975—1976年，我带领学员到上海市市内电话局参加了PCM30/32数字电话终端机（2.038 Mb/s，30路电话）的研制，跨进了数字通讯的大门。

1978年上海市开始组织光通讯会战，1979年建立了1.8 km短波长多模光纤试验段（中国的第一个光纤通讯系统）。这样，这样我带学员参与的PCM设备研制终于汇入上海市的光纤通讯会战体系。在这个阶段，张煦教授在上海交通大学建立了光纤技术研究所；黄宏嘉教授在上海科学技术大学建立了波科学实验室，开始进行单模光纤研究；上海市通讯学会举办了光纤通讯的系列讲座。在这样的历史时刻，我意识到光纤通讯时代在中国已经到来，我们上海科学技术大学的通讯专业和我自己应当跟上时代步伐，转入光纤通讯领域。

我的光纤通讯之缘

1979年11月至1982年4月，我以中国科学院公派访问学者身份先后在波士顿美国东北大学电气工程系和通用电话电子公司研究中心进修，从此进入光纤通讯领域。这是我的学术领域的第二次转变。

1982年，回到上海科学技术大学无线电系后我倡议和组建了现代通讯实验室，并领导它18年。1982年我参与申报教育部通讯与电子系统硕士点，获得授权。1984年我担任系领导工作，1985年起领衔建设三期上海市地方高校的重点学科。1985年任副教授，1988年晋升教授。

1994年，原上海大学与上海工业大学、上海科学技术大学合并成新的上海大学后,1998年我参与申报教育部"信息与通讯工程"博士点,获得授权,成为博士生导师。我所在的实验室在1991年被纳入上海市特种光纤重点实验室,2007年被批准为省部共建特种光纤与光接入网重点实验室。

教学上我主讲几门硕士研究生课程和博士生课程,并指导硕士、博士研究生五十多名毕业。

科研上我先后主持完成二十余项科研项目(包括上海市科技发展基金、国家自然科学基金重点和面上项目,以及科技部"863"高科技计划项目)。我的科研主要分三个阶段:1991以前主攻高速数字光纤通讯系统,其中"单模光纤四次群通讯实验系统"获得上海市科技进步奖一等奖(1987年);1992—2002年在国内首创光纤CATV领域,完成"嘉定光纤CATV科研示范工程"(1992年)和"CATV网AM-VSB光端机"(1993年),获得上海市科技进步奖二等奖(1994年);2003—2016年主攻光接入网,围绕以太无源光网、Radio over Fiber和光纤到家的技术完成一系列项目,2007年再度获得上海市科技进步奖一等奖。现在我们实验室已经进入下一代PON的研究领域。

科技创业,走向市场

1992年5月我倡导和完成了中国第一个城域光纤CATV网——嘉定光纤CATV科研示范工程,在电讯网之外开启了光纤的第二大市场。一年时间内我在嘉定电视中心接待了全国各地300个广电部门的来访者,包括国家广播电影电视部的领导,如总工程师章之俭、科技司司长江澄等。上海市有线电视台成立,我带领上海科学技术大学老师于1992年10月开通了市区第一条(青海路前端——长宁区)光缆干线。在我们老师的帮助下,无锡市广播电视局放弃了原有的全市电缆电视网计划,修改为建设光电结合的网络,并于1992年12月开通了第一条光缆干线和相应的电缆小区。我1992年领导的上述活动,揭开了中国有线电视网络20多年大发展的序幕。

面对来访者的强烈兴趣,我向上海市科委建议,成立一个公司,把光纤CATV技术应用推广到全国。这个建议被采纳,由上海市科委、上海科技大学、嘉定科学仪器厂(航天部539厂)联合出资于1993年元旦建立了上海光纤电视工程技术有限公司,由上海市科委属下的上海科技创业中心委派董事长管理,我被任命为总经理。

在职教授兼总经理在当年属新鲜事,我有时要面对异样的眼光。多年的科研经历，使我产生了一种日渐强烈的意识：凡是应用型科研项目，如果成果不能应用于社会，产生实际的经济效益和社会效益，都是没有出息的。我做事喜欢做到底，一定要将科研成果用于社会，不然总不甘心。我有一种倔强劲，认为可以既做教授，又办企业。我认为，企业推广的技术，正是大学研究的技术。把国家建设和社会生活需要解决的问题，提炼为科研任务，在学校研究得出成果，然后在公司投产，服务于社会，使老百姓受益，这才是科研工作者的最高境界。按这个思路，可以做到科研、企业两不误。

在企业方面，1993—1999 年我带头普及光纤 CATV 技术，足迹遍及全国各省和自治区，编写教材，到处讲课，发表科普讲座论文 40 多篇，力图增加各地广电部门技术人员的知识。帮助各地网络公司设计光纤电视网络，大约每年设计和敷设 10 个网络。又不断推广先进技术，从 1995 年起，把 1550 nm 外调制光发送机和掺铒光纤放大器引进中国，提升 CATV 网到省级大范围联网的水平。还在公司投产学校开发的新产品。掌握了 AM-VSB 光端机技术，实现了光发送机和光接收机的国产化，推向市场并获得国家级新产品称号。多年里，大量生产销售 PFM 视频和数字视频音频光纤传输设备，应用于体育运动会、新闻直播、高速公路和城市轨道交通监控。从 2000 年开始，以学校投资为主体，我带头和动员研究室骨干个人投资，组建"上海天博光电科技有限公司"作为科技转化为生产力的基地。评估以往的科研成果为技术股，科研人员的积极性得到了发挥。我们努力建设上海市的高科技企业，几年中将科技成果转化为高技术产品，获得 9 项上海市高新技术产品认定，在中国广电市场畅销。公司创新性地提出基于 SNMP 协议和以太通道的有线电视网络设备管理系统的概念，2005 年被纳入了国家标准 GB/T 20030—2005《HFC 网络设备管理系统规范》。2006 年公司加入北京凌云光子集团，重组为上海凌云天博光电科技有限公司，产品获得很大发展，大量生产了数字电视光接收机、掺铒光纤放大器、EPON 和 MoCA 设备，用于全国各地光纤联网。大力在中国广电行业倡导和推进光纤到楼、光纤到家（FTTB/FTTH）和宽带接入网建设。

在科研方面，我坚持了研究生课程教学和硕士、博士论文指导。科研工作不断推陈出新。自从美国提出建设国家信息高速公路的计划以来，光纤同轴混合（HFC）网已被世界信息科技界和工业界公认为信息高速公路的宽带接入网之一。我及时指导上海大学的通讯学科把重点研究方向转变为 HFC 网，适应了世界通讯技术的发展形势。从 2000 年开始，又把上海大学通讯学科的重点科研方向转入宽带光接入网。现在已经进入 25~50 Gb/s 下一代无源光网的领域，紧跟了世界信息学术和产业的发展方向。迄今，我与学生、同事一道发表了中、英文学术论文 170 多篇。以多年科研积累和有线电视工程实践经验为基础，编写出版了高科技著作《光纤电视传输技术》（电子工业出版社。第一版，2001 年 9 月；第二版，2012 年 11 月）。又参与编写了中文专著和在欧洲出版的英文专著各一本。获得了发明专利 27 项。还参加了美国 IEEE 802 LAN/MAN 标准委员会的活动。

感恩与回报

我于 2008 年退休，又被学校返聘，直到 2016 年，一共工作了 55 个年头。记得当年成电五系全年级同学为了准备以健壮体魄投身社会主义建设，曾在运动场挑灯夜战。每人必须至少达到一项三级运动员标准，这可难为了自幼体质较弱、没有体育特长的我。在班级同学的鼓励和陪伴下，经过苦练，我居然在有一天达到了 1500 米中长跑的三级运动员的标准，尝到了"世上无难事，只要肯登攀"的甜头。那时青年同学们的口号是"为祖国健康工作 50 年"，如今我已兑现了当年在成电许下的为祖国工作 50 年的志愿。

回顾当中国大学教师的一辈子，心中有太多的感慨。愿与校友和如今的学弟学妹们分享。

第一，个人要怀揣报国志愿。从苦难到辉煌是中国近现代的历史，是中国从备受压迫到获得独立解放，再到步入社会主义，并逐步迈向兴盛的时代。在历史道路的曲折中须不忘初心，坚持理想，并努力奋斗。我参加工作时，国家经济非常困难。初出茅庐、决心报国的我一人担负了两人的工作量，不分昼夜，认真备课、讲课，下寝室为学生答疑，兼带实验，还当班主任。不计报酬，达到了忘我的境地。1963 年 3 月，学雷锋运动兴起，让我认真地思考了"人活着为了什么"的人生观问题。加上大庆油田开发成功、中国第一颗原子弹爆炸两件大喜事让我思想升华，对国家前途充满信心。我在寝室床头贴上了一张宣传画，那上面是全国人大代表意气风发地走出人民大会堂的情景，名曰"当代英雄"。英雄主义情结开始在我胸中升腾。

第二，边干边学，成为多面手。大学教育的功能是提高学生的道德修养和培养其基础知识与技能。专业知识固然重要，基础知识则更为管用。因为大学时光是短暂的，而社会工作的时间却很长，在知识爆炸的时代，一个人不可能在学校就把一生需要的专业知识学到，何况社会职业是要变化的，大学里所学的知识不可能完全满足工作之需。青年都需要在大学毕业后根据已有的基础知识和自学能力，根据社会的需要边干边学，不断充实自己，发展自己。

1988年在全国光纤通讯学术会议审稿期间与林为干老师、梅克俊学友相会于上海

第三，常怀感恩之心。我一直以自己是成都第十三中学（现在的华西中学，即电子科技大学附属中学）的高中部和成电的第一届学生而自豪，并时时告诫自己要为母校争光。

我能在政治思想上追求进步，得益于学校党团组织的教育和同学的启发与关心。我能在1962年走上讲台，得益于毕业设计及所学的列别捷夫的教材。我能在创建上海科学技术大学通讯专业中起带头作用，得益于1972年到母校通讯系的调研和张煦教授来嘉定的讲学。并且,我在长期的业务发展中受惠于张煦院士。

1993—2012年,我担任过电子科大宽带光纤传输与通讯网技术国家重点实验室两届学术委员会委员,曾为母校的发展出力,在治学上向林为干、李乐民两位院士学习,技术上与梅克俊学友也有交流,并曾接纳宽带光纤传输与通讯网技术国家重点实验室的硕士毕业生来上海大学我的实验室工作。

再回母校 祝福母校

我在1982年回国后的暑假,带夫人及女儿回成都探望亲友,曾回沙河拜会诸位老同学。光阴似箭,日月如梭,一晃34年过去了,沙河却常在梦中。2016年9月底我回到了母校,首先挂念诸位老同学的身体,痛悉梅克俊已经去世,并与伍蔚琛、曾宪锟、郭新桂、王晦光一同去四川省医院康复科病房探视了唐正经兄长。校庆前后6426班同学十人终于见面,大家非常开心。

沙河依旧 　　　　　　　　　　　　建设路完全变样

9月28日下午在参加过电子科大校友代表大会之后,我避开大家在主楼门前的合影,独自一人到沙河周围漫步。忆往昔,我们曾在沙河边散心、看书、看电影。多少年来,沙河常会出现在我梦中,现在想看看它是否依然。我发现,沙河本身没有变,还是在两岸茂密的绿荫中流淌,变化的是周围耸立起了许多高楼,原来的电子科大南院变成了高档住宅小区。最大的变化是建设路。我站在沙河桥头向东西两边张望,20世纪五六十年代有160多家电

子企业的我国著名的成都东郊工业区已经不复存在,眼前是一条繁华的商业大街,只有路边一块牌子介绍着建设路的过去。我在国光路的纪念牌前拍下了一些照片。

9月29日,母校建校60周年庆典大会和文艺演出在清水河校区体育馆进行。有6000名海内外校友和师生员工代表参加。我们在学生志愿者的全程陪同下参加了校庆庆典。一早,曾宪锟、伍蔚琛和我在沙河体育馆门前乘专车去清水河校区庆典会场。校友入场仪式中,当高音喇叭报告20世纪五六十年代校友入场时,体育馆欢声雷动。门前红毯两侧簇拥着年轻的学生们,各种照相机高高举起,那个热烈的气氛让我们也热血沸腾。

庞大的体育馆座无虚席。在当中就座的除了教育部、四川省、成都市的领导、国内外高校的嘉宾,就是当年我们的师长们。我见到了当年分配我去上海的五系总支书记刘树杞老师。

身穿"礼服",准备入场

庆典结束,来到宽广、美丽的校园,我们去找寻、瞻仰成电第一任校长兼党委书记吴立人的铜像。他当年被周恩来总理点将,为建立成电到处奔波,劳苦功高。现在纪念成电的创建,我们最应该感谢的就是他——新中国电子科技教育的奠基人。我和同学先后来到湖畔边的吴立人铜像前鞠躬,向他致敬。

校庆后我又去北京,约见了生活在那里几十年的老同学们,大家见面相谈甚欢。

向吴立人校长致敬后留念

往事如昨，回想过去种种，最想说的有三句话：怀念母校，感恩老师，祝愿成长。

我离开成电迄今已经五十八年。母校的成长和变化令人炫目。它培养了大批优秀学生，在祖国半个多世纪的历史变迁和发展进步中发挥了重要作用。我有幸跟从的师长大多已逝去，但是他们的精神、所形成和留下的传统已经照耀和惠及一代代学子，值得我们永远怀念和发扬。所幸的是绝大多数老同学们还健在，大家彼此常致关怀和慰问。

借鉴历史的经验，吸收世界文明的最新成果，我衷心祝愿母校有更加辉煌的未来，在振兴中华的历史伟业中发挥更大的作用；衷心祝愿一代代新学友健康成长，为祖国建功立业，永享幸福生活。

（作者：林如俭校友，系电子科技大学 1956 年首届学生，上海科技大学教授）

饮水思源篇

春蚕到死丝方尽，蜡炬成灰泪始干
——忆磁性材料与器件专家张有纲教授

【人物名片】　张有纲，1927年2月生，浙江省吴兴县（今浙江省湖州市吴兴区）人。1952年8月毕业于交通大学电机系并留校执教，1956年调入成电任教，1958年担任教研组副主任，1962年担任教研组主任，1983年2月加入中国共产党。1959年获本院科学研究二等奖优秀工作者，1960年获本院群英会先进工作者，1977年荣获成都市科研先进个人，1978年至1983年每年均获本院先进工作者，并获1981—1982年度学校教学质量优秀教师，1982年荣获电子工业部先进工作者，1983年被评为成都市教职工先进个人，1985年被评为四川省大型精密仪器协作共用先进个人，1991年被评为四川省优秀研究生指导教师。他筹建了我国第一个磁性材料与元器件专业，组建了我校材料微观分析中心并担任主任。他是第七、九、十届成都市人民代表，第六届市政协常委。历任中国电子学会应用磁学专业委员会委员、中国物理学会磁学专业委员会委员、四川省固体物理学会副主任、全国电子材料与元器件教材编审组组长、四川省电镜学会常务理事、机电部电科院"八五"规划电子专业委员会新材料专业组副组长。他是我国应用磁学的创始人之一、全国著名磁学及材料分析专家，由他主研的"稀土钴永磁介质片及其应用"荣获1985年电子工业部科技进步一等奖和1988年国家发明三等奖，主研的"磁光调制锁相椭偏仪及多层膜测试方法"获1988年电子工业部科技进步二等奖。

1991年11月底，全国电子材料与元器件教学研讨会召开。作为全国著名磁学及材料分析专家，张有纲教授享有盛望，这次会议在电子科大举行，并由张有纲教授主持。29日上午，张有纲教授一直紧张而忙碌地主持会议。下午休息间隙，他决定去材料分析中心指导一下青年教师的科研工作。也许是会议主持太劳累了，也许是他一直不顾身体搞科研身体早已不堪负荷，下午3时35分，他突发脑出血，随即失去了意识。30日凌晨1时58分，一颗在教学科研路上一直不停追逐的心脏永远停止了跳动，即使在他生命的最后一息，他依然奋斗在教学科研岗位上。噩耗传来，全校师生和业内同行无不陷入巨大的悲痛之中。

可抹可录　岁月见证足迹

2019 年 9 月 18 日出版的《中国科学报》第 6 版，以《一项研发：国内首批商品化可抹可录磁光盘、光电数字录音机》为题，深度报道了由张有纲教授带领数十位专家共同研制的成果，他见证了我国电子工业的发展。

可抹可录磁光盘、光电数字录音机

　　现今，这几台录音设备看起来已经十分"古老"，如果将时间倒回几十年，这几台"笨重"的录音机，却是当时的一项重大创新。它们就是我国首批生产的商品化可抹可录磁光盘、光电数字录音机。

　　所谓光电记录技术，是 20 世纪 80 年代出现的一项世界范围的高新技术，在此之前，国际上广泛使用的声音记录方式为磁记录。相比之下，光电记录具有存储容量大、高保真、易编辑、可长期存放、信息位价比低、抗干扰性强、无磨损、工作稳定可靠等一系列优点，可广泛用于影视音响、计算机及大容量信息存储等领域。它的大规模应用在世界范围内带来了一场信息载体的变革。

张有纲下决心一定要攻克这道技术难关。从 20 世纪 80 年代起，他率领相关学科的数十位专家，历经八年的艰苦努力，攻克靶材成分及制造、镀膜工艺和光盘后序制作多项难关，终使我国成为当时世界上少数几个掌握制备可抹可录磁光盘技术的国家之一。光电数字录音机作为当时国际最先进的数字录音设备之一，相关技术难关也被攻克。

后来，这两项成果顺利通过电子工业部鉴定。由科技界、音乐界和广播电视领域的知名专家组成的鉴定委员会，通过对这两项成果技术、产品的严格测试考核，认为这两项高新科技成果已达到了当时国际先进水平，对缩短我国电子工业在高密度信息记录领域与国际先进水平的差距起到了重要作用。此后，可抹可录磁光盘和光电数字录音机被广泛应用到多家广播电视台，并发挥了重要作用。

20 世纪 90 年代可抹可录磁光盘生产线

如今，科学技术的飞速发展，早已让这些曾经风头无两的科技产品，消失在了人们的日常生活中。但在我国电子工业的历史长河中却留下了像张有纲教授这样的科研人员的足迹。

命运多舛　报国之志弥坚

1927 年 2 月，张有纲出生于上海一个普通家庭，父亲在一家电报局担任职员，母亲则是小学老师。一家七口人，主要靠父亲的工资维系生活。1937年8月，日本发动侵沪战争占领上海，张有纲的父亲因不去重庆，失去了电报局的工作。好在父亲吃苦耐劳，后来与人合办了永新织造厂并担任经理，家庭经济状况才得以好转。由于从小就居住在上海，张有纲小小年纪就目睹了外国人欺辱中国人的情景，大量的外国货充斥中国市场，人民经常自发地抵制日货。1941年太平洋战争爆发后，日军进入上海租界，日军的暴行更进一步激发了他心中的爱国情怀。由于日军进入租界，很多学校停办，因此在这一阶段，他几乎每半年转学一次，先后就读于上海民智中学、南方中学、晓光中学、师承中学、沪新中学。1944年9月考入交通大学工学院电机系电讯组。1947年2月至1951年8月因患右膝结核性关节炎在家休养，因为这个原因，后来他的右腿始终行动不便，落下了终身残疾。1945年第二次世界大战结束后，国民党和美军进入上海，结果美军照样欺压中国人，国民党也对曾为日占区的中国人民另眼相待，不承认交通大学学生的学籍。经过几个月的请愿与游行，同学们才被同意编入临时大学学习，后来张有纲才了解到运动是共产党地下党领导组织的。这些事实，让他进一步激起了对帝国主义的仇恨和对国民党的反感。

大学时期的张有纲

1951年9月至1952年8月，张有纲继续就读交通大学并完成大学学业。张有纲刚毕业不久就参加了我国第一个五年计划建设，参与、见证了我国电子工业从无到有、从小到大的快速发展，思想政治觉悟不断提高，从而使他从一个单纯的爱国主义者，逐渐产生了对中国共产党的向往和对社会主义的热爱，并始终追求进步，最终于 1983 年光荣地加入中国共产党。他在入党申请书中写道："我目前虽已 50 多岁了，体力与记忆力不及以前了，但我思想上仍是年轻的，有充分的信心与决心为党现阶段的总任务、为建设四个现代化的强国贡献我毕生的一切力量。"

不懈钻研　引领学科发展

1952 年，张有纲在交通大学电机系毕业后便留校执教。1956 年，正处于全国高校院系大调整时期，他毫不犹豫地服从安排，就这样来到了成电。张有纲在大学是学电机的，但是由于学校事业发展的需要，他先改行从事磁学研究，并成为我国应用磁学的创始人之一，为国家培养了大批人才；后来由于跨学科的需要，他又自学了机械方面的知识。为把电子材料学科建设成为全国学科，他引进大型分析仪器，筹集资金建立一个较为完善的材料分析中心，建设电子材料学科博士点，争取磁光记录技术方面的重大科研课题。

工作时期的张有纲教授

记得 20 世纪 50 年代后期，国内铁氧体方面的科研与生产还处于起始阶段，面对国内这一方向的空白，张有纲教授便与其他同志投身于这一领域的研究，并试制了各种类型的铁氧体材料与器件（如锰锌、镍锌软磁铁氧体、永磁铁氧体、记忆元件、微波铁氧体与单晶铁氧体）。在他们的研究成果中，有些产品只对学院内部提供,有些材料也被许多外部单位所使用。

张有纲教授在实验室指导学生

在 1959 年进行记忆元件试制时,当时并没有自动冲压设备,张有纲教授便采用揲甲挤荧切割工艺,这项技术为完成试制创造了条件。学院的毕业生将此技术用于 0.5 mm 小磁芯,在哈尔滨工业大学取得了成果。

1965 年,由于国内缺少相关器件验磁介质性能,严重影响产品质量,张有纲教授便参加了设计与调试工作,并取得试制成功,研制产品经长期使用后性能满足要求。

提起"彩电攻关大会战",很多老成电人都记忆犹新。20 世纪 70 年代的中国,黑白电视还属稀奇物件,彩色电视更是遥不可及。而成电早在 1958 年就已设立了电视专业,并与中国电子学会成都分会联合建立了实验性电视中心,同时拥有我国第一批从事电视技术研究的专家和行业领军人物。

1970 年,国家决定在北京、天津、上海、成都四地以"大会战"方式,在全国范围内开展彩色电视技术集体攻关。成都会战的主战场选定在成电。张有纲教授参加了录像磁头的制作与调试,试制出了热压铁氧体录像磁头,在上海录音器材厂等取得了广泛应用,解决了当时国内急需的问题,当时在国内热压铁氧体录像磁头还是首次应用。

张有纲教授敢于挑重担、担风险,充分发挥我校电子材料学科优势,承担重大科研课题。"七五"期间,他主持的高科技项目"可擦重写磁光盘寿命研究""磁光彩色录像技术研究"都通过了机械电子工业部组织的专家委员会鉴定，特别是"磁光彩色录像技术"，填补了国内空白，而且关键技术已达到国际先进水平，为我国电子工业在录音、录像领域重新夺回被外国垄断的市场创造了一个难得的机会，为"八五"科研项目"数字磁光录音技术"的研究奠定了坚实的基础。他率先在国内筹建了磁性材料与元器件专业，并首编了《铁氧体磁性材料》和《磁性材料》教材，创建了具有先进水平的材料分析中心，并获得了电子材料与元件学科博士点。

中日电镜技术交流会（前排左六为张有纲教授，1983年）

在他的领导下，我校"七五"期间不仅完成了磁光录像技术的国产化和新技术的开发，而且争取到了磁光录像系统的大课题。他为了课题研究，经常拖着残疾的右腿出差调研，一年几乎有一半以上的时间都在外出。但是他却乐在其中，他说："为了事业，在有生之年为国家多做贡献，苦点儿累点儿算不了什么。"

作为我国应用磁学创始人之一，张有纲教授学术渊博，才思敏捷，见解独到，勇于开拓创新。他是有关科研项目的总设计师，在各项科研工作中，他始终一丝不苟地进行具体指导，解决技术难关。由他主持研究的"永磁介质片"课题荣获1985年电子工业部科技进步一等奖和1988年国家发明三等奖，"磁光调制锁相椭偏仪与多层磁光薄膜"测试项目获1988年电子工业部科技进步二等奖。

张有纲教授不仅致力于科学研究，更一直扎根教育一线，为培养人才尽心尽力。他对开设的课程总是务求讲深讲透。有一次一位老师晚上有急事找他，他不在家，这位老师又去教研室找他，刚上楼梯，就听到张有纲教授在教室里的讲课声。当时这位老师以为张有纲教授在给同学上课，悄悄一看，却只看到张有纲教授在空荡荡的教室里，一个人在黑板上边推导公式，边讲述过程。这位老师好奇地问："这门课你已讲了许多遍，为何还这样认真备课呢？"张有纲教授回答道："书上公式太繁，学生不易弄懂，按书上讲没有新颖的方面。如果使推导简单化，简化模型，学生好懂，也会学到更多处理问题的方法。"

参加科研成果鉴定会（前排右三为张有纲教授，1990年）

坦荡磊落　一生两袖清风

张有纲教授为人刚直，光明磊落，勇于解剖自己，他讲真话，办实事。他在坚持原则的基础上团结同志，敢于开展批评和自我批评，善于听取党组织与群众的意见。他性格率直，要求严格，对一些同事的批评就比较直接，让很多人一时下不来台。可是事后他经常反思自己，是不是自己性情急躁了？是不是工作太不注意方式方法了？这样批评人家会不会打击人家的积极性对工作造成影响？因而他一再请组织和同志们监督他、帮助他。他始终不忘自己的党员身份，对政治学习、党员组织生活非常重视，从不找借口，每次都积极参加，并且每个季度都要找党总支负责同志谈思想。他常问："我有哪些毛病？""上次我又发火，你为什么不当面制止？事后我认识到错误了。""我希望同志们原谅我，我很着急，完不成任务，国家损失大。"他多次对党组织说:"要加强党的领导,要加强思想政治工作。""要从干部做起,要有政治责任感,要有紧迫感!"从这些点点滴滴中,可见张有纲教授心中始终装着党的事业,始终对事业抱有一种崇高的责任感和紧迫感。

张有纲教授不仅严于律己,对身边同志也坚持求实的态度。他对年轻人既要求严格,又对他们的工作成绩及时鼓励和表扬。他敢于当面对工作马虎不负责任的同志提出批评,体现出了一位共产党员光明磊落的崇高境界,同时又对身边的同志非常关心,如为应该提职称的积极帮助沟通协调,为应得奖金和劳务津贴的积极争取,对需要解决住房和夫妻两地分居困难的也积极帮助解决。在大家心里,张有纲教授是一个真正关心下属的好领导。范启华先生、洪源先生在《记张有纲老师二三事》中写道:"作为科研课题的负责人,每个年头都要涉及奖金、劳务费的发放。张老师每次总是将分配方案公开,谁干得好、有成绩,他就奖励谁。有时档次拉得很大,可大家却没有谁有过意见。有人查过这几年的奖金分配表发现,没有哪一次张老师多拿过,甚至总是比课题组其他同志少。其实张老师家里并不宽裕,他的冰箱是单开门的,电视是14寸的小彩电,除此两件,再看不到有什么值钱的东西了。正如一位老师赞叹的那样,张老师虽然掌握经费千万,自己却两袖清风。"

可抹可录磁光盘技术研究团队部分成员

张有纲教授生活简朴,两袖清风,无心名利。为了学科和材料分析中心建设,张有纲到处奔波,有时一个月就要出差多次,长期以来活动日程安排都是满的。张有纲小时候患有右膝结核性关节炎,导致他右腿身患残疾,走路不便。频繁的出差就连一般的正常人都难以忍受,而他在苦中自得其乐。对张有纲教授而言,精神上富足了,那些身外之物都不算什么。他精打细算每一笔经费,为国家节约开支,从不占公家和他人的便宜。张有纲教授行动不便,但他长期赶公交、挤地铁,除非紧急情况,否则绝不坐出租车。据他的同事说,在一次到北京为期二十多天的调研中,张老师几乎天天在外,冒着酷暑,赶公交、挤地铁,没有一次坐出租车。樊樾老师清楚地记得有一次他和张有纲教授到北京出差,从早晨出门算起已经五个多小时了,路途劳顿加上张老师身体本就不好,理应休息。但张教授却说:"走!我们去买面包!顺路到某招待所的接待室,那里我熟悉,有开水,这样的午餐省时、省钱,又可以休息。"他常常对同事讲:"虽不富裕,但我很满足。钱的腐蚀性太强,现在有些人把钱看得太过头了,要影响教学水平和科研工作。"

张有纲教授深知自己的时间有限,因为他家里有遗传病史,对身体健康影响很大,他想的不是好好休养、保重身体,而是在有生之年与时间赛跑,尽量多地为党和国家做一些事情。所以他做事总是雷厉风行,不让自己有一丝一毫的懈怠。张有纲教授长期处于超负荷的工作状态,他曾说:"我的时间不多啦,要精打细算,合理利用我的有生之年,多为党做点事情。"

据范启华和洪源回忆,从跟张老师一起从事磁光记录科研工作以后,免不了晚上有事找他,每次去他家,他总是在书房里阅读文献或写东西,没有哪一次在休息。他的电话机就放在书桌上,每次晚上打电话给他,几乎铃刚一响,他就拿起了电话。因为他的右腿行动不便,只可能坐在书桌前才有这么快。

张有纲教授作为博士生导师、学科带头人、材料分析中心主任,承担了繁重的科研教学和管理工作任务,长期处于紧张超负荷的工作状态,但他从未叫过一声累,说过一句苦,反而常常询问学生们是否有什么困难,并尽力帮助、解决问题。

在张有纲教授临终前,一个课题组新安装了超净房间,组员在谈话时提到房间里外通话有些不方便,他便暗自记下。事后,学生们都把这事忘了,而张有纲教授却一直惦记着。后来,在清理他的遗物时,学生找到一对新买的对讲门铃,是张有纲教授去世前几天从上海出差带回的。

成电建校30周年时部分交通大学电讯系校友合影（前排右一为张有纲教授）

张有纲教授十分关心青年教师的成长，在思想上、工作上，他严要求、交任务、压担子、定期检查、共同探讨、指出不足；在生活上，他关怀备至，青年教师结婚他亲自到场祝贺，还常常把大家一对一对地叫在一起开茶话会，增进感情。陈宏猷教授曾回忆说，张有纲教授知人善任，拿到课题后，他根据每个教师的特点分配课题，从不挂名，给年轻教师独立进行科研的空间，经费独立支配、单独使用，但是在关键时刻张有纲教授会把关，进行检查和督促，提出宝贵的指导意见，让年轻教师的潜力很好地被发掘。

张有纲教授有着让人信服的魔力，有着勇攀科研高峰的毅力，在他的带领下，成电的磁学迎来了一个又一个高峰，完成了一个又一个科研难题。他顽强的精神和百折不挠的品德激励和鞭策一代又一代成电人勇挑重担，创新创造。

病魔无情　奋斗精神永存

张有纲教授一生多病，但他总是泰然处之、苦中作乐。他患有遗传性高血压、甲亢，血压常常在180毫米汞高，后来脑动脉硬化，年轻时又患骨结核而后右腿致残，但他一点也不在意，而是凭借自己坚强的意志藐视病魔，凭借无所畏惧的气魄看淡生死。

当别人询问他："你血压那么高，头昏吗？"张有纲教授总是回答道："我已经习惯了。……我要趁头脑还清醒，记忆力还强时，用我的有生之年多做事情。"每次他头晕不适时，身边的人无不着急心慌，他总是摆手示意，安抚同伴说："不要紧，我休息一下就好。"在他临终前血压甚至达到230毫米汞高。甲亢患者的一个特点就是贪食，但是张有纲教授却常常为了工作废食忘餐。

张有纲教授右腿残疾，给生活带来诸多不便，但他从未抱怨，总是云淡风轻地一笑带过。他每天走的路比大部分同事都多，而且走得急，还要经常奔波于全国各地。有一次，他乘火车到湖南怀化，车上十分拥挤，火车到站时列车员无法开门，于是他一个年过花甲的老教授，拖着不能弯曲的右腿，从列车窗口爬了下来。樊樾先生回忆说："1970年组织上派张有纲教授、樊樾和另外一个同志去成都无线电五厂开发产品。五厂远在龙潭寺，那时中转汽车加步行，最快也得一个多小时，而且龙潭公共汽车站离厂区还有300多米。当时小雨绵绵，路面年久失修，凹凸不平，泥层厚得行人无不叫苦。张老师的右腿关节僵直，从泥泞中拖出，再画着圆弧把腿向前迈。为了不摔跤，张老师左手夹着书包不能动，右手举在空中平衡着身体重心，艰难地前进。"

张有纲教授

春蚕到死丝方尽，蜡炬成灰泪始干——忆磁性材料与器件专家张有纲教授

张有纲教授还以与病魔抗争的顽强毅力激励和感染着身边的同志。当他得知某同事在体检中发现动脉二级硬化时，他鼓励道："二级硬化算什么，我长期一级硬化，照样干……无所谓，无所谓。你不怕病魔，病魔就怕你。"黄永杰老师也曾请教过他是如何克服病痛的，他笑笑说："那就是一不怕，二要顶住。多顶几次，多受些锻炼，就顶过去了。要是你老想到痛，它就老折磨你，越怕越受折磨，不怕就顶过去了。"

张有纲教授一心向国，用自己超强的意志蔑视病魔，战胜病痛。他生前曾对组织提出："我首先是个党员，请按党员的条件要求我。"正因为有了坚定的理想和信念，张有纲教授才能一次又一次战胜病魔，不改初心，砥砺前行，直到生命的最后一息，倒在他为之奋斗一生、钟爱一生的教学科研岗位上。他生命不息、奋斗不止的精神将永留在每一位成电学人的心中。

（作者：成电拾光工作室学生记者　李湘叶　张念恒　指导老师：邓长江）

三尺讲台丈日月，拼得此生与测量
——记电子测量专家张世箕教授

【人物名片】 张世箕，1929年1月出生，广东省东莞市人，1951年毕业于中山大学电机系并留校任教，1952年9月至1956年7月在华南工学院任教，师从该院院长冯秉铨教授（当时全国无线电界仅有的两位一级教授之一）和林为干教授（后为中国科学院院士）；1956年8月调入成电任教。他是我国著名的电子测量专家，长期从事电子测量及自动测试的研究，出版了《电子测量原理》教材和《测量误差及数据处理》《无线电计量测试概论》等专著，发表学术论文30余篇。20世纪70年代初开始，在国内率先开展了高稳定度振荡源的频率稳定度和频谱纯度的表征、测量原理和实测技术研究，取得了突破性成果，填补了国内空白，并出版了《自动测试系统》《仪器标准接口教程》《微波测量仪器的理论与设计》等全国统编教材及专著。他的科研成果获省部级一等奖3项、二等奖2项、三等奖2项。他1982年晋升教授，曾任无线电技术系主任、自动化系主任。他还兼任国家教委（教育部）科技部学科组组员、中国电子学会自动测试与控制学会理事长、中国电子学会电子测量与仪器专业学会副主任、中国计量测试学会专业委员、中国电子学会专业委员、中国西部地区HP仪器用户协会会长、四川省计量技术与仪器制造学会学术委员会主任。张世箕1980年被评为成都市先进工作者，1982年被评为电子工业部先进教育工作者。1983年、1988年分别当选四川省第六届、第七届人大代表。1992年起享受国务院政府特殊津贴。

张世箕先生是我的恩师，提起他的名字，稍年长的成电人都知道，他在成电被人们称为"拼命三郎"。先生长年累月夜以继日地工作，积劳成疾，不幸逝世，去世时年仅65岁。我如今已80出头，然却常常想起先生的音容及谆谆教诲，兹以此文，略表怀念。

白手起家　创建无线电测量专业

1956年9月初，成电首位苏联专家罗金斯基到校，兼任院长吴立人的顾问，后为成电的苏联专家组组长。罗金斯基是无线电测量方面的专家，这对于刚刚兴建的成电来说显得特别宝贵，尤其是对建立相关专业具有重要的帮助。当时比较擅长无线电方面的有赵国南、张世箕两位老师，其中张世箕是1956年8月从华南工学院调入成电的，师从华南工学院院长冯秉铨教授（当时全国无线电界仅有的两位一级教授之一）和林为干教授（微波专家，1980年当选中国科学院院士）。在罗金斯基的指导和帮助下，赵国南、张世箕在成电创建了我国第一个无线电测量专业，并作为导师招收了包括郭成生（留校，后为教授）、鞠元凯（后任40信箱首任总工程师）、夏虎林（航天部）在内的8名成电首批两年制无线电测量专业研究生。同时，张世箕作为被学校指定的罗金斯基的业务助理，在该专业本科生、研究生及青年教师的培养上做了大量的工作。1958年6月底，罗金斯基回到了苏联，但这位专家在五十余年后见到访问俄罗斯的电子科大副校长杨晓波时，还念念不忘当年二十多岁热情奔放的年轻人张世箕这位得力助手，连称"我很想念他"。

后排从左到右：张世箕教授、顾德仁教授、林为干教授、冯志超教授

苏联著名科学家门捷列夫曾说："没有测量，就没有科学。"1956年学

校在无线电系的无线电工学专业下开设了无线电测量专门化，这使我校成为我国第一个专门培养电子仪器及测量技术高层次工程技术人才的基地。1959年，学校取消专门化，将其改为无线电测量仪器与制造专业，简称为"无线电测量""电子测量"。刚建立专业时，赵国南副教授任教研室主任，张世箕讲师任副主任，教研室成员包括王永康（后来先后任无线电系总支书记、人事处长）、何时琪（后任党支部书记、副教授）、张凯夫（后调回广州）、陆玉新（后调西南无线电器材公司任总工程师）、钱含光（时为工程师、后调回上海）、张葆成（后为自动化系副主任、高级工程师）等。当时师资欠缺，又无教材。赵国南、张世箕等翻译了罗金斯基的《无线电测量》，赵国南编写了《无线电测量仪器》，张世箕、张葆成编写了《微波测量仪器》，钱含光、何时琪编写了《无线电测量技术基础》。几本教材编好后，还多年被陆续开设这一专业的学校采用。

据张葆成回忆，当时张世箕除组织教学（当时学校要求部分罗金斯基的研究生也承担一些本科教学任务）、编写教材外，还特别重视实验室建设。当时仪器设备短缺，一些旧仪器经常发生故障，为了不影响教学实验，他还自己动手修理仪器，指导制作实验底板。

1982 年 7 月至 1986 年 9 月，张世箕任无线电技术系主任，1986 年 11 月至 1988 年 7 月任自动化系主任，1988 年 7 月任自动化系名誉主任。他还曾兼任学校第二届学术委员会（1977.12—1984.07）委员，第三届学术委员会（1984.07—1990.05）常委，第二届学位评定委员会（1987.03—1990.05）委员及自动控制与仪器学位评定分委会主任，第三届学位评定委员会（1990.05—1993.02）电磁测量技术及仪器学位评定委员会主任，本科教学指导委员会副主任。1981 年 11 月任学校实验工作委员会副主任。1983 年被学校列为骨干和有发展前途的专家。1984 年代表学校出访德国洽谈科技合作。

回顾往昔，赵国南、张世箕两位老师无疑是成电无线电测量专业的创建者，为该专业的建立和发展壮大立下了汗马功劳。

"拼命三郎" 醉心测量结硕果

新的学校和新建的专业给张世箕提供了施展才华的舞台，不到 30 岁的他正是风华正茂、热血沸腾的大好年华。他忘我地投入教学和科研中，一时间学校都知道有个"拼命三郎"叫张世箕。

20 世纪 50 年代开始，张世箕在国内率先对电子仪器和测量误差理论及应用进行了系统深入研究，特别是在非正态分布误差的研究方面有了新的建树。

20 世纪 70 年代开始，张世箕完成了频率稳定度分析测试系统等多项科研成果，填补了国内这方面的技术空白。20 世纪 70 年代末期开始，他在国内率先进行自动测试系统通用接口标准及智能仪器的研究工作，主持了微波网络自动测试系统的国家攻关任务。在取得大量科研成果的基础上，主持制定了我国可程控测量设备接口的国家标准。其主持完成的科研项目"PPC-100 系列频谱纯度测试仪"获 1979 年部级一等奖。"频率稳定度测试装置"获 1980 年电子工业部一等奖，"配有 IB 接口的自动测频系统"获 1981 年国防科工办二等奖，"电子计数器程控接口装置"获 1982 年电子工业部一等奖，"一种配有 ICB-IB 的自动测频系统"和"为用 BASIC 作结构化编程的翻译程序"获 1986 年成都市科技二等奖，"可程控测量仪器的一种接口系统"获 1987 年电子工业部二等奖，"测量控制计算机"获 1989 年四川省科技进步三等奖，"LA-4950 型 IBM-PC 逻辑分析仪"获 1991 年电子工业部三等奖。

20 世纪 80 年代他去美国 HP 公司仪表总部参观，与该公司技术人员谈及智能仪器的测量技术问题，对方大为惊叹：中国此时还有对世界上最先进的智能仪器如此精通的人才！

张世箕所领导的教研室于 1980 年 11 月被评为"1978—1979 年全国科技先进集体"，1982 年 12 月被评为"电子工业科技先进集体"。1992 年 1 月，七项电子测量仪器与测试技术成果鉴定会在北京召开，国防科工委聂力少将（后升中将）、中国电子工业总公司党组书记兼总经理张学东亲临现场并给予了高度评价。

一项项科研成果和荣誉光环背后是常人难以想象的辛勤付出。还记得 20 世纪 50 年代末 60 年代初，在翻译罗金斯基《无线电测量》和自编教材《微波测量仪器》期间，张世箕除到图书馆借阅国外的相关书籍和杂志外，还自费到书店买回一些相关书籍，为赶出书进度，常常夜以继日，有时一周只睡三四个晚上。住在他对面的张其勐（后为教授）多次说："我们附近晚上最晚关灯的就是张世箕。"在"文化大革命"期间，他被说成"资产阶级反动学术权威"，甚至有人将他在建专业初期修理有故障的仪器污蔑为拆毁仪器。尽管受到不公正的待遇，但这丝毫没有减弱他对工作的热情，他依然不分昼夜地工作。

因为白天事儿多，他就利用晚上搞科研。他认为晚上找他的人少，工作效率高，就晚上拼命干，饿了就吃点儿干粮。记得"文化大革命"后不久，他被邀请去北京为航天部二院计量站组织的全国军工系统计量测试技术人员讲授"测量误差及数据处理",为培养、提高年轻教师,他还带上郑家祥和我去各讲一部分内容。虽然他对所讲内容非常熟悉,但为了把国外最新资料加进去,十余天里他每天都加班准备到凌晨一两点。

20 世纪 50 年代,张世箕教授在做科学研究

在张世箕儿子张元的印象中,科研就是父亲的生命支柱,他一辈子都在为科研奔波忙碌。他之所以那么拼命,是因为他们那一辈人始终有一种立志使祖国变强的使命感。张元回忆道:"我很小的时候,记得住在学校南院,虽然不知道父亲忙的啥,但总是为父亲感到自豪。父亲走路总是风风火火的,晚饭吃完一会儿就钻进他的房间搞科研了,要不就是去实验室。但他很关心我的学习,每学期都要问我的学习情况,对我要求也很严格,有时候不满意还要打我手心。"

师恩难忘　山高水长

我于 1958 年考入成电,成为学校的第三届学生。我刚进校时,被分在 8214 班(电视专业),后因专业调整,我又调入 8213 班(无线电测量仪器设计与制造专业)。五年级上学期张世箕老师给我班讲专业课"微波测量仪器"。张老师虽然是广东人，但普通话却很标准。他讲课极富激情，声音洪亮，语速适中，思路清晰，语言简练，对概念的表述十分准确，通俗易懂，重点突出，难点分析透彻，善于启发引导和激发学生的学习兴趣。他还写得一手工整漂亮的板书。同学们都十分喜欢听他的课，觉得是一种享受。

在我的印象中，张老师对学生要求非常严格。期末课程考试时，由学生抽题签（每一签含几个题），再在黑板上写出答题提纲，由他与辅导老师口试，口试问题一般都比较难，要得 5 分不易（当时实行 5 级记分制）。因为张老师要求很严，我们平时学习都特别认真。现在好多同学回忆起昔日的严师，心里特别感激那时老师们对他们的严格要求。

1963 年 7 月我大学毕业，留校在本专业教研室任教。9 月 11 日到教研室报到时，时任教研室副主任的张老师找我谈话。他语重心长地告诫我：做一名好的老师不易，仅就业务而言，你现在比即将面对的本专业学生强不了多少。一定要多看参考书，了解国内外最新动态，抓紧时间，刻苦钻研，打好业务基础。还要认真学习老教师们好的教学方法，力争早日主讲相关课程……这些教诲现在回想起来还言犹在耳。

在此后的教学科研工作中，我经常向他请教，他都耐心地给我指点。1979 年四机部高教局要我们教研室编写供全国职工培训用统编教材《电子测量基础》。显然，由他编写最为恰当，但他为培养年轻教师，毅然决定该书由郑家祥老师和我各写一半左右内容，他则指导把关，这让我和郑家祥在兴奋忐忑之余心里也有了底气，这本书于 1981 年由国防工业出版社出版。

"文化大革命"结束后不久，四川省计量局和成都市计量局在成都市人民文化宫组织省、市各单位三百余人，请张世箕老师讲"测量误差及数据处理研究的国际新动态"，但他为培养我，坚持向组织单位推荐由我代他去讲，并将他手头的相关资料交我准备，促使我业务进步。

"文化大革命"后他获准指导研究生，他要求我给他的研究生讲他研究最深入（本应他自己讲最合适）的"测量误差及数据处理"课（后扩展为全校研究生选课），并尽快写出内部教材，促使我努力完成这一任务。

1984 年 8 月，学校决定调我去九系（管理工程系）任可靠性研究室主任，最先时任无线电系主任的张老师不愿我离开原专业，后经王甲纲院长多次协商，他才同意。虽然我到了管理工程系（后发展为经济管理学院），但此后仍不时地得到他的指导。1985 年他曾提醒我，他在一份国际会议论文集上看到几篇德国人发表的可靠性方面的论文很有水平，要我关注。

回顾我的一生，我从张老师那里实在受益良多！

20 世纪 80 年代，张世箕教授在书房

矢志育人　扶持后辈

1979 年，张世箕受命担任全国高校统编教材电子测量编审组组长，成员包括天津大学吴泳诗教授（后为天津大学校长）、北方交通大学（现北京交通大学）蒋焕文教授（后为该校教务处长），及北京邮电学院汪雍教授。经编审组讨论决定，两本统编教材全由成电编写。在张世箕的指导下，由陈杰美、古天祥、钱学济编写的《电子测量仪器》，由陆玉新和我编写的《电子测量》均于 1985 年由国防工业出版社出版。该编审组的工作还受到四机部高教局通报表彰。他为一系列教材的编审做了大量工作。而由他本人所编写出版的《电子仪器原理》获 1992 年电子工业部优秀教材一等奖，《智能仪器》获 1992 年电子工业部优秀教材二等奖，《自动测试系统》获 1996 年电子工业部优秀教材一等奖，《数据域测试及仪器》获 1996 电子工业部优秀教材一等奖。

由于在电子测量领域的学识和威望，不少单位纷纷邀请他开办讲座，培训科技人才，如哈尔滨工业大学、中国计量科学研究院、中国测试技术研究院、七机部二院计量站、风洞指挥部、电子工业部十所、前锋无线电仪器厂等。张老师从不摆谱，一般都是有求必应，尽管这耽误了他不少的科研时间，但他都想办法熬夜补上。

他治学严谨，学识渊博，培养了一批批优秀的学生。他们已有不少成长为学科带头人、博士生导师、教授、研究员，有的是校、厂、研究所的领导，更有大量工作在各个岗位的技术骨干，张世箕为我国电子信息领域优秀人才的培养做出了巨大的贡献。例如，他的 9103 班学生徐培基在航天部工作，是电磁学专家，是航天英雄杨利伟科研团队的重要成员；黄润萱是绵阳中国工程物理研究院副院长，为国防工业的发展做出了很大的贡献。

曾有幸成为他所领导的教研室的早期室员们，诸如郭成生、杨安禄、陈杰美、古天祥、郑家祥、何正权、王树菁、陈光□、顾亚平、杨鸿谟、陈长龄包括我等成电教授，谁没有受到过他的关怀、栽培与扶持？"文化大革命"后他招收指导的第二位研究生王厚军，于 2005 年 4 月至 2015 年 4 月任电子科大副校长，此后任校第九届学术委员会主任。

张世箕是我国知识分子的优秀代表。他坚决拥护中国共产党的领导和党的各项方针政策，坚持四项基本原则，作为四川省第六届、第七届人大代表，积极履行职责，为改革开放和我省高教事业的发展建言献策。

张世箕精通英语、法语及俄语，为其广阔的视野奠定了良好的基础。他的文学水平也很高，讲课时常引经据典，发人深省。他还有一些业余爱好，如绘画与拉小提琴也有较高的水平。

他是学校著名的"拼命三郎"，长期承担着繁重的教学、科研、社会服务的重任，并无私地培养和严格要求下一代年轻教师，促使他们早日挑起教学、科研的重担，并对 20 世纪 60 年代一批批外校前来进修的哈尔滨工业大学、西北工业大学、上海交通大学、太原工学院（现太原理工大学）等校的年轻教师关怀备至，还曾借钱、借衣服给部分进修老师。

"文化大革命"后，曾有两个单位动员他去工作（一个在北京、一个在广州），都被许以优厚待遇，但都遭到他的明确拒绝。他爱成电，爱他的专业，爱他的教学科研团队。他对自己的评价是：我这一辈子的贡献就是教书育人，写了几本书，为国防事业做了一点儿事儿。

四个"火枪手",从左至右:张世箕、黄香馥、胡忠谐、虞厥邦

犹记得"四个火枪手"的雅号。受大仲马于 1844 年所写世界名著《三个火枪手》的影响,1956 年与张世箕一同从华南工学院调来的他的其他三位好友黄香馥、虞厥邦、胡忠谐四人便自喻为"四个火枪手",这也让人们一下子就记住了他们。如今比张世箕小 7 个月的我国著名电子材料与元器件专家胡忠谐教授于 2015 年 12 月 29 日去世,享年 87 岁;比他小 9 个月的我国著名微波电路与系统、现代网络理论专家黄香馥教授于 2017 年 4 月 26 日逝世,享年 88 岁;比他小 3 岁多的在非线性电路与系统、功率电子学、计算智能、EDA 等领域卓有成效的虞厥邦教授现已 88 岁,身体状况良好。张老,如果您当时能稍微注意保护身体,适当控制工作节奏,不过度劳累,多活若干年,那对祖国和人民的贡献岂非更大?!

每念及此,痛彻心扉!

(作者:傅崇伦,退休前系电子科技大学经济管理学院教授,
曾受教于张世箕先生　审校:邓长江)

行健以酬天　不息以自强
——记电子工程专家肖先赐教授

【人物名片】 肖先赐，1933年9月出生于湖南长沙。1955年7月毕业于华南工学院电讯工程系。1955年7月分配到北京二机部第十设计院，任技术员。1957年7月调入成电任教，历任助教、讲师、副教授、教授和博士生导师。中共党员。2002年退休。1981年4月至1983年4月在美国康奈尔大学做访问学者。1983—2002年，担任国家电子工程类专家组成员。1991—1993年任学校电子工程系主任。1992年起享受国务院政府特殊津贴待遇。2003—2010年任电子科大科技委专职学术委员。1961年负责筹建无线电导航专业。1978年和卢铁城一道负责筹建学校电子工程类专业和研究室。其科研成果曾荣获1978年全国科学大会奖、多项研究成果获部级科技进步二、三等奖。在国内的《物理学报》等学术刊物及电子学会等学术会议上，合作或单独发表学术论文130多篇。在IEEE、EE等国际学术刊物和学术会议上合作或单独发表学术论文20多篇。获国家发明专利两项。指导硕士研究生和博士研究生60多名。多次获电子工业部和四川省等颁发的先进工作者、优秀教师、优秀研究生导师奖励。

肖先赐在办公室研读文献

谦谦君子，温润如玉，这是肖先赐教授给人的第一印象，尽管他已经90岁高龄，岁月的痕迹却显得温和而舒缓，谦谦乎如春风拂面，敦敦兮如积雪消融。

国难当头　少年当自强

1933年，肖先赐出生于湖南长沙。"九一八事变"后，当时的中国东北沦陷，列强欺凌，军阀混战，饿殍遍地，人民身陷水深火热之中。等到肖先赐开始逐渐懂事的时候，战火就烧到了他的身边。1938年国民党军队一路败退，为了抵抗日本军队，执行"焦土策略"，在长沙文夕纵火，结果让长沙无数家庭支离破碎，直接死于火灾的更是多达三万余人。住在长沙郊外的肖先赐目睹了这场大火烧光了整个长沙，火光在眼里不停闪烁。"童年"这个概念在肖先赐的眼中就是"没有家"。在奔波跋涉的逃难生活中，四处颠簸、居无定所贯穿着肖先赐的童年。在肖先赐的记忆中，有一件事至今让他心有余悸，他回忆道："有一次，我逃难住在外婆家，忽然外面好多日本鬼子来搜查，我躲在床底下，尽量往里面靠。日本鬼子进屋后用枪尖上的刺刀到处乱捅，我差一点就被刺刀戳中没命了。"

肖先赐讲述多舛的童年经历

行健以酬天　不息以自强——记电子工程专家肖先赐教授

童年的记忆让幼小的肖先赐深感即将沦为亡国奴的屈辱，也让他埋下了报国的种子，他渴望学习本领，用知识改变贫穷落后的祖国。战火纷飞中，他一边逃难求生，一边辗转求学，只要有机会他都坚持上学。他先后转了四个小学，虽然只学习了三年半的时间，但仍于1946年春考上了长沙明德中学读初中。然倾巢之下岂有完卵，国民党的腐败和钩心斗角让当时社会物价飞涨，甚至后来滥发金圆券，导致整个社会动荡不安，民心惶惶。尽管时局多艰，肖先赐依然刻苦学习，以优异成绩完成初中学业，免试升高中。由于该校学费高昂，肖先赐于1950年年初转学考入湖南省立一中。1951年肖先赐以同等学力考入了武汉大学的电机系，开始了他崭新的求学生涯。

三次结缘　情定电讯园

肖先赐教授微笑着对我们说："我和成电结缘并不是在我来成电工作时，而是在我读大学时就在冥冥之中注定了。"据他回忆，刚刚适应大学学习生活一年后，肖先赐就迎来了分组，他选择了感兴趣的电讯组准备大展身手。恰恰是这个专业的选择，为他结缘成电埋下了伏笔。1953年，国家的院系调整，将武汉大学、中山大学、岭南大学等多个大学的电机系、电讯组调整到华南工学院，成立了电讯工程系。大学期间，肖先赐领受过许多名师的教诲，他们严谨的治学精神、诲人不倦的教学态度，使人终生不忘，如武汉大学的刘正经（数学）、戴春洲（物理），华南工学院电讯工程系的林为干、冯秉铨、顾德仁等诸位老师，肖先赐至今仍清晰地记得。在那样的教学环境下，肖先赐逐渐培养出为祖国的科学技术事业奋斗终身的理念。他在学习上刻苦努力，始终保持优秀成绩，并在大学毕业时获得优秀毕业生金色奖章（本系两人获奖）。在校期间他积极参加体育锻炼，是学校田径队的成员，曾获华南工学院运动会和广州市大学生运动会跳高比赛的第二名（银色奖章）。1956年，华南工学院和交通大学的电讯系、南京工学院的无线电系在周恩来总理的亲自主持下，组建了成都电讯工程学院。这是肖先赐与成电的第一次正式结缘。

肖先赐1955年大学毕业后，被分配到北京的二机部第十设计院任技术员。在那里他参与了与成电相关的任务，也就是关于主楼实验室的工艺设计，包括配备仪器、实验室布置，以及更为细致的电线和电路的布局、排水和排气的位置设计等，这是他和成电的第二次结缘。

肖先赐在华南工学院获得的奖章

肖先赐在华南工学院获得的奖章

行健以酬天　不息以自强——记电子工程专家肖先赐教授

1957年,在北京工作刚刚两年的肖先赐正式奉调成电,在徐秉铮教授主持下的无线电基础教研组从事教学工作。之后又随徐秉铮教授调到无线电接收教研组任教。在教学和科研中得到徐老师诸多指导和教诲,并且担任了谢立惠院长在讲授无线电基础课程时的助教。谢院长德高望重,肖先赐任其助教期间,与谢院长接触较多,受益匪浅。潜心求学的肖先赐日复一日,年复一年地严格要求自己,一心钻研学术,他在成电的学报上发表了两篇文章后,正式开启了自己的学术生涯。

以启山林　青春扬成电

响应祖国的需要,来到成电后,肖先赐便立志把毕生奉献给成电。他的青春开始在这片热土上飞扬,他的热血开始在这片热土上沸腾,他的事业开始在这片热土上生根发芽。1961年,学校成立了无线电导航专业,初出茅庐的肖先赐得到施展才华的机会。学校正值用人之际,也很看好有事业心、有追求、有能力的肖先赐,将筹建这个专业的重担交给了他。初担重担,肖先赐在兴奋的同时,也深感责任重大。但面对重压,他没有退缩,他集中时间和精力,与其他同事合作翻译和编写了无线电导航专业的两本教材给学生当讲义用,同时筹建了无线电导航实验室。该专业于当年招生,1965年有了第一届毕业生。

1966年国内一个知名研究所提出导航系统测距和测向设备数字化的问题,需要成电协助解决。肖先赐和朱维乐分别负责这两部分的研究工作,并于1968年向研究所提交了试验样机,圆满完成了任务。

也是在1961年,全国统编无线电接收设备教材。肖先赐曾讲授过无线电接收设备的课程,并参与编写该课程的讲义,有着丰富的教学经验,便被学校指派去北京,和西安电讯工程学院(现西安电子科技大学)、北京工业学院(现北京理工大学)共同编写教材《无线电接收设备》。肖先赐教授打趣道:"当时统编教材基本上都很少个人署名,因为是三个学校共同编写的,于是署了个'程西津'的名字,暗含三个学校的名字。"

1970年,肖先赐被分配到当时新组建的微波通讯大队负责教学和科研工作。经过调研,肖先赐认为微波散射通讯有许多技术关键问题值得研究,他立刻着手率领同事们开始进行"对流层微波散射通讯技术体制研究"这一课题,并向四机部申请立项,得到批准。当时提出了三个方案,经过一番讨论后,最终选定了更容易快速应用的一种"时频相编码"方案。历时五年的时间，克服各种困难，最终做出了包括信号处理终端、信道模拟器等多个设备，通过实际联试，方案得到了验证。这项研究成果，荣获了1978年的全国科技大会大奖。这次大会是中国科技发展史上一次具有里程碑意义的盛会。对肖先赐来说，在这样的大会上得奖意味着对他科研能力的重大肯定，也激励他更加认真地投入新的科研任务。

1978年，肖先赐和卢铁城一道负责筹建学校新的电子工程类专业，这是一个新兴但又极其重要的领域。肖先赐等首先调研了国内相关的工厂和研究院所，最终确立了主要研究方向。紧接着他又开始学习相关领域的前沿知识，和教研室的同事一起潜心研究，想尽快做出优秀的成果，力争使当时还身名不显的成电被同行熟知。1979年的全国相关领域学会成立，并在成都召开首次学术会议。成电和另一个研究所作为负责这次学术年会的会务工作的主要单位，但研究所交通不便，会务工作实际上主要由成电的相关教研室来办。这的确是一件十分困难的工作，虽然有诸多不足，成电还是完成了这一艰巨任务。肖先赐在大会上发表了他的一篇论文，受到大家的好评。成电的几位教师也在会上宣读了提交的学术论文，使得成电在相关领域初显自己的地位。之后，肖先赐主持研究的计算机分析、信号分析方法技术等项目的成果和论文，荣获了电子工业部的科技进步三等奖。另一项由博士研究生黄勇和他承担的数字接收机技术方面的一项研究成果获国家发明专利。黄勇后去中兴作博士后，从事研究工作，为项目总师。

访学归来　登高更望远

1981年，肖先赐得到去美国康奈尔大学做访问学者的机会。在国外，他深深感觉国内的大学教学水平和当前国际先进水平有很大差距，他以只争朝夕的精神如饥似渴地吸收着先进的理念和科技知识。他认真学习和较全面地了解了康奈尔大学电气工程系的课程设置、教学方法、专业方向等情况，并着重认真学习了"信号处理理论基础""谱估计""自适应信号处理"等当时热门研究方向的课题，大大开阔了自己的眼界。他把国外教学体系优秀的地方深深记在心里，以便学成归国，尽快缩短国内和国外科研教学的差距。

肖先赐回国后，他先是和黄振兴教授一道为本科生开设了"信号与系统"这门课，使用的是美国麻省理工学院的英文教材，也是为了方便学生接触最新的前沿专业知识，开阔他们的眼界。肖先赐深感学习信号处理时数学的重要性，所以又为研究生开了一门数学基础课"矩阵计算"，将自己自学的经验和方法教给学生。他先后讲授过"无线电技术基础""无线电接收设备""无线电导航原理""无线电导航系统""通讯原理与系统""SIGNALS AND SYSTEMS""矩阵计算""现代谱估计原理与方法""现代信号处理"等十多门专业基础课、专业课以及研究生课程。肖先赐主编教材有《无线电导航原理》《无线电导航系统》，参与编写全国统编教材《无线电接收设备》《无线电观测原理》，编著《现代谱估计原理与应用》，译著《数字信号处理的快速方法》。

1981年4月，肖先赐在康奈尔大学做访问学者，右起王梓坤、吴咏诗、肖先赐

肖先赐十分重视不同学科的结合，他将在国外学到的空间谱估计测向方法应用到无线电侦察测向中，成功做到了在一个侦察系统里对多个信号侦查和测向。他提交了这种新的测向系统的工作原理、性能分析、技术实现中的关键问题及处理方法，为这种新的测向系统提供了理论和技术实现的基础。使得原来不被国内技术同行和领导承认的新技术终于被基本接受，并使得这项研制得以继续进行。这项成果也荣获电子工业部的科技进步二等奖。紧接着肖先赐就应用这套测向的方法和理论，带领课题组做出了一套新的测向系统，通过外场试验，证实了这种新测向方法的各项优异性能。该技术成果在国内也处于领先的地位，解决了许多关键技术，对我国无线电测向技术的发展起了重要的推动作用。

随着微电子技术的高速发展，在20世纪90年代中后期，采样速率达千兆的A/D变换器已问世，这样就使得原来必须用模拟电路来实现调制/解调、变频、中放、编码/解码等复杂电路，有可能用改用数字技术来实现。这对复杂的各类电子系统是一场革命。肖先赐看到了这一发展趋势，便带领年轻有为的研究生们开展数字接收机原理和实现方法研究，取得重大进展，并做出了实验系统。参加数字接收机技术研究的研究生们毕业时，成为多家高新科技公司争相聘用的对象。其反映研究成果的学术论文也在重要学术刊物上发表。

1993年，肖先赐在外场试验的帐篷里指导试验

当时，高速跳频通讯的干扰是一个十分重要的技术难题。1993年肖先赐在参加IEEE ASSP信号处理国际学术会议时，得知加拿大的Haykin教授团队提出了一种基于混沌理论的海上小目标的检测新方法。受此启发，他决定探索混沌信号处理方法可否用于高速跳频通讯干扰。为此他在国内几个有关研究所中收集了一些实测的跳频通讯信号数据，初步分析表明其具有混沌特性。他带领几位博士生开展研究，在理论分析、非线性预测方法和初步实验方法诸方面取得重要进展，并在《物理学报》等刊物上发表了多篇相关学术论文。其中由博士研究生袁坚和肖先赐共同承担的混沌信号处理一项研究成果获国家发明专利，袁坚现为清华大学电子工程系教授。另一位博士生张家树的学位论文在当年全国百篇优秀论文评选中仅差一票落选。

一项项的科研成果背后，是肖先赐教授矢志如一的不变初心，是始终不渝的锲而不舍，是只争朝夕的自强不息。回顾自己少年时的梦想，肖先赐教授感到非常欣慰，感觉自己没有虚度年华。

他语重心长地寄语新入学的同学们，希望他们尽快适应新的环境，在人生的这一重要阶段在各方面都有重大收获。在大学里主要靠自己管理自己，除了课程和安排的各项活动外，同学们要充分利用空余的时间多学习。大学有良好的学术氛围，有丰富的图书资料，是人生中最难得的学习机会；还要读经典，就是那些经过时间的长河冲洗、大浪淘沙筛选下来的那些珍品；还要学数学，这不仅仅是科技工作者必需的工具，更重要的是，数学对训练人的严谨思维、在复杂环境中探求解决问题的思想方法等方面，都起着十分重要的作用。在走出校门、走上工作岗位后就再难有这样的学习机会了。要注重独立思考，使自己成为有健全人格的有用人才。肖先赐说"学而不思则罔，思而不学则殆"，愿与同学们共勉！望同学们珍惜！

2021年重阳节，肖先赐夫妇钻石婚纪念

"我一辈子都是在学校工作，对学校很有感情，很希望学校一天天变得更好。" 2002年退休后，尽管已经不在一线工作，但是肖先赐教授依然满怀深情，时时刻刻关注着学校的发展，每次听到学校在教学科研上取得成果都会令他开心不已。而今学校正在以坚定的步伐迈向世界一流大学，他由衷欣慰。

作为成电的长者，肖先赐教授一生奋斗的足迹带给我们成电的学子们无尽的启迪与思考。山河破碎的童年，一路求学的艰辛，拓荒成电的青春飞扬，科研路上的漫漫求索……肖先赐教授用他90年春秋的人生阅历向我们完美地诠释了一位中国爱国知识分子的风骨与精神，"天行健，君子以自强不息"。我辈亦当如是！

（作者：成电拾光工作室学生记者　郝伊宁　指导老师：邓长江）

一个纯粹的知识分子
——忆原三系 301 教研室胡忠谙教授

【人物名片】 胡忠谙，电子科大致公党原主委，四川省北川县人，1929 年 8 月生。1952 年 9 月毕业于四川大学工学院电机系，分配到湖南大学电机系担任助教。1953 年 9 月调入华南工学院电讯系，担任助教和有线电教研室秘书。1956 年 9 月起到成电工作，先后担任原三系（无线电零件系）301 教研室（绝缘材料与电阻电容教研室）副主任和主任。他主持编写了《电位器名词术语》，组织编译了《微型器件》，曾主持、参与了多项科研项目，并主编了全国统编教材《电阻器》《薄厚膜混合集成电路》，其中《薄厚膜混合集成电路》获学校优秀教材奖。胡忠谙 1985 年获电子工业部 1984 年度科技进步二等奖，1986 年评为"四化服务"先进个人代表；1981 年评为副教授，1987 年评为教授，1991 年退休。他一生热爱党，热爱祖国，为新中国科技事业进步、为党的教育事业，以及学校的发展、为创建我国第一个电子材料与元器件专业做出了应有的贡献。

男儿志四方　又回故乡来

1929 年秋，胡忠谙出生在重庆奉节，幼年时便随父母迁居到成都。他自小天资聪颖、勤奋好学，从小学到高中学习成绩一直名列前茅，并且在文科和理科方面都很优秀。从 1938 年 11 月 8 日至 1944 年 12 月 18 日，在长达 6 年零 40 天的时间里，日寇先后对成都进行了 31 次大轰炸。包括城区的平民居住区、学校、医院、外国使领馆、外国教会等非军事区，无一例外地遭到日机的"无差别轰炸"。年少的他和长兄们一起，目睹了被日本飞机轰炸后成都市民死难的惨状。面对日机轰炸制造的血腥杀戮，面对父老乡亲们在轰炸之下的恐惧痛苦，兄长们立志要从军报国。此时年纪还小的胡忠谙在内心对空军战斗机、轰炸机和无线电通讯技术产生了强烈的向往，暗暗立志长大后要学工科，为保卫国土、保卫家乡人民的生命财产、为彻底消灭日寇出力。

1948年胡忠谐考入四川大学工学院，大学期间在同班的一名地下党员影响下，他积极追求进步。1949年年底他参加了保卫热电厂的工人纠察队，和热电厂的工人们一起满怀激情地迎接成都的和平解放。中华人民共和国成立后，胡忠谐成为首批加入共青团的大学生。1952年面临毕业分配，尽管原本留在成都家中唯一的弟弟也已经参加志愿军去了朝鲜战场，除了自己，家中只剩下年迈的父母亲和幼小的妹妹们，他还是主动申请离开温暖的成都老家，到祖国最需要的工业生产第一线去从事实实在在的工程技术工作，决心要踏踏实实为新中国工业生产建设服务。没想到组织上却将他分配到湖南大学任教。1953年根据国家院系调整需要，胡忠谐又被调到华南工学院无线电系。虽然从事教学工作与他自己到第一线参加工业生产建设的强烈愿望有差距，但他还是坚决服从党和组织的安排，认认真真搞好教学与实践工作，不久之后他还担任了系团委书记。1956年根据国家战略需要，由周恩来总理亲自部署，决定将当时的交通大学、南京工学院和华南工学院三所高校电讯系相关专业西迁至成都，成立成都电讯工程学院。听到这个消息，胡忠谐心里很激动，成都是他从小学习和生活的地方，现在又要回到故乡为新生的学校做贡献了。

1956年，初到成电

1956年，胡忠谐27岁，正是风华正茂、意气风发的年纪。因为比起前辈教授和年轻同事们，胡忠谐对家乡成都要更熟悉一些，组织上便安排他负责华南工学院教工家属们西迁的保障服务工作。当时华南工学院的无线电系是整体西迁，不仅有教师、学生、教辅实验人员，还有教工们的家属，家属中还有孕妇和孩子们，老老少少共有百余人。20世纪50年代中期，中国的交通状况远非今天那么方便快捷,从广州到成都要经郑州中转,从广州到郑州的火车就要走两天,到了郑州还要住宿,再从郑州乘火车经过两天时间才能到达成都。胡忠谐尽心尽责、跑前跑后,为华南工学院西迁人员的吃住、交通等一一细致周到地安排,历时一周后,全体人员才终于安全顺利地抵达成都。

原三系实验室教师与实践员合影(前排左一为胡忠谐)

据统计,1956年年底,学校有在校生1835人,其中来自华南工学院无线电通讯及广播专业的有90人(1953年、1954年、1955年各招生30人)、电话电报通讯专业的有120人(1953年、1955年各招生30人,1954年招生60人)。到1957年,共有华南工学院无线电系的林为干、龚绍熊、童凯、吴敬寰、张铣生、童子铿、洪道揆、黄亦衡、唐翰青9位教授,顾德仁、张宏基、唐棣、张志浩、徐秉铮5位副教授来到成电。

首开新课程　集成立新功

　　胡忠谐调到成电后,满腔热忱地投入新的工作。他被分配到三系(无线电元器件与材料系)301教研室。根据苏联专家的建议,要大力开展元器件材料的基础研究,发展相关专业。鉴于此,301教研室主要的研究方向为绝缘材料与电阻电容专业,主要研究电阻、电导、电容率。当时还成立了302、303教研室,302教研室主要研究半导体,303教研室主要研究磁性材料。

三系部分师生合影(后排:右三为胡忠谐;前排:左二林劲先,左四曲喜新,左五张有纲,左六陈星弼,左八恽正中)

　　根据301教研室的研究方向,当时急需开设面向学生的电阻器专业课程。然而,由于学院刚刚建立,头绪纷繁,教师急缺,要找到完全适合讲授电阻器相关课程的专业老师几乎不可能,因为整个国家类似的专业几乎是一片空白。胡忠谐勇敢地挑起了这副重担,他如饥似渴地向苏联专家学习相关知识,很快就开出了电阻器课程,成为全国最早开设电阻器课程、创建相关专业的老师。他一方面认真搞好教学,一方面积极开展学术研究,主要包括碳膜电阻、金属膜电阻、金属氧化膜电阻、无机和有机合成电阻、鹏碳膜电阻、线绕电阻、薄膜电阻、厚膜电阻等在不同环境和条件下的精度和稳定性能的研究。当时陈艾、黄书万等老师还是学生，都听过胡忠谐的课。据黄书万教授回忆，当时西安交通大学、华中工学院、天津大学等多所院校的老师都曾来校进修，听胡先生授课。胡先生开出的电阻器课程，让学生们充分了解了电阻器的设计原理、设计思路和需要设计的条件，同学们都感到收获很大。

到301教研室后，胡忠谐担任了教研室副主任，同时担任了三系实验室主任，负责整个系的实验室规划和三系楼的使用规划设计，成为毛钧业先生的得力助手之一。根据学院的专业发展需要，胡忠谐开出了6个系列的电阻器课程实验并形成了实验指导书。这些实验包括电阻在不同温度、不同电压、不同频率、不同湿度、不同压力、不同环境等条件下的测量方法。这些实验的开设，大大培养和提高了学生的实验动手能力。

胡忠谐在紧张的教学和学术研究之余，抓紧一切时间积极编撰教材。刚开始教学时，胡忠谐基本上是在苏联专家指导下选用苏联的相关教材，每次授课前，油印要讲授的章节内容。从1956年到校开始，他花了6年时间，终于在1962年在高教部出版社出版了他个人编写的教材《电阻器》，有30～40万字，成为全国最早的电阻器教材。

1963年，在胡忠谐的带领下，以黄书万等人为骨干的团队建立起了一条硅碳膜生产线，不但为附近工厂批量生产硅碳膜电阻器，满足经济建设的需要，而且解决了四个教职工家属的工作。黄书万教授回忆说："当时一炉就可以生产数百只电阻器。只要工厂有需要，我们就生产，完全不讲钱。"

1978年，全国上下迎来了科学的春天，焕发出蓬勃的科研活力。对于胡忠谐这一辈人而言，他们格外珍惜这迟来的春天。黄书万教授回忆说，当时301教研室的科研主要有两个大的方向，一个是以曲喜新教授为领头人的科研团队，主研薄膜材料；一个是以林劲先和胡忠谐为领头人的科研团队，主研电子陶瓷材料。胡忠谐和林劲先配合十分默契，胡忠谐的一些主要科研论文和科研成果也在20世纪80年代呈现出爆发的趋势，迎来了他自己的科学的春天。

1980年，鉴于胡忠谐在电阻电位器方面的学术影响力，电子工业部标准化所指定他担任编辑组组长，主持编审《国家标准化电位器名词术语》。该项工作于1981年10月开始审定，1982年完成修改整理工作。电子工业部标准化所对编制工作给予了高度评价。

1982年，由胡忠谐主编的《厚薄膜混合集成电路》由国防工业出版社出版。该书作为高校工科电子类专业第一批统编教材之一，全书约68万字，全面论述了厚薄膜混合集成电路的基片、膜层材料、成膜技术、图形形成及微调焊封技术、线路转换、图形设计、热设计、电性能测试、可靠性分析、混合微波集成电路等。在厚薄膜混合集成电路方面，该书是我国出版的第一本教材。该书出版后，迅速被国内高校的有关专业采用，并成为国内有关科技人员经常引用和参考的书籍之一。该书于1985年获学校优秀教材奖。

胡忠谱主编的《厚薄膜混合集成电路》（1982年）

1983年，他与林劲先、游文南合作，在《仪表材料》第二期发表了《钛酸钡陶瓷的半导化及PTC特性的控制》。

1985年他先后发表了3篇学术论文，与林劲先、游文南、杨传仁合作在《电子元件与材料》发表了《掺Sb、Mn钛酸钡系陶瓷的组成显微结构和PTC性能间的关系》，该项成果荣获电子工业部科技成果二等奖。与金锡葛合作，在《电子元件与材料》发表了《突变型PTC热敏电阻材料电阻率-温度-电场特性的测试》，独立发表了《YIG铁氧体小球用自控恒温加热器的研制》。

胡忠谐（左四）、虞厥邦（左一）与同学们
一起讨论（均为华南工学院西迁的学生）

1986年12月，胡忠谐主持的"彩电消磁热敏电阻器电流-时间特性测试装置"通过电子工业部鉴定，被认为在原理与设计上具有独创性，处于国内先进水平。他主持的"QCDP-I-A 型超低频重复频率脉冲电阻桥"经电子工业部鉴定，被认为采用了超低重复频率，满足了 PTC 材料的零功率条件，因此属于国内首先研制成功的仪器，具有推广运用价值。一些单位还与他签订了生产转让协议。

胡忠谐在教研室

胡忠谐积极参加各种学术会议和交流，开阔眼界，及时跟踪相关科技前沿动态。1986 年 7 月 26 日至 8 月 3 日，他参加了 1986 年在哈尔滨的中日电子敏感技术科学讨论会，由他执笔与林劲先、游文南、蒋志华合写的《掺 Sb、Mn 钛酸钡系陶瓷组成显微结构和电性能规律的研究》论文在大会上被宣读并载入会刊。1988 年 4 月 10—21 日，他参加了国家教委科技开发中心组织的中国高校传感器技术展览代表团，在香港计算机展览会上展出我国高校传感器科技成果，参与布展、解说及粤语翻译。1989 年 11 月 7—10 日，他参加了 1989 年在北京的国际电子元件及材料会议（ICECM），并担任了分会主持人。

301 教研室部分教师合影（前排右七为胡忠谐，右六为林劲先）

在 301 教研室，有三位德高望重的老师被大家尊称为先生：一位是从苏联留学归来的曲喜新教授，担任了 301 教研室的主任；一位是跟随我校创始人吴立人先生一起到成都并作为他助手的林劲先；一位就是胡忠谐。在三位先生的带领下，301 教研室得到了飞速发展，最多的时候达到了 78 人。据胡忠谐的研究生杨传仁教授回忆："整个三系，毛钧业、陈星弼、曲喜新、张有纲、林劲先、胡忠谐属于第一批学术领军人物，正是在他们的带领下，厚积薄发，才有了微固学院后来的大发展，他们有开创之功。我觉得胡先生的独特贡献在于，参与了电子材料与元器件专业的创建，第一个在全国高校开出了电阻器课程，编辑出版了电阻器第一本全国教材。他还是改革开放以后最初的几批研究生导师中的一员。他为人和善、平易近人、关心学生，是一位值得我们特别尊敬的先生。"

祝贺胡忠谐先生八十寿辰（前排中间为胡忠谐）

浪漫两地书　风雨一生情

回忆和胡忠谐的相识相知，83岁的陈彰平老人脸上洋溢着甜蜜和幸福。

1956年秋冬，整日为成电建设新专业而忙碌的胡忠谐，心里仍然牵挂着他刚刚离开不久的广州。因为就在告别华南工学院之际，他终于鼓起勇气向那个心仪已久的外语系姑娘告白了。相距千里之外、年龄相差九岁都成了他与姑娘之间的阻碍，姑娘的父母亲很明确地反对他们两人的交往。20世纪50年代的广州是祖国商贸最繁荣的南大门，而那时的四川是交通闭塞和经济相对落后的西部农业大省，姑娘的父母亲当然不放心她孤身一人从时尚的广州去到举目无亲、交通不便的四川。然而与追求事业的执着热情一样，对待感情他有同样的热情执着。在三年的时间里，华南工学院外语系的陈彰平每个星期都会收到一封来自成都的情书，他的文采和真诚终于打动了她，他的执着也感动了她的父母亲。1959年，成电三系的第一对新人在同事们的祝贺中举行了简朴的婚礼。1961年，在两地分居两年之后，陈彰平终于经过组织同意调动到成电，至此胡忠谐与其夫人的五年异地恋才终于告一段落。

三个"嫁"给成电的广东姑娘
（左一为陈彰平，中间为李春秀，右一为陈莲洁）

2005年，胡忠谐女儿胡阿丹陪同父母在华南工学院当年的单身宿舍楼前合影

先生有学术　更兼才情高

在女儿胡阿丹的记忆里,父亲不仅是低调、正直、慈爱和责任心极强的人,也是一个在日常生活中充满情趣、始终对世界保持着一颗好奇心的人。父亲的兴趣爱好十分广泛,不但能诗能文、能弹能唱、精通英语,还爱好绘画、书法和篆刻。在两个女儿小的时候,父亲亲自动手为她们做风筝、走马灯、泥塑等玩具,还自己画过几本小连环画。在"五七干校"劳动期间,父亲在家信中专门为她们画出了彝族火把节的斗牛场面、身着民族服装的彝族男女等,图文并茂地为两个女儿描述米易美丽的自然风景和独特的民俗风情。20世纪70年代初,父亲用从废旧电子元件市场买来的示波管等材料,组装出当时学校最早的一批自制电视机。有电视节目播出的晚上,当年那个总共只有十八平方米的家里,常常会挤满十几个邻居看电视。女儿们总是能感受到看电视小朋友们羡慕的目光,心里美滋滋的。20世纪80年代初,父亲还成了不明飞行物(UFO)爱好者,他与一群喜欢UFO的青年人结成了忘年之交。父亲将自己在1977年夏天观测记录到的一个螺旋状UFO飞行轨迹数据提供给查乐平博士。当年还是年轻天文爱好者的查乐平,汇集了四川地区几位天文爱好者的观测记录,在《飞碟探索》上发表文章成功地预测了螺旋状UFO的下一次出现。

胡忠谐是一个纯粹的知识分子,他不慕虚名,一心向学做学问。他与原四川省副省长韩邦彦是大学同窗好友,但他从不借势借力,自始至终与韩邦彦保持着同学间的纯真友谊。他对一切新鲜的事物都充满好奇,始终保持一颗赤子之心。面对逆境,他也从不抱怨组织,始终淡定从容,保持君子之风。2015年12月29日,胡先生走完了他最后的人生历程,然他的风骨和精神却永存在成电的历史长河。如今先生在成电所从事的专业和领域后继有人,已经发展成为国内一流、国际知名的学科。先生泉下有知,当欣慰矣。

杨传仁教授接受采访回忆胡忠诒教授

(作者：成电拾光工作室　邓长江)

岁月无声，时光有痕
——记机械与电气工程学院方蕴文教授

【人物名片】 方蕴文，1930年生，江苏省常州人。1950年考入交通大学土木系，1955年在同济大学进修一年。1956年调入成电四系（电子自动化设备系）力学教研室任教，1957年再回同济大学进修一年后返成电任教。方蕴文长期从事固体力学的教学和科研工作，在实验力学及微量测试方面有比较深入的研究。1975年编写《材料力学》讲义；1956年与朱颐龄合作写出"关于开口等壁杆件扭弯理论计中的符号问题"；1961年写出"弹性曲梁侧向屈曲问题的一个近似解法"；1965—1966年参加中国科技情报行重庆分行出版的《力学文摘》（第三分册，弹性和塑性力学）的文摘翻译及自作文摘工作；1984年作为《实时全息干涉法探测微小位移》第一作者获得优秀论文证书，同年晋升教授；1989年和臧建华教授合编的高等学校教育用书《振动分析基础》出版。

方蕴文交通大学毕业照

听说要采访今年进入鲐背之年的方蕴文老教授,我的心情充满激动和崇敬。方蕴文从 1956 年建校的时候就来到了成电,参与、见证了学校诞生、发展和壮大的每一个历程。小心翼翼叩开沙河校区东院 32 栋方老家的门,奶奶热情地招呼我进去,才知道方教授因为两年前脊柱受压迫,现在只能静卧在床。我走到方教授的床前,看到方教授的脸庞有些瘦削,但眼睛却显得睿智而精神,看到我露出慈祥而开心的笑容。为了不打扰方教授的休息,我简单地和方教授聊了聊便退出了房间,担心方教授累着。虽然采访时间不长,但是方教授等老一辈成电人筚路蓝缕、艰苦创业的事迹依然让我充满了深深的敬意,透过老人饱经沧桑的目光,我读到了那些流淌在岁月中的故事……

一腔热血　垦荒成电

方蕴文生于战乱年代,于战火纷飞中在家乡常州艰难求学到高中毕业。因为有肺结核,方蕴文被迫中断了继续求学之路,对于从小就梦想进入大学深造的他自然打击不小。但短暂的郁闷过后,方蕴文在当地进步思想的影响下很快振作起来。1948 年,在武进区湟里镇,方蕴文与臧仲瑜等组建"湟里镇青年协进会",并担任了该会的副主席。该会的主要宗旨是促进青年知识分子学习进步思想,丰富青年文化生活,这也为以后方蕴文加入中国共产党奠定了初步的思想基础。方蕴文在与当地进步青年的接触中,进一步认识到要想祖国不再受人欺辱,必须要有强大的科技和教育,他一方面克服身体疾病努力锻炼,一方面抓紧时间学习,1950 年终于顺利考入交通大学土木系学习。

然因病情未被彻底治愈,方蕴文大学期间不得不再休学一年,但他还是以顽强的毅力最终完成了学业,并于 1955 年到同济大学桥梁隧道专业进修一年。1954 年,方蕴文加入了中国共产主义青年团,一步步向党组织靠拢。在毕业分配的选择上,方蕴文最希望的就是到一线前线报国从军。1956 年刚刚在同济大学进修完拟分配留校(同济大学)的方蕴文接到组织的通知,让他到正在新建的成电工作。根据方蕴文教授回忆,当时调他到成电也不是很清楚什么原因,自己本科专业和进修的桥栏隧道专业也不是成电急需的专业,但是对于组织的安排,方蕴文完全服从。他随同交通大学电讯工程系的师生们一道坐上了开往成都的轮船,记得当时陈艾、张兆镗、张筱东等还是交通大学的学生,船上还有周玉坤、毛钧业等老师,当时大家都是很兴奋的,充满了建设新学校的激情。轮船上的师生加在一起大概有三四百人,还组织过几次舞会，师生们在舞会上和空闲之余，一起交流，对新生的学校充满了希冀和好奇，让西迁之路变得很有乐趣。

方蕴文夫妇结婚照

材料力学领域的垦荒者

方蕴文到成电后，根据专业学习情况被分配到四系的力学教研室。由于学校刚刚新建，材料力学专业非常薄弱，方蕴文才明白自己分配到成电的重要原因就是要发展和壮大成电在这方面的力量。方蕴文深感责任重大，如履薄冰。学校在师资急缺的情况下，毅然做出决定，让刚刚参加工作的方蕴文再回同济大学进修一年，希望他不负学校期望，担当材料力学的大梁。进修回校后，方蕴文及时开出了材料力学的相关课程，如"材料力学""塑性理论基础""理论力学"等，这些课程在当时都是独一无二的，弥补了学校在该专业的缺口，在材料力学领域撒下了一颗颗种子。方蕴文的身体较弱，但他时刻以一个共产党员严格要求自己，在当时整个系党员和群众中起带头作用，敢于顶住困难上，在组织领导该教研室的教学、科研、培养研究生等方面承担了超额的工作量。熟悉他的人都知道他责己宽人、平易近人。

随着对材料力学领域的进一步熟悉和业务能力的不断提高，方蕴文不仅开设了本科生课程，也开始进行研究生教学。1979 年，方蕴文开始协助指导研究生，1982年开始独立带研究生，1984年起方蕴文每年招收一名研究生。研究生开设课程有"实验应力分析""固体的变形与断裂""机械测量概论"及实验技能等，这些课程中有三门课程使用的讲义是方蕴文自编的手稿。在教学方面，方蕴文教授主要致力于突破难点，以及引进新内容。例如，材料力学课程中关于弹簧变形的几何分析、理想压杆与实际压杆的分别与联系、应变能的实质等问题都能深入浅出地讲解，让学生能够透彻理解，"实验应力分析"课中的光测技术除纳入光测矩阵理论以外，又补充了位移法。方蕴文教授在"实验应力分析"课程中设置了电测实验9个，光弹实验2个，全息干涉测量实验2个。1986年以来，学校为适应当时电子工业部的人才需求决定筹建工业与民用建筑专业，方蕴文教授为筹建组负责人之一；1987年，专业组成立，方蕴文教授担任组长，为培养社会需要的电子信息产业人才做了大量工作。

方蕴文非常重视教学的研究。他先后参加四川省教育经济讨论两次，并参加全国材料力学教编审研讨会，在《教学研究》上发表教学相关的论文五篇。

方蕴文不仅重视本科生和研究生的教学，同时也开展科学研究。在实验力学方面，他利用光的干涉理论研究了微位移的测量和光纤压力；在光传感器方面结合生产及国防，研究了夹层结构的静力问题，在当时取得了阶段性的成果；作为主要负责人，他开展了全息干涉法探测微米亚微米位移的研究，他的科学研究在有关学术研讨会获得好评；他还是零点结构阻队特性研究的第二负责人，其团队的实验研究与理论分析基本上是符合的。

父爱如山

在女儿方宙奇眼中，父亲方蕴文不苟言笑，但父亲就像一座山，沉稳宽厚，影响了自己的一生。当自己遇到一些困难时，父亲从不轻易给答案，会告诉她先自己想办法解决，培养自己独立思考的能力。父亲就以这样独特的教育形式"逼"着她独立思考，独立成长。方宙奇说这也是现在她能独立解决问题的原因之一。

在方宙奇记忆中，父亲总是喜欢自己钻研专业知识，以至于当时家里父亲的工作台上都是画图工具、图纸等。不管是学过的，还是没学过的，父亲都愿意大胆尝试一番。由于父亲总是钻研专业知识，在邻居眼里成了话不多且显得很呆板的人。方宙奇说，记得最清楚的一次就是邻居磨了豆浆请方蕴文一起喝，他拿着杯子说："我只要三分之一，不要五分之三。"如此精确，让大家都觉得父亲"迂腐"得可爱。父亲就是这样将这种严谨带到他的教育以及他的科研工作中的一个人。

方蕴文夫妇金婚纪念

方宙奇说，父亲是一个很能干、自主的老人，有坚持的习惯，第一件坚持的事就是学习，不论是自己擅长的专业还是不擅长的专业，他都能很有热情地学习。热爱钻研成了他生活中的一种习惯，在已知的事情上精益求精，甚至创新。父亲在家里就像一个小孩，沉迷于自己的世界，即使家里的电器被拆得四分五裂、乱七八糟，他也乐在其中。刚开始他把家里弄得一团糟的时候，她们还不是很理解，抱怨他不讲究。父亲就经常把方宙奇带到他的房间给她讲这个电器怎么修，那个器件怎么换，慢慢地方宙奇也被他同化并且从中感受到快乐，后来变成父亲的粉丝了。

退休后方蕴文还依然坚持学习英语，不为功利，就是单纯想学到更多东西。所以学习对于方蕴文来说，真的不是一时之事，而是终其一生的追求。方蕴文的严谨、对事物的好奇，以及刻苦学习钻研的精神默默地影响着方宙奇，她现在做事情也受父亲的影响，每做一件事都会认真对待且用心做好。

方宙奇（右）与作者张思璐（左）合影

　　方蕴文教授聊起以前总认为自己做得还不够多，还不够好，为国家所做的还不够多，感觉到很惭愧。方蕴文教授希望年轻一代能好好学习，继续发展、壮大成电，也为国家做更多事情。现在已经 92 岁的方蕴文教授尽管身体不便，但还在不断学习，学习使用智能手机，现在的他每天都会花费一上午的时间使用京东、盒马等软件。方蕴文教授用智能手机了解国家大事，了解互联网给生活带来的便利，学习如何在网上购物等。

退休后的方蕴文先生

（作者：成电拾光工作室学生记者　张思璐　指导老师：邓长江）

松罹凝寒傲青山
——记电子科学与工程学院全泽松教授

【人物名片】 全泽松,生于 1930 年 12 月,籍贯重庆市垫江县。1957 年毕业于成都工学院(现四川大学)电机系,分配到成电二系(无线电系)任教。1978 年晋升讲师,1982 年晋升副教授,1988 年晋升教授,1991 年 2 月退休。1985 年至 1994 年任全国高等学校工科电子类机械电子工业部电磁场与微波技术专业教材编审委员会(电磁场理论编审小组)委员。全泽松教授长期从事电磁场与波的理论及应用的教学和研究。主要著作有《电磁场理论》《电磁场与电磁波》《相对论电动力学》等。

全泽松教授

在困境中求学

全泽松是重庆垫江县西山松林寨全家湾人,祖祖辈辈种田,他也做过一些农活,如犁田、插秧等。全泽松 1949 年上高中——垫江中学,1950 年停学在家务农,同时又在当地农协会做了一些工作(任农协会委员)。但是全泽松渴望知识，想要继续读书，于是1951年春天他到垫江中学复学。1952年，全泽松所在的班级便整体合并到四川省大竹中学（在当时便很有名的学校，2019年被授予"清华大学2019年生源中学"称号），2018年全泽松还回到大竹中学看望了自己的母校。

1953年8月，全泽松考入了四川大学。一年后，四川大学的工学院独立建院为成都工学院。1957年全泽松从学校毕业，由于喜欢当老师，便选择了去学校工作。当时有重庆大学和成电两个选择，虽然重庆大学离家近，但是他更喜欢成都，特别是对成电很是向往，所以全泽松便选择了去成电。

全泽松回忆，在他读书的时候，他的母亲身体不好，希望他早日结婚，所以他18岁便与自己的夫人董延贞结婚了，年轻的董延贞结婚后便放弃了读书的机会，她贤淑、勤劳、刻苦，在农村务农，什么农活都自己干。董延贞十分孝敬母亲，前后生了三个小孩，上有老下有小，还要支持全泽松读书。全泽松感慨地说："没有夫人的支持和照顾，我哪有上大学的机会，哪有今天。"

凌霜傲雪香犹在

全泽松到了成电，被分配在二系（无线电系）203微电机教研室（为雷达系统自动控制系统配套）量计小组，指导实验，并任二系系主任童凯教授的教学秘书。1958年1月，全泽松响应号召，下乡去接受教育，被分配到重庆716通讯设备厂当勤杂工。四个月后（即1958年6月1日）全泽松又回到成都，在二系工厂做一些杂事。1958年11月，全泽松又被调到四系（电子自动化设备系）自动控制专业。

全泽松回忆说："当时系里计划设置计算机装置、遥控遥测等专业。其他三个专业由于各种原因未建立起来，只有计算机和遥测遥控专业实力较强，发展较好。当时这个系是保密的，门口都有保卫人员值守，有专门的出入证，连讲课的教材、讲稿、资料都不能带回宿舍，每天保密员都要用箱子装好送到保密科。"

1959年，学校选派一批青年教师到北京大学、北京航空学院（现北京航空航天大学）、西安电子科技大学等校进修。全泽松也被选派到北京航空学院进修。在学习中，由于全泽松对控制对象不熟悉，因此他自己主动补了飞行力学的一些基础知识。全泽松在北京航空学院学习时非常刻苦努力，暑假都不回家，他说："大家都在北京航空学院宿舍住着，努力学习。"

全泽松（前排右一）在北京航空学院学习期间与苏联专家合影留念

  1960 年，对很多人来说都是艰苦的一年，全泽松也是如此。全国都出现了饥荒，全泽松的家乡也非常严重，很多人都遭受饥饿的折磨，全泽松的母亲也不幸于 1960 年 1 月逝世。全泽松远在垫江的夫人需要独自照顾三个孩子并干农活，在饥饿中艰难生存，她只好给全泽松写信说："队里都饿死人了，我们没有吃的，靠挖野菜来吃充饥，维持生命。"于是全泽松硬着头皮向当时在北京航空学院的另一位负责人张世钧老师说出了家里的困难，张老师想尽千方百计给了他五斤粮票，全泽松也在北京买了几斤糖果和代乳粉，连同五斤粮票一起邮寄回家，这才让家里渡过了难关。全泽松对当年救助过他家的张世钧老师充满了深深的感激与崇敬。

  1960 年，中苏关系紧张，苏联专家撤离，全泽松他们便于 8 月 2 日离开北京返回成都。那时教研室人少，经过了大家的努力逐步发展壮大，以适应教学的需要。全泽松在这几年曾担任教研室负责人及支部书记，为专业建设默默地奉献自己的力量。

  1961 年 2 月，全泽松去北京理工大学参加编写教材，他负责编写遥控系统一章。这本教材培养了几届学生（1957 级、1958 级、1959 级等），其中 1957 级毕业生陈祖贵等为国防建设做出了突出的贡献。

陈祖贵赠书给自己的老师全泽松

全泽松曾经教授的9434班毕业留念

1965年，二系、四系合并成为新二系，原四系并入二系后仅存计算机和遥测专业，原二系的电工教研室去了六系（基础理论系），全泽松因此调到六系电工基础教研室任教。

全泽松与林为干院士（左一）在湾丘干校合影留念

  1971年6月30日，全泽松和学校大多数人一样被下放到米易湾丘"五七干校"劳动锻炼。那里太阳厉害，第二天就有很多人背上晒伤起泡。虽然辛苦，可大家对那时艰辛的劳动特别怀念。"劳动虽然辛苦，但是有收获，还得到了锻炼，所以我对米易还是有感情的。"前年全泽松重回了一次米易湾丘。"彻底变了，山上山下很多工厂啊，和以前完全不一样。"全泽松感叹着米易巨大的变化。

  1973年，根据学校机构调整，将包括数学、物理、电工等基础课教师打散到各专业去，全泽松因此又调到天线与微波技术教研室（202），谢处方主任叫他和邓亲俊老师一起合编《电磁场理论》，1972级、1973级及1974级工农兵学员曾以此为教材。全泽松给1972、1973级讲课，其中有贾廷安、应明、齐进军。此时的202教研室实力最强（有包括林为干在内的多位老师），谢处方让他再给七五级、七六级学生编一本电磁场理论教材，全泽松跳出了原来的苏联教材模式，在林为干老师和谢处方老师的指导下，编出了油印的讲义，给七五级学生上课。1978年，在西安召开的教材会议针对全泽松这本讲义进行了交流，会议决定让他根据这次制定的教学大纲，加以修改补充后，正式出版。回到成都后，全泽松便开始改编《电磁场理论基础》教材，并于

1979年印刷出版，在国防科委系统的部分院校及四川大学、长春邮电学院、沈阳航空学院、四川师范大学、成都气象学院等使用。之后又结合几年的使用经验及返回的意见，教材被改编成《电磁场理论》，于1987年正式出版发行。

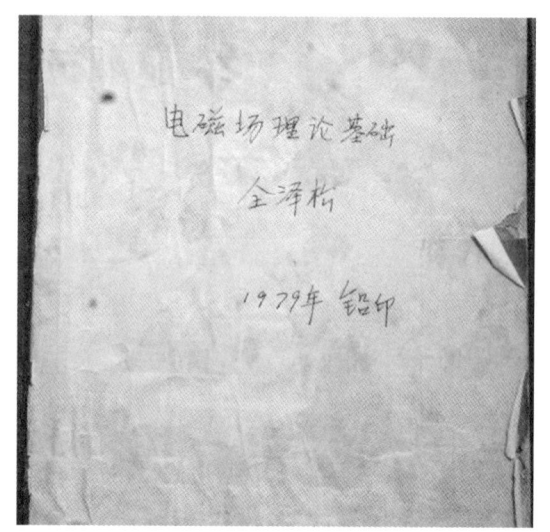

全泽松编著的教材《电磁场理论基础》

1987年版《电磁场理论》

全泽松编写的教材，主要供学生使用，也供有关考研及科研工作者参考。直到现在，上海理工大学博士研究生入学考试仍然选该书作为参考书。

经过几年使用后，专家认为"该书内容丰富，理论论述更为深入，有利于将电磁场理论的教学提高到较高的水平，为培养合格的微波人才打下必要的电场理论基础"。有的学校反映"该书选材适当，内容适度，概念清楚，体系安排较好，是作者多年教学经验的结晶，是一本好的教学用书"。该书为培养我国微波专业方面的人才起到了一定的作用。

全泽松又在这本书的基础上，吸收"传统型"和"公理性"两种论述体系的优点，从真空中的库仑定律、电荷守恒定律、安培定律、电磁感应定律等四大定律出发，归纳总结为真空中的麦克斯韦方程组，然后讨论静电场、静磁场，以及正弦电磁场等特殊情况，经过努力编出讲义，在学生中试用，反响不错。1993年又进行"八五"教材规划项目投标，于是全泽松又将《电磁场理论》送去投标。经过评选，评委会认为该书符合教学大纲要求，为其颁发推荐出版证。又经过修改补充，于1995年12月由电子科技大学出版社出版。

这本书（1995版）与1987版风格不同，各有所长。直到现在，西安交通大学本科生及研究生还在使用1995年版的该教材，也作为该校博士研究生入学考试参考书。

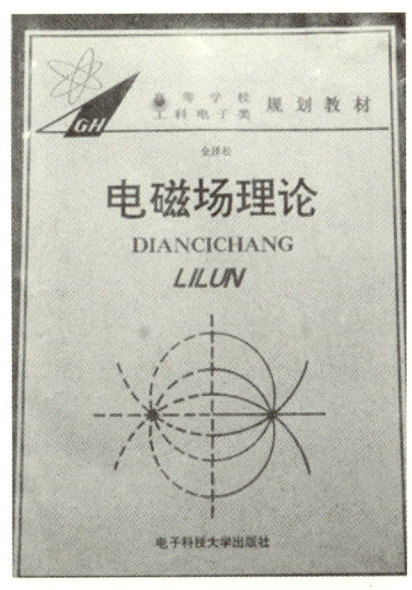

1995年版《电磁场理论》

1980年，学校在原202教研室（天线与微波技术教研室）基础上正式成立电磁场工程系，系主任是谢处方，副主任是邱文杰、时震栋、林显中。下面分设三个教研室和一个科研室：电磁场教研室（201）、微波技术教研室（203）、天线教研室（202）和科研室（220）。全泽松任电磁场教研室（201）主任，也任支部书记和二系总支委员。全泽松指导过几名硕士研究生，如冯林、杨显清等，并且在1980年获成都市先进工作者。

全泽松编著的《相对论电子学》

全泽松编著的《电磁场与电磁波》

1988年全泽松正式被聘为教授。回顾全泽松的教学工作，随着专业和组织机构的调整，他都毫无怨言地服从组织安排，哪里需要就到哪里，主动适应专业变化和学校发展需要，永远不变的是教书育人的初心。

全泽松在教学中讲好课，对学生严要求，爱学生，为我国培养微波人才尽了努力，做出了很大的贡献，使成电学子的美名扬天下。

丹心一片葆初心

全泽松能够始终把工作放在第一位，全赖家里有一个贤内助。全泽松已经和夫人结婚70多年了，两个人携手走过了大半辈子，从银婚、金婚到钻石婚，到今年都已经超过钻石婚十几年了。可是二老的感情却丝毫没有变，他们从来不吵架，两人彼此照顾对方，十分甜蜜。所谓"执子之手，与子偕老"，说的就是二老吧。全泽松说："虽然现在年龄大了，但还是要关心家国大事。要保持良好的心态，自己健康了就是为国家做贡献。"

时任副校长聂在平（后排左四）等人为全泽松老人80岁生日贺寿

全泽松不只教出一大批优秀的学生，他的子女也各有所成，秉承父亲教诲，为国家强盛贡献着自己的力量，整个家庭非常和睦。

全泽松今年已经90岁了，可是身体依然硬朗，和我们后辈聊了整整3个小时依然不显疲倦，谈兴正浓。临别时，全老先生寄语我们年轻一辈："听党话，跟党走，珍惜现在的好时代，学好本领为祖国和人民多做贡献。"

成电拾光工作室采访现场

（作者：成电拾光工作室学生记者　张念恒　白辰阳　指导老师：邓长江）

"朱"联"璧"合与君共
——记电子科学与工程学院过璧君、朱尧江夫妇

【人物名片】 过璧君，1934年出生，江苏人，电子科学与工程学院教授。1955年考入交通大学。1956年随交通大学电讯专业迁入成电。毕业后留校任教。主要从事磁性粉末吸收材料、高梯度磁性分离技术、磁场观察仪等材料研究，荣获电子工业部科技进步一等奖、二等奖，著有《磁芯设计与应用》《磁记录材料与应用》《薄膜磁阻传感器》《磁性薄膜与磁性粉体》等教材及专著。1994年获国务院政府特殊津贴。

朱尧江，1936年出生，江苏人，电子科学与工程学院的副教授。1955年考入交通大学电讯专业。1956年随交通大学电讯专业迁入成电。毕业后留校任教。

60年前，他们风华正茂同行来到成电。60年间，他们尽心竭力互相扶持为成电做出贡献。他们相伴走过的路沉淀着成电的历史，也温暖着成电的未来。他们便是过璧君、朱尧江夫妇。

同窗修得同船渡　丹心印得一世情

20世纪50年代，拿到交通大学通知书的过璧君和朱尧江怀揣着欣喜与激动踏进了梦寐以求的校园，在命运的安排下分入了同一个班级。遥想60年前那些年轻的岁月，两位老人都不胜感慨。过璧君回忆道："刚进校不久，大家都不是很熟悉，同学们彼此之间还是比较拘束，但朱尧江给我印象还是比较深，班上女生很少，朱尧江又很青春、活泼、漂亮。我们都是班干部，相对说来接触也多一些。"难得的是朱尧江对过璧君也比较有印象："过璧君中等个子，他给人一种单纯真诚的感觉，对同学都很热心。加上他是班长，工作非常认真负责。同学们都很认可他。"在班级里，过璧君年龄稍长，加

上入学前曾画过两年工图，对制图作业如鱼得水，因此被指定为班长。朱尧江则是学习委员，虽为女子，却在这一理科院系中巾帼不让须眉。过璧君的沉稳和朱尧江的活泼，给整个班增添了活力。由于两人都要负责班务工作，在为班级同学们服务的过程中，两人也不断增进对彼此的好感和了解。在一心报国的刻苦学习中，两人也懵懵懂懂地对美好的爱情产生了一丝丝憧憬，但繁重的学习使两人也仅仅是彼此互有好感而已。

过璧君、朱尧江20世纪60年代在主楼前留影

交通大学美好的岁月短暂而难忘。1955年，国家对高校院系进行了一次调整，根据新的调整方案，1956年，交通大学、华南工学院、南京工学院三校的电讯专业和师生搬迁到成都，合并组建成都电讯工程学院。入沪不过一年的朱尧江和过璧君自此便遇到了命运的转折点。他们收拾起行囊，踏上了前往成都的轮船。两位老人对西迁之行至今记忆犹新。朱尧江说："虽说成都是四川的省会城市，毕竟还是地处西南，无论是商品还是日常生活，肯定比不过上海。但是我们也做好了吃苦的准备。那个时候，不管是大城市还是农村考来的学生，都还是比较能吃苦的，都有一种建功立业的激情。"过璧君则回忆道："我们那个时候最大的愿望就是学好本领建设新中国，所以吃点苦算不上啥。"两位老人记得，搬迁的场面很热闹，系主任周玉坤带领大家一起登上轮船，绝大多数老师也都随行，包括陈湖、龚绍熊、黄席椿、蒋葆增、王瑞骧、吴兴吾、张煦、顾德仁、毛钧业、吴文华、许启敏等。一路

上同学们经常三三两两站在船舷上凭江临风，或吟诗感怀憧憬未来，或倚窗而坐浏览著作，或枕涛而眠从流而下。一路虽然车马劳顿，但师生们却开心了一路，笑声朗朗。过璧君和朱尧江因为是班干部，更多了一份责任，一路上也比其他同学多了一分辛苦。

到了成都，成都并没有朱尧江想象的那么"荒凉"，比预想的要好很多，她心里还是感到很开心的。不过在生活上，一开始两人都有些不习惯，四川的饮食喜欢放辣椒，两人打小就在江苏长大，嗜甜的饮食习惯与四川相去甚远。刚开始的日子，两人吃到放了辣椒的菜辣得直伸舌头，眼泪直冒。也不仅仅是他们两人这样，许多刚从三地来的学生，包括大多数老师一时之间也很难适应四川的辣味。于是同学们就向学校反映，希望伙食清淡一些。吴立人院长非常关心师生们的学习生活，很重视师生们的反应，立马指示后勤部门改进，从三地来的师生们也迅速适应了这里的伙食。每当大家提到我们的首任院长兼党委书记吴立人的时候都赞不绝口，充满敬意与怀念。

朱尧江（左三）与同班其他女同学合影

幸运的是过璧君和朱尧江所在班级的三十多位同学依然是一个班，既没有被拆散，也没有加入另外两个学校的学生，所以在学业和生活方面都减少了很多麻烦。两人学习非常刻苦，当时娱乐活动不多，一有空闲时间他们便在书籍的海洋中遨游，或在寂静的实验室求索。据朱尧江回忆道："我那个时候很喜欢待在主楼里，寻一个不被人打扰的角落，坐在光线好的地方看书。"

过璧君则回忆了给他留下最深刻记忆的老师张有纲教授。在他的记忆中，坐在张有纲教授的课堂里是一种享受，这位意气风发、极具人格魅力的教授把课讲得非常生动有趣，枯燥乏味的电磁知识仿佛从课本之中跳脱出来，变得引人入胜，变得易于理解、易于掌握。这样的教学方式让过璧君受益匪浅，不仅让他学到了大量的专业知识，也对他的科研、授课产生了深刻的影响，更促使了后来他独特的教学方式的形成。特别是过璧君教授退休后被聘为学校教学督导组成员后，为了搞好教学传帮带，过老常常要指导年轻的教师们如何上课，过老就以自己的老师张有纲教授为榜样，为年轻人示范。

恩师张有纲不幸去世，过璧君撰文悼念

1959年，由于学业优秀，两人都留校任教。到了四川，两人又是老乡，本来两颗相互吸引的心又进了一步，再加上共同的志向、共同的学习经历、共同的分配单位，两人自然而然地走到了一起。1960年，他们在成电喜结连理。

春蚕到死丝方尽　科海无悔人憔悴

虎狼环视，唯有殚精竭虑；国家方兴，不敢轻贱其身。初建的成电虽然集中了中国南部大多数的电讯人才，但因为国内急需大量的无线电方面的专门人才，因此师资力量依然急缺，远远不能满足人才培养的需要。过璧君和朱尧江留校后，在前辈老师们的帮助下，迅速成长，很快就走上了讲台。朱尧江回忆说，虽然那个时候教师还是很缺，但课堂教学依然把关很严，要做一段时间的助教，上晚自习的时候为学生答疑。当助教的时候虽然没有上课，但是学生会提各种问题，如果不认真准备，答疑时也有可能被学生难住。然后要在前辈老师们面前试讲，由他们指出各种问题，反复改进，最后才能走上课台。

电讯专业1952级在主楼前的毕业留影

过璧君回忆自己第一次登台授课的情景至今历历在目。他记得自己上的第一堂课是"电磁材料"课，走上讲台，面对着小不了几岁的同学们，看到同学们求知的目光，一时之间略显紧张，他迅速调整情绪，按照前辈们的指点，深呼吸一口，开始讲课。因为准备充足，教案早已烂熟于心，加上几次试讲，他心里很有底气。随着课程的展开，过璧君逐渐进入佳境，不看讲稿开始了即兴发挥。一堂课下来，看到同学们专注的眼神，他知道自己成功了，而且也得到了随行听课老师的肯定，他一下子就喜欢上了课堂上的那种感觉。

数十年间，过璧君曾开设"金属磁性材料""磁性旋转编码""磁泡动力学""磁畴显示仪"等六门课程，培养了大批学生，在他们的成长过程中留下了不可磨灭的印记。但屈指西风几时来，又不道流年暗中偷换。而今 80 多岁的过老已鲜有机会亲身走上讲台授课了，但那三尺讲台留下的青春与汗水却一直是他最甜美的回忆。过老退休后被聘为学校教学督导组的成员，他经常去听年轻一辈教师的课，告诉年轻老师如何讲课、讲好课。他以身诉说着何为薪火相传，不仅将自己多年经验方法耐心传授，还融入了他从张有纲教授那里继承而来的传统，他谆谆告诫年轻的教师们：第一，不能照本宣科，要讲得灵活生动，只有把书本的知识吃透了，才能避免照本宣科，才能自由发挥，达到从心所欲而不逾矩的效果。第二，要充分备课，达到讲课时不用看讲稿的程度。只有下苦功夫把课背熟，才能做到心中有底气，沉着冷静。第三，要学会调动学生的积极性，即在上课时充分吸引学生的注意力。这一点不但需要有很高的教学技巧，还要有感染力，需要老师不断积累，反复揣摩。过壁君在教学督导这个岗位上又干了 20 年有余，直到 2010 年因为身体原因才不得不终止。忆起自己曾经亲身带过的 12 位研究生，邓龙江、谢建良、梁迪飞、石玉、杨刚……每一个学生的名字后面都是一段难忘的故事。其中邓龙江、梁迪飞、石玉等 5 位学生均留校任教并成为学校的科研技术骨干、科研领域专家。

1989 年出版《磁芯设计与应用》

国务院政府特殊津贴证书

过璧君特别善于总结和梳理。那个年代，学校科研工作相对较少，过璧君最喜欢干两件事，一件是教书育人，另外一件事就是著书立说。在这60年里，间过璧君不断总结自己的科研和教学工作，在我国磁性材料的研究道路上筚路蓝缕，披荆斩棘，先后出版了四本专著：1989年出版《磁芯设计与应用》，1991年7月出版《磁记录材料及应用》，1993出版《薄膜磁阻传感器》，1994年出版《磁性薄膜与磁性粉体》。其中《磁记录材料及应用》荣获电子部科技进步一等奖，《磁芯设计与应用》荣获电子部科技进步二等奖。他的这些研究为国家相关材料的发展与运用做出了突出的贡献，他也因此获电子部特殊津贴，1994年再次获得国务院政府特殊津贴。

虽无彩凤双飞翼 "朱"有灵犀与"君"通

一路走来，过璧君和朱尧江彼此扶持，相濡以沫，过璧君待朱尧江为明珠细心呵护，朱尧江视过璧君为大山寄身依靠。二人从不红脸吵架，而是心有灵犀，彼此慰藉。朱尧江出身地主家庭，自小便受到比较良好的教育。父亲要求她养成记日记的习惯，这个习惯一直陪她到现在。朱老回忆说："因为自己有记笔记的习惯，所以文笔也得到了很大的锻炼。那些年，丈夫忙于出书，每每笔耕至深夜，甚至不知不觉鸡鸣破晓。我就经常帮着他整理书稿。"过老笑着说："那个年代虽然'运动'很多，但我们俩比较幸运，没有人'整'我们，否则就没有人给学生上课了。"我们听了不禁莞尔。过老特别感谢自己的妻子，他说："我出书，尧江给了我巨大的鼓励和帮助。想放弃的时候，总是她给我最大的鼓励。特别在专业知识和文字整理方面，尧江付出了很多。"采访途中，过老很自然地拿起老伴的水杯，老伴赶紧给他递上，细节之处尽显夫妻伉俪情深。

岁月悠长，山河无恙，但你我都不复当年模样。少年夫妻如今举案齐眉，六十年的同舟共济，六十年的情比金坚。描绘起生活场景，过老如数家珍：早上的牛奶、鸡蛋、馒头、红糖发糕，念念不忘的是老伴的红烧鱼，是对年少就离去的无锡的怀念。保留了学习的习惯，两位教授会在一个空闲的下午，找一处阳光充足且僻静的地方，拿出书籍细细品味。过老闲暇之余便陪伴妻子练习电子琴，朱老弹琴已有六七年，谈及自己的兴趣，朱老的眼中闪烁起光芒，分享着她弹奏《草原之音》《小河淌水》的乐趣。或许归于平淡之后便是这样的生活，一个负责买菜，一个负责烹饪；一个负责弹琴，一个负责欣赏。简单便是岁月静好，烂漫便是陪你到老。

过老对我们年轻的学子语重心长地说："未来要靠你们，要多读书，学好本领，方能不辜负新时代。"

成电拾光工作室采访现场

（作者：成电拾光工作室学生记者　于秉楠　李政　指导老师：邓长江）

用青春描写奋斗
——记电子工程学院陈宏猷教授

【人物名片】 陈宏猷,1936 年出生于江苏省仪征县(今江苏省杨州市仪征市)。1953 年就读南京无电线工业学校,1956 年毕业后分配到成电,成为成电的初期建设者。1958 年获成电首届科学大会一等奖,1959 年加入中国共产党,1964 年赴西安交通大学进修,1968 年获成电实验室先进工作者,1969 年任仪器修配室主任,不久任工厂三连连长。1986 年荣获国防工业贡献三十年奖章,1993 年享受国务院政府特殊津贴,1995 年晋升正高,1996 年获四川省电子行业先进工作者,1999 年获电子科大华威国腾奖。1981—2000 年期间完成多项科研项目先后获部级科技进步二等奖两项,省部级三等奖两项,作为"九五"光电记录国家重大项目课题负责人,为磁光盘技术做出了重要贡献,获国家科委颁发的"重点科技攻关优秀科技成果奖"。2002 年退休。

1981 年,45 岁的陈宏猷参加学校第一个大型引进项目扫描电子显微镜的验收工作,一个日本青年在成电的校园里,在刚刚改革开放的中国大地上对着陈宏猷等人说:"中国的科技太弱了,你们太落后了。"那一刻,作为一名科技工作者,作为一名共产党员,陈宏猷感到无限屈辱又痛彻心扉,他发誓:"我们一定要迎头赶上,让全世界刮目相看!"

少年无线电之梦

时光倒流……

1936 年,陈宏猷出生在江苏省仪征县一个农村小镇,这个小镇靠长江很近,离南京大约有 60 公里。1949 年南京解放后,在南京邮政局工作的哥哥就把在家乡读小学五年级的陈宏猷转到了南京珠江路小学。南京的解放让大家欢欣鼓舞,少年陈宏猷也热情高涨,积极参加学校组织的各种活动。他先是参加了学校的腰鼓队，协助老师宣传、解释党的政策和活动；后来又参加了少年儿童合唱队，到南京广播电台去播唱庆祝政协召开的节目。当时要搞一个纪念著名音乐家冼星海逝世四周年的音乐会，他又参加了童声合唱队，在南京国民大会堂进行演出。再后来，他写给新解放区的少年儿童的慰问信被刊登出来，还获得《小先生》杂志的六期赠阅奖励。小小的年纪，陈宏猷对于中国共产党有了初步的认识。陈宏猷考取中山大学附属中学（现南京师范大学附属中学，在南京乃至全国都算名校）后，就住校就读。宿舍里有个同学爱玩矿石收音机，对他很有影响。假期到了，陈宏猷就从南京的小摊上买来了一个耳机、一个矿石，带一个线圈，回到家乡在自家的窗子外面弄了一根天线，一番鼓捣，一下子就收到了南京电台的声音。周围的邻居都感到很稀奇：这玩意儿怎么会讲话？声音从哪里出来的？就这样，陈宏猷对无线电产生了浓厚的兴趣。

陈宏猷1955年在南京无线电工业学校获特等优秀生奖章

1953年陈宏猷初中毕业，正好那个时候南京无线电工业学校成立，当时叫华东第一工业学校（现南京信息职业技术学院），属于国防院校。陈宏猷一看到无线电就来了兴趣,而且在学校吃饭不要钱,这对家里经济条件不好的陈宏猷有很大的吸引力。陈宏猷顺利地进入这所学校。在陈宏猷的记忆中,这所学校和成电的初建有些类似,学校在长江边的幕府山旁盖了一大片草房,为了赶时间,一边上课,一边搞基建。在长江边上,教室就是一排草房,宿舍就是原来一个造船厂的旧址,宿舍到校区有一公里左右。学生每天早上起来沿着长江到学校上课,晚上上完自习才又回宿舍。当时无线电专业对于国家是急需的专业,最初完全靠苏联帮助,教材是苏联的,管理办法也是苏联的。在三年的学习生活中,陈宏猷除了第一年有一门课只得了三分外,其余课程绝大部分是五分,并连续两年获得特等优秀生,拿到优秀毕业证书。三年的学习生活,让陈宏猷坚定了献身祖国无线电事业的决心和加入中国共产党的信仰。

青春挥洒成电

转眼就到 1956 年陈宏猷中专毕业的日子,正好碰上成电新建,他积极响应国家的号召,和学校一百多人到祖国的大西南参加建设。陈宏猷等 21 名南京无线电学校的毕业生被分配在成电,成为除交通大学、华南工学院、南京工学院三所源头学校外一支重要的建设力量。

当时交通不便,陈宏猷 1956 年 8 月 23 日离开南京浦口,坐火车到了西安,由于没有运客的火车,只好改乘货车,没了座位,大家就坐在自己的行李箱上。宝成路火车还没有通,只能到了宝鸡再改乘汽车。当时的汽车实际上是带篷的卡车,一下雨就不能走,天黑了也不能走,加上路况不太好,到了宝鸡又正好遇到下雨,结果在宝鸡住了四天天才放晴。等了好几天的车子很多,最后上百辆车一起走。翻过秦岭,天已快黑,大家都停下来找吃住的地方,路过的小镇没有那么多的容量,前面的车把吃的住的都占满了。陈宏猷他们 100 多人的队伍吃住有困难,领队就出面找地方政府,地方政府把小学校门打开,把课桌拼起来让大家住宿。大家没饭吃,就去路边买核桃,麻袋装的五毛钱一袋。陈宏猷回忆说:"成电有一点做得好,在南京的时候我们出发之前每人提前发了半个月的工资,这样大家身上还有一点零花钱,就到路边买核桃敲着吃。可是到了晚上,还是很饿,后来我们又去找政府,政府就给弄了大米,在那个小学校里面吃了一顿饭。"汽车到了阳平关后终于又坐上了火车。前前后后折腾,从南京到成都一共走了 13 天。大家都年轻比较单纯，不但不觉得苦，反而为去参加国防建设感到非常自豪，情绪非常高涨。到达学校时离 9 月 17 日开学还有两个星期。当时学校主楼还没有完工，宿舍大部分都没有建，陈宏猷等人被临时安排住在一号桥建筑公司的职工宿舍。当时还没有通电，晚上要去总务处领煤油照明。从一号桥到成电，都是田间小路。学校里面道路也是泥巴路，一下雨就不好走。过了一段时间，陈宏猷他们搬到了离学校近一点的 784 宿舍，就是现在的"万人公寓"后面。陈宏猷等 21 个南京无线电工业学校的毕业生来到成电，立即投入工作中。陈宏猷最先就做实验员，主要任务就是配合教学开实验。因为交通大学三年级刚搬过来就要开课，开课就要开实验。当时学校有三个系，一系是有线电系，二系是无线电系，六系是基础理论系。有两个筹备组，一个叫三系筹备组，就是材料与器件系；还有一个叫电真空系筹备组，就是五系。陈宏猷所在的三系筹备组挂靠在一系，五系的组就挂靠在二系，因此有一段时间陈宏猷就在一系活动。当时，他在电工材料教研室，要担负交通大学学生的实验课程。

1959 年 4 月对陈宏猷来说是一个特别重要的日子，他光荣地成为一名中国共产党预备党员，实现了自己多年以来的夙愿。从此他在共产主义的理想和信仰下，在工作上更有了明确的方向和动力，他在心里默默念叨：愿将此生献给祖国的科教事业！

教学启蒙者陈耕云老师

陈宏猷来校后就被分配到电工材料教研室，主任是交通大学来的陈耕云老师，他是成电九三学社的负责人。当时 301 教研室成立了电容器教学小组、电阻器教学小组、电介质物理组，后来又成立了一个仪器组，陈宏猷为组长。

因为学校里实验装置比较少，仪器组就负责自己制造仪器。开头因为东郊有很多相关的工厂有苏联进口的仪器，陈宏猷等人就把那些说明书借过来仿造。后来又自己设计，在一两年时间里，做出了电容电桥、Q 表、电容温度参数测试仪、电解电容测试仪等一系列的实验仪器。1958 年，成电召开了第一次科学大会，邀请了全国 20 多所高校和部分科研院所参加，会上表扬了一批做出贡献的人，其中一等奖不多，后来的校长刘盛纲是一等奖，三系（无线电零件系）有两个，一个是郁曾情，另一个就是陈宏猷。陈宏猷谦逊地说："能有这个成绩，陈耕云老师做了大量工作，另外还有一些青年教师和技术工人的参与。陈老师无论是为人还是技术都给予我很多具体帮助，让我万分敬重。"

陈宏猷1986年获国防工业贡献30周年证书和奖章

当时陈耕云被划为右派，组织让陈宏猷做他的监管人。陈宏猷曾向总支书记建议把陈耕云的右派帽子摘掉，还因此受到了非议。这件事最后就传到了陈耕云老师那里，陈耕云老师本来对陈宏猷的监管人身份还是有些抵触情绪，但这件事让他比较感动，从此他对陈宏猷的态度一下子就转变了。因为陈耕云老师不能上课，他就主动给陈宏猷讲无线电材料测试技术的专业课程，陈宏猷记了厚厚的一本笔记，为学习和工作打下了良好的基础。还有一件事，让陈宏猷对陈耕云充满了深深的感激。1964年，陈宏猷到西安交通大学去进修。刚开始就碰上厚厚一沓英文参考资料，当时陈宏猷的英文基础并不好，特别是涉及一些专业词汇，他掌握不好。但是不弄懂这个资料后面的学习就很难进行。结果陈宏猷就采取一个笨办法，把那个13页的参考资料本，抄了整整一本练习本，寄回学校叫陈耕云老师来帮忙翻译。没想到一个星期之后，陈老师就给他寄来了中文翻译本。这让陈宏猷既敬佩又感动。

陈宏猷非常好学，让陈宏猷记忆深刻的是成电的学习环境一直比较好，当时可以任意旁听课程。陈宏猷把本教研室老师开的电阻器电容器的课程基本上听了一个遍，又坚持在夜大学习到1964年毕业，不断完善自己的知识积累。而支撑着他不断学习下去的理由很简单，他觉得作为一名为国家培养电讯专门人才的高校的共产党员，没有真本领就不能胜任任何高层次的工作。到了 1969 年，系里面成立了一个仪器修配室，陈宏猷任主任。不久，上海同济大学搞教改实验，陈宏猷跟随去参加调研回来后，学校就把以 302 为基础的半导体生产线变成了一个车间，当时叫工厂三连，陈宏猷被任命为连长。后来招了一批青年工人，一直到现在，那些青年工人还叫他陈连长。除了连长的工作外，陈宏猷也负责具体的测试工作。这段时间陈宏猷积累了很多知识，特别是跨学科跨专业的知识，从绝缘材料器件到半导体、无线电测量专业，为后面发展打下了良好的基础。

科研引路人张有纲教授

1980 年，中央拨了一批外汇用于支持在高等院校研究所引进一批精密仪器。电子工业部给了 100 万人民币，划拨了相应的外汇指标。当时 100 万人民币，引进一个扫描电子显微镜绰绰有余。学校很支持，还专门盖了一个电镜楼，并委托 303 教研室主任张有纲教授来负责扫描电子显微镜室的筹建工作，张教授就把陈宏猷要到 303 教研室当副主任，分管扫描电子显微镜工作。

陈宏猷 1983 年在电镜室

由于当时是学校第一次引进大型设备项目，刚开始几乎全校动员，外事处、保卫处、设备处，还有六系要派翻译，搞得很隆重。陈宏猷的主要工作就是验收。张有纲教授之前因为自己家庭出身，有点思想包袱，一直谨小慎微，不太说话。但在大是大非面前，张有纲从不退让。扫描电子显微镜项目验收时，日本派来负责安装调试的员工常常挖苦学校，看不起人，张有纲不卑不亢、义正词严地指出了他的问题。张有纲教授崇高的气节让陈宏猷深感敬佩。改革开放之后，张有纲就像换了一个人似的，精神面貌焕然一新，做事雷厉风行，敢说敢干，陈宏猷在他的带领和影响下，在科研领域结出了丰硕的成果。陈宏猷说："我觉得真正走得比较顺利的阶段是我退休之前的二十年，前二十年可以说累积经验，后二十年中，虽然最后的十年张教授已经逝世了（1991年），但是最后十年还是沿着他的思路惯性地走下去。他知人善任，一般给我的课题都是根据我的特点来的。课题让我独立进行，他不挂名，经费也是由我独立支配，单独使用。但他关键时刻要检查和督促，特别是会提出宝贵的指导意见。所以说这二十年来，我觉得很幸运。在我的学术生涯中，我遇见两个有利的条件：第一是改革开放的气氛，使我们有更大的进步空间；第二是遇到了张有纲教授这个人，他知人善任，把我的潜力很好地调动起来。"

廿年艰辛，课题滚雪球

张有纲在工作上善于搭"七巧板"提高工作效率，简单来说，就是把多个项目和任务进行科学组合，让它们有效地互相促进，而不是一个项目做好再做另外一个项目。在这个指导思想下，陈宏猷的科研和实验室工作也被排得满满的。就在电镜室验收将要结束时，张有纲就给陈宏猷增加了一个扫描电镜电路分析的课题。当时国内同时引进扫描电镜的有八十多家，组织了一个用户协会，经常在一起开会交流经验。日本这个电镜只有一本使用说明，还有一本电路图却没有说明，大家看不懂。其中有些复杂的部分都集成化了，国内当时一般仪器大部分是电子管的，少部分是晶体管的，没什么集成块电路。所以用户协会的很多人就建议组织一些人来分析解剖这个电路，最后决定由湖北省科委牵头，选择几家条件较好的单位参与这一工作，而将其中最困难的部分"字符显示系统"委托成电承担。

陈宏猷 1987 年在英国参加光电子能谱培训

  陈宏猷参加会议，领回了最难啃的字符显示系统剖析的任务。陈宏猷一回来就找张有纲教授出主意。张教授非常有魄力，虽然申报"六五"计划已经过时间了，但张教授立马决定给他申报一个学校的自拟课题，并拨一笔经费，找谁协助由陈宏猷自己决定。陈宏猷于是找到黄嵩如老师一起参加研究。当时陈宏猷对集成块电路并不大熟悉，但他并没有被困难吓倒，他一边利用学校资源优势努力学习，一边和黄嵩如老师经常泡图书馆，查阅相关集成块的功能，一起认真分析。慢慢熟悉以后，他们就小心翼翼地把机器打开，用示波器测试它的信号走向以及关键节点的正常波形，如果不符合这个波形就说明这里有故障了，故障发生在哪一步也查得出来。正好日本那个技术员又来修理机器，又在他那里弄了一点资料，最后终于圆满完成了课题，把所有的电路走向、信号的流程、每一个节点的标准波形，都拍了一套照片，做成一套幻灯片，然后在用户大会上做介绍。将近两年的工夫，一下效果就显现出来了，大家普遍反映成电的这一部分参考价值高。回来之后，又用别的单位提供的一些其他部分的资料，融合在一起编成一本参考教材，得了四川省科技进步三等奖。参加这项工作的还有张金贵老师和做毕业论文的学生江舫。陈宏猷也因此晋升副高职称。

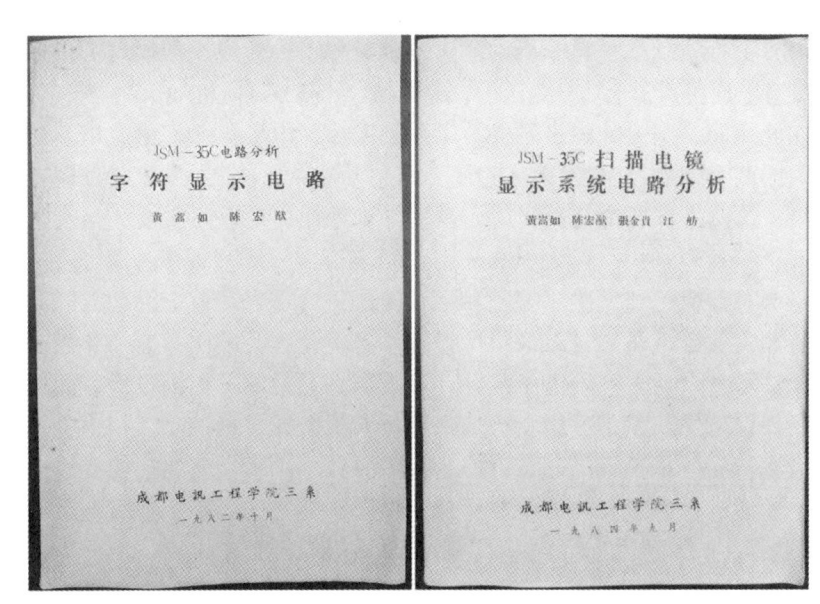

字符显示系统电路分析

陈宏猷（左一）1997年访问德国莱宝公司

1984年，学校获得当时世界银行贷款600万美元。学校决定成立三个中心：计算中心、微波中心、材料分析中心。张有纲决定在扫描电镜室的基础上，再引进光电子能谱、透射电镜、气体质谱仪三台大设备，作为材料分析中心的基础。结果课题还没完，张有纲教授又把陈宏猷从扫描电镜抽出来，负责世界银行贷款。材料分析中心于1984年正式建成。参加这一工作的主要成员有罗迪民、宁永功、睦松山、金茅昌、兰载章、阮世池、沈立群等老师。

在此期间，国内外磁带录像技术蓬勃发展，电子工业部给成电下达了与此相关的两个课题：SEM微区磁场分布自动测试系统和VTR磁迹图自动显示系统。这两个课题都交给了陈宏猷所在课题组。课题组主要成员有易敬曾教授，青年教师刘焰、杨炯枫和一个作硕士论文的研究生李志清。

磁头录像机是依靠磁头缝隙和磁带接触进行信号交流。因此缝隙的磁场分布就非常关键，是磁带录像机的设计基础，但因为缝隙只有0.3微米宽，一般无法测量，后来使用电子探针，可以测到很精细，扫描电镜里面就有这个电子探针功能。但是，这个测量系统将来要由计算机控制，扫描电镜里面是锯齿波扫描，是折线，计算机控制就需要数字化了，就要把扫描改成阶梯波信号才能进行。出来的信号要从外面摄像头把它引出来，那底下应该有一个光导板，电子束打到光导板上，后面再用摄像机引它出来，然后再用计算机处理。为此他们购买了一台国产扫描电镜，由厂家配合改造。陈宏猷回忆，当时手头主要工作就是三个方面：世界银行贷款、光电子能谱验收、微区磁场分布测试项目（"七五"计划）。在他们的拼命工作下，微区磁场分布测试项目顺利地通过鉴定并获得电子工业部科技进步二等奖。同时，磁迹显示项目也顺利通过鉴定，除了获奖之外，其论文还在美国相关期刊上发表了。

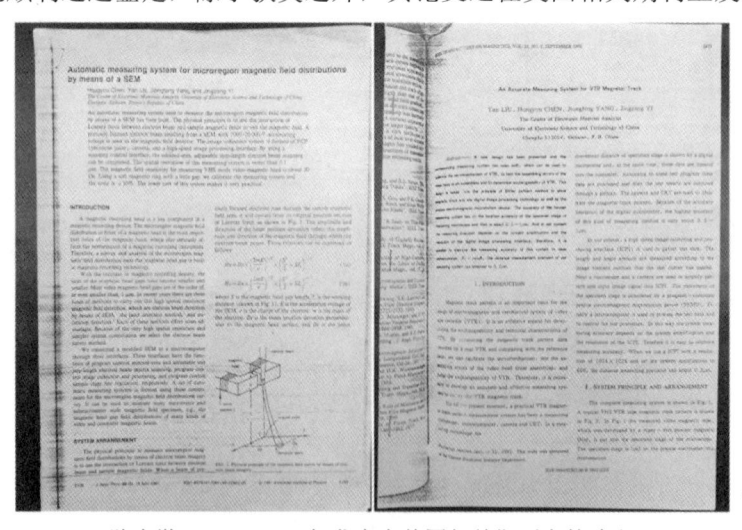

陈宏猷1992—1993年发表在美国相关期刊上的论文

陈宏猷 1997 年在美国哈佛大学留影

陈宏猷 1997 年在瑞士访问

在"九五"期间,国家科委向电子科大下达了"超高密度磁光盘产业化关键技术研究"项目的重点攻关任务。在这次项目中,电子科大作为主持单位,清华大学、华中理工大学作为参加单位,陈宏猷为主要负责人,还聘请了北京航空航天大学戎教授作课题组顾问，本校主要参加人员还有张鹰、高正平、王志刚、罗勇、张晓卫、杨成韬等人。1999年，项目顺利通过鉴定，获得"九五"攻关优秀科技成果奖。陈宏猷谦虚地说："在这个工作里面，我当时已经不属于第一线了，搞这个磁光记录也是后来插进去的，我只是协助他们做一些资料整理和管理协调工作。后来合作出版了两本书：一本是《磁光记录及其发展应用》，另一本是《磁光盘技术》。这个工作，虽然最后我在主持，但实际上，还是在张有纲老师他们那个基础上顺延下来的。后20年每一个五年计划我都有课题，而且越做越大：'六五'经费只有3000块钱，'七五'是10万，'八五'是60万，到了'九五'课题变到1000万。自己感到还是有些成就的，但所有这些成就都离不开张有纲老师的栽培。"说到张有纲教授，陈宏猷有说不完的话题。改革开放以后，各个教研室都要自己搞一点创收，压力很大。当时张老师就鼓励大家搞横向科研。1990年年初江苏有一个县要做磁环的充磁机，就是用于显像管后面磁环聚焦，磁环加工出来之后要充磁，充磁机由国外进口，价格很贵，他们就想找个单位自己做。后来这个县就在西安一个工厂里找了一张进口机的图纸说明书，到电子科大来找张有纲。张有纲就让陈宏猷来做，后来经过辛苦努力终于做出来了，得到2万块钱，这个也是他们改革开放之后教研室的第一桶金。

陈宏猷出版的著作

愿祖国更加强大

时光荏苒,光阴似箭……转眼迎来了中国共产党建党 100 周年。回想自己的一生,陈宏猷不禁感慨万千,国家发展让他兴奋不已,20 世纪 80 年代参加的扫描电子显微镜验收让他永远无法忘记:"那时候我们技术落后,面对侮辱却只能忍气吞声。而自己能从一名南京无线电工业学校的中专生一步步走上讲台,在科研领域奋力前行,为科技强国尽一份力,源于他那为科技报国的夙愿。今天,中国科技的发展如雨后春笋,在习近平总书记的领导下,我们完全可以平视其他国家。我感到无比自豪和骄傲,改革开放这么多年,这个变化太大了。我们终于等到了扬眉吐气的这一天。"

2016 年,陈宏猷夫妇在达古冰川 4860 米处留影

就在 2021 年正月初一,85 岁的陈宏猷携老伴专门赶到四川凉山彝族自治州会理市去瞻仰红军会理会议旧址。站在当年红军曾经停留的地方,陈宏猷的心情久久不能平静,他仿佛看到红军一路被国民党围追堵截的场面,仿佛看到英勇的红军战士为了国家和民族的存亡一往无前的英雄气概,想起了自己在党旗下的宣誓,他在心里默默祝福:愿中国更加强大,愿人民更加幸福!

2021年春节，陈宏猷在攀枝花红军会理会议旧址

成电拾光工作室采访现场

（作者：成电拾光工作室学生记者　贺成江　指导老师：邓长江）

成电，我的第二故乡
——记电子科技大学原常务副校长赵善中教授

【人物名片】 赵善中，1939年1月出生于贵州省贵阳市。1956年考入哈尔滨工业大学电气自动化设备与自动装置。1960年留哈尔滨工业大学任教。1981—1984年在美国纽约大学做访问学者。1987年6月调入成电，1988年加入中国共产党。1987年9月至1990年5月任学校数学系主任，1990年5月至1994年8月担任学校副校长，1994年8月至2001年4月任学校常务副校长，并于1995年7月任学校党委常委。1993年获普通高校优秀教学成果国家级二等奖和四川省高等学校第二届教学成果一等奖，1994年获四川省政府哲学社会科学优秀科研成果三等奖。2004年退休。

从赤水河到哈尔滨

赵善中的父亲是广东人，母亲是安徽人，在他即将出生的时候，抗日的战火蔓延到了安徽。于是赵善中的父母开始了逃难，最终到了贵阳。伴着日本轰炸贵阳的炮火声，赵善中出生在一个防空洞中。之后为躲避战乱，全家迁居到贵州赤水县（今贵州省赤水市）定居。靠父亲经商为生，赵善中就在赤水度过了他的童年和求学生涯。赵善中的父亲思想比较进步，担任赤水县商会会长时，暗中支持地下党的活动，新中国成立后被任命为赤水县二区区长。年少的赵善中自小就受到父亲红色基因的影响爱党爱国，1951年还在读小学的赵善中就因在抗美援朝捐款运动中把自己的零花钱全部捐献，被学校选为抗美援朝甲等模范。1954年就读于赤水中学的赵善中加入了中国共青团，1956年6月被评选为班级支部优秀团员。1956年，赵善中参加高考。赵善中对当时参加高考的情节至今记忆犹新：当时参加高考并不如今天一般容易，赤水县未设考区，赤水县的考生被安排到离得最近的泸州考区参加高考，而到泸州要赶140多里路。考试前两天，他一大早就出发，翻越了几座大山，跋涉一整天才到达考试地点。终于赵善中如愿以偿以优异的成绩考入哈尔滨工业大学。

中学时代的赵善中

去北方长途漫漫，走出大山的少年却抑制不住内心的兴奋。赵善中一路颠簸辗转，为了节省路费，每到一地他都到各地的招生办住宿。经过16天的旅途奔波，赵善中终于到达北京，最后乘火车到了哈尔滨。刚到哈尔滨工业大学工大时，赵善中既无钱吃饭，也无棉衣棉裤御寒，好在国家对大学生非常重视，赵善中到校后，国家立即给他派发了棉衣棉裤，并在生活上给予了优惠政策，让年轻的赵善中心里倍感温暖，他心里默默下定决心：学好本领，报效祖国。

在哈工大初露头角

赵善中与哈尔滨工业大学的结缘并非偶然，还在读中学时他就对哈尔滨工业大学心向往之。赵善中回忆道:"当时中央有一个文件,就是要向苏联学习。在教育方面,在文科大学中,中国人民大学是向苏联学习的样板,而在工科大学中,样板就是哈尔滨工业大学。我在中学的时候看报纸发现人民日报整版都在宣传这个事。当时看苏联电影,我看到大平原上的耕作机械化,当时就很羡慕这样的生产模式。觉得当时我们的东北也会是这样,所以就特别想读哈尔滨工业大学。"

赵善中考取的专业是电气自动装置与计量设备。在哈尔滨工业大学,赵善中的学习天赋得到充分展现,各门功课他都如鱼得水,他也踌躇满志准备在自己喜爱的专业领域大干一番,可时任哈尔滨工业大学校长的李昌的一个决定却改变了赵善中的人生轨迹。当时的哈尔滨工业大学虽然每年都能从北京大学、复旦大学、南开大学等著名高校得到数理化科目的教师资源,但总体来说,学校理科方面,特别是基础课的教师力量还是比较薄弱。有鉴于此,李昌决定从本校一年级学生中筛选一部分优秀学生,让他们改专业学习数理化,并送到北京大学等名校去培养。成绩优异的赵善中被选中到北京大学进修数学。虽然和最初的专业志向不同,但想到学校发展的需要,他二话没说就到了北京,从此,一生与数学结缘。

1957年,一腔热血的赵善中到达北京大学,当时正赶上人民公社化运动和"大跃进",赵善中也随着当时的时代大潮沉浮。在北京大学的一年,他大部分时间都参加劳动,只能利用有限的时间抓紧学习,他愈加感到时间的宝贵和学习的来之不易。为了1959年大阅兵,北京的高校需要选出一批学生参加阅兵方阵,于是他又停课排练走方阵。1958年哈尔滨工业大学决定让这批学生回校边教边学。年仅19岁的赵善中,就这样走上了讲台。他一边向老教师请教教学艺术,一边思考自己的专业和学术研究方向。巨大的工作压力和学习压力并没有压倒他,他以顽强的毅力负重前行。在导师吴从炘先生的精心指导下,赵善中在教学和科研上迅速蜕变,不断成长。回忆起自己的老师,赵善中充满深深的敬佩,他说:"吴老师是数学系杰出的学术带头人,他是中国模糊数学与模糊系统专业委员会委员,美国《模糊数学杂志》、日本《日本数学杂志》和印度《模糊数学评论》的编委,全国优秀教师,全国优秀科技工作者,航空航天部有突出贡献专家。吴老师的主要研究领域是泛函空间、模糊分析和应用数学。吴老师对我的求学和教研生涯有着深厚的影响。吴老师教学采用讨论班的形式,我是这个讨论班中的积极分子。通过讨论,我逐渐明确了自己的科研方向,也学到了很多教学方法。"在吴老师的指导下，赵善中写出了两篇泛函分析理论研究论文，发表于《哈尔滨工业大学学报》。

在哈尔滨工业大学的赵善中

初露头角的赵善中成为哈尔滨工业大学重点培养的对象，他对哈尔滨工业大学也满怀感激之情，准备扎根哈尔滨工业大学。他与爱人办理了结婚手续，并协商将爱人调来哈尔滨工作。不久赵善中破格晋升为副教授，同时他的大女儿赵蕾也出生了，一家人其乐融融。正当事业起步扬帆之际，这时却出了意外，他爱人还有女儿都出现了无法适应哈尔滨气候的症状：爱人变得容易感冒并且时常会有严重咳嗽的症状，严重影响身体健康；女儿则更加严重，到了冬季就会感冒并且伴有肺炎的症状。无奈之下，赵善中只好让爱人带着孩子回到贵州，一家人开始了两地分居的生活。虽然赵善中一心想在哈尔滨工业大学大干一番，但是长期的两地分居让他身心俱疲，远在贵州的爱人和三个子女让他时刻牵挂，思来想去，他在心里开始设想能不能把自己的事业和家庭照顾结合起来，自己能不能到西部高校工作，在干事业的同时兼顾家庭。

在纽约大学作访问学者的日子

赵善中的爱人和子女回贵阳后不久，改革开放给赵善中带来了出国留学的机会。据赵善中说，他本来觉得自己是没机会出国的，因为他当时没有参加哈尔滨工业大学为准备出国留学的老师开办的英语补习班。当时他心里想到爱人与子女已经回到贵州，自己今后可能没有效力哈尔滨工业大学的机会，所以他就想把机会留给其他老师。但是吴从炘老师和当时的教研室主任却非常爱才，极力向校方推荐赵善中出国留学。就这样，赵善中前往了纽约大学做了两年半的访问学者。两年半的访问学者生活，极大地拓宽了赵善中的学术视野，开阔了他的学术眼界，提高了他的学术研究能力。说起访问学者的生活，赵善中记忆犹新，刚开始时，他和另一位美籍华人学者在纽约大学柯朗数学研究所参与数学方法研究核聚变的项目，这个项目牵涉到物理学科方面的知识，由于赵善中此前没有掌握相关的物理知识，所以这位学者就相当于他导师一样。在这两年的合作研究中，赵善中花了相当长时间恶补等离子体物理方面的知识。功夫不负有心人，在做访问学者期间，他合作发表了四篇学术论文，在美国的学术报告会上，取得了不凡的学术成果。

挡不住的成电缘分

学成归来，赵善中再次破格晋升为教授。面对母校哈尔滨工业大学的悉心培养，想到吴从炘老师对自己的厚爱，赵善中从内心讲实在舍不得离开哈尔滨工业大学，他在这里完全有成长的土壤和舞台。但一想到远在贵州分居两地的子女和爱人，四个在自己生命中最重要的人在最需要自己撑起一片天空的时候，自己却不在他们身边，数年分居让他内心十分有愧。他下定决心："我必须回到她们身边，哪怕是回到贵州，我还是可以利用自己所学报效祖国。" 于是赵善中向校方申请到西部高校工作，当时的哈尔滨工业大学校长对赵善中的家庭情况非常了解，心里也很同情赵善中，可校长也舍不得赵善中这个难得的人才。在这种矛盾的心理下，校长采取了一个折中的办法，他对赵善中说："你才回校不久，又刚刚晋升了教授，如果现在我就让你走，我这个校长也要承受很大的压力啊，你先在学校工作个一两年，万一你女儿和爱人还愿意到哈尔滨来，岂不是两全其美。实在来不了那时候我们再视情况而定吧。"

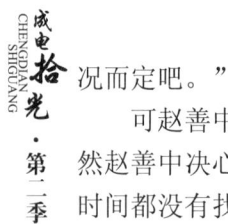

可赵善中心里十分清楚，爱人和子女再到哈尔滨的可能性几乎为零。虽然赵善中决心到西部工作，可是到底到哪个单位才能适合自己呢？好长一段时间都没有找到中意的单位，也是机缘巧合才有了和成电结缘的机会。一次赵善中在成都出差，拜访了他爱人的堂兄，堂兄在四川省广播电视大学工作。两人聊到赵善中的工作问题，堂兄就给他推荐了成电。对于成电，赵善中当然知道是一所和哈尔滨工业大学一样有一定的军工背景的名校，苦于无门，所以也一直没能到成电工作，堂兄的介绍让赵善中心里一下热乎起来，这真是踏破铁鞋无觅处，得来全不费功夫。令人惊喜的是，堂哥楼上就住着一位从成电调到四川省广播电视大学的数学老师。在这位老师的帮助下，赵善中联系到了当时成电数学系的朱济生副主任。朱副主任听说赵善中的情况后，非常高兴，表示非常欢迎此类人才，第二天就安排赵善中来到成电与当时主管人事工作的副院长王明东商谈。在深入详细地了解赵善中的情况后，学院当即拍板决定接受赵善中，并解决赵善中爱人的工作问题。可哈尔滨工业大学暂时不放人怎么办？成电也希望赵善中能尽快到校充实数学系相关学科的力量，又担心久则生变，成电采取了两个策略：一是立即把赵善中的爱人调到成电；二是到哈尔滨工业大学拜访学校领导，让赵善中在成电兼职（一年中在成电兼职半年）。在兼职两年后，哈尔滨工业大学终于同意了赵善中离开，就这样，1987年6月，赵善中正式来到成电。回忆起这些，赵善中对王明东等人和两所学校充满了深深的感激之情。

殚精竭虑耕耘成电

到成电两个月后，赵善中就被委任为数学系主任，1990年又被任命为副校长，1994年开始担任常务副校长，并于1995年进入学校常委，他在常务副校长的岗位上工作了7年。由于学校发展的需要，赵善中调来成电以后主要担任了行政工作，为了学校的发展，赵善中把全身心都投入成电的建设当中，牺牲了自己的科研，虽然有所遗憾，但他却无怨无悔。

在赵善中担任副校长和常务副校长的日子里，他殚精竭虑，夙夜为公，在刘盛纲校长和王明东书记的领导下，和吴小平、李士成、王永生、聂在平、罗大玉等校领导一起，愉快配合。在他担任校领导的那些年，由于历史的原因，学校处于一个非常艰难的时期，上级主管部门数易其手，从机械工业部到电子工业部，从电子工业部到电子集团总公司，从电子集团总公司再到信息产业部。在这样的背景下，学校每年的基建经费都少得可怜。记得 20 世纪 90 年代，学校很多教师住在几栋危房里都找不到经费来改善住宿，无奈之下，他和王明东书记等一起，最后通过集资建房的方式才解决了教师的住房改善问题。尽管如此，他还是和其他校领导一起，经受住经济大潮的冲击，为学校保住了一批人才，更没有盲目扩充搞联合办学、院校合并等，使学校的传统优势学科始终保持在一个稳定的领先水平，为学校 21 世纪进入 985 院校和建设世界一流大学行列奠定了坚实的基础。

赵善中虽已至杖朝之年，但仍精神矍铄，神采奕奕，眉眼间还能看出当年的风采。赵善中一直为自己的女儿赵蕾感到非常骄傲。赵善中是一个懂得感恩的人，当年因为自己爱人和女儿的原因他离开了哈尔滨工业大学，可是在女儿高考的时候，他却把女儿送进了哈尔滨工业大学电子工程专业，并嘱咐女儿学好本领，替自己完成报答哈工大的心愿。而今赵蕾在航天领域正大有作为，从"神舟三号"至"神舟六号"，她作为副主任设计师主持数管分系统软件研制、分系统对外接口协调，及具体工程实施；接着，她成为探测月球的嫦娥工程和现在探测火星的"天问一号"的数管分系统主任设计师，并入选"中国航天女英模"。

赵善中教授回忆与成电结缘的时光

赵善中深情地对我们说："成电在我最需要帮助的时候对我伸出了援手，

并且给我提供了为成电的发展贡献力量的机会,我来到成电不久就光荣地加入了中国共产党,这是我从小的愿望。在成电入党对我而言,意义特别重要,让我感到获得了新生。所以,组织让我干啥我就干啥。我只想尽自己所能,报答党,报答学校。成电在我心里早已成为我的第二故乡,也是我落叶归根的地方。"

赵善中接受成电拾光工作室采访

(作者:成电拾光工作室学生记者 李政 罗令 指导老师:邓长江)

风雨兼程，义无反顾
——小记钻石婚张贞民、李基田夫妇

【人物名片】 张贞民，江苏如皋人，1937年7月出生于南京。辗转南京、上海完成中学学业，1956年春季提前保送到南京航空学院发动机专业，次年转学华东师范大学数学系。毕业后分配到成电基础理论系任教。先后担任年级组组长、教研室副主任、主任，长期承担基础数学教学，不断探索教学改革，具有丰富的教学经验，1992年退休。

李基田，1937年3月出生在福建省泉州市南安市菊江村。1958年考入华东师范大学历史系，1962年毕业被分配到西安通讯兵学院，后调入成都铁路中学任教，1992年获评高级教师。

时光倒流，60年郁郁葱葱，60年风风雨雨，回忆仍存甜意。60年前，他们许下诺言，结为夫妻，为了事业，义无反顾共赴西南，把青春和热血奉献给祖国。如今，他们已是两鬓斑白，仍相互依偎，缓缓地搀扶着彼此，虽均80多岁，仍然坚持共同创作歌曲，歌颂祖国的大好河山，歌唱人民的美好生活，把满满的正能量传递。

击桨中流　浪遏飞舟

张贞民和李基田夫妇的爱情故事要从华东师范大学说起，那里是他们爱情的起点，也是他们事业起飞的加油站。

1957年，张贞民成为华东师范大学数学系6班第30号学生，被指定为班长，后选为团支部书记。她还记得她的学号是5707630。1937年7月，张贞民出生于南京，父亲是大学毕业生，在南京一家银行工作。张贞民虽算不上是大家闺秀，但她父亲还是为家庭撑起了一片殷实的天空。但很快南京沦陷，在日寇铁蹄下，张贞民多次辗转于南京和上海之间，先后就读于南京曾公祠小学、南京天子庙第一中心小学、南京船板巷小学、上海九龙路小学、南京四中、南京三中等学校。1956年她被保送到南京航空学院，但一年半的学习生涯并没有培养出她对航空航天的兴趣，她依旧对数学痴迷。1957年，张贞民通过申请成功转到了华东师范大学数学系，也许这就是冥冥之中爱情的召唤吧。如果不是这次转学怎么会有后面的爱情故事呢？

1958年，当时全国正在搞"大跃进"。上海一些大学陆续开始尝试培养运动员，准备参加1959年全国运动会。复旦大学主搞排球，上海交通大学主搞赛艇，华东师范大学决定主搞航海。张贞民曾参加过上海市的全运会扔铁饼项目，表现出了较好的身体素质。上海交通大学就向华东师范大学要人，让张贞民去参加交通大学的赛艇队。华东师范大学不同意，很快就把这位运动的好苗子留在了航海队，任团支部委员，后任女子队队长，并协助管理整个航海队。

李基田则是地地道道的农村孩子，父母是渔民，常年在海边劳作。年幼时，李基田就对音乐很感兴趣，每当音乐响起的时候，李基田就情不自禁地陷入音乐的优美旋律中，这为他以后的词曲创作埋下了伏笔，也成为他爱情的养料和助力。由于李基田小时候经常跟父母下海捕捞，能驾驶小船，会游泳，体质好，力气大，有海上作业的经验，教练一眼就相中了他，顺利入选了男子航海队。从此张贞民和李基田的命运开始在这里交集，并演绎出动人的故事。

华东师范大学航海队员合影留念（前排右一为张贞民，后排左二为李基田）

张贞民和李基田都清楚地记得他们在航海队第一天见面的情景。李基田回忆道："张贞民个子高挑，漂亮大方，既有大家闺秀的温婉，又不失英气。

女队队长,自然引人瞩目。加上她是大城市的人,见多识广,后来在管理和处理问题上也很到位,大家都很服气,让我特别佩服。"张贞民回忆说:"第一次见面时,我对李基田还是很有印象的。他与城里人不同,虽然个子不高,但显得憨厚敦实,有一种天然的质朴,质朴中又透着一股灵气。"

李基田很有才华,除了身体素质过硬,在音乐方面更是展现出与众不同的天赋,他专门为航海队创作了一首歌《航海队员之歌》,并投稿到青岛的《航海报》成功发表。从此《航海队员之歌》就成为华东师范大学航海队的队歌。队里的队员们非常高兴,张贞民也把队歌精心收藏起来,《航海队员之歌》的创作稿至今还被保存在华东师范大学校史馆。此外,李基田还负责编、写黑板报,一周办一期赞颂航海队在黄浦江上刻苦训练的新气象。张贞民看后加深了对李基田的了解和赞赏。

在航海队的日子特别难忘。当时航海项目可是热门的体育项目,因为国家成立了东海舰队,要大力发展海军,所以一些在黄浦江畔的高校特别时兴开展航海队运动。每只船有六个桨手,一个舵手。航海队分为男女两队,在一起训练。为了备战1959年的全运会,华东师范大学的航海队几乎整整脱产一年进行训练,这段经历让张贞民他们难以忘怀。张贞民回忆到,李基田因为是海边长大的,脸晒得比较黑,但时不时会有旋律从他口中响起。还有就是他总是不喜欢穿鞋。当时航海队在上海造船厂吃饭,每次从航海俱乐部到上海造船厂,要走二十分钟混杂煤渣乱石子的小路,队员们都穿鞋,唯独李基田不穿。

华东师范大学航海队训练的效果也是非常显著的,屡次在各种比赛中斩获第一。连码头的工人组成的航海队都比不过学生组成的华东师范大学航海队。

喜结连理　扎根成都

春去秋来,转眼间就到了张贞民的毕业季,李基田还在读大三。三年相处下来,两人早已心心相印,但在李基田心里可非常着急,自己是一个农村娃,恋人这么优秀,毕业后劳燕分飞,以后的剧情如何发展他的心里一点儿底都没有。李基田心里的小九九张贞民很快就觉察到了,本来张贞民想等李基田毕业后再结婚的,可看到李基田魂不守舍的样子,也不忍心。两人一商量,干脆在李基田毕业前就把事儿给办了。

毕竟女孩子心细,打定主意之后,张贞民特地把李基田带到在上海建筑公司管财务的父亲处。父亲看他是个农村孩子,会劳动,能吃苦,又很会说话，有才华，就很中意他。张贞民的大哥在兰州空军司令部工作，从西安赶到上海为自己的妹妹祝福，他也非常喜欢李基田。由于李基田的家乡在海边，习惯了不穿鞋子，即使有鞋子也不常穿，张妈妈十分担心寒冷的天气对女婿健康有影响，专门亲自为他做了一双棉鞋，让李基田非常感动。他发誓这辈子一定要好好爱护张贞民。

在上海和平饭店举行了简单的婚礼后，张贞民又跟着李基田到他的家乡，按乡下习俗办婚礼。李基田感慨地说："贞民是大城市里的人，能跟我到农村结婚，很了不起。李基田的当时我们要坐长途火车到厦门，到了厦门突然下起了大雨，还找不到车。李基田的老家原来在靠海边的丘陵地带，金门炮战后沿海的房子都被夷为平地，李家就搬到山坡背后，更偏僻了。好在家周边山清水秀，风景很美。李基田家里穷，没能力给他大办，就把家里的亲戚一共十多人请来吃了一顿饭，婚礼仪式就算完成了。"

张妈妈当时住在南京，张爸爸在上海工作，两边跑。照理说张贞民应该留在江苏或者上海，离家近好照顾父母。张贞民其实心里也非常想陪在父母身边，可是毕业分配填志愿时，张贞民没有过多考虑，只填了"服从分配"四个字。那个年代，大家都一腔热血想建设自己国家，哪里有需要就去哪里。就这样，张贞民就被分到了成电，从此与成电结缘。可惜后来国家遭遇"三年困难时期"，成电没有进人计划，李基田与成电失之交臂，最后到了铁路中学教书。

青春事成电　相携迎风雨

张贞民后来被分配在数学系的代数教研室任主任，在前辈老师的指引下，很快在专业上崭露头角。由于她经过系统学习，数学功底扎实，反应敏捷，板书规范清晰漂亮，很快便成为数学教研室的年轻骨干力量。据张贞民回忆，学校原有一个基础理论系，负责全校的数学、物理、电工、体育、马列、外语等六门基础课程，相应地成立了六个教研室，数学教研室则主要以华南工学院、南京工学院、交通大学三个学校的数学专业老师为基础，当时的系主任是林为干先生。

"文化大革命"中，张贞民一家也受到牵连，李基田被批斗，铁路局多次来成电找张贞民谈话调查。张贞民始终心怀坦荡，坚信自己的丈夫对党和国家的忠诚。因为"文化大革命"的原因，张贞民的教学也不可避免地受到影响。因此，在"文化大革命"结束后，她迫切地希望把失去的时间夺回来。

张贞民长期坚持站在教学第一线，从事繁重的本科生主干课、大班课及基础课教学任务。为了提高教学质量，培养"四有"新人多做贡献，多年来坚持开展教育 改革探索，特别是在担任年级教学组长，教研室副主任、主任工作中，关心团结同志，充分发挥每个教师的长处，调动全组全室的力量，讨论研究教学法、教材处理，学习新课题，不断增强教师的教学能力和业务水平。从 1965 年首先开课到 1992 年退休，张贞民一直主讲数学大班课，其中从 1983 年到 1986 年，她先后担任一、三、四、五、七、八等六个系的本科"高等数学""线性代数"及研究生的"高等代数"课程教学工作，其中本科生共 25 个班级，783 人。在学院举行的 1983 届学生两学期"高等教学"统考中，她任课的三个系的平均成绩均列第一。在四机部组织的数学统考中，第一名也是她所教的学生；在学院举行的数学竞赛中，一等奖获得者有两名，其中一名也是她所教的学生。1986 年秋季，张贞民担任了全院研究生班 139 人"高等代数"课程的教学任务，其中参加考试 127 人，参加考查 6 人，全部及格，平均 79 分，优良人数 70 人，占比 61.59%。

张贞民特别注重教学方法，回顾多年来的教学实践，他总结了教学的几条经验：

一是要处理好教书与育人的关系。根据教学双边规律，她注重调动学生学习的积极性，使外因通过内因起作用。对刚入学的新生，她支持学院集中一段时间结合教学对学生进行理想、学风教育；讲清学好数学基础课与成才的关系，引导学生树立为"四化"立志成才的远大志向；并注意把学习和政治思想工作贯穿到教学全过程，坚持教学中的德育原则，对开展的课程思政进行了积极、有价值的探索。

二是处理好传授知识与培养能力的关系。她十分注重把传授知识与培养学生的能力结合起来。在授课中，既讲清概念，揭示体系，又采用启发式的教学，把培养学生的能力贯穿教学的全过程，通过设置悬念，创设激发学生听课的内驱力；既讲明学习这部分知识的目的、意义及所要解决的矛盾，又着眼于培养学生思维能力，要求他们对传授的知识进行简要的回顾，还要求学生自己动手整理知识，包括做题小结，并通过课堂习题与课外习题相结合，加深学生对知识的掌握。

三是因材施教。针对中等生向两极分化这一特点，作为制定教学进度的依据；扩大巩固优生面，缩小差生面。

四是不断提高自身素质。她认为，教师的素质，直接影响着学生的成才。为人师表，首先就要对学生认真负责。她甘愿当红烛，把自己的全部智慧、心血无私地奉献给学生。为此她认真备课,写好教案,反复推敲,并十分重视了解学科的发展动态,不断调整、充实、加工和提高,力争做到常教常新。上课时,她总是用"心"去教,一手漂亮规范清晰的板书和亲切自然的教态,让同学们十分难忘。她注重学科前沿和教学研究,先后发表了多篇论文,其中《工科院校教学基础课应处理的几个关系》文章发表在《电子高教研究》1986年第二期上,获电子工业部优秀论文三等奖(未设一等奖),并相继发表了《谈谈"线性代数"自学考试》《"线性代数"教材处理的几点尝试》《把思想政治工作同教改结合起来》等论文,其中关于"两个重要"的文章分别被推荐为1985年10月部属院校基础课协作组会议、1985年12月四川省教学年会、1986年4月院教学研讨会交流文章。她先后参与编写《线性代数自学辅导》《线性代数》《专业数学》等书。此外,她还多次参与四川省自学考试"线性代数"题库出题并兼责任审题工作,多次参与所在学院博士、硕士生招生命题工作。

对于数学,张贞民有着特殊的钟爱。她认为,数学是所有工科之母,我们应该重视这一门基础学科,学好了数学做其他事情都比较好上手,与其他专业的人容易沟通。数学思维可以用在很多方面,数学思维很宽很广,在工科专业有很高造诣的人往往数学很好。离开数学很多事情都无法进行,科技创新也会止步不前。

"文化大革命"十年的经历,让两位老人的爱情历经风雨之后更加坚固。张贞民说:"我们两个感觉到很幸福,这一辈子没有白过,不管任何艰险,再怎么也不会把我们分开。"李基田曾经被诬告成反革命,张老师不服,她坚信自己的丈夫绝不可能是反革命,不但不妥协,不委曲求全,还冒着自己被打成反革命的危险,和调查组的人据理力争。张贞民对李基田坚定的信任像无声的春雨滋润着李基田的心田,成为他坚强活下去的最大动力。李基田感慨地说:"如果没有爱人的支持和信任,我真没有勇气活下去。"

才华横溢　有幸遇成电

毕业后的李基田自然想到成电工作。那个时候,大家都是自觉接受组织安排。他被分配到西安通讯兵学院,但因为色盲影响工作,结果就来了成都。遗憾的是成电当年没有进人的名额,后来他就去了成都铁路局管辖下的铁路中学教书。李基田积极参加铁路局机关合唱团活动,唱男高音,在铁路中学合唱团参演的毛主席诗词大合唱中获得领唱金奖。后来，铁路局军管会调他到铁道报当总编。

2004年重阳节，李基田在合唱二团开展的活动中表演节目

限于当时的环境，李基田一直无缘成电，只好继续在铁路中学任教。在学校领导的大力支持下，铁路中学使用他的自编学习方法教材在高中班级进行教改实验。成都市教育局了解情况后，邀请他在市教育局举行的教导主任会上介绍情况，李基田的学习方法受到热烈欢迎。随后教委又组织部分教导主任到校听他讲学习方法课。家长也反映子女听了李基田老师讲授学习方法的课后，提高了学习的主动性、积极性。

受特殊时期的影响，李基田、张贞民家两个孩子学习被耽误了，1980年高考时没考上大学。成电好多家庭也有这种情况。出于成电领导的信任，劳动服务公司推荐李基田负责成电高考补习班工作，兼作文课教学，其他学科教学聘请市四、五、七、九、十二中等学校的优秀教师担当。李基田在学校进行严格管理，他要求学生不准抽烟，不能无故迟到早退，课前要预习教材，明确听课的重点和难点，带着问题专心听课记好笔记，考试错题必须重做，接受教师检查。他积极引导学生运用"懂—记—用"的学习规律学习，让学生明白只有攻克难点、疑点才能学有所成。经过10年的补习，到1990年高考，共考取350多个大学生。李基田、张贞民的女儿和学院一些老师的子女也考上大学。大家都非常感激李基田。

李基田指导电子科大合唱三团演出

　　李基田在铁路中学任教到 1993 年退休。他经常回忆童年在福建闽南沿海故乡和村里小朋友一起欢乐高唱闽南小调歌曲，中华人民共和国成立后他也爱唱《歌唱祖国》及其他世界名曲。但因没有经过声乐训练，唱不好调高和难度大的歌曲。爱好音乐的情趣鞭策他想法找到一个没有围墙、没有时限，而且还能跟着专业音乐老师学习声乐的地方。张贞民儿时受年轻时当小学音乐老师的母亲影响，也喜爱唱歌。后来经歌友介绍，他们就同学院胡渝教授等几位老师一起，到四川音乐学院杨玉五老师家接受科学发声培训。随后，李基田和张贞民又一起报名参加四川歌舞剧院著名男高音歌唱家周维民教授举办的声乐培训补习班，学习科学发声方法，听周教授介绍当年他在成都培训年轻歌手廖昌永的感人事迹。周教授对李基田在补习班上试唱的歌曲和习作歌曲给予了亲切的指导和鼓励。

　　2003 年 3 月张贞民和李基田一起报名参加学校离退休教职工合唱团二团，李基田协助吕菊珍老师做教学工作，编印教材。他积极排练《歌唱祖国》等合唱歌曲。在喜庆的节日里，二团在参加电子科技大学、成都理工大学、四川大学联合举办的联欢演出时，李基田担任领唱并受到好评。当时团内彭少珍处长和一些爱唱歌的歌友建议李基田利用星期天等空余时间组织大家多练唱歌。同年 5 月，在离退休处领导支持下，李基田义务承担自娱自乐合唱团（三团）教学工作，受到热烈欢迎，团员多达 130 多人。2015 年，自娱自乐合唱团被学校离退休教职工党委、离退休处评为先进集体。校工会还两次邀请李基田为机关工会会员举办歌唱技巧讲座，受到欢迎。

李基田在电子科大重阳节庆祝大会上演唱歌曲

  2005年校工会通知李基田和校合唱团一位女团员一起，参加省音乐专业考试。结果，李基田成功被录取加入四川教授合唱团，唱男高音。2007年李基田跟随著名指挥家谢亿生率领四川教授合唱团到澳门参加澳门国际合唱节音乐比赛，荣获老年组金奖。李基田2008年加入四川音乐家协会，协会刊物《乐苑》全文刊登李老师亲笔写的文章《在人生的第二个春天里尽情放歌》和习作歌曲《天地好风光》，2016年3月李基田成为中国职工音乐家协会理事。

四川教授合唱团参加澳门比赛后留影

2006年与四川教授合唱团指挥家谢忆生合影

2003年以来，在众多音乐名师的引导和培训下，李基田逐步提高了歌唱水平和歌曲创作能力。李基田学会了在电脑上打曲谱（包括中外多声部合唱曲）和修改、订正曲谱等方法，随后再由张贞民老师在电脑上传至中国曲谱网和曲谱网等网站，接受专业老师的评点指导，并同全国广大的音乐爱好者交流。

从2003年开始，李基田和张贞民就在一起创作歌曲，李基田笔耕不辍坚持创作，张贞民发扬教学的严谨风格动笔订正，两人相互配合参加歌曲创作，激发生命活力，享受携手同心创作带来的欢乐。

目前李基田编辑出版了《中外优秀歌曲大家唱》（印刷一万多册，内含120首歌曲），成为成都、厦门、上海、北京、宁夏等地社区合唱团和唱歌班的教材，受到歌友的热烈欢迎。李基田共创作300多首歌曲，其中《幸福绽放》《美丽中国》《中华民族 气壮山河》等30多首歌曲荣获各种奖项；改编了《再唱毛泽东》《南湖红船》《走向复兴》等20多首合唱歌曲。《中国乐坛》2019年出版的《祖国颂歌》（庆祝中华人民共和国成立七十周年新编原创歌曲集）刊登了李基田创作的《老年的朋友来相会》（谷建芬老师作曲，李基田填词）、《春风吹拂的祖国》等7首歌曲。《中国乐坛》2020年出版的《中国红》（庆祝中国共产党百年华诞原创歌曲大典）全集刊登了李基田创作的《中国特色新时代》《旗帜为什么红》《祖国万岁》等10首歌曲。

李基田创作的部分歌曲

六十年来,张、李夫妇始终风雨兼程,并肩前行。李基田说:"我在音乐方面固然有一点天赋,但最根本的还是兴趣驱动。我主要还是靠自学,遇到困难就想办法解决,困难是进步的起点,没有困难就不知道学习,不知道自己的不足。"为了加强学习,他订阅《词刊》《歌曲》杂志,开阔视野,保持创作活力。至今李基田仍然保持写歌的习惯,每周创作一首歌曲。

每当李基田创作的时候,张贞民就帮忙校对、上传文件,当好助手。试唱的时候张贞民总是他第一个忠实的听众,听完再分享自己的感觉。夫妇俩常常陶醉在音乐创作的快乐里,其乐融融。每次获奖以后,李基田都把证书和奖状给张贞民,一起分享成功的喜悦。

风雨兼程,义无反顾——小记钻石婚张贞民、李基田夫妇

李基田荣获的部分奖项

李基田在谈到电子科大时非常感慨："电子科大是一个尊师重教的著名高等学府，没有围墙。在这里可以自由飞翔，高歌不息，这里是个温暖的家园，让我们晚年过着幸福的生活。"

张贞民、李基田夫妇与儿子一家

李基田自豪地说："我这一生最好的运气，就是遇到了张贞民。"说到李基田对张贞民的关怀，张贞民也是非常幸福地回忆说："我们在大学相识，共同的爱好、志趣，使我们走到了一起。2001年和2017年，我先后两次摔伤了腿脚，全靠老李一个人细心护理。第一次摔坏了股骨，换了股骨，前后住院一百多天，回家休息了多年。2017年，我准备回华东师范大学与同学团聚，在火车站下楼梯时被挤得摔倒了，骨头碎了，老李全程在医院照顾我，让我能够安心养病。"

张贞民、李基田夫妇与女儿一家四代同堂全家福

  前不久重阳节的时候，李基田、张贞民夫妇参加了离退休处在学校老年活动中心举办的钻石婚、金婚暨寿星纪念照拍摄活动。照片上他们幸福满满的笑容和彼此的深情凝望，让人想起一首歌词：我的眼里只有你，只有你让我无法忘记，度过每一个黑夜和每一个白天，在你身边守护着你。

钻石婚合影留念

风雨兼程，义无反顾——小记钻石婚张贞民、李基田夫妇

张贞民夫妇与作者合影

（作者：成电拾光工作室学生记者　贺成江　指导老师：邓长江）

奋斗之歌篇

趟出一条中国的光纤通讯之路
——记光纤通讯专家唐明光教授

【人物名片】 唐明光，重庆人，生于 1937 年 12 月。1960 年毕业于成电电子器件系，毕业后留校任教，1987 年破格晋升为教授，2000 年退休。他长期从事光电子领域、通讯领域教学和科研工作，曾任中国光学学会理事、IEEE Member、Senior Member、Fellow（1983—1999）、中国通讯学会会士、中广协会技术工作委员会专家理事。在国内外重要期刊发表学术论文 150 余篇，出版科技专著 3 部；先后荣获国家科学技术委员会国家发明奖，电子工业部科技进步奖，国家计委、国家教委、国家科委、财政部联合颁发的"金牛奖"，四川省教委颁发的"优秀研究生导师"称号，电子科大"优秀教师"称号等。2019 年，获中共中央、国务院、中央军委颁发的"庆祝中华人民共和国成立 70 周年"纪念章。

谈起我国的光纤通讯，可以骄傲地说，成电是中国最早的光纤通讯发祥地之一。当年中国第一套光纤通讯系统正是由成都电讯工程学院、清华大学和福建物质结构研究所扛鼎，十多家科研单位协同作战的科学结晶。而唐明光教授就是我校最早一批光纤通讯的探索者之一。

82 岁的唐明光先生依然精神矍铄，身板硬朗，中气十足，耳聪目明，记忆精准。唐老说："我至今保持着每周游泳三到四次的习惯。"在肃然起敬中，我们听老先生娓娓道来……

"娃娃头"的海军梦驶到了成电港湾

1937 年，唐明光出生在重庆市，生不逢时，正值日寇发动侵华战争的多事之秋。重庆上空不时有日军的轰炸机飞过，唐明光就在炮火和飞机的呼啸声中长大。唐明光根据他祖母的讲述回忆说："有一天，只有几个月大的我独自在家，一波飞机轰炸过后，一颗炸弹鬼使神差般落在了仅一街之隔的民房上,瞬间碎片四溅,房屋在红彤彤的大火中化为灰烬。我却大难不死,逃过了死神的魔爪,那次差一点点就没有命了。"随后,祖父母带着家人到乡下避难。

也许是战火硝烟的环境让幼小的唐明光从小就很倔强。1941年,年仅4岁的唐明光开始读书。年纪虽小,却没有谁敢欺负他,年龄稍长后逐渐成为孩子王,带着一帮"粉丝"玩儿"官兵捉强盗"的游戏,有时候甚至和其他小学的同学打群架。他还喜欢翻看剑侠小说和连环画,玩短剑,《三国演义》《水浒传》《西游记》等都被他看了个遍。"那时候,很羡慕那些侠客,幻想自己也能像他们那样行侠仗义,打跑鬼子。"唐老很认真地回忆道。

唐明光的调皮捣蛋让老师十分头疼。一个夏季的中午,唐明光又带着几个铁哥们跑到长江去游泳,快上课时才溜回到教室。老师拦住他们几个就问:"你们几个是不是去江里游泳了?"唐明光等人拼命摇头否认。"把手臂伸出来,袖子卷起。"老师威严地说道。几个孩子也不知道是什么意思,老老实实地伸出手臂,只见老师逐一在他们手臂上一划,他们的手臂上顿时就显出一条明显的白印子。老师得意地说:"你们还敢狡辩没游泳,都给我在教室外面站两小时。"几个同学傻眼了,这是为啥呢?原来是江水有泥沙,留在了皮肤上,轻轻一刮就会留下印子。怎样才能瞒过精明的老师呢?唐明光苦思冥想了好几天,想到了一个主意,他游泳后就用清水冲澡,果然就刮不出白印子了。老师还以为他们"改邪归正"了,殊不知他们正偷着乐呢!

小学毕业后,唐明光凭着天资聪慧,顺利考上了当时重庆数一数二的育才中学——陶行知先生在重庆合川区古圣寺创办的学校。初中三年,唐明光作为进步分子,加入了中国少年儿童队(少先队的前身)。可能是由于小时候常常当娃娃头,唐明光在儿童队中表现活跃,又展现出了很强的号召力和组织能力。他从小队长一路"晋升"到大队长,手臂上戴的白底红臂章从"一根杠"变为"两根杠",再到"三根杠"。重庆解放前,唐明光的叔父是当时的共产党地下党员,经常用家里的美国货收音机收听延安的广播,因此他常常受到进步思想的浸润,甚至对当时北平解放的消息记忆犹新。"我到现在还记得,在叔父收听的收音机里听到一句话——'市民热烈欢迎解放军入城!'。这使我对解放军充满了向往。"14岁那年,育才中学少儿队大队部介绍唐明光加入中国新民主主义青年团时,唐明光被当时的重庆第三区(后来的九龙坡区)区团委书记罗广斌接见谈话(罗广斌就是后来写出鸿篇巨著《红岩》的著名作家)。"罗广斌当时很年轻,对我们很爱惜,还鼓励我们争取早日加入中国共产党!"唐明光回忆说。

1956年，成电的招生负责老师廖耀章来到重庆八中做招生宣传。"成都电讯工程学院是周恩来总理亲自部署组建的国防院校，要培养我们新中国第一代的无线电人才，希望优秀的同学们能来成电，为我国的国防事业添砖加瓦！"唐明光因为一直在江边长大，本来他的理想是考交通大学的造船专业当海军，但廖耀章的这番话深深地吸引了唐明光，献身国家的无线电事业和海军一样，同样都能满足他从小就有的侠客情怀。于是唐明光和其他几个同学当场在校长办公室把三个志愿全部填写为成电。之后唐明光作为重庆八中最优秀的13名学生之一进入了成电读书（巧的是他的夫人王志玉也是这13人之一），从此唐明光就和成电的命运紧紧联系在一起。

　　初到成电，唐明光感到一切都很新鲜，而且也为学校感到骄傲。别的不说，学校发的洗澡票和食堂的伙食就让唐明光感受到了家的温暖。"当时成电虽然因为刚刚兴建，很多设施还在完善，但当时成电在川内的高校是很牛的，开学的头几个月，他在成都其他高校的高中同学每到周末就到成电来蹭饭吃，因为成电的伙食是川内高校最好的，有点像现在的自助餐的感觉。再比如当时成电有辆新的斯柯达大巴，成都市其他地方都没有。他的高中同学们都羡慕得流口水。"回忆起自己的学习经历，唐老对"画法几何与制图"课印象特别深，他说："当时最难学的是'画法几何'，相当于'工程制图'这门课程的先修课程，有时候一张图一画就是一整天，老师要求很严格。"

　　1958年，因为国内大环境学生上课受到一定影响，此时学校大搞教育革命，唐明光被分派至五系507厂筹办电镀车间。让一个大二的学生独立开办一个电镀车间，这在今天看来也许有些不可思议，然而动手能力超强的唐明光并没有被这样的困难吓倒。接到这个任务之后，他拿着507厂介绍信前往成都市各有关工厂"取经"，向厂里的工人师傅虚心请教，一有机会就上手操作，学习电镀各种金属的方法和电解液配方，几个月之后在学校507厂支持下，最终成功搭建了可以镀金、银、铜、锌的电镀车间，受到了组织上的表扬。

中国的光纤事业需要探路者

　　1960年，唐明光提前毕业，在501教研室留校任教。20世纪60年代，电子管逐步被冷落，随之而起的是半导体的方兴未艾。唐明光和同事们敏锐地看到电子行业发展的这一趋势，俗话说，优胜劣汰，适者生存。唐明光和同事们没有消极等待，而是变被动为主动，紧跟前沿，开辟新的研究方向。

在501教研室大多数教师的共同努力下，成电提出开设激光技术专业，几经周折终于在1969年被上级批准设立激光技术专业。

唐明光在干校劳动

　　正当唐明光准备大干一场的时候，1971年，他被下放到米易县湾丘"五七干校"接受劳动教育。在此期间，唐明光吃了一些苦，也学会了一些农活。好在不久就迎来了转机。1972年，有一天连队领导通知唐明光结束"五七干校"的劳动，立即回校接受新任务。唐明光回校之后，才知道是让他参加新成立的"723机"项目攻关。"723机"项目是由当时的国防科委在1972年3月下达的一项科研项目，由三个单位（中国科学院福建物质结构研究所、成都电讯工程学院、清华大学）组成项目总体组，具体分工则是中国科学院福建物质结构研究所负责光纤研制，成电负责光纤通讯传输系统研制，清华大学负责数字视频终端机研制。就当时来讲，光纤通讯在国际上属于前沿技术，在国内还没有开展这方面的研究，对国防科技和民用都有重大的意义。

　　"723机"研究组组长是林崇杰，成员有唐明光、陆荣鑫、梅克俊、朱大勇、刘文达、陈思珍，一共七人，但不久朱大勇被调往激光器件研究组。系领导刘树杞和教研室领导廖品霖也是研究组名誉成员。在项目组内唐明光具体负责光发射机的研发。虽然唐明光在科研方面已经初露锋芒，然而他和所在的501教研室成员在光纤通讯领域并没有基础，光通讯理论底子几乎是一片空白。唐明光没有被困难吓倒，开始恶补有关理论知识。之后，学校的教学和科研开始逐步走上正轨。为了提高青年教师的业务水平，学校组织老教授们专为青年教师开出了一系列专业课和专业基础课。唐明光针对承担的科研任务，选择了陈尚勤教授讲授的"线性代数"、杨鸿铨教授的"信号处理"、张宏基教授的"现代信息论"，以及林为干教授的"光波导传输理论"等好几门课程。一年多的时间里，唐明光在课堂上如饥似渴地汲取知识，在课堂之外则成天泡在图书馆自学。经过努力，唐明光由原来的电真空器件专业和激光技术专业成功转行到了通讯专业。

唐明光在实验室

1972年的中国，还没有任何一所大学、研究机构和企业进行过光纤通讯系统这一课题的研究，成电算是中国第一个吃光纤通讯系统"螃蟹"的单位。研究伊始可谓困难重重：光纤通讯系统所必需的光纤在国内是一片空白，而且系统必需的半导体激光器在国内的研发也刚刚处于萌芽之中。"723机"项目对光器件的要求极高，在国内根本就没有满足要求的半导体激光器，而进口半导体激光器又遭到禁运，这就好比一个建筑师要建造一座高楼大厦，然而手边只有沙石，连砖块也没有。

当时国内没有满足要求的半导体激光器，而进口半导体激光器又受到禁运，唐明光和同事们首先考虑采用半导体发光二极管 LED 作为光发射机的发射光源，作为光纤通讯试验系统，该 LED 基本可以满足系统联通的要求。光检测器 PD 的情况比 LD 和 LED 稍微好些，国内已经有 PD 和 APD 的样品，国外进口也比较容易。自聚焦透镜 G-Lens 是将光源发射的光信号耦合进光纤的关键器件，只有从国外进口，但也不容易，因为国外也才刚刚研发出来。这些困难怎么办呢？"723"机组通过对国内相关单位调研，在电子部科技司的统筹下，在科技司总工程师罗沛霖（美国哈佛大学博士，1976年后被选为中国科学院院士）指导下，采用国内大协作的方式，邀请了北京半导体研究所、长春半导体厂、上海冶金研究所研发半导体激光器 LD，自聚焦透镜 G-Lens 委托北京玻璃研究所研发。

成电"723机"组全体成员经过多次研究后确定，在有源/无源光器件还没有的情况下，先将光发射机和光接收机的电子线路方案设计出来，并进行组装调试。唐明光找遍了学校图书馆和国内的科技情报单位，他负责研制的光纤通讯系统光发射机的情报资料几无所获。于是只能从系统对光端机的技术要求出发，设计光端机的电子线路方案。光发射机的激光发射器件——激光器 LD/发光二极管 LED 都是电流驱动器件，大功率的宽带电子驱动器是设计的关键。当时的高速功率集成电路能够满足光发射机要求的，国内没有，而从国外进口几无可能，唐明光只能采用分立元件搭建电路。最关键的光源 LD 或 LED，当时长春半导体厂生产了一种只能脉冲工作的半导体激光器，它的脉冲重复频率只有 100 KHz，不能满足系统要求。为了首先研制出一套数字光传输系统，唐明光所在的"723机"组决定先搭建速率较低的 64 Kb/s 光系统（即一路数字电话的传输速率）。搭建系统需要 64 Kb/s 的数字信号源，当时 716 厂正在生产军用 24 路数字电话通讯机，"723机"组派唐明光和陈思珍出差到重庆 716 厂寻求解决办法。按规定军品不能给他们，于是 716 厂专为他们制作了一套 64 Kb/s 数字电话终端（其实，该终端不能称之为终端机，只是用分立元件在一块集成电路板上安装而成的 64 Kb/s 数字电路）。有了 716 厂那块 64 Kb/s 电路板作为信号源，"723 机"组采用脉冲 LD 的光发射机和二极管的光接收机，用一根 4 米长的传像光纤束将二者链接，构成了中国第一个光纤传输系统的雏形。

  进一步的研发是要提高传输速率，要达到项目要求的二次群 6.3 Mb/s 速率。高速率光源仍然没有，正在此时，应五系（无线电物理系）系主任刘树杞教授的邀请，日本大越孝敬教授来我校访问，大越孝敬是国际公认的光纤传输理论专家，他的来访除了讲授光纤传输理论外，还与"723 机"研究小组进行了对口交流，他带来了日本研发的一卷多模光纤样品和高速率 LED，并把二者都送给了学校。这种 LED 工作带宽为 100 MHz，已经可以满足研发系统的要求，解决了他们缺少高速率光源的难题。这种 LED 虽解决了电光变换的速率问题，但 LED 固有的发射光束散角太大，大越孝敬带来的多模光纤的芯径只有 50 μm，光纤和 LED 直接耦合，LED 发射的光功率只有很少部分能够进入光纤，光信号在光纤中的传输距离受限。所以，还必须解决 LED 与光纤端面的有效耦合。为此，唐明光把 LED 放到光具座的五维微调架上，再在 LED 的前面，将一个显微镜的目镜作为聚焦透镜放到光具座的五维微调架上，然后把光纤夹在另一个五维微调架上放在聚焦透镜的焦点处，仔细调整三者之间的距离和空间角度，使 LED 发射的光功率最大限度地进入光纤。这种方式只是从搭建光纤传输实验系统的角度解决了问题，工程上的应用必须另作考虑。

  从 1972 年 3 月接到这一项目到 1974 年中，三方经过努力进行总体系统联调试验，对"723 机"项目总体组进行了总结评估，认为光纤传输系统虽然联通了，只解决了光纤传输系统的有无问题。但是无论是光发射机、光纤、电端机都存在不少关键问题有待解决。

  到了 1975 年年初，北京半导体研究所和上海冶金所都研发出了半导体激光器 LD 不带光纤尾纤的样品，提供给光发射机试用。针对前期存在的问题，唐明光对光发射机的电子线路做了进一步优化设计，设置了 LD 偏置电流的恒流供电跟随 LD 阈值电流的温度特性，稳定了 LD 的工作状态；重新设计驱动器电路，优化了数字功率驱动器，制作出了全新的光发射机，其输出光功率接近 0.5 mW（−3 dBmW），使光发射机与光接收机之间允许的光损耗做到 24 dB。

  1975 年春节后，中国科学院福建物质结构研究所研制的多组分渐变多模光纤亦取得了突破，清华大学研发的电终端机也解决了工作稳定性问题。

1975年6月底,"723机"项目迎来最后的系统联调环节。唐明光手心里攥了一把汗,三年时间,解决了大大小小无数个问题,我们的系统最终能达到项目目标要求吗?成电研制的光端机与其他两家单位的光纤和电端机连接成系统之后,经过一番有惊无险的调试,系统终于进入了正常工作状态。摄像机拍摄的视频图像通过电端机数字化编码接入光发射机变换为光信号进入光纤传输,在接收端光接收机将光信号变换为电讯号送入电端机解码还原成视频图像,在显示屏上显示出稳定的图像。

唐明光和在场联调人员难抑心中激动的心情,现场爆发出热烈的掌声。从1972年3月到1975年7月,整整三年多的时间,十几个单位相关人员通力合作奋战,终于使"723机"预研项目达到了预定目标。电子部科技司决定在1975年8月召开项目验收会(简称为"758会议"),对该项目进行了验收。"758会议"的召开,在国内学术界影响巨大,即使原来对"723机"项目持怀疑观念的单位和专家,也迅速转变态度,积极地投入光纤通讯的研究,促进了我国光纤通讯技术和应用的迅速发展。"723机"项目的成功,实现了我国光纤通讯系统从"0"到"1"的飞跃,具有里程碑式的意义。成电也成为了中国光纤通讯系统的启蒙地、发源地。进而在1990年通过激烈竞争,在李乐民、唐明光带领下,成电获得国家批准建立"宽带光纤传输与通讯网技术"国家重点实验室。李乐民成为第一届宽带光纤传输与通讯网技术国家重点实验室主任,唐明光为宽带光纤传输与通讯网技术国家重点实验室常务副主任。

"不能让自己的祖国失望"

1979年,正值改革开放初期,国家大力支持公派留学生出国学习。1981年,正在绵阳730厂工作的唐明光接到了外事办主任廖品霖的电话:"快回来参加出国的选拔考试,名都给你报好了!还有一周就考试。"唐明光接到通知后马不停蹄赶回成都,争分夺秒努力备考,结果顺利通过了选拔考试,并联系到美国纽约理工学院去深造。

1981年春节前夕,唐明光将家庭的重担托付给了携带着两个儿女、全心支持他留学的爱妻王志玉,踏上了飞往美国的飞机。那一天他在心里暗暗地告诫自己:为了国家也为了自己的家,一定学成必归,报效祖国!到达美国后,唐明光在纽约总领馆的帮助下,初步安顿了下来。起初困难重重,一来语言的障碍还未完全消除,二来囊中羞涩,虽有国家资助,但也得数着"铜板"紧巴巴地过日子。刚开始时学校住宿昂贵，他只得到外面找便宜的地方居住。由于他同时熟悉电真空、微波、激光专业知识，唐明光得到了导师 B.R.Cheo 教授赏识，不但可以跟随导师在可控热核聚变课题展开研究，还每月额外提供一笔费用，让他一下子在留学几人中成了"小富翁"，他便时不时请在同校留学的张恩和、时振栋、盛克敏等同学"打牙祭"，改善一下伙食。

经过一年的学习，唐明光的科研能力得到导师的肯定，而另外一位从事光波导研究的教授 S.T.Peng 教授主动向他抛出了橄榄枝，并许下了不菲的薪酬。原来的导师 B.R.Cheo 急了，对唐明光说："只要你在我的实验室继续干，我给你 1500 美元的月薪。"1500 美元在 90 年代是一笔可观的收入，唐明光认真思考了自己出国时学习光通讯的志向，抵御住 1500 美元的诱惑，转而跟 S.T.Peng 教授学习光波导理论。他说："祖国需要的才是我学术的方向，我不能让自己的祖国失望。"

唐明光在纽约理工学院

三年时间如白驹过隙，唐明光在光波导理论方面终于学有所成。一方面，他学到了先进的科技和理论，大开眼界，并在学术领域上小有成就，完成了博士论文，成为 IEEE 学生会员；另一方面，留学的经历使他扩展了人脉关系，和贝尔实验室光通讯研究者们建立了密切联系，为后续的独立研究工作奠定了坚实的基础。

1984 年，唐明光从美国回到了祖国首都北京，他的夫人王志玉亲自到北京机场迎接他回国，近三年未见的他们一起回到了成电。这里还有一个小插曲，回国前夕，他因为导师发月薪手头比较宽裕，就把国家留学基金委给他的 2000 美元节省下来匿名退还给国家留学基金委。基金委决定给退回学费的人员的学校多一个留学名额。几经调查，基金委觉得可能是唐明光所为，于是向电子科大和他本人求证，本来他还想把这事儿瞒下去，外事办主任廖品霖对他说："如果确实是你的话，可以为我们学校多增加一个留学名额啊，否则就给别的学校了。"在这种情况下，唐明光才承认了这件事。

试剑龙羊峡让科研助力工业发展

回国后唐明光怀着满腔报国热情，投入新的教学和科研工作中。他结合自己的科研兴趣，在光波导理论方面展开研究。由于这是一个全新的研究方向，唐明光顺利地申请到了国家自然科学基金。在光纤技术方面，唐明光凭借着新学到的电磁场理论给研究生开出"光纤传输理论"课程，并向电子部申请"光纤温度传感器研究"和"光纤温度传感系统"项目。这个项目属于工程类项目，实用性很强，唐明光与指导的研究生一同夜以继日地奋战，从方案制订、材料选择、制造工艺的反复尝试到系统控制软件和硬件研发，无不耗费了大量精力。1986年，他们终于完成了项目预期的技术指标，顺利通过了电子部的部级技术鉴定，两个项目都获得了电子部科技进步奖。

由于上述两个项目的成功研发，唐明光也得到了东方电机厂的信赖，决定让他进行"龙羊峡水电站32万千瓦水轮发电机组转子线圈光纤温度测量系统"的项目研发。唐明光十分重视这个项目，他深知，只有把科研成果转化为促进国民经济发展的实际助力，才能真正实现一名科研人员的价值。

那是1987年秋，唐明光一行五人带上五大箱设备，乘火车到兰州，几经辗转到达海拔3800米的龙羊峡水电站。龙羊峡两山之间的峡口很窄，大坝高达170多米，水电站上共有4台发电机组，唐明光团队研发的温度测量系统就安装在第一台水轮发电机内。整个安装工作持续了近一个月。在3800米高海拔地区，米饭煮不熟，水烧不开，加之周围都是石头山，植被稀少，空气异常干燥，缺氧。唐明光一行人初来乍到，对高原的生活难以适应。他们住在二楼，上楼梯急一点儿就喘。东方电机厂的总工程师饶芳权告诉他们高原生活的诀窍：少吃米饭多吃面条，胃就感觉舒服些；一切行动都要慢，心脏就会好受些；少量多次饮水，喉咙就会舒服些。几天后，他们逐渐适应了高原生活。

国庆前后，漫长的安装过程结束后，发电机终于可以进行试运行了。那天，唐明光怀着忐忑和激动的心情，看着龙羊峡水库发电机开始运作。蓄满水的水库开始放水，雷鸣般的声响，水从60~70米的高处直击发电机水轮机转子，滔滔不绝的黄河之水，为发电机这颗心脏注入了新鲜的血液。与此同时，唐明光他们设计的温度测量系统也开始工作，将记录的发电机转子温度数据实时打印了出来。为了检验系统工作的稳定性和安装精度，验收方将一枚硬币竖着放在发电机转子的外壳顶盖上，小心翼翼地把手移开，飞速运转着的发电机外壳没有出现一丝异动，硬币屹立不倒。要知道，发电机的转子属于精密结构，如果温度测量装置的安装有丝毫偏差都会引起转子运行不稳定，引发剧烈的震动。硬币测试充分证明了唐明光安装测温装置是非常精准的。唐明光非常激动，愣了几秒钟才对饶总说："谢谢东方电机厂和饶总给我们提供难得的机会，你们冒着风险让我们把设备安装到这么巨大的发电机里，使我们的研究成果得到了应用验证。"当然，东方电机厂也得到了一直想得到的发电机转子工作中的实际动态温度值。在高原龙羊峡度过的艰难岁月，成为唐明光追梦路上最难以忘怀的珍贵回忆。

龙羊峡水电站安装发电机转子光纤测温装置

龙羊峡水电站测温系统的成功研发是唐明光在回国后的一项重大科研成果，其研发的成功让唐明光倍感欣慰。在一年多的时间内，唐明光带领510研究室的成员和他的研究生们四次前往龙羊峡进行现场考察和试验，经过反复调试和改进后，凭借巧妙的设计，成功攻克了当时发电机转子光纤温度传感器测量系统设计的两大世界级难题：高压强电磁环境以及旋转体上的测量信号获取。测试成功的当晚，唐明光团队五个人在龙羊峡水电站的街上，找了一个最好的面馆，一人要了一大碗羊肉烩面，吃得酣畅淋漓。也由于这次现场试验成功，唐明光的项目也成功申请了国家专利并获得了国家发明奖。

著书立说每周坚持游泳的"80后"

桃李不言，下自成蹊。1960年留校任教以来，唐明光培养硕士研究生和博士研究生共计25人。他的学生有很多留在成电，就像一首歌的歌词里写的"长大后我就成了你",唐明光和自己的学生诠释了这句歌词。也有很多学生成为专业领域的领军者、商业公司的领导者(如上海交通大学光纤通讯国家重点实验室学术带头人肖石林教授、华为技术公司营销总部海外部经理汤启兵等都是他的得意弟子)。

2000年后,唐明光办理了退休手续。但他依旧在很多岗位上发光发热,继续凭借着自己在光电领域的渊博知识和专长为社会做贡献。唐明光担任了多家科技公司的科技顾问:广电部信息网络中心科技顾问兼特聘教授、中广协会技术工作委员会专家理事、北京伊斯康光电技术有限公司技术总裁、四川省有线电视网络公司成都分公司技术委员会专家、北京中合广缘科技发展公司首席科学家、武汉无源光网络股份有限公司董事会独立董事等。

从2000年到2015年的15年间,在广电部信息网络中心为广播电视行业培训了8000多人次专业技术人才;除了培训专业技术人员,唐明光成体系地整理了自己多年来科研和工程实践上的经验,陆续完成并出版了三本专著:《光纤有线数字电视》《EPON在广电网络中的应用》和《数字电视技术》,为光纤领域贡献着知识和智慧的结晶。在成电,唐明光加入了成电故事讲师团,将成电从无到有,从有到强的历史展现在新一代的成电人眼前,传承着老一辈成电人的精神力量。

所谓老骥伏枥,志在千里,为了为社会多做贡献,唐明光特别注意身体锻炼,至今还保持每周坚持游泳三四次的良好习惯,一年四季都不曾间断,如今80多岁的他看上去依然充满活力。每天锻炼一小时,健康工作一辈子,这是唐明光那一代人一直信奉的理念。

如今,年过八旬的唐明光虽然退出了科研前线,却始终关注着技术发展的最前沿。茶余饭后,他常常翻阅论文,对云计算、大数据、物联网等最新领域的名词和理论也如数家珍,对终身学习的信念一以贯之。他勉励年轻人:"你们年轻人现在环境很好,要多开阔思路。首先,要在大学阶段广泛学习,不仅仅拘泥在一个小领域,这样对今后的发展更有帮助。另外,对新事物一定要培养起足够的灵敏性,争做时代的弄潮儿。"

望着眼前这样一位"80后"科技弄潮儿,我们的身体也仿佛一下子被唐老注入了沸腾的血液。让我们接过唐老的交接棒,向着国家的强盛和民族的复兴飞奔!

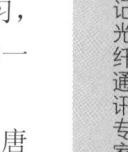

唐明光接受成电拾光工作室采访

(作者：成电拾光工作室学生记者 陈浩亮 陈思芹 指导老师：邓长江)

心血浇灌人文"花"
——重温恩师管文虎《心路印迹》所感

【人物名片】 管文虎，1938年7月出生，河北省衡水县（今河北省衡水市）人，电子科大马克思主义教育学院教授，原人文社科学院院长。长期从事历史学、政治学和马克思主义理论的教学与研究，其教学成果获国家级教学成果一等奖1项，四川省教学成果一等奖2项、二等奖2项；论文与专著获全国党史优秀论文一等奖1项、二等奖1项，四川省"五个一工程"优秀论文奖2项，四川省政府二等奖2项、三等奖6项，中国高校人文社科优秀成果三等奖1项，四川省社会科学界优秀成果奖2项。1992年被评为部级有突出贡献专家，同年开始享受国务院颁发的政府特殊津贴。1997年获"全国'两课'百名优秀教师称号"；2009年入选中国校友会课题组发布的《2008（第二届）中国杰出人文社会科学家名单》。

不知不觉，恩师管文虎先生已经80多岁了。作为一名弟子，仅仅是过春节或者教师节的时候才想起给老师发一条微信问候祝福一下，心里实在内疚。岁岁重阳，今又重阳。老师温文尔雅的形象又一次闪现在我的脑海，忍不住再一次小心翼翼地拿出《心路印迹——管文虎文稿》（以下简称"《心路印迹》"）翻阅起来。这本图书是2011年电子科技大学出版社出版的，全书收录了管文虎教授四川地方史研究、教学研究与改革、马克思主义中国化研究、国际战略与国家形象研究四个部分的文章，以及一些其他文稿。该书获得了四川省政府哲学社会科学优秀成果荣誉奖。沿着老师一生心路求索的路径和轨迹，我不禁跟随老师不平凡的人生心潮起伏……

"地道战"与老八路，红色基因与马列主义

每次读《心路印迹》，我都感到心里沉甸甸的，因为管老师就出生在险恶的战争环境。说到电影《地道战》，大家都记忆尤深。管老师1938年7月生于河北省衡水县，地处冀中平原，正是电影《地道战》描述之地。

管文虎和父亲（1945年8月摄于河北八路军驻地）

管文虎的全家福（1957年10月摄于重庆）

那时候日本鬼子经常来扫荡，国人随时面临生命危险。而相比于管文虎，更危险的是他八路军的父亲管仁泰。我们在《地道战》里面看到的一些情节就真实地发生在管文虎的童年时期。他的爷爷被鬼子碰上惨遭毒打，饮恨而去。他自己小时候也遭到几次扫荡，有一次，他躲在自家挖的地道里，一躲就是一整天，一家人进去基本上都动不了，他饿得直哭，他的妈妈怕鬼子听到声音，小心翼翼地哄他让他不要哭出来，等晚上鬼子走了，管文虎已经饿得头昏眼花了。还有一次他父亲的队伍被鬼子打散了，他父亲躲在一块瓜地里，眼看鬼子步步逼近，管仁泰将盒子枪藏在瓜藤之中，只身走了出来。鬼子将他抓到邻近的村里，看了看他的手说："你不是庄稼人，你是八路！"这时，邻村的一位老大爷赶紧过来说："他不是八路，他是我的儿子，在外面做买卖,刚回家。"就是这个素不相识的老人家冒着生命危险救了管仁泰一命。但是面临随时的死亡威胁,管仁泰依然战斗在抗战第一线打鬼子。抗战胜利后,管仁泰又参加了解放战争,并被任命为冀南军区后勤部供给科科长。

1949年管仁泰受命参加了中国人民解放军第二野战军女子大学的筹建工作,校长由刘伯承兼任。管仁泰尽心竭力地开展工作,并向部领导递交了有关发展报告,该报告被中央军事博物馆收藏并收录进《二野女大》一书。1951年管仁泰受邀到北京参加国庆观礼。这可是很大的荣誉啊!管仁泰把国庆观礼证作为传家之宝郑重地交到管文虎手里,同时也把父亲的希望和慈爱传给了管文虎。管文虎把父亲的观礼证小心翼翼地收藏起来。从此,一颗红色的种子播进他的心田,环境的险恶,鬼子的残暴,妈妈的善良、温和、豁达,爸爸的厚道、正直、对革命的忠心耿耿,都成为他幼年成长的土壤和后来取之不尽用之不竭的宝贵精神食粮,冥冥之中让后来本来学理工的管文虎选择了马列主义,并从此成为与之为伴奋斗一生的事业。

踏踏实实做研究,不畏浮云遮望眼

1958年管文虎考入西南石油学院石油地质专业,当时他的理想就是走遍大江南北为祖国找石油,希望中国甩掉贫油国的帽子。1960年,22岁的管文虎在大学读书期间加入了中国共产党。毕业后留校工作,当时西南石油大学急缺马列课老师,组织对管文虎的经历进行了认真考察,由于他出生于红色家庭,从小在军营中长大,经历过残酷的战争环境,所以让他从事马列教学工作。面对完全陌生的领域,面对现实与梦想的反差,管文虎没有畏难情绪,他迅速转变思想,毫不犹豫地接受了这一任务。他说,我是一名共产党员,党的需要就是我的志愿。1963年他参加了中国人民大学党史进修班,进行系统的理论学习,为以后的教学和理论研究打下了坚实的理论基础。1974年调入成电工作。

细读《心路印迹》,可以看到管老师取得的学术成果非常丰硕,研究的学术领域不但十分广泛,而且研究得深,研究得透。管老师给我留下印象最深的一句话就是:踏踏实实做研究,不为浮云遮望眼。他说,现在很多人很浮躁,东一榔头西一棒槌,追逐热点,看似热闹,结果最后一事无成,搞学术研究,必须要认准一个方向扎下去,研究深、研究透,这样才能有所收获,研究透了你自然就成为这个领域的专家了。

沿着管老师心路求索的印迹，我们看到，面对博大精深的马克思主义体系，管文虎没有好高骛远，他首先从研究四川地方革命史入手，结果他的研究成果一发表就填补了四川地方革命史的一项空白。随后，他开始对共产国际与中国革命问题进行系统研究，20世纪90年代初，管文虎开始重点研究马克思主义中国化，他首先研究了毛泽东思想的理论体系和国际战略问题，主编了《毛泽东思想新论》。1995年他主编出版了理论专著《邓小平国际战略思想导论》一书，后来他对江泽民"三个代表"重要思想、胡锦涛科学发展观都有一系列重要阐述。1999年出版《国家形象论》，首次从学术角度对国家形象进行了系统论述。

管文虎在表彰大会上发言（1997年10月）

管文虎（右一）在全国普通高校百名"两课"优秀教师表彰大会上
（1997年10月摄于人民大会堂）

管文虎与外国友人交谈（1999年11月摄于纽约）

管文虎在四川省高校理论研讨会上发言（2004年6月摄于南充）

2011年《心路印迹》发行，该书是对他以前的学术成果的一次梳理。综观管老师的学术历程，就如他自己坦言，不管是在那些激情燃烧的岁月，还是艰辛探索的日子，他始终以心做犁，认准一个方向，持之以恒，默默耕耘。正是因为管老师一步一个脚印，踏踏实实做研究，著述无数，硕果累累。

在几十年的教学和学术研究中，他先后获得国家级教学成果一等奖1次，四川省教学成果一等奖2次、二等奖2次，论文与专著获全国党史优秀论文一等奖1次、二等奖1次，四川省"五个一工程"优秀论文奖2次，四川省政府二等奖2次、三等奖6次，中国高校人文社科优秀成果三等奖1次，四川省社会科学界优秀成果奖2次。1992年被评为部级有突出贡献专家，同年开始享受国务院颁发的政府特殊津贴。1997年获"全国'两课'百名优秀教师称号"。2009年入选中国校友会课题组发布的"2008（第二届）中国杰出人文社会科学家名单"。面对荣誉光环，管老师总是谦逊地说："荣誉是集体的，是课题组的，是全院教师共同努力和学校领导支持关怀的结果。"

众人拾柴火焰高,理工浇开人文"花"

管老师最大的乐趣就是教书育人。他把学生当作自己的孩子,把宣传马克思主义理论作为自己最神圣的职责。20 世纪 90 年代初,管老师就一直在思考:电子科大究竟应该培养什么样的学生?仅仅是学会一门理工技能吗?他觉得作为理工学子,需要具备人文素养。理工知识是工作的基础,而人文素养则决定了学生未来的高度。人文社会科学包括语言学、文学艺术、文化学、历史学、哲学、法学、政治学、经济学、社会学等。他敏锐地认识到,21 世纪人类将进入一种知识经济的全新时代,知识经济时代呼唤人文社会科学的人才,这就要求新时代的建设者要通晓人文科学的知识。一个人的人文素养直接影响到他的人生态度和社会价值取向。丰富的历史知识、科学的理论思维、高瞻远瞩的目光、审时度势的判断,以及协调人际关系的能力、有效的组织管理能力、杰出的创新能力都是一个人事业成功的基本要素。基于这种考虑,管老师团结同志们,通过努力,在校领导的关心和支持下,于 1993 年 12 月 18 日成立了电子科大人文社科学院。他先后和介健美、申小蓉等院领导一道坚定不移地推进课程改革,毫不动摇地推进人文素质教育,并且逐渐形成了包括先幼果、邓淑华、祝小宁、罗大明、吴满意等为学术带头人的来之能战、战之能胜的中青年教师队伍。管老师反复强调的就是集体的力量,他常挂在嘴边的一句话就是众人拾柴火焰高。一个人的力量是有限的,只有把自己融入集体,发挥集体的力量,才能协同攻关,取得成绩。

人文社科学院成立后,学院承担了全校从专科生到博士生的马克思主义理论课。对全校的理工科学生进行人文社会科学教育,主要采取三种方式:一是开设人文社科公选课,二是开设辅修专业和第二学位班,三是技能培训。学院发挥学校电子信息学科优势,努力办好当时急需的人文社科专业,为国家和社会培养具有电子信息专业优势的应用型高级专门人才。还记得 20 世纪 90 年代,电子科大学生辩论队连续四届进入全国八强,并在 1997 年勇夺全国冠军,并且代表中国队在新加坡组织的亚洲大专辩论赛上斩获世界冠军,在全国高校引起巨大反响。这从一个侧面反映了学校人文素质教育的成果。

管文虎教授授课（1986年7月摄于成电）

  管老师不仅是教书育人的典范，更是教学改革的先锋。20世纪90年代，面对苏联解体等使共产主义处于低潮的不利局势，甚至一些马列老师对马列课的教学都产生了迷茫，课程内容的僵化教条，不但不能说服学生，甚至引起学生心里的抵触情绪。1992年邓小平南方谈话，提出学马列要"精"，要"管用"，它就像一道亮光照亮了管文虎的心灵。他敏锐地捕捉到，邓小平提出的建设有中国特色的社会主义是当代中国的马克思主义，是指引我们实现新的历史任务的强大思想武器；学习马列主义、毛泽东思想，落脚点是学习邓小平提出的建设有中国特色的社会主义。马列教学的出路必须是改革，改革的方向就是要以邓小平理论为核心。随后他和院领导迅速组织全院教师，开始马列课程改革，他的想法得到了全院教师以及学校的一致支持。由他牵头成立了课改组，所在课题组主动申请成为四川省两课改革试点和国家教委两课改革的联系单位。这一改革举措，走在了全国高校的前列。新课改后据抽样调查，学生出勤率高达98%。92%的学生明确表示十分欢迎和喜爱改革后的政治课。

  在课程改革的推动下，管老师又团结各教研室、教学组编写便于操作的教学大纲，以学校教师为主编辑出版了四部改革教材和一部教学指南。1993年以来，管老师代表课题组四次在全国性的会议上介绍改革思路和经验。1995年10月国家教委委托他设计"马克思主义理论课课程设计"该国家课题的子课题。1996年，他和课题组共同攻关的马列课改革的教学成果，被评为四川省优秀教学成果一等奖，1997年荣获国家教学成果一等奖。这个一等奖是电子科大迄今为止唯一的一项国家级教学成果一等奖，也是那次全国高校马克思主义理论教育方面唯一的国家级一等奖。

管文虎在学院成立大会上讲话（1993年12月）

管老师一生育人无数，几十年来，他先后带了30多名研究生，给博士生上课一直坚持到75岁。他严谨的治学态度、渊博的学识、锐意进取的精神、亲和的面容、谦和的品格，深深地烙印在每一个学子的心中，激励着学子们不断前行。

管文虎在马克思雕像前留影（2005年8月摄于圣彼得堡）

管文虎与毕业学生在一起（2006年6月摄于电子科大）

管文虎和2003级硕士生在一起（2006年6月）

管老师一生潜心学问，少有娱乐。但在 2001 年的元旦晚会上，他用心为大家演唱了他中学时代学会的一首歌，这正是他一生的真实写照和追求：

海中间，耸立着一座山，
山上驻守着我的炮兵连，
劈开那半边山，填平那大海滩，
钢铁的阵地筑上面。
这是祖国的最前沿，
威武的大炮监视海面。

这是祖国的最前沿,
不准敌人来侵犯。
我爱我的岛,我爱我的山,
我爱我的阵地,我爱我的炮兵连。

如今学校已经进入了建设世界一流大学的行列,各项事业蒸蒸日上,学校的人文之花处处盛开。以提高学生领导力为核心的"新四会"扎实推进,人文经典赏析面向全校学生开设,成电讲坛名家云集,校庆纪念周、银杏节、"我最喜爱的老师"评比表彰活动等已经成为学校的文化名片,工会文体活动丰富多彩,各个学院和单位的文化活动也开展得如火如荼。在电子科大这样一个理工科院校呈现出这样浓郁的人文氛围,实属难得。这个时候,我再一次想起了恩师和他们团队为学校的人文素质教育所做的点点滴滴,在他的影响下,笔者在宣传部工作的时候也始终坚持不懈地为学校的文化建设尽自己的一份绵薄之力。正是由于管老师和他的同仁们的辛勤浇灌,才有了电子科大如今人文素质教育的欣欣向荣。谨以此文向管老师和人文社科学院致敬!

管文虎教授在书房(2009 年 3 月)

作者与恩师管文虎合影于电子科大清水河校区主楼（2018 年 7 月）

（作者：成电拾光工作室　邓长江）

信仰燃烧的火焰
——记原高能电子学研究所所长李宏福教授

【人物名片】 李宏福，1936年11月生，四川开县（今重庆开州区）人。1960年成电毕业，留校任教，先后在成电530研究室、高能所工作，曾任高能所副所长、所长，校学术委员会委员，校职称评审委员会委员。1991年被批准成为机械电子工业部有突出贡献专家，1991年被四川省教委评为优秀研究生导师，1992年起享受政府特殊津贴，1996年被评为机电部"八五"科技先进工作者，2006年被信息产业部评为先进个人。他是中国电子学会真空电子学分会委员，电子工业部电子元器件电真空器件专业组专家，教育部（国家教委）与四川省科技进步奖评审委员会电子专业评审组委员，机械电子工业部科技进步奖电真空器件评审组评委。主要从事微波电子学、相对论电子学、高功率微波技术等领域的研究。作为负责人主持完成了30余项回旋管、微波管、高功率微波技术等方向的重大、重点科研项目与专题研究。在国内开创了大功率毫米波回旋器件研制的先河，为国家重大项目持续研究打下了坚实基础，先后获得国家、省部级成果奖16项。

在国际、国内学报 IEEETrans. on Plasma Science、IEEETrans. on Microwave Theory and Techniques、International Journal of Electronics、《物理学报》、《电子学报》，以及国内学术会议等处发表论文300余篇，被国际、国内广泛引用与应用。作为第二作者编著的《微波电子学导论》获国家教委全国优秀教材一等奖、电子部优秀教材特等奖。此外，还参与编著了《真空电子技术》《返波管设计手册》等。主讲"导波场论""高等导波场论""微波电子学"等研究生课程与"微波管"本科生课程。指导培养研究生30余名，博士20余名。

领导的回旋管研究课题组获评2001—2005年省部级先进集体。2019年荣获中共中央、国务院、中央军委颁发的"庆祝中华人民共和国成立70周年"纪念章。

李宏福荣获"庆祝中华人民共和国成立70周年"纪念章

穷且弥坚　少年但有青云志

  1936年11月19日，在四川开县临江镇，一个生命呱呱坠地。然时运不济，次年日本就发动了全面侵华战争，随着国民党军队节节败退，国民政府迁都重庆，开县也时时遭遇日军飞机轰炸。呼啸而过的飞机、从天而落的炸弹、浓烟滚滚的街坊、逃难躲避的人们……在儿时的李宏福心中留下了挥之不去的烙印，一颗家仇国恨的种子在年幼的李宏福心中生根发芽。当他在临江中心小学老师那里听到有着灿烂文明的中国却在近代饱受欺凌、签订一个个不平等条约的时候，他的心被深深刺痛，他感到屈辱，义愤填膺，同时也有一丝迷茫和无助。"谁愿意做亡国奴？那个时候的我懵懵懂懂地埋下了一颗爱国报国的种子，但作为一名偏僻之地的小学生，当时我能想到的就是努力学习，长大后也能造出飞机大炮，让列强不敢欺负我们中国人。"李宏福教授如是说。

  彼时川东的地下党十分活跃，在开县的小学里就有多名老师是共产党员。1948年，国民党在开县封锁戒严，就在临江中心小学及附近的小学里，围堵抓捕了两名共产党员，一名是张光伟老师，另一名是与李宏福交好的同学的父亲，他们同其余近 200 名共产党员一起被关押到重庆渣滓洞，于重庆解放前夕光荣牺牲。李宏福教授回忆道："当时我们对共产党没有太多的了解，但对于共产党员却有十分深刻的印象，那就是不怕牺牲，不畏死亡，我从内心深处崇拜他们。两位老师的被捕让我的心灵受到强烈的冲击——一方面是老师传道授业、正直善良；另一方面是国民党腐败无能，却残酷迫害忠良之士。那件事让我的思想有了较大的转变，我对共产党充满了向往。"20 世纪 90 年代，李宏福教授和家人一同返乡，途经重庆，专门去缅怀牺牲在渣滓洞和白公馆的革命英烈，并看到了张光伟老师英勇就义的记录，心中感慨万千。

待李宏福小学毕业，学校恰巧为毕业生组织了一个补习班，在既定的科目外增加了政治科目。李宏福第一次比较系统地学习了有关中国共产党的知识，逐渐了解了党的宗旨和性质，懂得了老师为什么会舍生取义。这时的李宏福年纪虽小，却逐步确立了自己的信仰，立志成为一名光荣的共产党员。

李宏福家境贫寒，父亲在他不到 12 岁的时候就去世了，母亲一人独挑大梁，困难时连他的学费都负担不起，因此他从小就深刻地体会到读书不易，抓紧一切机会学习，成绩一直在班上名列前茅。1950 年夏天，开县中学招生，李宏福交不起学费，索性放弃报考初中，同学们都好心地劝他试试，看能否申请学费补助。于是他抱着试一试的态度参加了招生考试，结果以第一名的优异成绩考进了中学。在开县中学期间，李宏福六年的学费全部来自党的助学金。他感慨地说："没有助学金我早就辍学在家成为一名普通的农民了，哪有我的今天。"他格外感激党的栽培，片刻不敢怠惰，努力学习、锻炼、提高思想觉悟。中学阶段，他年年成绩班上第一，被评为三好学生，还在全县的运动会中取得了跳高前三名的优异成绩。连最严厉的老师也忍不住称赞：此子必有大好前程。

对于李宏福而言，1956 年是一个特殊的年份。当时党中央决定在中学生中发展党员，开县中学幸运地得到两个党员名额，就读高三的李宏福毫无意外地荣列其一，并在支部大会表决环节中以全票通过。支部大会结束之后，李宏福非常激动，心潮澎湃，自己终于成为一名光荣的中国共产党党员，从此更加坚定了为党的事业奋斗终身的决心。在这之后，他先后成功入选留苏预备生和预选飞行员。成为留苏预备生要求学生学习优秀，思想可靠，选拔流程十分严格。后因国家计划调整，1956 年国家不再派遣本科留苏预备生，李宏福未能成行。飞行员在身体条件、心理条件、家庭环境、政治立场等多方面均有规定,体检更十分严格,而且最后一轮体检的时间非常接近高考,李宏福只得在重庆一边体检一边准备高考,虽然最后遗憾地被筛选掉了,不过这次经历称得上是他人生中一份难得而宝贵的回忆。

1956年,国家提出了"向科学进军"的口号,这无疑是对学生们莫大的鼓舞,星星之火,可以燎原,搞科研的火种刚刚撒下,就在李宏福的心里燃起了一片火海,让他热血沸腾,树立起强烈的事业心,发誓要在科学事业上为国家做出一番贡献。随后,成电在全国优秀的高中挑选学生,李宏福被选中,这次他终于得偿所愿,在高考之后收到了录取通知书,从此他和成电便结下了不解之缘。

当年的求学之路在李宏福的记忆中依然清晰:从李宏福的家乡到开县中学要步行60里,一学期才得以回家一次,假期往往还要在学校打零工挣点钱买笔墨。记得到成电入学,他没有鞋穿,打着赤脚,先是从开县步行翻越两座大山,180多里的山路足足走了两天,到达万县后坐轮船前往重庆,最后乘火车抵达成都。

初出茅庐 正是大展宏图时

1956年,李宏福的人生开启了崭新的一页。到达学校后,由交通大学、南京工学院、华南工学院电讯系并校而来的学长向第一届入学成电的新生宣传电讯工程专业,对各个专业还不甚了解的李宏福的好奇和热情一下被激发了出来,他懵懵懂懂觉得这或许这就是适合自己的道路,也意识到了发展电讯是国家所急需,遂果断确定了未来奋斗的方向。青春的记忆总是那么美好而令人难忘,学校初建时,基础设施很不完备,但艰苦的条件打击不了学生学习的激情。"泥巴路坑坑洼洼,遇上雨季更是雪上加霜,我和好多同学就不穿鞋赤脚走路;当时的阶梯教室还没有来得及安装座椅,我们就坐在水泥地上听课记笔记;宿舍的床位也还没有到位,我们的床就安在主楼实验室的泥土地上……"李宏福教授津津有味的回忆让我们也深受感染,只觉得在成电和同窗坐在教室里的时光是他人生中最美好的日子。他甚至还回忆起了学生时代他觉得不错的伙食,大有"以中有足乐者,不知口体之奉不若人也,盖余之勤且艰若此"之意。

当时讲专业课的是刘盛纲老师,他讲授的"超高频器件"为李宏福打开了新世界的大门。课上认真听讲，课后把复杂的公式推导复盘，空闲时间去图书馆看专业书，这是李宏福教授的学习方法。他和五六位志同道合的同学每日挑灯夜读，当时成都经常停电，成电也不例外。蜡烛根本不够用，好多同学就在附近的路灯下借光看书。有一次李宏福和一些同学正在路灯下苦读，这时候一个熟悉的身影出现在同学们眼前，那是大家心中十分敬仰的学校第一任院长兼党委书记吴立人同志，吴院长说："你们的学习精神是值得表扬的，但刻苦学习的同时还要注意身体啊！"吴院长的话让同学们倍感温暖和亲切。

当时李宏福担任了班级团支部书记，和班长、班委会主席共同负责同学们的学习、生活和活动，不仅在学习上为大家提供帮助，还尽力使同学们的大学生活丰富多彩，他经常组织大家去公社参与劳动，收麦子、打猪草……劳动既让同学了解了生活的真谛，又让同学们与农民结下了深厚的情谊，他们还时不时邀请农民来学校里联欢，与当地农民打成一片。

成电建立时从交通大学等校转来的高年级学生是四年制，新招学生为五年制，这样会导致 1960 年成电没有毕业生，而国家急需人才，故上级决定将成电第一届部分学生包括李宏福，在最后一学年由五年制改为四年制，所以改制以后的最后一个学年学习任务十分繁重。在李宏福大学第四年过半时，组织决定让他留校到 503 教研室工作，这样最后半年他既是学生，要完成大学最后几门专业课的学习；又是教师，要加班加点地参加教研室的科研工作。但他对自己的要求却毫不放松，以全优成绩完成了最后四门专业主课的学习，并出色完成毕业设计，受到导师刘盛纲的好评。

1958年吴立人院长离校前与全班同学合影（前排右一为李宏福）

6424班毕业留念（二排左三为李宏福）

1960年6月李宏福正式毕业，仍留在五系（电子器件系）503教研室工作。503教研室即超高频教研室，又名"微波教研室"。1956年建校时，成电先后从苏联的莫斯科动力学院、列宁格勒电工学院等5所工科院校和列宁格勒电工研究所，分别聘请了罗金斯基、列别捷夫等8位专家来校工作。其中列别捷夫曾任新中国高教部首席顾问，学术水平和威望都极高，刘盛纲陪同其走访各地高校后，列别捷夫选择了条件最差但在他看来最需要发展电讯的成都和成电。列别捷夫听从斯大林"全心全意帮助中国"的指示，为成电提供了很多图纸、器件和资料方面的帮助，在此基础上，我国微波技术飞速发展、追赶国际水平，503教研室也因此应运而生。503教研室曾被评选为学校先进单位，毕业后能留在这里，李宏福非常高兴。在这里，他遇到了很多良师益友，当时最著名的便是列别捷夫专家培养出来的"刘关张（刘盛纲、关本康、张其昭）"，还有从美国留学归来的王祖耆老师和高年级留校的张兆镗老师等。刘盛纲可以说是他最亲近的导师，对他的影响最大。503教研室在教材建设和科研上做出了很多成绩，留校的青年教师在刘盛纲的带领下从事专职科研工作，并于1964年在国防科委的批准下建立了电真空器件研究室（简称530研究室），刘盛纲为研究室主任，陈瑞征为副主任，李宏福则兼职担任研究室党支部书记。

在那个物资匮乏的年代，在微波电子学、微波管的研究中，遇到了诸多困难。当时全国闹饥荒，一个月只有十几斤粮食的定量，不见荤腥，没有副食品，大家饿着肚子做实验。而且当时的工艺设备简陋、落后，研制的微波管不得不采用玻璃管壳结构，需要使用瓶装的氢气和氧气，以产生火头对玻璃进行加工。李宏福回忆说："我和同事林崇文在天还未亮时便备好干粮，拉着板车载着空不锈钢瓶从成电出发到簇桥去充实验所需的压缩气体，一来一回便是一天光景。大约两周填充一次气体，虽然辛苦，但我们心中都有一种激情。"李宏福和同事们常常通宵达旦，一边设计加工零部件、装管、排气、烘烤、测试，一边进行理论分析计算、钻研文献、追根溯源。在没有电子计算机的条件下，只能用手摇计算机将其化为加减法计算。一条曲线上的一点通常要运算一天以上，稍复杂的数据运算几个星期也是常态，再加上复核，大量的细致工作磨练出了李宏福远超常人的毅力和耐心。因为严重缺乏营养，李宏福全身浮肿，在住院时，依旧偷偷看书，没有丝毫懈怠。在导师刘盛纲的指导下，李宏福完成了多个课题，如静电离心聚焦行波管（又称旋束管）、双螺旋静电聚焦返波管的研究，对两者进行了详细的理论分析与复杂的公式推导，在理论上有新贡献；并于1960年年末研制出有放大性能的旋束管，之后又研制出有高频性能的双螺旋线静电聚焦返波管，发表了双阳极电子枪、静电旋行系统中电子运动的完全平衡状态、多螺旋线静电聚焦系统研究等多篇论文。

在503教研室与530研究室度过的几年时光是李宏福人生中非常难忘而宝贵的一段经历。后来受"文化大革命"的影响，研究室被解散，李宏福、刘盛纲等人也被派到西昌米易"五七干校"接受劳动教育，插秧、打谷、放牛、犁田……从小就在农村生活的李宏福干这些体力活自然不在话下，只苦了那些从大城市里来的老师们。在此他结识了同样被发配干校的丁宵明、张华俊等一大批干部，他们在共同劳动中结下了深厚情感。

1976年10月，"文化大革命"结束。刘盛纲认为，要想快速开展科研工作，必须尽快恢复530研究室，李宏福深以为然，他积极协助刘盛纲老师各方奔走。后在王甲纲与丁宵明等领导的支持下，借第一次全国科学大会的东风，恢复了研究室。刘盛纲为室主任，李宏福为副主任兼党支部书记，自此研究工作重新开展起来。刘盛纲以发展的眼光放眼国际，看到了以相对论质量效应为基础的电子回旋脉塞及回旋器件的方向很具备前景，所以决定调整研究室的方向，在国内首次提出了电子回旋脉塞及回旋器件的研究方向，并带领回归的所有科研人员开展这一新方向的理论和实验研究工作，很快就取得进展。当时研究人员奇缺，李宏福在校内与校外动员与接收了大量科研人员来研究室工作。

1979年2月,四机部下文在微波电子学研究室的基础上建立高能电子学研究所,刘盛纲当之无愧成为第一任所长。为了汇集起所有相关科研人员的力量共同攻破难题,刘盛纲还邀请四川大学、776厂的专家,组成以刘盛纲为组长、李宏福为副组长的回旋管研究领导小组,负责协调领导研究工作。回旋管研制需要高电压、大电流的调制器电源与产生高磁场的磁场系统,没有这些设备只好组织同志们自己研制。研制的回旋管是金属陶瓷结构,这种结构的焊接需要大型氢焊设备,回旋管互作用腔冷测需要网络分析仪,这些设备当时学校均没有,通过设计计算加工好的回旋管零部件,李宏福组织带领多批人员将这些零部件千里迢迢带到贵州凯里三线厂去封焊、测试,然后再带回成都排气、热测。经过数年的夜以继日,在20世纪80年代初,李宏福他们终于取得了一批重要成果,研制出了15千兆大功率回旋振荡管,在理论上刘盛纲教授建立了以电子回旋中心坐标系场局部展开为基础的电子回旋脉塞的动力学理论,并获国家自然科学三等奖。"15千兆实验回旋单腔管"获电子部理论成果一等奖,"二厘米回旋管"和"提高回旋单腔振荡管电子效率与功率的途径"获电子部科技进步二等奖。

勇挑重担　咬定青山不放松

20世纪80年代初,刘盛纲教授走上了学校领导岗位,在业务上把主要精力转到开拓国际前沿的新研究方向上,研究所的大梁便交由李宏福挑起。担任所长后,诸多难题接踵而来,在科研项目上国家实行需求牵引,而研究所原有的回旋器件研究课题,具有超前性质,难以找到现实重大应用,因而难以申请到大的项目。全所科研经费少,人员收入少,增加人员困难,也难以招到优秀的研究生;缺乏现代化的科研实验设备,难以承担更多高端的科研项目。李宏福顿感压力山大,但是面对困难,他没有退缩,没有忘记国家的培养,他勇挑重担,不辞辛苦,科学分配时间,尽力做好双肩挑。一方面,他努力做好行政工作,领导全所开源节流,增加大家收入,组织和鼓励大家寻找新的科研方向与课题,并为他们主动承担责任。例如,那时曾找到一个较大的外协项目,承担人员认为困难太大,顾虑太多,李宏福对他们说:"这个任务如果完不成责任就算我的,完成后成果算你们的。"这个任务在他组织、领导下完成得很好。他还组织开办了实用性强的新本科专业检测技术与仪器,招收本科生,争取新的项目。另一方面,在科研上,李宏福有深厚的物理基础，敏锐的科学眼界。根据科学发展的趋势，他判定回旋器件较传统的微波管在大功率毫米波方面有着显著优势，有很大的发展与应用前景，虽然眼前还不是国家急需，但是放弃了对它的研究，对学科的发展和国家将来的发展必然会带来重大损失。作为党多年培养的研究工作者与党员，目光应放长远一点，他果断做出抉择，咬定青山不放松，一直坚守在回旋器件研究方向上，为回旋器件研究及应用的重大突破奠定了核心基础。

锲而不舍　寂寞守得花开时

坚持既定方向，就意味着要面对一大堆困难与问题：科研课题争取、梯队建设、现代实验设备平台建设、学科发展等，哪一个都十分棘手。但他不畏困难，埋头苦干，多措并举，决心要开创回旋器件研究的大好局面。

首先要解决的问题就是如何争取科研项目与经费。李宏福不厌其烦地向项目专家组、电子工业部、总装备部相关领导介绍回旋器件的特点、在大功率毫米波方向的优势和重大应用前景，还争取机会向部领导及总装主管领导耐心讲解回旋器件的基本原理，以求得他们的充分理解。当时的实验设备条件简陋，没有产生高磁场的磁系统和高电压大电流的稳压调制器电源。要研制毫米波大功率回旋管要用一般的基波回旋管方案是不可能的。由于回旋器件所需磁感应强度与工作频率成正比，与谐波次数成反比。因此，他决定先从高次谐波回旋振荡管入手进行研究。但是随着谐波次数增加，注波互作用效率很快下降，且模式竞争加剧，难度极大。从"六五""七五"国家两个五年计划开始，逐渐争得一些高次谐波回旋器件方面的科研项目。项目从小逐渐扩大，每争得一个项目，李宏福都认真完成，并坚持理论与实践相结合。根据实际需要，他带头进行关键技术的刻苦钻研与突破，带领课题组成员，指导研究生们持续深入研究，完成大量数值计算，然后将理论计算结果用于实际器件研制，反复迭代提升。每一个科研项目都做到提前高质量完成。在"八五""九五"期间，陆续争取到了难度更大的八毫米三次谐波回旋管与八毫米三次谐波永磁包装回旋管两个重点预研项目。他带领团队攻坚克难，"八五"项目达到国际先进水平，获得国家发明三等奖，"九五"项目关键技术与器件性能指标为国际最高水平。俄罗斯科学院应用物理研究所的依格尔博士还专门来实验室取经交流，此项目获国防科技进步二等奖。在李宏福教授的不懈努力下，逐渐打开了局面，回旋器件发展的大好形势开始显现。

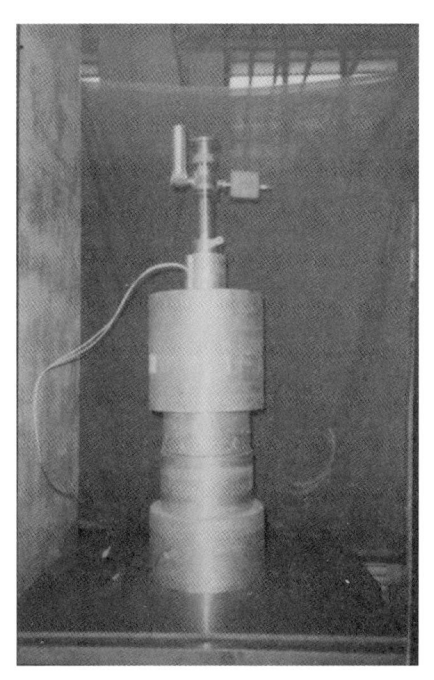

"九五"期间完成的永磁包装回旋管样管

走出国门　不辱使命立新功

改革开放后，国家逐年派出学者去外国留学，由于工作关系李宏福出国留学时间较晚。1989年他得到出国留学机会，被派到西德斯图加特大学等离子体科学研究中心做高级访问学者。这个中心是欧洲最著名的与回旋管相关的高功率毫米波传输与模式变换的研究中心，该中心的M.Thumm教授是国际著名的高功率毫米波系统与回旋管科学家，是红外毫米波领域最著名的国际K.J.BUTTON奖的获得者。该中心在M.Thumm教授领导下为多个欧洲受控热核聚变装置研制等离子体波加热的高功率传输线与模式变换系统。有了与M.Thumm教授合作开展科研工作，李宏福怀着强烈的事业心，抓住这个机会决心在学术上有所收获，不给国家丢脸，很快熟悉了环境与这个研究单位的研究工作。他根据国际在此领域的研究情况和德国同事的研究需要，给自己定下的第一个研究课题是"弯曲波纹波导的模式耦合与变换"。他广泛搜集资料，反复思索，深入钻研，夜以继日地工作，有时半夜醒来，有新的想法立即伏案工作。经过反复理论推演，他建立了弯曲波纹波导模式耦合的严格理论，得出了耦合规律，导出了系列模式间耦合系数的复杂公式，M.Thumm 教授对他的成果给予高度评价。高级访问学者期满后，该研究所又以客座教授的高薪聘他继续留德工作。接着，他发现直径与壁阻抗同时变化的波纹波导模式耦合问题在国际上缺乏研究，这个问题也是实际亟待解决的问题。李宏福经过刻苦钻研，从麦克斯韦方程出发，建立了直径与壁阻抗同时变化波纹波导模式耦合与转换的严格理论，导出了普适的整套模式耦合系数复杂公式，这个专题的研究成果同样得到 M.Thumm 教授很高的评价。上述两方面的理论成果被德国同事作为依据与工具用来精确设计相关的高功率毫米波传输线的模式变换器，以后又陆续被国外其他学者所应用。上面的研究结果，李宏福整理出两篇论文：*Mode conversion due to curvature in corrugated waveguide*、*Mode coupling in corrugated waveguides with varying wall impedence and diameter change*，先后发表在英国 *International Journal of Electronics* 期刊上。在德期间他做学术报告，参与德国博士生的培养，为他们答疑解惑。

鉴于李宏福的优异表现，德方有意留他继续工作，他婉言谢绝了德方的高薪延聘，于 1990 年 10 月回到祖国。回国后他将在德的研究成果用于回旋管的研究中，建立了考虑模式耦合的变截面圆波导开放腔的理论与注波互作用理论，并用于回旋器件的研制，开辟了我国高功率毫米波传输线的研究新方向，指导硕士、博士研究生推进了高功率模式变换器的研究工作。

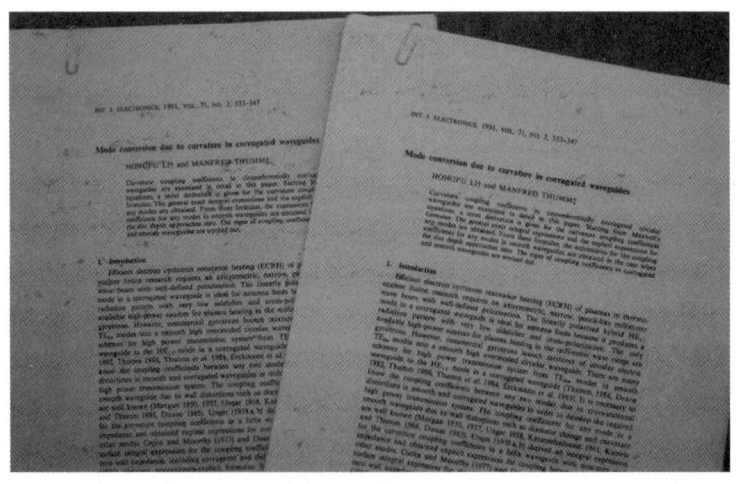

在德期间，李宏福在英国 *International Journal of Electronics* 上发表的两篇论文

李宏福与德国同事的合影（左二为 M.Thumm 教授）

李宏福在 M.Thumm 教授家里做客

内留外引　汇聚人才成江海

在整个科研过程中，李宏福教授特别重视科研团队的建设。20 世纪 80 年代初，科研任务逐渐加重，急需攻坚人才，但引进人员与招收研究生都很困难，他想尽办法内留外引壮大科研团队。随着李宏福教授科研工作不断取得进展、不断吸引人才，一批批成绩优异、事业心强的学生向团队汇聚，报考他的硕士与博士研究生。李宏福教授对研究生精心培养，严格要求，将硕士、博士研究生的课题与科研项目的关键技术攻关紧密结合，指导他们高质量完成研究工作，提升学术水平并逐渐选留充实团队。在选留人才时，有的研究生是外来单位的在职人员，这将产生原单位不放人的问题，李宏福教授与人事处想了很多办法，费了不少周折才留下这些优秀的人才。在 20 世纪末，他建立了以罗勇、杨仕文、喻胜、牛新建、王丽、刘迎辉等博士为骨干的回旋器件强大研究团队，为该领域的后续发展打下了人才基础。

抢抓机遇　科研平台破瓶颈

在长期的科研实践中，李宏福教授深知科研实验设备平台建设的重要性。当时的实验设备简陋，难以开展更高频率、更大功率、更有应用前景的宽带回旋器件的研究工作。为改变现状，他利用一切途径，如重点实验室建设、"211"学科建设等经费搭建实验平台，但这远远不能解决问题，回旋器件测试所需的高磁场、高压等关键设备仍然没有，成为限制科研发展的瓶颈。李宏福教授睁大眼睛，四处找寻解决办法。

机会只留给有准备的人。早在 1994 年，李宏福教授就随代表团访问了俄罗斯科学院应用物理研究所（IAP），以及圣彼得堡、莫斯科、新西伯利亚的高功率微波技术及回旋器件的研究单位与院校。20 世纪 90 年代，一些技术及设备开始从俄罗斯大量引进，这真是天赐良机！李宏福教授积极筹划，于 20 世纪 90 年代末争取到回旋器件的重要工程项目，并全面负责引进回旋管技术。首先，他决定从在国际上高功率微波技术及回旋器件领先的 IAP 入手，进行引进工作；然后，他对引进内容与总体方案做出抉择，明确引进一定要有利于开拓新的科研方向及解决科研实验平台的瓶颈问题。回旋器件主要包括回旋振荡管、回旋放大管，原来的研制工作主要集中在回旋振荡管，它在受控热核聚变新能源等领域有很重要应用，但应用范围有限。有一定带宽的回旋放大器有更大应用前景，李宏福教授在这方面也有理论研究，但缺乏关键设备未能开展实验研究。回旋放大管又分回旋速调管与回旋行波管，前者俄方研究更为成熟，于是他决定引进回旋速调管。在引进总体方案上，他不按同类项目的常规方法引进设计资料、图纸、零部件、工装模具等，而是重点引进大功率热测设备，包括毫米波源、行波管前级放大链、高磁场强度的超导磁体、大功率高压大电流、高稳定度的调制器电源等，更进一步在超导磁体性能上做了长远布局，将高磁场均匀区长度分为两档，一档满足回旋速调管要求，另一档是将均匀区长度较前者提高近50%，以满足将来发展研究更大带宽回旋行波管的需要。正是李宏福教授的这种深谋远虑，团队以后才研制出我国第一支八毫米波段回旋行波管，为成电独立承担国家重大专项打下基础。李宏福教授负责的这个项目是我校最成功、效果最好的项目之一。因在该项目中成绩突出，被信息产业部评为先进个人。

1998年，在与俄罗斯IAP签约谈判中，李宏福教授按上述设想全权负责技术谈判，与俄方达成了引进内容、技术参数与进度安排的技术协议；同行的国家进出口公司人员负责完成商业价格谈判，后经双方上级批准，于1999年开始生效。此后几年，他又分批带领团队成员轮流去IAP履约，学习俄方的实际经验，扩大视野。2003年，在我校的热测室完成了引进全套设备及回旋速调管的测试验收，圆满完成项目引进工程。

李宏福与俄罗斯科学院应用物理研究所参与项目研究的科学家合影

在此项工程进行的同时，李宏福教授带领团队开展回旋速调管的独立设计与研制，研制出的我国第一支回旋速调管性能全面领先引进样管，超越了引进工程目标；解决了该研究方向进一步发展的实验设备平台瓶颈，扩大了研究领域。

乘势而上　奋力拓展开新局

在"八五""九五"科研及科研实验平台建设取得进展的基础上，李宏福教授在"十五"期间，又得到了高功率回旋速调管的重点预研项目。与此同时，他又在"863"高技术方面进行开拓。"十五"期间，"863"要开设回旋速调管方面的课题，而成电不在原计划安排之内。在这种不利条件下，他迎难而上，多方争取，多次邀请专家组组长刘国治及专家组骨干成员来实验室考察团队在回旋速调管方面的研究情况，实地参观了大功率回旋速调管热测实验，展示了国内这方面的领先实力，系统汇报了研究工作。后来李宏福教授又多次电话汇报，最终争取到了回旋速调管方面的"863"重点项目。他带领团队及研究生对各项关键技术进行深入、细致的攻关，高质量完成了回旋速调管方面的预研及"863"重点项目，在国内稳居领先水平。他的团队被总装备部评为"装备预先研究先进集体"。2005年，李宏福教授还申请得到重点预研基金项目，研制出国内第一支三毫米波段二次谐波大功率回旋振荡管，为国内以后太赫兹波段大功率回旋管及国内 ITER（国际热核聚变实验反应堆，俗称"人造太阳"）相关兆瓦级功率回旋管项目研究打下了基础。

通过"六五"至"十五"的长期艰苦努力，李宏福教授开创了大功率毫米波回旋器件研究的大好新局面，在回旋器件及相关领域的研究工作得到了上级领导及国内外专家赞誉，建立起了一个强大的研究团队和较完备的先进实验平台。他的团队不断获得新的、大的科研项目，呈现欣欣向荣的局面。在李宏福教授开创的大好基础上，他的弟子罗勇教授研制出国内第一只八毫米波段大功率回旋行波管，这是一个很大的突破。在不断的努力下，他的团队"十一五"期间获得了国家在回旋器件方面第一个重大专项，科研与实验保障经费成量级增加。数十年的奋斗，李宏福教授终于实现了他期望的目标。

回顾自己的经历，李宏福教授觉得自己没有虚度年华。在科研方面，作为负责人领头先后完成了30余课题项目研究，16次荣获国家或省部级荣誉。1999年他的项目"八毫米三次谐波回旋管"获国家发明三等奖（负责人，第一发明人）；3项省部级一等奖，其中2项是负责人之一；10项省部级科技进步二等奖，其中是负责人与第一主研有6项。"八毫米三次谐波永磁包装回旋管"获国防科技进步二等奖，其关键技术与参量均为国际最高水平；"高次谐波回旋管相关问题研究"获教育部自然科学二等奖；"波纹波导传输线中模式耦合问题"获四川省科技进步二等奖；另有 2 项省部级科技进步三等奖，均排名第一。

李宏福作为第一发明人获得的国家发明奖证书

李宏福部分获奖证书（一）

李宏福部分获奖证书（二）

李宏福著作《导波场论》

在教学方面，李宏福教授主要进行研究生的培养，培养了硕士 30 余名，博士 20 余名。在学校他首开了"导波场论"研究生课程，现已列为成电精品课程，该课程的讲义结合了国内外最新资料及李宏福教授的研究成果，并不断被充实提高。他还开设了"微波电子学""高等导波场论"研究生课程及"微波管"本科生课程。此外，他早期还在业务上组织领导 1974 届工农兵学员的全程培养，讲授"微波管"课程。

老当益壮　求道不移白首心

2002 年李宏福教授到了退休的年龄，但他却有着老骥伏枥、志在千里的雄心，一直退而不休。直到 2010 年前后，才将团队负责工作交给后辈。他既很少旅游，也不怎么闲逸在家，十多年来几乎每天都要去实验室与办公室做一些工作：帮团队争取项目、对一些关键技术进行研究、完善补充理论、亲手推导公式、撰写论文专著、帮他的学生指导研究生，可谓是用毕生所学指导后辈。春蚕到死丝方尽，蜡炬成灰泪始干。哪怕岁月不饶人，他还是力所能及地发挥余热。他培养的博士罗勇教授在领头申请并出色完成回旋行波管第一个重大专项后，又不断得到一个接一个的重大专项，对国家做出重要贡献，将回旋器件领域的研究工作发扬光大，发展势头强劲。他培养的博士牛新建教授等也在回旋振荡管方面做出了贡献。李宏福教授感到很宽慰，他的事业后继有人，他创立的研究团队得到后辈们的发扬，成为更加强大成熟的团队。

李宏福和妻子李淑玉（一）

李宏福和妻子李淑玉（二）

李宏福教授特别感谢他的妻子李淑玉。李淑玉与他青梅竹马，是他中学同学，1961年重庆医科大学毕业后在成都35信箱当医生，后兼任厂医务所所长，在繁忙的工作之余，承担了繁琐的家务，一直全力支持李宏福教授的科研工作。

作为成电第一届学生，李宏福教授以学长和校友的身份勉励后辈：要发扬爱国主义精神和艰苦奋斗的传统，学好功课、完成好任务、在实践中提升、在反思中成长。他说："你们遇上了好时代，有着来之不易的学习机会，更应当珍惜。希望同学们牢记习近平主席嘱托，肩负历史使命、坚定前进信心。立大志，明大德，成大才，担大任，努力成为堪当民族复兴重任的时代新人。"

成电拾光工作室采访现场

（作者：成电拾光工作室学生记者　于秉楠　余雨茹　指导老师：邓长江）

巾帼有英姿，通讯遨天地
——记光通讯专家胡渝教授

【人物名片】 胡渝，1939年7月生，陕西宁强人，1960年本科毕业于成电并留校工作。九三学社社员，教授，中国电子学会会士，电子部有突出贡献专家，全国先进女职工，四川省学术和技术带头人，享受国务院政府特殊津贴。IEEE及光学学会会员，中国电子学会核心刊物《光通讯技术》编委，中国电子学会光量子分委会委员；第八届四川省人大代表，第九届四川省人大常委会成员，第六、七、八届九三学社成都市委员会委员、副主委，第九届成都市政协委员；电子科大第三届学位评定委员会委员，科技委委员，校工会副主席。长期致力于光通讯、光电子技术及光电探测技术等科研与教学工作。获国家科技进步三等奖2项，省部级科技奖8项，光华基金奖1项。发表论文近百篇，被SCI、EI、ISTP收录近30篇。培养博士、硕士研究生约60名。开设光通讯、光量子探测、微弱信号探测、光电技术电子学等9门课程。撰写《红外高功率导波技术》《超导混频及噪声机理》等4部，其中高校统编优秀教材1部。

有一首歌的歌词写道：小小的天有大大的梦想，重重的壳裹着轻轻的仰望。正如歌词中所说，蜗牛虽行动迟缓，但它为了实现自己的目标，依旧一步一步往上爬。不言放弃、厚积薄发，我们也从胡渝的身上看到了这如蜗牛般的坚毅精神。

刚进胡渝家，她的老伴吕名正爷爷就开始忙前忙后、热情地招呼我们。茶几上堆满了早已准备好的各种新鲜水果和沙琪玛，扑面而来的亲切感顿时就包围了我们，仿佛我们就是她的亲孙女。此时此刻，在这个诗意般的午后，胡奶奶向我们娓娓道来她的那些年、那些事……

栉风沐雨 玉汝于成

生于重庆、长在成都的胡渝，年仅17岁就考入成电，成为首届成电学

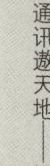

子。那是一个充满了革命浪漫主义和火热建设激情的年代,胡渝放弃了去清华大学就读建筑系的机会,而把自己的第一志愿投向了新生的成电,并且将青春的岁月、奋斗的汗水都留于斯,刻画在成电的历史长河。

胡渝的中学时代简单而快乐,这在胡渝那一辈人中还是比较少见的。胡渝回忆说:"在 1956 年以前,我上中学的那段日子是我人生中最快乐的学生时光。当年我上的中学名叫华英中学,是专门的女子学校,也就是后来的成都十一中学,我在这里度过了一个丰富多彩的中学时代。其间,同学们都积极参加各种活动,如唱歌、学画画、学钢琴、演剧等。"胡渝熟练地掌握了口琴的技艺,至今还能吹奏。由于胡渝上的女校没有男同学,所以就"天不怕地不怕,性格也比较开朗,没什么顾忌"。

中学时代的胡渝

胡渝怀揣着一颗炽热之心来到大学,开始了崭新的大学生活。在艰苦、紧张而又充实地度过两年后,1958 年"大跃进"运动开始。全国上下都开始大炼钢铁,胡渝和同学们也不可避免地参加了这场火热的运动。胡渝回忆说:"那时我们都很单纯,为了炼钢,班上的同学甚至把校医院的铁门拆了拿来炼钢。"一晚接一晚炼钢,钢没有炼出来,好多同学站着站着就睡着了。

1969 年,为了响应毛主席的"五七指示",一大批干部离家远赴米易湾丘干校,而胡渝的爱人吕名正也在其中。那时,胡渝的母亲也下乡参加巡回医疗,只剩胡渝孤身一人在家带孩子。由于胡渝是第一次做母亲,一点经验也没有,一个人带孩子更是不容易。除此之外,生活上的琐事也同样不让人省心。例如,那时每家每户每个月都能领取到 30 多个蜂窝煤,而胡渝的家又住在三楼,每到领蜂窝煤的时候胡渝就用一个破旧的搓衣板,小心翼翼地端着蜂窝煤一趟趟地楼上楼下跑，搬完所有的蜂窝煤，早已浑身湿透。

不仅如此，当时家里既没有牛奶也没有鸡蛋，但是孩子长身体又需要营养，怎么办？为了能吃上鸡蛋，只有跋山涉水远赴彭县用背篓装一筐鸡蛋背回来。要是想要喝上牛奶，也得费一番力气才行，胡渝说："学校里有一个卖牛奶的刘老头，要和他费半天口舌，他才会给半斤牛奶。"

在成电任教时，老师头一个月是30多斤粮，到了第二个月就只有21斤半的粮食了，在此基础上还要扣半斤粮食。这使原本就拮据的生活更是雪上加霜，胡渝还回忆道："每星期都会有一个卖酱油、醋的老头出现在我们学校里，几乎人人都得排队去买，拿回家掺在水里喝或者拌饭吃。"

留校治学　幸遇良师

1960年毕业时，很多同学都选择了出国深造，或者在优秀的企业、行政工作部门工作。而一心想在部队工作的胡渝，为了服从国家高等教育建设发展的需要，和先生毅然选择留在成电，这一留就是一辈子。

胡渝从事激光通讯的科研与教学工作，数十年如一日。提到教学，胡渝感触很深地说："当时学校对讲师上课的要求是非常严格的，必须要先写好讲稿，然后试讲，还要通过学校各个领导的考核之后，才能正式讲课。"他们那一代人对讲稿是非常重视的，老师上课也很有积极性，讲课非常认真。胡渝回忆说："老一辈讲课有两个类型：一种是板书清晰明亮，我印象特别深刻的一位老师便是陈尚勤老师，他的板书就写得非常整齐漂亮；还有一种老师就是像裘明信老师那样，教学很突出重点，善于用自己的话来解释书里的内容，不会只按照书上的内容来讲课。现在有的年轻教师照本宣科，说到底还是教材没有吃透。有的老师上课的时候，就只把PPT打开，既没有板书，师生之间也没互动。我每次看到这种现象心里就十分着急。"有一天胡渝去教室，看到讲台上的老师开着PPT讲课，下面的有些同学根本就没有仔细听课，有打瞌睡的、玩手机的、聊天的、看窗外的。看到这样的情况胡渝忧心如焚。胡渝回忆，他们那个年代，每上一次课都要写一遍讲稿，想方设法地调动同学们的兴趣，让课堂变得生动，学生打瞌睡、聊天诸如此类的情况是极为少见的。说到这里，胡渝又想起了当年在课堂上声音抑扬顿挫、铿锵有力、讲课风趣幽默的激光物理系主任冯志超老师。他那生动风趣的形象给胡渝的授课提供了不少启发。

胡渝说："在讲台上你要像一名演员一样，每一堂课都像在演一出戏，而观众则是学生。作为老师,你的一个手势,或者是语调的变化都会影响着学生。"

胡渝喜欢把自己搞科研的心得和收获与教学讲稿相结合,使她的讲稿不断有前沿的东西和大量信息,虽然刚开始遇到一些困难,但好在遇到了裘明信这位良师益友,让胡渝受益匪浅。作为教研室系主任的裘教授,完全没有一点架子,并且特别喜欢动手做实验。"还记得第一次讲无线光通讯和激光通讯的时候,基本上我的教材都是写的英文,但是我刚开始讲课的时候采用的是中英结合的模式,到了后来全部都是用中文讲课,一是要考虑自己的水平,二是还要考虑学生的水平。"为了提高我自己的英语水平,我还去补习外语。裘明信老师知道后就说:"外语我帮你补。"还有一次,裘教授叫胡渝去讲半导体的课程,鉴于成电当时只有真空管没有半导体的教材,对于初次接触半导体的胡渝来说,确实是一个不小的挑战。裘教授看在眼里,主动对胡渝说:"胡渝,我来给你辅导。"

从讲师到博士生导师,这一路走来主要还是归功于胡渝对工作的积极和严谨的治学态度。她用她的经历告诉我们:知识像烛光,能照亮一个人,也能照亮无数的人。

几十年来,胡渝可谓桃李满天下,仅培养的博士、硕士研究生就有 50 余名。包括现在工作于电子科大物理学院的杨华军教授、荣健教授,航空航天学院李晓峰教授等一大批致力于空间光通讯领域的专家学者。

风雨不改科研之志

胡渝最先接触的科研就是激光通讯,后来又向激光技术、光学等领域不断拓展。几十年来硕果累累,曾先后主持完成国家高科技研究发展计划(863计划)、国家自然科学基金等科研项目 40 余项;先后获得国家级科技进步奖 2 项,部省级科技奖 8 项,光华科技基金奖 1 项。在校任教期间,开设光通讯原理技术、光量子探测、光电技术、微弱信号探测等 9 门硕、博士生课程,培养硕、博士生 50 余名。发表论文 100 余篇,分别在 IEEE、SPIE、《光学学报》、《通信学报》、《中国激光》、《应用光学》、《电子科技大学学报》等正式刊物上发表,近几年被 SCI、EI 收录的论文有 10 余篇。撰写《空间光通讯专辑》(《电子科技大学学报》,1998 年),主编《光电探测技术》(电子工业出版社)等专著、译著 4 本。

我国第一台二氧化碳激光大气三路通讯机（右一为胡渝）

胡渝最初接触激光通讯的时候，那时普遍认为无线光通讯才是激光通讯最好的出路。其特点简单来说便是无线、能量集中、光速小，传输保密性好，相比电缆等使用起来既方便又快捷。但是真正研究起来却并不那么一帆风顺，虽说无线光通讯本身优点多，但是它的信导却是一个大麻烦：如果说光纤通讯中的光信号在光纤介质中传输，那么无线光通讯的光信号就是在空气介质中传输。然而空气本身就是一个随机、不可控的变量，可能今天下雨明天就是大晴天，再加之地面蒸汽等因素，更是让人捉摸不透了。如果改变研究方向，转向电缆或光纤，那就避不开要搭架牵线，如果这样研究无线光通讯就显得毫无意义。

经历此次碰壁之后，在各大高等院校几乎都对无线光通讯不再抱希望的时候，胡渝等人依旧坚持继续攻克这一难题。一波未平，一波又起。正当整项研究如火如荼进行的时候，界内一场学术拉锯战又被掀起：以二氧化碳激光器还是半导体激光器作为光源？在经过研究团队的反复测验后，最终得出结论：天气晴朗时，二氧化碳激光器与半导体激光器光传输性能相同；天气不好时，二氧化碳激光器性能则明显优于半导体激光器。人们常说"皇天不负有心人"，在团队突破一次又一次的桎梏，闯过一次又一次的难关后，终于研究出让二氧化碳激光束穿过大气层传输，制造出二氧化碳激光器了！这项研究除了系统的理论报告，语音和图像上的实际勘探也是应有尽有。该项研究还获得了国家科技进步三等奖，其重要性可见一斑。

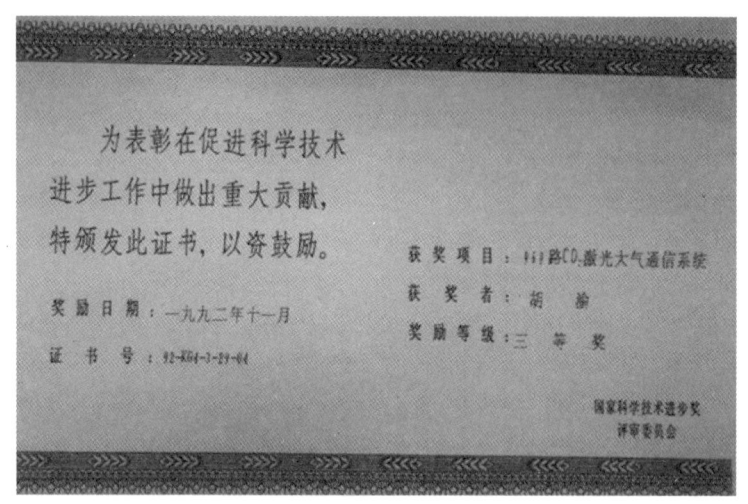

胡渝获国家科技进步三等奖证书

　　路漫漫其修远兮，吾将上下而求索。对于某些科研来说，只要一门心思扎进实验室里就够了，但对于搞激光通讯的胡渝和她的团队来说那就完全不一样了。跑野外、扛机器、伙食差、工作量大，通宵达旦几乎成了家常便饭。记得一次由于实验的需要胡渝等必须要做个陶瓷管，但是这里面涉及氰化钾等化学物品，不得不把实验阵地转移到当时学校的实习工厂。当时正是物资匮乏的年代，吃不饱饭都是常有的事。但是实验不能停，加上这又是个苦力活，一到晚上一两点的时候，肚子就准时地开始"敲锣打鼓"，每到这个时候整个实验团队只有在实验室里用白水煮厚皮菜，用它来填饱肚子。说到这里胡渝还揶揄道："我可是那个时候的伙食代表。当时的伙食简直是一言难尽，比如说吃包子，你别看外面表皮包得好，里面全是'无缝钢管'——空心菜，一点肉沫都看不着。"

　　由于要在外做实验，胡渝和她的团队成天在外面跑。青岛、北京、重庆、济南……这些地方一去便是月余。记得1978年，胡渝跟随科研团队到青岛胶州湾铺设光缆，虽然胶州湾只有5公里需要铺设光缆，但是光缆的实际铺设路线则长达200公里。当时山东省政府对这个项目高度重视。原本200公里的光缆已经铺好，但当地的一个战士在半夜起来上厕所时不小心把电缆绊坏了，结果这个项目就不得不被叫停。一是由于这个项目的工作量确实非常大，若是再来一次势必要耗费不少精力；二是当时胡渝等人时间紧迫，既要上课又要做科研，实在不能在这里多待。提及那一次的青岛之旅，胡渝依旧记忆犹新，去青岛，所有的设备设施都是教研团队从学校运送过去的，一来一回更是舟车劳顿。铺设光缆这类工作是非常消耗体力的，但是当时在青岛顿顿吃的菜只有水煮白菜，每天只有吃一个窝窝头来勉强维持体力。胡渝说道："当时在青岛能吃到最享受的一顿，就是买一个馒头在电炉上烤着吃！"为了能吃上肉，胡渝在北京出差时，一到了周末，就去肉店里买两毛钱的肉放在有酱油的塑料袋里保存，幸好那时是冬天，肉不易变质，因此才能带回成都。

二氧化碳激光大气通讯机（左一为胡渝）

除了艰辛，在实验过程中稍有不慎，危险就随之而来。胡渝曾跟随一些教授在重庆枇杷山做光学实验，必须要用到含有碲镉汞的实验接收器，而这种接收器是需要做液氮冷却的。液氮很危险，一旦接触造成的损伤便是不可逆的。但巾帼不让须眉，哪怕在科研途中遭遇种种磨难和困苦，胡渝也从没怀疑过自己的选择，她说："早在十年前我就说过，选择研究'光'这个领域是非常正确的！"如今，光学的应用不仅在科研上，它在医学、生活、军事等领域都大放光彩。

为校请命　为民服务

除了从事着教学和科研上的工作外，胡渝也是四川省人大常委会中的一员。在省人大的这十来年里有一位一直让胡渝由衷敬佩的人——徐僖院士，徐院士是当时成都科技大学高分子研究所的负责人。徐院士不仅业务工作做得好，而且为人公正，除了是一位科学家之外，长年来他还身兼许多职务，不断地为国家、为社会工作。但是，大量的兼职报酬都被他如数退还，有些不便退掉的就积存在他工作单位里，作为资助学生或捐献社会之用。在2003年，徐僖教授获得四川省科技杰出贡献奖，四川省奖励他50万元，他却将奖金全部捐出，用于捐助在读的贫困学生和设立奖学金或助学金。徐院士身上这种正直、无私、甘于奉献的品质使得胡渝无论是在科研、教学，还是在省人大常委会的工作等方面都深受其影响。

胡渝在省人大敢于仗义执言，她总结：一是自己"爱说话"，敢于表达自己的想法；二则是因为自己老师的身份，善于总结归纳。久而久之，胡渝也从这些工作中总结出一些规律，一份提案首先要提出它的必要性和重要性，最后再来证明它的可行性，这其实与搞学术也有一些共通之处。

胡渝很想为老百姓多做一些事。在省人大工作的那些年里，有太多待解决的事情由于种种原因最终只能被搁置或没能达成预期目标。其中一件便与胡渝曾就读的中学有关，胡渝幼时就读于成都华英女子中学。这所开放、学习氛围浓厚的学校让胡渝得到了较为全面的发展，使得胡渝至今都对它怀有很深的感情。华英女子中学曾经历更名风波，胡渝等一批校友一致认为改为"成都市女子实验中学"能更好地保留当年女校的特色，为此付出了不少的努力，但还是没能如愿，最终华英女子中学改成了现在的"成都市第十一中学"。

"为什么我的眼里常含泪水？因为我对这土地爱得深沉。"胡渝作为第一批考入成电的学子之一，她是成电建设和发展的见证者，在成电学习、成长和探索；她更是成电文化的传承者，在成电教书育人、桃李满天下。投之以桃，报之以李。胡渝倾尽一生所学，从满头青丝到两鬓斑白，不断为成电耕耘。胡渝不曾辜负成电的期许，成电亦不缺席她的青春！随着国家的强大，经济腾飞，人们的精神生活与物质生活也都发生了翻天覆地的变化。对比从前，如今的生活可谓是芝麻开花节节高，二者不可同日而语。正是面对这样一个美好的时代，我们才有更多的可能性，拥有更美好的未来。与此同时，我们不能忘前人之苦，饮水要思源，方得始终！

胡渝接受成电拾光工作室采访

（作者：成电拾光工作室学生记者　刘静　向婷　指导老师：邓长江）

巾帼有英姿，通讯遨天地——记光通讯专家胡渝教授

与时争"算" "计"许未来
——记原计算机学院副院长刘乃琦教授

【人物名片】 刘乃琦,1950年9月出生于四川成都,1963年就读于成都七中,1968年3月参加中国人民解放军,1970年4月进入成都国营南光机器厂工作。1972年3月进入成电学习,1973年11月加入中国共产党,1975年毕业于电子工程系计算机专业并留校任教。1985作为访问学者在加拿大渥太华卡尔顿大学计算机学院进修。回国后先后担任计算机系主任、计算机学院副院长、软件学院副院长。编写有《计算机专业英语》《计算机操作系统》《与计算机犯罪的斗争》等教材、专著及科普书籍二十余本,发表学术论文八十余篇,获国家级优秀教学成果二等奖一项、兵器工业部科学技术一等奖一项、四川省科技进步一等奖一项。协助完成了示范性软件学院的初期创建,担任筹建电子科技博物馆顾问并捐赠计算机相关各类珍贵藏品近400件。

年逾七十却步履矫健,依稀可见军人之风;计算精准逻辑严密,谈笑之间却有风花雪月;诗词歌赋信手拈来,拉琴放歌快意平生;排球场上英姿飒爽,收藏天地苦中作乐……他是科研人还是文学迷、收藏家?他是刘乃琦,一位与众不同的教授。

投笔从戎　追逐红色梦想

自古天府之国,不仅物产丰饶,而且文化底蕴深厚。可谓物华天宝,人杰地灵。1950年,刘乃琦就出生在这一历史文化名城成都。刘乃琦小学就读于望江楼小学。儿时的他虽然顽皮,经常和伙伴们不顾大人的"禁令"下河抓鱼、上树掏鸟窝,但是他对待学习却很认真,并没有丝毫落下课业。1963年他考上了当时成都中学之中的翘楚——成都七中(以下简称"七中")。回忆起当时七中张榜的情景,七十多岁的刘乃琦教授依然露出开心的笑容,说:"一面和墙一样大的红榜,前面挤满了很多大人在看。我当时个头小,就挤到了大人前面,找了很久才看到自己的名字,就是金榜题名意气风发的感觉。钻出人群我还觉得像做梦,害怕看错了又挤进人群反复确认。回家的路上,自己一路都是轻飘飘的。"

谈起七中的学习经历,刘乃琦感慨良多。七中让他印象最深刻的是老师的启发式教学,尤其是数学老师的教学方式。老师在解完一道题后常常会请同学们思考还有没有其他的解题方式,这种启发式的教学不但让刘乃琦打开了思维,奠定了良好的数理基础,更直接影响了他后来在大学任教时的教学方式。

另外,七中的兴趣小组给天性"爱玩"的刘乃琦提供了广阔翱翔的天地。他参加了红领巾歌舞团,学习了二胡、笛子等乐器;参加了排球队,并在全国少年排球比赛中取得了第一名的好成绩;参加了无线电爱好小组,学习组装矿石收音机等,充分培养了他的动手能力,也为后来在大学的学习奠定了基础。刘乃琦对军工特别感兴趣,当时成电这所国防工业院校在川内学子的眼中一直带有神秘的色彩。有一天,刘乃琦决定和几个同学从七中出发徒步前往地处猛追湾附近的成电一探究竟。"我远远地看见了巍峨的主楼,周围被大片农田环绕。再走近一些,发现有卫兵在门口把守,让我顿生向往之情。"也许是冥冥之中的缘分,这名少年日后真的与这所曾是国防工业院校结缘了。

1966年"文化大革命"开始之后,刘乃琦赋闲在家,一心想读大学的刘乃琦一时不知前途何在。于是七中的图书馆成了他心灵的港湾,古今中外、天文地理各类书籍,刘乃琦通通都读。1968年刚满18岁的刘乃琦看到征兵的信息,他毫不犹豫地报名参军,被编入中国人民解放军陆军野战第十一师(红军师),进入西藏。

刘乃琦和其他"新兵蛋子"一样先到兰州步兵学校学习了三个月,再从青藏公路坐了28天的汽车进藏。青藏高原氧气稀薄,战士们的训练相比于平原地区更艰苦。回忆当时的训练,刘乃琦特别感慨:"我们训练科目有单兵武器、投弹、爆破、利用地形等,刚到高原很不适应,路途中还有三名战士因为高原反应不幸牺牲了。"刘乃琦被分配在炮兵团,作为瞄准炮手,刘乃琦需要将指挥员的指令在脑海里迅速转换成标尺、刻度、角度等具体参数,把炮口迅速调整到位,保证准确命中目标。这需要熟知三角交会、密位换算、标尺定位的基本原理,要求操作员掌握一定的数学基础。这些自然难不倒数学底子扎实的刘乃琦,同时炮兵的训练也进一步锻炼和提高了他的数学能力。

部队的生活虽然清苦，但是刘乃琦的才艺却有了用武之地。部队将刘乃琦和其他擅长乐器、唱歌的战士集中起来组成了宣传队，向当地牧民、老乡宣传毛泽东思想，受到了当地居民的欢迎。在三年的军旅生活中，刘乃琦凭着坚定的思想政治素养，良好的训练素质，喜闻乐见的宣传手段，两获"五好战士"的荣誉称号。

当兵时期的刘乃琦　　刘乃琦在部队获得的"五好战士"奖状及退伍纪念章

1969年西藏部分地区发生反革命事件，新疆军区53师作为先遣部队平叛。刘乃琦所在部队进入紧急战备状态，同时，开展了环藏长途拉练。"白天我们背着七十多斤的背包行军，晚上就挖个雪洞睡觉，行军途中军令如山，一声'卧倒'，不管身子下面是水坑还是泥坑，必须趴下去。"高原的寒风大雪，军营的严明纪律，淬炼了刘乃琦顽强的意志、雷厉风行的作风和强健的体魄。

再临学途　终究梦圆成电

1970年，刘乃琦光荣退伍，被分配到了成都南光机器厂。正所谓"是金子在哪里都会发光"，刘乃琦的军人作风在工作中得到充分体现。他耐心细致、认真负责地对待每一件事，同时因为多才多艺，厂里又让他负责黑板报，书写和插画他一人搞定。厂里的文艺宣传队也看上了刘乃琦，让他学习双簧管，就这样，他和宣传队一起参加了国庆游行的工人乐队。

1972年，南光机器厂获得了五个成电的招生名额。五个名额中有四个是电子机械专业，另一个是计算机专业。在厂里表现出彩的刘乃琦获得了参加考试的机会。"当时考了数学、物理和英语，在七中我的数理基础打得相当扎实，再加上部队里面观测方面的学习经常用到数学相关的知识，结果很顺利就通过了。"考试之后，刘乃琦面临专业的选择。电子机械专业相对熟悉，而计算机当时在整个中国则是完全的新生事物,刘乃琦更是地地道道的门外汉。也许是性格使然,喜欢冒险的刘乃琦在好奇心的驱使下选择了计算机专业。

古人云:"好学近乎知,力行近乎仁,知耻近乎勇。"阔别校园六年之久,再次来到校园的刘乃琦就像鱼儿游进了大海,飞鸟翱翔于长空。首先,摆在刘乃琦眼前的是厚厚的需要恶补的专业基础书籍。当时的班集体学习氛围很好,同时刘乃琦的几位老师,如数学老师许际龙、丁祖宪、林炎武等,物理电工老师虞厥邦、魏志源等都是当时成电教师队伍中的中坚力量,不但专业造诣深厚,而且教学认真负责、孜孜不倦。就这样,在良好的学习氛围、优秀的教师力量、自身的刻苦努力之下,经过一年时间的"硬啃",刘乃琦过了学习的基础关。学习之余,刘乃琦继续发挥自己的体育特长,他加入了学校的排球队,作为队长带领学校排球队获得了成都市大运会排球第一的好成绩。

成电男排获成都市大运会冠军留影(左下角为刘乃琦)

打好基础之后,刘乃琦开始了计算机专业课程的学习。"计算机知识的学习是一个很大的挑战,我开始意识到自己要换脑袋、换思维了,我当时下定决心一定要把它拿下来!"当时教学条件极为简陋:那时没有个人计算机,不能自己上机,也不能真正编程,能看到的只是成电自己研制的441-B计算机,还只能老师动,学生不许动。可以做的实验就是电工和逻辑电路实验,但有专业课老师刘锦德、俸远帧、王正智、王生举等的帮助和指导，刘乃琦的专业学习依然进步神速。专业学习外，他继续发挥自己的动手能力，从开始的组装收音机，到后来成功组装出一台黑白电视机。"当时电视机极少，我本来在这方面没有什么基础，就是喜欢动手，有不懂的就去问二系的老师，就这样边组装边学习，最后终于成功装出来一台电子管电视机，邻居们都跑来围观。我自己也不禁有些洋洋得意。"

黑白电视机的组装成功，给了刘乃琦更大的自信和勇气。继电视机之后，他又组装了万用表、稳压电源、小型示波器，参加了晶体管测试、ECL 集成电路测试，学习了计算机纸带穿孔、穿磁芯等。回忆起参观"930"工程穿磁芯的场景他依然历历在目，说："磁芯作为计算机内部存储单元的基本器件，直径只有 0.4 毫米，中间还有个直径不到 0.1 毫米的小孔，工人们在这个孔里要穿过三根非常细的导线。实验室的工人和学校实验中心的老师，很多人都因为穿磁芯而视力受损。究其原因，因为穿线工作平台下面就是一个日光灯，上面是一个放大镜，在放大镜下穿线，日光灯很亮而且有肉眼察觉不到的频闪，眼睛长时间盯着放大镜就会受到伤害。"磁芯的样品至今还保留在电子科技博物馆中。这些老师身上真正代表了那个时代电子计算机人的精神，体验过"穿针引线"工作的艰辛，刘乃琦对这些老师肃然起敬。

白驹过隙，刘乃琦迎来了毕业季。刘乃琦在老师刘心松的指导下完成了自己的毕业设计：工业控制机 JKX-351 计算机炉温控制系统（控制器及运算器部件）的设计，这是他自己引以为豪的事，到现在他还保存着当时的设计笔记、调试笔记和图纸。该系统为控制玻璃退火炉温而设计，能同时控制多台炉子，控制精度高、反应迅速、对曲线的修改灵活方便，相对于常规仪表控制它有着不可比拟的优越性。机器装配完成后交付给成都国营二零八厂，大大提升了军用玻璃的生产效率和质量，后来他参与的该项目获得了兵器工业部科学技术一等奖、电子工业部二等奖。那时没有芯片，没有微型机，也没有单片机，更没有键盘和显示器，它是成电自行研制的第一台晶体管分立元件工业控制计算机，在西南地区乃至全国产生了极大的影响。

"当时我们的计算机没有键盘，用打孔纸带输入信息，没有显示器，通过氖灯的亮灭来判断计算机的输出结果，往往遇到一个问题就要通过纸带上的一个个点去慢慢排除。在刘老师指导下，我为系统配置上了一台 T51 电传机解决了输入输出问题。调试计算机时我有一次连续 48 小时没有睡觉，就在机房里面硬熬着调试。东西做出来之后获奖，我们自己很高兴，学校很高兴，工厂也很高兴！"刘乃琦笑着回忆道。刘锦德、刘心松两位老师尽心指导，让刘乃琦避免了很多弯路。同时，他们也用自己吃苦耐劳、认真负责、精益求精的精神潜移默化地改变着刘乃琦，使他在苦干中逐渐成长了起来。

成电研制的 JKX-351 工业控制计算机系统

毕业之后，张志浩主任很看好刘乃琦，并对他说："你在硬件方面很有能力，留在学校吧。"刘乃琦就留在了学校，刚开始作为助教向老教授学习授课。刘乃琦给学生们上的前两门课程是"BASIC 语言"和"计算机专业英语"。改革开放之后，成电引进了一些外教，当时的学生英语基础较差，倘若直接听外教用英语讲课，很多学生会被语言障碍拦在门外，更不要说学习专业知识了。刘乃琦作为计算机系里的青年教师，英语底子相对较好，于是担负起了课堂翻译的重任。回忆起第一次作为课堂翻译的经历，刘乃琦记忆犹新地说："我第一次课堂翻译是负责一名美国人，他边在课堂上讲课，我边翻译，一个小时下来我浑身被汗水湿透了，中间还夹杂了一些错误。但是当时系里的张志浩主任和刘锦德老师仍然鼓励我说：'没事，第一次翻译，你做得很好！继续努力。'"高度紧张和思维的高速运转让他在翻译之后感到疲惫，教室里人走空之后刘乃琦就在座位上抽空打了会儿盹。经历了第一次翻译之后，刘乃琦开始自己下功夫，找了很多翻译方面的书籍来看，大大提升了自己听力和口语能力。随着翻译工作的逐渐纯熟，刘乃琦先后应邀担任过成电、中国科学院成都分院计算所、四川省科协等单位外籍专家讲学的课堂翻译，也经常被计算机系派遣到一些工厂、企业和研究所讲授微型机及计算机应用培训课程。这段经历也为刘乃琦后来的出国经历奠定了语言基础。

埋头苦干　引路计算学子

时间一晃到了 1984 年，这时国外计算机发展日新月异，芯片、C 语言和操作系统等新事物的相继出现，让刘乃琦深深感到国内计算机学科发展的落后。当时没有网络等信息传播的媒介，想要了解国外先进技术只能通过纸质学术期刊，然而从出版物中获取到的信息往往是国外半年前甚至更早的研究成果。在这样的现状下，计算机系以刘锦德等为代表的老师们逐渐达成了共识——我们的师生需要出去看看！刘乃琦也下定决心出国留学！通过亲身学习，将知识带回成电、带回祖国。说做就做，刘乃琦开始着手准备出国所需要的托福和 GRE 考试，由于在之前的课堂翻译中打下了良好的英语基础，语言考试这一关过得相对轻松。同时，刘乃琦抓住了"中加人才项目"的契机，在刘锦德老师的帮助下，申请到了加拿大公费留学的资格。

刘乃琦教授编写的部分书籍

就这样，刘乃琦前往加拿大卡尔顿大学进修了操作系统、C 语言等课程。一到加拿大，曾经最让刘乃琦信心满满的英语却给了他一个下马威：专业课程夹杂大量陌生术语，加上外籍教授语速快、有口音的因素，刘乃琦在听课上犯了难。他虚心地向导师请教，导师告诉他一个诀窍：每天坚持看电视节目。刘乃琦心里疑惑：我学习上都还问题重重，看电视这样的娱乐消遣真的对我有帮助吗？不过，在坚持收看了一段时间国外的电视节目之后，刘乃琦除了了解到不少当地的风土人情，也完全适应了课堂新的语言环境。在文史方面，他还选修了哲学课程，在柏拉图、康德、尼采、马克思等大师思想的熏陶下，逻辑思辨能力得到了很大长进。在国外的两年时间里，刘乃琦怀揣知识报国的愿望，就像一块海绵一样，孜孜不倦地汲取着计算机领域的专业知识。

学成归国之后，刘乃琦一头扎进了计算机的教学和科研中，埋头苦干，潜心耕耘。除了完成了多个科研项目，他结合在国外学到的计算机知识，为计算机学院本科学生、研究生开设了"计算机图形学""C 语言""计算机操作系统"等课程，翻译和编写了《计算机图形处理技术》等一批与课程配套的国外先进教材和自己吸收理解加工过的讲义，促进了成电计算机学科课程体系的完善。刘乃琦编写的《C 语言及习题解答》教材在给学生们使用之后，广受好评，后来还被引入台湾地区使用（以繁体中文出版）。他还编写了一本《混合语言编程》，介绍了在 Basic 语言、Pascal 语言、C 语言和汇编语言等多种计算机语言之间相互调用、利用各自所长的编程方法和技巧，学生竞相传阅。二十余年来，刘乃琦陆续上过十多门课程，授课学生超过 3000 名，培养出了计算机和软件硕士一百多人。

刘乃琦老师在国外学习计算机操作系统，回国后，在操作系统教学和科研上先后做出了不少成绩。他编写完成了一个实验性操作系统（底层核心调度与内存分配），为学生开设了"操作系统实验"课程；并与其他老师合作，创新性地把个人计算机的 DOS 操作系统"固化"进存储芯片中，做成一块总线插件卡。一张卡就是一个操作系统，而硬盘上则可以无系统，解决了计算机病毒对操作系统的攻击，保障了系统的安全。这个固化 DOS 操作系统卡作为一个产品被推广应用，也申请了专利。"计算机操作系统"这门课程先后获得国家精品课程、双语示范课程、网络共享资源课程等，为学校争得了荣誉。

除了在专业领域深耕，刘乃琦还致力于计算机的科普事业，陆续撰写了《计算机病毒》《计算机信息战》等十多本科普书籍，以浅显易懂的形式给大众讲解计算机相关知识，为计算机知识的传播做出了很大贡献。

刘乃琦教授自行研制的固化 DOS 操作系统卡

刘乃琦多次荣获教学奖

在管理方面，刘乃琦先后担任了计算机系主任、计算机学院副院长，也是电子科大示范性软件学院的重要筹建者。刘乃琦提出了软件学院本科生和硕士研究生的培养目标、培养计划和课程教学计划，建立起一套完整的培养体系，层次清晰，目标分明，为后来全国范围内的软件工程人才培养树立了典范。在担任软件学院副院长期间，刘乃琦还负责学院的教学、实验管理，积极推动和国腾、托普集团的校企合作，开展国际交流，为成电计算机学院和软件学院的建设做出了贡献。

20 世纪 90 年代，为改善计算机教学实验环境，刘乃琦与诺威尔公司（Novell）、英特尔公司（Intel）、国际商业机器公司（IBM）等公司就人才培养、技术推广、软件培训、合作共建实验室等做出了不懈努力，并起草人才培养合作规划等，促进国际合作。其中，与英特尔公司的合作可以视为典范，在计算机学院先后建立电子科大-英特尔教学开放实验室、电子科大-英特尔 IXA 研究实验室、电子科大-英特尔软件技术联合实验室等，刘乃琦作为实验室负责人。电子科大也是全国最早与英特尔公司建立教育合作的五所高校之一。1996 年，著名"摩尔定律"提出者、英特尔公司创始人戈登·摩尔先生向电子科大发来祝贺信。这些合作，对人才培养起到了很大的提升和促进作用，先后有十余位研究生进入英特尔公司工作，扩大了电子科大的影响。

实验室授牌和戈登·摩尔先生的祝贺信

松风水月　何妨踏歌而行

虽然在计算机科学领域深耕多年，但这位理工科教授依然有着浓厚的人文情怀，体现最深切的莫过于刘乃琦教授的博物馆情结了。在加拿大留学期间，刘乃琦养成了每到一个地方先去参观当地博物馆的习惯，因为博物馆最能体现一个地方的历史和文化底蕴。有一次在多伦多参观科技馆，一台展出的计算机引起了他的浓厚兴趣。这台计算机是一台老式的电子管机，体积虽庞大但仍可以运行，参观的中学生们通过使用开关阵列组合交互来学习二进制和十进制转换的知识。这大大启发了刘乃琦：这些设备成电计算机系也有过，为何不把它们收集起来建造一座博物馆留给后来人看呢？

回国之后，刘乃琦就立即向学校表达了希望创办电子科大博物馆的想法，校领导肯定了刘乃琦的想法，但当时学校没有足够的场地，计划也随着时间的推移搁浅。"处处留心皆学问。每一件藏品都蕴含着一个故事，让藏品活起来，让故事传承下去。"秉持着这样的信念，刘乃琦没有放弃"博物馆之梦"，凭借自己在计算机学院工作的地利和人和，他在学院收集到了很多废弃设备。每当各教研室有机器报废的时候，他都记录下这些"宝贝"的去向并去索要，同事们善意地笑称他为"捡破烂的教授"。

保护藏品是个十分艰难的过程。由于没有场地，最开始刘乃琦将千方百计收集到的计算机设备和部件存储在库房、五系的一个小存储室，几经周折后又搬至学校木工房和金属库房；后来，因环境改建，木工房、金属库房先后被拆，一些珍贵的藏品也不翼而飞。再到后来，刘乃琦担任了计算机系主任，终于申请到了一个房间存放收集到的这些计算机物品，但是那些大的柜机没法存放在室内，只能用帆布罩上放在室外，还要小心提防老鼠的威胁。刘乃琦的藏品库就是在这样恶劣的条件下一点点丰富起来的。

2015 年，电子科技大学博物馆正式筹建，刘乃琦一口气捐赠了 400 余件计算机相关的珍贵藏品。其中包括了刘乃琦先后到 081 基地、083 基地搜集的藏品，费尽心思找回的 IBM、HP、EMC、Hitachi 等众多小型计算机系统，以及从绵阳九院等借展来的"银河-Ⅰ"计算机、DJS131 计算机等。这些藏品记载着我国计算机发展的漫漫长路，凝结着老一辈成电人的艰辛探索。看着藏品摆在了博物馆展现在年轻的成电人面前，刘乃琦将近二十年的夙愿终于"守得云开见月明"。刘乃琦还作为博物馆的学术顾问，协助梳理藏品背后的故事，为博物馆的建立付出了诸多努力。刘乃琦希望继续丰富计算机相关藏品，在未来建一栋独立的"计算机分馆"。

刘乃琦捐赠校档案馆和博物馆藏品证书

另外，刘乃琦爱好音乐，擅长多种乐器，二胡、双簧管、钢琴都能"玩转"。他担任过合唱团的男高音，谱写多首歌词，由四川音乐学院宋名筑教授、成都军区战旗文工团张坚老师谱曲并出版。他谱写的歌曲《回家》荡气回肠，抒发了对澳门回归的喜悦，由电子科大小学外出演出。他也酷爱写作，除了写科普作品，还擅长吟诗作赋，诗词作品多达几百首，如果放在古代是个名副其实的"才子"。

刘乃琦演唱男高音、演奏手风琴和作词、作曲的部分歌曲

2015年退休后，刘乃琦的生活仍十分丰富，他利用专业知识所长，继续担任省科技厅、信产厅、公安厅等部门的专家顾问。他还活跃在"成电故事"讲台，为成电学子讲述计算机发展过程中的艰辛历程。他常常提及当年成电441-B机的故事：12名老一辈成电人前往中国人民解放军军事工程学院参与进行技术攻关，拿下了中国第一台晶体管计算机；后来计算机专业教师历经三年，凭自身力量率先仿制出441-B机。刘乃琦还希望撰写成电计算机院史书籍，将这些萦绕在心中的难以忘怀的激情岁月镌刻成文字，鼓励年轻学子将刻苦钻研、为国奉献的成电精神传承下去。

成电计算机学子和教师一代又一代地传递着手中的接力棒，不断壮大发展，目前成电计算机学科排名日益提升，网络安全、AI等尖端领域声誉在外。谈到成电计算机未来的发展道路，刘乃琦希望成电计算机找准自己的突破方向，联合攻关解决关键问题，增强电子科大在国内高校中的"话语权"。希望教师们除了重视"教"，也更要重视学生的"学"，真正做到"传道授业解惑"，助力学生成长成才。

回顾自己的人生经历，刘乃琦认为是一种执着的精神帮助他取得了今天的成绩。如今，随着经济社会的发展和价值观的多元化，学生很容易产生困惑。刘乃琦希望同学们"学思践悟，躬身笃行"，在学习过程中认识自己的长处和短处，解除自身的困惑，明确不同的期望值，结合自身专业寻求自我价值实现，时刻牢记"求实求真，大气大为"的校训，脚踏实地地前进。

"对酒当歌古稀越，归来依旧是少年！"年轻一辈的成电人，吾辈共勉之。

刘乃琦接受成电拾光工作室采访

（作者：成电拾光工作室学生记者　陈浩亮　陈思芹　指导老师：邓长江）

历史的印迹
——记电子科技大学档案馆首任馆长漆再钦研究馆员

【人物名片】 漆再钦，1936年11月出生于四川省岳池县。1957年6月中学时期加入中国共产党。同年报考成电并被录取。曾任院学生会副主席。1959年6月作为学生党员代表，出席了学院召开的第一次党代会。1960年2月，被提前留校任教并负责组建304教研室，筹建无线电塑料专业。后因国家经济调整，无线电塑料专业被撤销，他转入1958级4年级学习，并担任该年级党支部书记。1960年4月，作为优秀学生出席学院首次举办的群英会。1963年7月毕业分配，他再次留校任教，并兼任半导体专业党支部书记。1981年获学院先进工作者称号。1983年8月调任学院办公室副主任，兼任机关党总支委员和院办党支部书记。1990年4月兼任档案馆筹备组副组长，负责筹建档案馆，并于1991年10月，被任命为校档案馆馆长。1993年，任全国机电系统高校档案工作协会理事长和电子工业部属院校档案工作协会理事长。1994年11月起，负责组织编撰学校校志，并于1999年主编完成120余万字的《电子科技大学志（1956—1994）》（征求意见稿）和《电子科技大学大事记（1956—1994）》。退休后，曾任退休党支部书记，并获校优秀共产党员称号。

负笈曳屣求学路

四川岳池县虽然地处偏远，但也钟毓灵秀。1936年11月，漆再钦出生在岳池县农村场镇一个小摊贩家庭。他听父亲说，祖父一辈无田无地，为帮人种田的农民，祖父早年去世无棺木，村里人送了一床竹席将其埋葬。家境虽穷，但漆再钦却读书刻苦。1951年夏，漆再钦小学毕业，班主任王老师带几个成绩较好的学生去40余里外的县城考初中，吃住都在王老师县城的家里。漆再钦顺利考上了初中。

少先队岳池中学校大队委员会合影（第二排右二为漆再钦）

时事多艰，家道凋落。考上初中的漆再钦在读完第一学期后就因家里生意不好，无力支付学费，被迫辍学在家。父亲要他拜当地一姓何的铁匠为师，学习打铁，制作锄头、镰刀等农具。漆再钦平时还到附近场镇售卖锄头、镰刀、香烟、火柴。这样持续了近两个月，一位姓汤的叔叔知道了这件事，再三劝说漆父送漆再钦复学，并给予一银圆资助学费，漆再钦才得以再次上学。

共青团岳池中学校委员会全体委员合影（后排左二为漆再钦）

因为家里的生意不好，为节省伙食费，漆再钦每个星期天都要徒步 40

余里回家背米、柴和泡菜,并在同学家的天井旁用石头搭灶自己煮饭。这种情况持续了一个多学期。

入党宣誓日在烈士墓前纪念照(后排右二为漆再钦)

　　生活上虽然拮据,但漆再钦在学习方面表现十分优异。四川岳池中学是一所历史悠久的中学,学风很好。漆再钦格外珍惜宝贵的学习机会,学习优异,被选为共青团校团委委员,负责少先队工作,兼任少先队两个大队组成的大队委员会主席。在少先队辅导员老师指导下,少先队工作开展得有声有色,在附近几个县有很大影响。少先队的活动主要包括号召队员制订"红专规划";组织大家读革命书籍,如《钢铁是怎样炼成的》;多次组织野营活动和数百人参加的军事演习活动,如红军二万五千里长征体验活动;组织大型文艺演出,如"中国共产党成立三十周年"庆祝活动在县大礼堂公演,获得好评。少先队的工作多次获得团县委的表彰，漆再钦也因此更加热爱少先队工作。少先队的工作他一直坚持到高中二年级，这项工作使他得到了极大锻炼，觉悟不断提高，也促使他更加努力学习，整个中学阶段他的学习成绩都十分优异。1957年6月，在高中毕业前夕，他光荣地加入了中国共产党，成为该县在中学里发展的第一批党员。

再读大学再留校

1957年6月，漆再钦以全优成绩高中毕业，在他的入党介绍人徐老师的推荐下报考并被录取到成电。入学后他担任了班级团支部书记，1958年4月和1959年4月漆再钦连续两届当选院学生会副主席。当时，全国正处于"大跃进"时期，学生会配合学校开展了不少活动，如大炼钢铁等。为保证炼钢的土高炉用砖需求，学校建立了砖厂，并任命他为砖厂党支部书记。1959年6月学院召开第一次党员代表大会，选举产生了首届党委会。他有幸作为学生党员代表出席了这次党员代表大会，并作为优秀学生出席了学院1960年4月召开的首次群英会。

大学时期的漆再钦

1959年中共成都电讯工程学院第一次党员代表大会全体代表暨列席代表合影
（第四排左起第十为漆再钦）

1960年成都电讯工程学院首次群英大会合影

　　1959年下半年，学校教学秩序逐步恢复平稳。1960年2月，他作为预备师资提前留校，与严秀芳老师一起负责组建304教研室，并筹建无线电塑料专业。他们立即选调教师、实验室工作人员，建立实验室，准备聘请苏联专家。1960年秋，学校选送包括他在内的6名教师去成都科技大学塑料专业进修。1961年上半年，他还到当时塑料科研和生产最先进的上海进行实习与考查。1961年秋，国家经济调整，无线电塑料专业被撤销，304教研室教师或转入其他专业工作，或转入其他专业继续学习。因为提前留校的原因，漆再钦在五年制大学仅读了两年半，他很想继续学习，学校批准他转入1958级四年级继续学习，由此又开始了两年的大学学习生活，并担任了1958级学生年级党支部书记。在两年学习期间，虽然有较重的社会工作，但得益于之前的工作经历，漆再钦的学习更加自觉、刻苦、得法，各门功课全优，被评为"三好学生"。因此学校要求系主任指派陈星弼老师指导他学习，并加选难度更大的课程（固体物理学），每周安排一个晚上，在实验室由陈老师进行单独辅导，并检查、布置作业。

1963年7月毕业分配时，漆再钦被再次留校在302教研室任教，并兼任半导体专业（由302、305和308教研室，以及320科研室组成）党支部书记。1966年春，他被学校推荐报考全国知名半导体专家北京大学黄昆教授的研究生，后来因为"文化大革命"爆发，全国取消了当年的研究生录取工作。在302教研室任教期间，他曾担任"半导体工艺""晶体管原理""晶体管设计"等课程的讲授及有关实验工作，参加半导体材料Ge外延技术的研究等科研项目。

1966年7月漆再钦调入院文化革命委员会秘书组工作。"文化大革命"后，恢复了他半导体专业党支部书记职务，并让他兼任302教研室副主任。1981年获学院"先进工作者"称号。

302教研室成员合影（第一排左五为漆再钦）

1983年8月漆再钦调任学院办公室副主任，兼任机关党总支委员和院办党支部书记。在院办工作期间，先后分管通讯科、收发室、秘书科、档案科，协助主持院办日常工作和内务工作，协助分管教学、科研等业务口校领导的工作。

漆再钦（左四）与校办秘书科全体成员合影

　　1990年4月漆再钦兼任校档案馆筹备组副组长，负责筹建档案馆。1991年10月，被任命为校档案馆馆长，负责组建档案馆。1994年11月任校志办公室主任和校志编写组组长，主编完成120余万字的《电子科技大学志（1956—1994）》（征求意见稿）和《电子科技大学大事记（1956—1994）》。退休后，曾任退休党支部书记，并获校优秀共产党员称号。2012年6月，作为退休党员代表出席了学校第八次党员代表大会。

校志办公室和校志编写组全体人员合影（第一排左三为漆再钦）

无心插柳到校办

"全优生"、"三好学生"、"预备师资"、陈星弼老师重点培养、被学校推荐报考北京大学黄昆教授的研究生,这些经历让漆再钦对教学和科研产生了浓厚兴趣,充满了向往。但一心想当老师的他却事与愿违,阴差阳错最终走上了行政岗位。

事情发生在20世纪80年代初,漆再钦有两次重新抉择工作的机会。一次是四川科技干部管理学院成立,杜正俊为院长,经中共四川省委常委兼省科委主任宋大凡同意,杜正俊推荐漆再钦任四川科技干部管理学院党委书记,并多次做他的工作。第二次是曾任成电三系(微电子技术与电子材料系)党总支书记的李纪录调任四川省技术监督局领导,他给漆再钦做工作,推荐漆再钦担任四川科仪厂厂长。但漆再钦立志在高校当老师,所以两次都婉言谢绝了。

漆再钦与蒋崇璟(成电第二任党委书记,后任中共中央西南局国防工办主任、第四机械工业部副部长等)相识多年,私交甚好。蒋部长为人正直,从不过问干部选用工作。但蒋部长也很关心漆再钦的成长,曾问他喜欢哪类工作,他说喜欢学校教师工作,不喜欢行政或机关工作。蒋部长的夫人同样非常关心他,记得在20世纪70年代初,国防工办编制由军队序列转到政府编制序列时,军队调入国防工办的干部回归部队,国防工办需进一批高学历的干部,蒋部长的夫人希望漆再钦能到新岗位有更好发展,但也因为漆再钦的坚持作罢。

但命运往往难以捉摸,一次奇特的突发事件,把他推上了校办公室的行政岗位。1983年7月下旬的一天,上午11点过,漆再钦正在家里为下学期课程备课,突然从楼下传来302教研室协理员田炳林的大声呼喊:"漆老保!漆老保!院党委刘世明副书记叫你今天下午两点半去他办公室,有事找你。"当时漆再钦不认识刘世明,也不知道找自己什么事,心里有些忐忑。

到了刘世明副书记的办公室,刘书记开口便说:"漆老师,请你出山。"漆再钦还未回过神来,他接着说,三系一学生暑假乘车回南充,途中出车祸去世。党委研究,想请你以院办公室副主任的身份,代表学校去处理这一事故。接着叫来在另一办公室等候的黄秀坤老师(该学生所在班级的指导员)见面。漆再钦心里非常纳闷:我是一名教师,既不是学生工作干部,也不是学院办公室或者系办公室的工作人员,为啥叫我去处理后事呢?他感到不可理解。还未等他开口,刘书记继续说:"今天下午就去车站买两张明天去南充的长途汽车票,与黄秀坤一起去处理此事,去车站购票的钱和旅差费已由校办公室备好。"

第二天早晨,漆再钦带着心里的困惑搭乘早上六点半去南充的长途客车。在南充他们先慰问了学生的父母,送去了慰问金,了解有关情况和诉求,紧接着到南充车管所了解车祸情况,掌握了第一手资料。经过几次协商,最终比较顺利地达成了家属和肇事车辆单位都满意的结果。

几天后回到学校,漆再钦继续他的备课,他以为此事已经结束,觉得这次"受命出差",仅仅是学校一种临时安排,并没在意。但漆再钦"以院办公室副主任身份"处理事情的消息已经传开。过了二十多天,有人通知他去主楼阶梯教室参加一个会议,会上院党委宣布漆再钦任院办公室副主任。面对任命,漆再钦也只好调整状态,迅速适应新的角色。

相濡以沫历苦甘

高中时期的刘琼华

漆再钦与妻子刘琼华就读于同一所中学。他们初次认识是在中学一次校助学金评审会上。漆再钦是校团委委员兼少先队大队委员会主席,刘琼华是校学生会副主席,他们分别代表少先队、学生会参加评审会。漆再钦因学习成绩优异、少先队工作突出,早已知名。初次见面认识,双方都对彼此印象深刻,刘琼华漂亮大方,漆再钦朴实憨厚,此后双方都比较关注对方,还交换了"红专规划",以后在少先队活动与其他工作中也有一些接触。直到1958年夏,漆再钦已在成电一年级学习,刘琼华高中毕业考上医科大学时,两人才开始了第一次通信。刘琼华喜爱体育,在大学是校女排球队队员,还获得了业余跳伞运动员资格。

1963年7月漆再钦第二次留校任教,刘琼华大学毕业分配在简阳县人民医院工作。由于刘琼华心灵手巧,很快就成为妇产科的顶梁柱,手术精细、快捷,深受好评,不仅本县,常有临近县医院妇产科疑难手术送来简阳县医院。三线建设内迁简阳的中国医学科学院附属天津医院妇产科专家参观了刘琼华的手术后也十分赞赏。

1965年年初,三系领导破格为他们举办了一场难忘而隆重的婚礼,主婚人系主任毛钧业教授和系总支书记陈光树分别发表了热情洋溢的讲话。从此两人开始了漫长的两地分居生活。由于刘琼华工作担子重,工作压力大,经常加班加点,日夜劳累,又有孩子拖累,加上患上了甲状腺方面的疾病,她的健康受到影响。

漆再钦夫妇结婚纪念照

20世纪60年代末,落户成都的政策开始松动,几经努力之下,刘琼华调到了校医院工作,两人终于结束了两地分居的生活。刘琼华出身贫寒家庭,祖祖辈辈租种田地为生,但为人正直、善良、勤劳、友爱、乐于助人,从不多言多语,他们相互关爱,相敬如宾。几十年来,她作为一名医生,工作认真负责，精益求精，深受患者喜爱，并于 1986 年光荣加入中国共产党。

漆再钦夫妇青年时期照片

　　自漆再钦调校办公室工作以来，刘琼华在自己工作之余，承担了全部家务。她不辞劳苦，任劳任怨，照料子女健康成长，尤其值得称赞的是对丈夫漆再钦无微不至的关心照顾，使漆再钦能一次次战胜病魔。最惊心动魄的有两次：一次是在 1986 年 9 月，在校办工作的漆再钦，正忙于 30 周年校庆，未按医嘱去华西医院复查肠镜，结果肠道肿瘤破裂导致消化道大出血，在华西医院进行抢救和手术。另一次是突发心脏病，2012 年之前的几年，由于漆再钦多次策划组织三系 1957 级、1958 级校友联谊活动及其他活动（包括陈星弼院士 80 寿辰的大型庆祝活动），有的活动持续两三天（甚至白天、晚上都进行）。他一次次疲劳过度，一次次心脏受累，诱发心律失常，发展成心房纤颤和其他心脏疾病。2012 年至 2018 年间，曾 5 次急诊住院。其中最严重一次是，因突发心脏病，他的心率降至 20~30 次，头脑一片空白，眼前一片漆黑，心脏停搏时间超长，被紧急送往华西医院急救。在急诊科手术室临时安装抢救性的体外心脏起搏器才恢复正常心跳，并在 ICU 室和病房手脚被捆绑了三天三夜。一次次急诊，一次次住院，一次次病危，刘琼华都要陪护，早出晚归，路上奔波不论寒暑，不顾身心俱疲。

记得 1986 年 9 月，漆再钦消化道大出血，在华西医院抢救与手术期间，刘琼华因疲劳过度，精神恍惚，一天晚上十点多，由华西医院回家，从上五楼的楼梯跌倒翻到四楼，头部触地，其响声惊动了五楼邻居开门查看。当时被紧急送往华西医院急救，做头部 CT。医生说，万幸的不是后脑触地，否则后果不堪设想。丈夫每次出院后的康复照顾也十分辛苦，1986 年那次消化道大出血手术住院 50 多天，近十天全靠输液维持生命，体重由 120 多斤降至 80 多斤。为恢复丈夫健康，刘琼华每天为他熬一碗鲫鱼汤，坚持了五年，在这期间她还要坚持上班。

漆再钦动情地说，他们结婚 50 多年，夫人给了他无尽的爱，而他欠夫人的太多太多。

漆再钦夫妇银婚纪念照

良师益友好领导

漆再钦和蒋崇璟初次认识是在 1959 年上半年。那时，蒋崇璟刚担任成电党委书记不久，漆再钦任院学生会副主席，一些涉及全院工作安排的学生工作，需要向党委办公室主任孟心田汇报，有时，孟主任就会带他去向蒋书记直接请示。不承想，漆再钦由此与蒋崇璟结下了难忘的情谊并开始了长达 60 年的交往。几十年来，蒋崇璟的感人事迹和高尚品德在成电一代又一代人中流传，蒋崇璟的为人，对漆再钦的影响至深，使他终身受益。漆老说，蒋崇璟是一位可敬的好领导，也是一位良师益友。

在成电工作期间，蒋崇璟经常深入教师、职工和学生中去，与他们交朋友，帮助他们排忧解难。还特别关心共青团和学生会工作，与共青团、学生会的许多干部和学生建立了友谊，保持了联系，漆再钦便是其中之一。几十年交往，开始是工作上的接触，可能是因为漆再钦憨厚、朴实，表现特别优异，蒋崇璟对他十分关注，慢慢地对他的学习、工作、生活都开始关心和注意。漆再钦也逐渐把蒋崇璟当成一位可信赖的师长和益友。

漆再钦夫妇与蒋崇璟夫妇合影

1959 年年底，国家遭受自然灾害，粮食开始定量。一次在办公室蒋崇璟发现漆再钦脸色不好，脸有些肿，问他有何不适，漆再钦说这段时间睡眠差。蒋崇璟就给他传授睡眠诀窍：睡前体育锻炼，并配合腹式呼吸法可改善睡眠。

同时要漆再钦第二天去校医院找他夫人刘仚泰检查一下。第二天他去校医院见到了蒋崇璟的夫人刘医生。没想到，她拿了一袋粉状的东西给漆再钦，叮嘱漆再钦每天早餐在稀饭里放一两勺混合吃。按照蒋崇璟的方法再结合饮食上的调整，漆再钦的睡眠得到迅速改善，身体也慢慢恢复了健康。漆再钦说："这些方法我一生都受用！"

1960年7月以后，蒋崇璟调任四川省委第二工业部部长、中共中央西南局国防工办主任，常来成电视察，在繁忙的工作之余，只要有一点空隙，就让漆再钦去和他见见面，询问学习工作情况。1965年漆再钦和刘琼华结婚时，蒋部长邀小两口到家做客，并送给他们两册最新出版的毛主席语录。1966年，漆再钦夫人刘琼华患甲亢，华西医院没有特效药医治，蒋部长知道后，让自己夫人刘仚泰求助在北京的解放军总医院工作的堂弟媳及时寄来对症药物。1969年11月漆再钦夫人第二个孩子出生，蒋部长专程去简阳医院看望。漆再钦在院办工作期间，因消化道大出血住院手术，蒋部长与夫人专程去华西医院看望，并与医院有关领导交涉，叮嘱要尽最大努力抢救病人。

1970年下半年，蒋部长的夫人被派往农村驻村医疗近四个月，家中无人照料。这期间国防工办工作非常忙，在边远的三线建设单位经常在周末来蒋部长家里请示汇报工作。蒋部长就要漆再钦住在他家，帮助接待、管理生活。蒋部长把家里一套钥匙交给漆再钦，这几个月吃住都在蒋部长家。这段时间，他与蒋部长有机会就经常交谈，蒋部长还抽时间教漆再钦学英语（因漆再钦中学和大学均学习俄语）。

1970年年末，蒋部长要漆再钦为他夫人刘仚泰的堂弟刘太行在学校介绍一位对锁相技术有研究的老师（当时请的是张有正教授）。办完事后，漆再钦留刘太行在家吃饭时，偶然得知他老家在四川开县（刘伯承的老家），又见他个子高大，而且很像刘伯承元帅，联想到刘帅曾在太行山率八路军坚持抗击日寇，猜测他可能是刘伯承的儿子。这之后，经过与刘太行多次交往，这一"秘密"才终于被破解。

1978年蒋崇璟调任第四机械工业部（1982年5月与国家广电工业总局、电子计算机工业总局合并为电子工业部）副部长。漆再钦于1983年8月调学校办公室工作后，多次到北京出差，与蒋部长的联系更密切了，而且大多与学校工作有关。当蒋部长知道他被突然调去校办公室工作时，还告诫他不要丢掉业务，丢掉就捡不起来。因此，在担任校办副主任期间，他坚持为高年级学生开了一门选修课——"晶体管设计"。

几十年来，蒋部长几乎出席了学校每一次党代会、每一次大型校庆活动和学校主办的国际学术会议，即使高龄身体不适，也尽量参加，而这些活动和会议，学校大多安排漆再钦负责接送，全程陪同。2003年1月20日学校召开第六次党代会，蒋部长已87岁高龄，不便参加。他把给大会的贺信寄给漆再钦，由漆再钦转交大会秘书处负责人、时任校党委副书记罗大玉。2006年蒋部长已90高寿，正值学校50周年校庆，他还在电话中口述贺信，由漆再钦接听整理后转交给负责大会筹备工作的时任校党委副书记王志强。

漆再钦夫妇与蒋崇璟夫妇、刘盛纲夫妇合影

蒋部长一直关心和帮助学校的发展。在漆再钦的记忆中有两件事尤其令他印象深刻。1984年8月，漆再钦陪同顾德仁院长向电子工业部汇报"学校改革方案"和请示"部放权八条"，在蒋部长的过问和关心下，基于学校准备充分，电子工业部很快下文，批准了"成电改革方案"和"部放权八条"，并决定成电为电子工业部属院校改革试点单位。这次北京之行对学校改革和发展具有重要意义，它开启了成电改革的序幕。1991年7月，漆再钦和学校党委副书记蒲旭东、人事处副处长吴为公等同志去北京，向机械电子工业部、国家教委和国家计委汇报工作，以争取国家对成电的重点投资和重点建设。那时，蒋部长已离休在家，但他依然关注着学校的发展，他在了解情况后，积极向主管部门呼吁，请求给予电子科大支持。国家重点投资和重点建设，实际上成为 20 世纪 90 年代中期国家启动的高等学校"211 工程"建设的序幕。

蒋部长离开成电后，始终心系成电，心系成电师生员工。只要有机会，他都会回到学校转一转，要漆再钦陪他去看望教职工，看望老朋友。他到离退休活动中心看望过老同志，到校医院住院部慰问过病人，到办公楼机关科室看望过上班的同志。有一天晚上漆再钦还陪他去学生广播站看望了那里的学生。蒋部长回四川还多次让漆再钦陪他去省委、军区、国防工办、三线建设调整办及工厂基层单位看望那里的老朋友和职工群众。

可以说，蒋部长无疑是漆再钦生命中的贵人，在漆再钦的心中，他不单单是一位好领导和优秀的前辈，更是一位真诚的朋友和受益一生的知己。

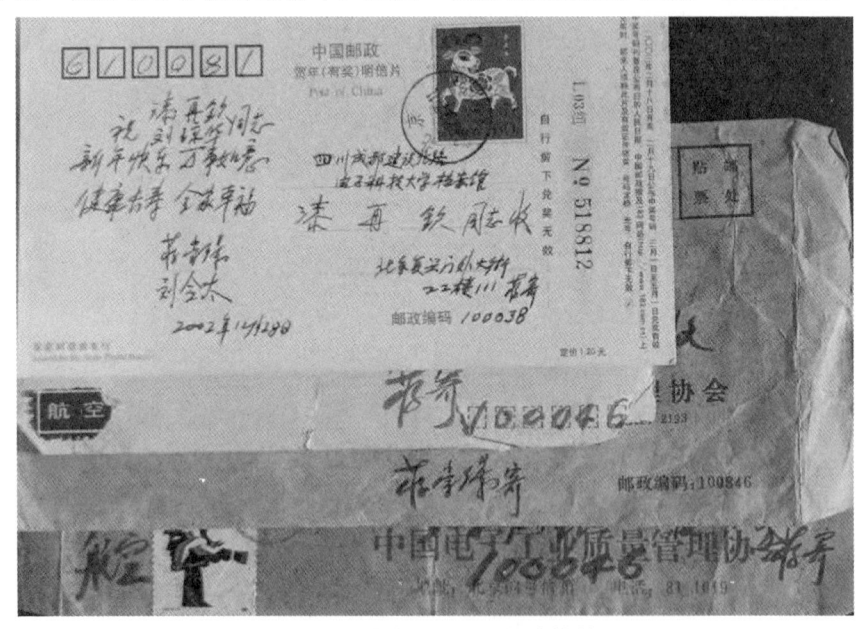

漆再钦与蒋崇璟的部分往来信件

历史长河荡回声

学校档案工作起步较早。建校初期，院办公室有一名专职人员，党委办公室有一名兼职人员，分别管理行政和党委系统文书档案。1960 年成立档案室，1982 年改为档案科。但由于档案管理体制落后，基础薄弱，工作条件较差，库房面积狭小，档案门类少，党政文书档案较好，科技类档案未集中管理。随着学校各项事业的快速发展，各部门形成的档案材料越来越多，开发和利用档案信息资源，为学校各项工作服务的要求更加迫切，必须建立新的档案管理体制。

1989—1991年，漆再钦在校办公室分管秘书科、档案科的工作，协助主持校办日常工作和内务工作，还协助有关校领导参与学校部门之间的协调工作。在担子重、工作十分繁忙的情况下，他对档案工作仍抓得很紧。他起草了我校《档案事业发展十年规划和"八五"计划要点》，并将其主要任务列入了学校《教育事业发展十年规划和"八五"计划》中。

《中华人民共和国档案法》和国家教委《关于普通高等学校档案管理办法》（国家教委6号令）颁布后，他及时提出贯彻意见，并建议把档案工作列为校务会和校长办公会讨论议题。他主持起草印发了我校《关于学习和贯彻中华人民共和国档案法的意见》和《关于贯彻执行国家教委6号令的意见》两个文件，并在全校范围内组织全体师生员工进行学习讨论，这在我校是第一次。在他的积极建议下，1990年4月，校务会和校长办公会作出了"成立档案馆筹备组，进行档案馆筹建工作"的决定，并任命时任常务副校长王明东为筹备组组长、漆再钦为筹备组副组长。

经过档案馆筹备组多次会议讨论，并与有关部门协商，初步确定了馆藏范围、门类、机构建制、人员编制和馆址。按照学校决定，漆再钦起草了向机电部和中电总公司呈报的《关于建立校档案馆的请示》。1991年9月该请示获得机电部和中电总公司的批复，同意我校成立档案馆。1991年10月，校党委常委会研究决定成立校档案馆，并任命漆再钦为馆长，由此组建档案馆的重担落在了他的肩上。

建立档案馆，仅仅从硬件上讲，必须要有面积很大的房屋作为各类档案的存放保管库房，要有各种功能的设施及各种各样的技术室、办公室，当时这些条件我们都没有，完全是"白手起家"，一切从"零"开始。困难之大，任务之重，可想而知。

由于档案馆库是利用旧图书馆四楼阅览室和附近的几个书库旧建筑进行改建的，馆内多个档案保管库房，各种功能技术室和各种办公室，必须符合档案馆库建筑设计的特殊要求（国家规定的"八防""三铁"和"三分离"），其土建工程和电力改造工程复杂、任务重。漆再钦查阅了国家有关档案馆、图书馆建筑设计文件，多次与基建、施工部门会商，反复去现场勘测，绞尽脑汁，制订了土建和电力改造工程设计方案。在设计方案中，重点考虑的是档案安全，防火防盗是重中之重。漆再钦的设计方案要点有：①由于旧图书馆4楼阅览室地面能承载的重量小,档案库房墙体不能用砖墙,他巧妙地采用多层结构,墙体中层用金属网格,两边用质轻的石膏板,外层用防火涂料,这样既质轻又防火防盗。②档案馆大门采用双层防盗设施,并在档案馆前、后门上方安装防盗防火报警器,与校保卫处 24 小时值班室联网。③为保证电力安全,将档案馆电源与图书馆电源完全分割,独立设置配电板,下班时拉开电闸,全馆所有电器断电,彻底消除电源火灾隐患。

  为节约开支又保证工程质量,他还多次去市场调查,以保证采购到价廉质高的材料。施工期间他更是日夜操劳,不辞辛苦,不顾暑热和楼高,每天要爬很多次楼,整个暑假也未休息过一天。到电力安装时,工人加班,他也加班,连续七八个晚上,有时连饭都顾不上吃。经过近五个月施工,一座面积达七百余平方米的档案馆库终于竣工。但漆再钦却累瘦了好几斤,更严重的是由于夏暑热毒患上了严重的皮肤病,大腿和臀部长满了浓毒疮,痒痛得无法坐下。当时分管档案工作的彭毅副校长知道后,命他去四川省皮肤病研究所诊治,由于漆再钦不能坐车,而救护车后部的车厢可以站立,彭副校长要求校医院派救护车护送,并且在车上陪同前往。经过十多天治疗,漆再钦的病情才得以控制。

蒋崇璟为档案馆题写馆名

  档案馆的组建,得到了前电子工业部副部长蒋崇璟的关怀和支持,蒋崇璟亲自题写了档案馆馆名。开馆前夕,他还亲临档案馆视察,同时题写了"加强档案工作,利在当前,造福后代"的题词,给学校巨大鼓舞。1992 年 12 月 28 日,学校档案馆正式开馆,举行了隆重的开馆典礼。学校党政领导、省教委、省市档案局领导,兄弟高校档案部门和校内各单位领导,以及兼职档案员出席了开馆典礼,并举行了档案馆馆名匾的揭匾仪式。档案馆的成立确立了我校档案管理工作新体制,为学校档案事业大发展创造了有利条件,这在学校档案工作发展史上是具有里程碑意义的事件。

蒋崇璟、刘盛纲、王明东贺档案馆开馆

　　档案馆库房改建工程竣工,仅仅是建立档案馆的第一步,全面建设档案馆,提高档案工作水平,开创学校档案工作新局面,任重道远。在漆再钦主持下,全馆同志团结,开启了全面建设档案馆的新征程。

　　第一,档案馆规模大,基础设施标准高,档案保管和工作条件得到根本改善。建馆前,档案科用房面积有 126 平方米,库房面积 78 平方米。建馆后,档案馆面积达 772 平方米,库房面积 410 平方米,分别增加 6.12 倍和 5.25 倍。新档案馆有 8 个独立封闭的档案库房,各档案库房配有排气扇、去湿机、灭火器等;设有查阅室、资料室、裱糊保护技术室、计算机房、复印机室和 5 个办公室,实现了国家规定的办公室、库房、查阅室"三分离""库房三铁"和"八防"要求。档案保管和工作条件得到根本改善。

　　第二,健全馆内机构,增加人员编制,提高人员素质。建馆前仅有工作人员 5 人,且结构不合理。为适应工作需要,经多方努力,决定在馆内设 3

个科：党政档案科、科技档案科和人事档案科，工作人员增至 12 人，其中本科 5 人（包括档案专业本科 2 人），高级职称 2 人，中级职称 4 人。积极组织馆内外档案专业培训共 12 人次，提高了专业水平。

档案馆开馆典礼

第三，扩大档案门类，增加案卷数量，加强业务建设。建馆后，按照集中统管原则，顺利完成党政档案、科研档案、财会档案、基建档案、设备档案、人事档案工作的交接及档案案卷的合并。全校档案除保卫档案以外，集中于档案馆管理和开发利用。同时，建立了新的档案门类，新馆藏门类齐全，包括党政、教学、科研、基建、仪器设备、出版、外事、财会、声像、实物、人事等各类档案，这在全省乃至全国都是少有的。馆藏也得到了丰富，案卷由建馆前的 13 925 卷增加到 22 300 卷。建馆以后，漆再钦组织制订和完善了档案工作系列规章制度共 22 个并汇编成册。建立、健全了学校档案工作体系，各处级单位有一位领导分管档案工作，并确定一位兼职档案员负责档案工作。全校共有兼职档案员 60 余名，有力推动了学校档案工作。

第四，加强现代化建设，努力实现现代化档案管理。建馆前，馆内仅有计算机 1 台，建馆后增至 5 台，做到了计算机、录音机、照相机、电视机、扫描仪、复印设备配套。还组织力量进行档案计算机管理系统的开发研制工作，并已通过专家技术鉴定，为档案计算机管理创造了条件。

第五，积极开发档案信息资源，扩大利用范围，取得较好的效益。建馆以来，学校每年利用档案的人次和案卷数都在 2000 左右，为学校教学、科研和各项管理工作服务，为领导决策服务，做出了积极贡献，获得了较好的社会效益和经济效益。特别在制订"211工程"建设规划和迎接专家组评审准备工作中，利用各类档案，提供了大量学校的基本情况和基础数据，为学校顺利通过"211工程"评审做出了贡献。

漆再钦主编的《电子科技大学档案工作规章制度汇编》

第六，积极开展档案学术研究。近几年，组织馆内人员先后参加并完成了多项档案学术研究项目，其中重要的有四川省教委主持的《高等学校档案工作规范》、国家教委办公厅主持的《高等学校档案通用主题词表》（试标引）、电子工业部办公厅下达的《企事业单位档案管理通用软件》与《机电工业企业声像照片档案建档规范》等项目。

漆再钦呕心沥血，知难而上，团结全馆同志，用四年零七个月时间，出色地完成了档案馆筹备、组建和建馆后档案馆的全面建设任务，学校档案工作面貌发生了根本性变化，实现了跨越式发展，迅速进入了全省和部属高校先进行列，并为我校顺利达到科技事业单位"国家二级"和"国家一级"档案管理标准创造了有利条件。这是学校档案事业发展史上的里程碑。因此，学校和他分别荣获省高校档案工作先进集体与先进个人称号。他卓有成效的工作、取得的成绩和做出的贡献,为今后学校档案工作进一步发展打下了坚实的基础。

漆再钦荣获"四川省高校先进档案工作者"称号

1993年以来,漆再钦先后承担了国家部委和省级等各类档案学术团体、学会组织的组建工作。他先后受命负责组建全国机电系统(即机械工业部、电子工业部、兵器工业部、船舶工业部)高校档案工作协会和电子工业部部属院校档案工作协会,并分别担任两个协会理事长。

漆再钦担任全国机电系统高校档案工作协会和电子工业部属院校档案工作协会理事长

他还兼任电子工业部档案学会常务理事兼学术委员会副主任,四川省高校档案工作协会常务理事兼副秘书长,中国高等学校档案工作协会理事兼全国高等学校档案管理现代化小组副组长,中国机电兵船工业档案学会理事和成都市档案学会理事;同时还担任四川省高校和电子工业部档案系列中级专业技术职务任职资格评审委员会委员。作为考评组组长，主持了电子工业部所属院校档案目标管理"国家二级"考评组工作。以上工作为推动全省和全国高校档案工作开展和学术交流做出了重要贡献，受到国家教委、国家档案局、省教委和电子工业部办公厅的好评。

漆再钦建设科技事业单位"国家一级"档案管理标准所获得的荣誉证书

《旧唐书·魏徵传》记李世民曰："夫以铜为镜，可以正衣冠；以史为镜，可以知兴替；以人为镜，可以明得失。"漆再钦为学校档案事业的默默奉献，留下的是学校的历史，也连接着学校的未来。

漆再钦接受成电拾光工作室采访

（作者：成电拾光工作室学生记者　薛义俊　钟毅　指导老师：邓长江）

1+1＞2：我的成电生涯
——记原经济与管理学院院长郑家祥教授

【人物名片】 郑家祥，1940年出生于成都。1960年毕业于成电无线电技术系，曾赴英国伯明翰大学作访问学者。1988年8月起，先后任电子科大管理工程系（现经济与管理学院）系主任、管理学院院长、学位与学术委员会委员、MBA导师组组长等职。他是中国电子学会工业工程分会副主任委员、中国电子企业管理协会常务理事、四川省电子学会管理工程专委会主任委员、四川省咨询业协会专家委员会委员。主要从事管理学理论与应用、现代工业工程、电子商品学、企业文化、组织行为学、战略管理、市场营销等教学与科研工作，并先后到日本和美国的高等学校、企业、研究机构进行访问与讲学。曾受聘为京东方集团高级顾问、研修学院院长，以及省内外多个企业顾问。出版著作五本，其中全国统编教材三本、专著一本、译著（合译）一本。发表论文多篇。主持及参与的多项科研任务中，一项获电子工业部科技进步三等奖，一项获四川省软件成果一等奖。成都市优秀教师。

2020年我刚好年届八十，一跃而成为一个标准的"80后"，又或者可以称为杖朝或耄耋。蓦然回首，却有"子在川上曰，逝者如斯夫"的感慨，不知不觉，我在成电已历甲子又四年矣。昔日往事，历历在目，仿如眼前。

我的从军梦：结缘成电

我出生在战火纷飞的1940年，童年的许多回忆始终在眼前萦绕：跟随父母躲避日机轰炸，日寇炸弹落我家，班主任流着泪带领我们高唱"我的家在东北松花江上……"，骑在父亲肩上参加成都市庆祝抗日战争胜利大联欢……落后挨打和投笔从戎，分别成了我童年最深刻的记忆和理想。

1952年春天，我在成都市立中学（后更名成都八中）就读，部队来学校招兵，看着一些高年级同学参军非常羡慕，奈何自己年龄不够，深以为憾。1954年，空军又来学校招飞行员，我被推选参加体检，一直到最后一关，因体重不达标被淘汰,心里抱恨不已。1956年3月,在《四川日报》看到将在成都新建一所无线电工业大学——成都电讯工程学院的报道,从隐隐约约中感觉到学校有一定的军事性质,我和同学们都特别兴奋,充满了好奇和向往。一天,我和母亲及姐姐一道步行一个多小时专门到成电建设工地,望着那在一片田野中耸立的教学大楼及火热的施工场景,心中充满着激情。填写高考志愿时,我的前三个志愿全填了成电。1956年9月,我和班上十名同学来成电报到,同学笑称我们为"十大哥"。我的从军梦也因为我来到成电这所国防工业院校画上一个句号。我的一生就和成电联系在一起了。

清贫艰苦的生活、勤奋刻苦的学习、频繁的政治和社会活动构成了20世纪50年代成电大学生生活的主旋律。建校初期的成电,有着泥泞的道路、寄住的工厂宿舍的吵闹环境、席地而坐的阶梯教室、站着吃饭的草棚食堂,同学们还要进行艰苦的建校劳动、参加抗洪救灾、抢收抢种,等等。生活清贫而艰苦,但很少听到有抱怨声,因为我们都很珍惜这来之不易的学习机会。尽管如此,我们的业余生活却丰富多彩:学校成立了各种球队、体操队、舞蹈队、管弦乐队、合唱团等。我是成电首届大学生合唱团团员,唱男低音。1956年年底,我们参加成都市纪念"一二九"大学生合唱比赛,比赛前一天晚上,吴立人院长来到教工食堂三楼训练场地为我们"壮行",他幽默而风趣地说:"这是成电第一次在成都市亮相,这一炮一定要打响,要让成都市的姑娘们找对象都要找成电的!"随后发出一阵爽朗的笑声。第二天晚上,我们在成都红照壁礼堂举行的比赛中,以饱满的热情和宏伟的气势完美地演唱了《在太行山上》和《保卫黄河》两首歌曲,加上成电管弦乐队的助阵,终于赢得了比赛冠军!

特别值得一提的是,无论条件多么艰苦,成电的学习氛围一直非常浓厚,同学们十分刻苦。当时,学校采用苏联教学模式,使用苏联教材,工科试行五年制,有27门课,每周40学时。

大学一年级上学期的主要课程是高等数学。担任主讲的唐建南老师,他用热情洋溢的广东普通话把看似枯燥的数学讲得生动活泼、引人入胜。担任辅导的年轻老师苏龙,在习题课中鼓励同学提出不同的观点,甚至鼓励学生上台和他辩论解题的不同思路。数学课考试时,采取笔试加口试的方式,特别是在口试时,老师临时出一题,不仅当面看你如何解题,还问你是如何思考的,有没有更好的解法,等等。成电的数学课给我留下极为深刻的印象并影响了我以后几十年的教学工作。这或许就是文化和精神的传承吧。

每天晚饭后,我们回到校外的工厂宿舍,匆忙收拾好书包便离开吵闹的住处,我们"十大哥"相约来到学校主楼东 111 教室上晚自习。每天自习做四件事:一是复习当天的课程,二是完成当天的作业,三是预习第二天的课程,四是解题练习。我们不仅要完成老师布置的作业,还主动做大量的练习题,微分还没讲完,我们已开始做积分的题,甚至把当时苏联综合大学斯米尔诺夫编的《高等数学教程》借来集体自学。数学成了我们最大的乐趣,每天晚上十一点前很少离开自习室。到大三,进入专业课学习阶段,学校安排我们边学习边参加教研室的科研及实验室建设等工作。当时,我和一部分同学在专业课老师指导下负责宽带电子示波器的研制,这对我们深入理解专业知识、培养实际操作本领起到很大的作用,也为我们以后参加工作奠定了良好基础。

郑家祥在成电的毕业照

成电特别重视对学生实际动手能力的培养。在大学一年级安排的金工课中,我们学会了铸造、钳工,以及车、铣、刨、磨、钻、镗等各种机床的使用,最后还完成了一台手摇绞肉机的制造。到高年级,又到工厂、研究所去进行生产实习、专业实习,以及进行为期半年的毕业实习与毕业设计。

四次变动:成长在成电

1960 年年初,大学四年级时,领导找我去谈话,说是工作需要,要我提前毕业留校在电子测量专业当老师。谁知不到三个月,我又奉命调去三系(无线电零件系)工作,系主任兼半导体器件教研室(302 教研室)主任毛均业教授接见了我。毛先生原来是国内电报学著名专家。我的任务是建设实验室，负责研制一批高频电压表，其电路与机械结构设计、工艺、制作、组装、校准均一人按期完成并交付使用，之后又完成了超声波晶体切割机的设计，并指导四年级学生的晶体管微波测试实验。此外，我还要进修"量子力学""半导体物理""晶体管电路"等课程。这一年，有了前辈的指导，加上扎实的基础和一系列实践锻炼的积累，我独立工作的能力、实际动手的能力、再学习的能力等得到全面的锻炼与考验。特别难忘的是，我在主楼中二楼的半导体电路实验室修仪器时，见到了前来视察的原国防科委主任聂荣臻元帅。

1961年7月，我又从三系半导体器件专业调回一系（电讯系）电子仪器与测量技术专业，给钱含光老师当助教。那学期期末，钱老师因生孩子回上海，我被临时指定接替钱老师的课，并在一个多月后为1963届测量专业本科生讲授"无线电测量技术"。依靠自己的刻苦努力和前辈老师的帮助指导，我终于圆满地完成教学任务。以后又为1965届、1966届、1977届测量专业本科生和几届非测量专业学生教授"电子测量"课。

郑家祥给学生授课

令我印象特别深的一件事是，1966—1976年期间，学校停课、工厂瘫痪。1970年，电子部决定在708厂（南光机器厂）成立电子束曝光机科研攻关组，708厂技术科孙科长任组长，我任副组长，还有四川大学的两位老师参加。科研攻关组分为真空（电子显微镜）、机械、计算机、电路四个小组。成电参加的老师还有刘锦德、周锡龄、林耀基、林锦藻、廖品霖、何绪芑等（有姓袁和姓叶的两位女老师，记不清名字了）。开始时，大家还不熟悉，每个人的习惯、工作方式不一样，学校老师对工厂的工作流程还不太清楚，经过大约一年时间的沟通、磨合、协调，攻关组的面貌发生了明显的变化。特别到整机联调时，由于白天电压很不稳定，工作都被安排在半夜12点到黎明进行。考虑到交通和安全问题，我们规定每晚只是参加调试的那一组人员来，但几乎每次都有其他组的人来帮助做些配合及协调工作。那时，在大家心中，不仅要完成自己组的工作，还要帮助其他组完成任务。一次，我在调试信号通道时，发现电路有自激现象，就自言自语说：看来要加个屏蔽盒。旁边负责整机机械结构的王师傅马上问我有什么具体要求，不到20分钟，一个屏蔽盒就送到我的手中。王师傅是八级师傅，每次联调他都要来，看看有什么可帮上忙的，实在没有事，他就去食堂想办法给大家搞点稀饭和馒头。多年以后，我到管理工程系做系主任时，才领悟到，这不就是管理学中研究的团队精神吗？

郑家祥在实验室工作

1982年9月，领导又调我辅佐梁子楠教授成立电子电路实验教研室，任务是开设独立的电子电路实验课，提升实验课水平，加强学生分析与处理问题能力的训练。这个新成立的教研室，云集了当时系里在实验技能方面最优秀的一批教师，包括梁子楠、龙方洁、谭文辉、方炳成、候昌乾、张孝成、濮莉莉等。由梁子楠老师任教研室主任，龙方洁、谭文辉和我任副主任。经过全室人员的共同努力，在独立设课、编写教材、试行让学生自己拟定实验方案、实行启发式教学、重视对实验结果的分析、让学生参加小功率视频发射器产品的制作与调试、在长虹 14 英寸彩色电视机的电路板上自拟方案完成指定参数的测定和排除故障、培训学生参加全国大学生实际技能大赛等方面，都取得了许多有意义的创新性成果。我还把自己多年来积累的资料整理成一本教材——《电子实验教程》，由国防工业出版社出版发行。

1985—1988 年，我作为张世箕老师的助手，先后担任无线电技术系和自动化系副系主任。

1985 年，我和系总支书记王永康以及杨元良老师一起，赴昆明军区，筹建了成电昆明分部。1986 年，参加了成电生物医学工程专业的筹建，同张世箕、周光湖等老师去华西医科大学（现四川大学华西医学中心）调研并与川医曹院长座谈，受到很多启发，落实了成电生物医学工程专业低年级学生学习医学类课程的方式，这是成电最早对跨学科复合型人才培养的成功探索。同年，我又在张世箕老师领导下，与王永康、周立峰、张葆成一起，负责筹建了自动化系（自动化工程学院前身）。

我的老师：育我者成电

前三次变动，历时近三十年，在很多前辈潜移默化的影响下，我从一名青年教师成长为教学骨干，成电文化也通过我们一代代传承下去。我感到幸运的是成电有很多德高望重的老师，而我也有幸遇到。冯秉铨教授 1963 年来成都在锦江礼堂为青年教师作的教学艺术讲座，林为干老师高屋建瓴开设的"电磁场理论""微波技术"等课程的启迪，顾德仁老师为我们作的关于脉冲电路的总结，以及张世箕老师高超的讲课艺术等，给我留下极为深刻的印象，是我教师生涯中最宝贵的精神财富。

当时，学校实行导师制，每个青年教师都会得到一位经验丰富的老先生在业务、进修等方面的悉心指导。令我特别难忘的是我的导师张世箕教授，下面仅举几点以表缅怀。

通宵达旦的"拼命三郎"。张老师多年养成从午夜开始直到第二天凌晨潜心钻研的习惯，人称"拼命三郎"。他常对我说，到了半夜两点，各种杂事已去，正是研究问题效率最高的时候。在他的影响下，我也养成深夜攻读的习惯，体验着"两点钟峰值效应"的灵感。如今想来，熬夜未必最佳，但年轻时必须要有"拼命"精神，尤其是在克难攻坚的时候。

科技弄潮人。张老师对前沿科学与创新非常敏感，对电子测量学科的发展动态极为关注，并率先应用于他的科研与教学中。例如，关于非正态分布误差理论、频域测试、自动测试系统、IEC 关于计量环境的新标准……他都及时在学术讲座、科研、专业课教学中最先提出，并很快开设出全新的课程，从而保持了成电在本学科的领先地位。

重视实践。张老师不仅重视理论的研究，还特别重视对电子产品的结构与工艺等实践知识的探索、总结与提升。尤其在高频段时，各种干扰、噪声对电子设备及测量仪器的影响如何消除、减小并做定量的估计等，他都有很多独到的见解，这对于我以后专门从事电子电路实验教学工作有很多启发与帮助。

注重对青年教师的培养与重用。当时，测量专业就是一个教研室，下设电子测量技术、电子测量仪器、电子电路、微波测量四个专业小组，张老师分别对陈杰美、古天祥、杨安禄和我共四位 1956 届的年轻教师委以重任，让我们分别担任教学组长。由于我刚参加工作，每次上课前，我的备课笔记，他都要仔细看，并提出很多建议。教学小组会上，他也常常给大家传授教学经验。改革开放后，国家组织各高校进行教材统编工作，张老师把这一重要任务也都交由我们年轻老师来完成，他在幕后做学术支撑。第一部电子测量专业使用的全国统编教材《电子测量原理》由我和陆玉新编著，《电子测量实验教程》由我和南京工学院张老师编著，《电子测量仪器》由陈杰美、钱学济编著，《电子电路》由古天祥编著，《微波测量》由郭成生、杨安禄编著。第一部非测量专业使用的全国统编教材《电子测量基础》由我和付崇伦编著。

高超的教学艺术。张老师讲课时，思路清晰，语言简练而生动，对板书、标题、图表的位置、如何提出问题、如何引导学生、如何举例、如何从学生的表情判断讲课效果等，他都有悉心的研究和丰富的经验，甚至连如何运用手势，如何着装都有讲究。我在任他的助教时，曾非常详细地记录下他每节课的讲课细节。可惜那本听课笔记在"文化大革命"初期搞丢了。

此外，张老师深厚的外语功底、纵览全局的学术视野、对音乐的酷爱、随时保持整洁的着装都让我敬佩不已。1994 年，先生终因积劳成疾，不幸早逝。他留下的精神财富，一直鞭策着我成长、成熟……

我的管理之路：结果在成电

1988 年 8 月，我从英国做访问学者回来，继续作为张世箕老师助手担任自动化系副系主任。一天，刘盛纲校长找我谈话，先介绍了我校管理工程系的情况和问题，然后宣布学校决定调我去管理工程系做系主任。这是我第四次工作变动。当时我只想到，自己是党和人民培养的，一切服从组织安排，就很快答应了。事后静下来才感到新任务的分量与艰巨。

郑家祥在英国访学

管理工程系在前两任系主任张宏基教授和黄锡滋教授的领导下历经六年建设，已初具规模。受命后，我先做了两项准备工作：一是从管理工程系资料室借来一大摞有关管理学科的教材、历史文件，没日没夜地学习、了解；二是逐一找老师、工作人员、原领导班子成员交谈，听取他们的意见和建议，逐步梳理出下一步的工作步骤。我十多年的工作思路和举措大体如下。

第一，明确使命。为什么要在成电这样一所工科院校成立管理工程系？对国民经济建设和学校发展意义何在？我经过调查、学习与思考，深刻感受到当时我国不仅科技落后，管理更落后的严峻现实。为了让全系教师统一认识、增强信心、明确使命，我先在当时东院学生住房区向学校争取到两排平房，在前后加上围墙，安上铁门，算是有了一个"家"，大家戏称为"第九生产队"。再请工人在进门的空地上修一面作为照壁的墙，墙上醒目地写上曼哈顿工程总指挥奥本·哈默教授的名言"使科学技术真正发展的，是科学的组织与管理"，时刻提醒全系教师实行现代化管理及培养现代化管理人才的重要性与迫切性，并且在各种场合反复强调管理的重要性。经过几年努力，人心逐步稳定，办学条件逐步改善，教学质量明显提高，教职工精神面貌焕然一新。

"第九生产队"（原管理工程系东院旧址）

第二，抓住核心。管理学与以前我从事的技术科学有很大的差别。其核心在于管理既是一门科学，又是一门艺术。要研究它的科学性，就要综合运用社会科学与自然科学各种手段探索其体系与规律，不断提升管理学的学术水平；要深刻理解其艺术性，就必须密切联系企业与社会实际，以此来提升实际的管理能力。二者要并重。我发现，当时的管理工程系，很多老师，特别是年轻老师，他们给学生讲了很多很好的现代管理理论与方法，而自己从未参与过实际的管理工作。他们不了解书本上的管理与实际中的管理有什么差别；不知道工科专业有实验室，管理学的实验室在哪里。为此，我在全系提出一句口号：管理学的土壤与生命力在实践中，并鼓励老师在不影响教学科研任务的前提下，多到企业去深入调查、参与企业管理活动。我自己以后更是利用一切机会，特别是假期深入国内几十家企业做调研，带领老师和学生到企业作战略策划、市场分析等。特别是前管理工程系副系主任戚应轩老师，长期坚持深入企业，帮助红光电子管厂提升现代化管理水平取得显著成绩，在讲课中理论联系实际，受到学生普遍欢迎。我们还组织系领导和老师去长虹厂考察，与倪润峰厂长座谈管理经验。倪润峰发表的关于全目标双馈管理法的论文，强调了大多数管理者不太重视的事前控制（即人们以后常提到的"预案"），并有一系列的实施、检查与保障措施，当时彩电厂家竞争十分激烈，上游零部件特别是显像管的供应是争夺的焦点。倪润峰双馈管理法的实施，确保了长虹厂供应链的畅通。这对我启发很大，在以后我为研究生讲授"企业管理工程学"时，我常把它作为研讨环节的实例。以后，在我担任四川省电子学会管理工程分会主任委员，负责企业论文的评审时，评委们一致决定把倪润峰的这篇论文评为一等奖。

郑家祥在学院发展讨论会上

第三，突出特色。当时，全国综合性大学、财经类大学及工科类大学都分别设有管理类专业。电子科大的管理专业必须有自己的特色与优势才具有竞争力和不可替代性。为此，我从以下几个方面做了努力：一是利用自己电子技术学科的优势，开设了"电子产品的商品特性"课，从价值工程角度介绍电子产品到电子商品的演化、电子产品的基本原理、主要技术指标、代表性品牌、生产企业，以及其特色、国内外市场竞争格局、产品技术发展趋势，等等。这门课很受学生欢迎。二是鼓励教师逐步将 IT 观念、技术、手段融合到教学与科研中。三是加强信息与工程技术、实际案例、应用数学的融合及交互式教学活动。通过几年探索，我在教学中逐步形成了一套行之有效的包括讲授（Lecture）、研讨（Seminar）、案例（Case）、小论文（Paper）几个教学环节相互配合的"LSCP 教学法"，并在为研究生开设的"企业管理工程学""现代管理学原理""组织行为学"等课中得到很好的体现,其中案例,尽可能用自己亲身经历、实际调研所得。四是办出二学位的特色与优势,努力培养一批具有复合型知识结构、深受企业欢迎的新型管理人才。五是广泛合作,积极借鉴。一方面加强与国内外企业、研究所、高校的联系与合作,举办各类在职研究生班;另一方面分批派老师出国留学深造,同时邀请美国、日本的管理专家来校讲学。六是成功申办 MBA。当时全国已有 26 所高校取得 MBA 办学权。由于我们之前在办学特色方面,特别是 IT 学科与管理学科的相互结合取得的成功经验以及学校强大的 IT 背景给我们的支撑;加上我在负责这项工作时,在几位副院长的共同努力下,精心准备申报材料,几次到主管部门详细介绍我们的优势与特色,认真组织答辩,终于在 1998 年取得了全国第三批 MBA 办学资格,为管理学院下一步发展开辟了一条新的途径。

第四,建设队伍。初期的管理工程系,不足 50 名教师,一部分是从学校其他技术类专业转型来管理工程系的中、老年教师,还有一批是管理与经济类专业科班出身的年轻老师。经过一系列的磨合调整,初期的管理学院领导班子里由我任系主任、院长,王明止任副主任、副院长,之后在年轻人中提拔唐小我、姜德明、韩轶任副院长。领导班子更加充满活力与凝聚力。在领导班子内,我们又建立了一套分工负责、相互协作、对内民主、对外一致的工作制度。尤其是唐小我教授在学术上的成就和对科研的执着,推动了学院科研水平的提升和学科点的申报等工作。韩轶教授思想敏锐,善于沟通,教学效果优秀,对改进和提升学院的教学工作发挥了积极的引导作用。我刚到管理工程系时,还兼任系总支书记,为了提高党组织的战斗力和接受群众的监督,我在全院党员大会上提出了"第一身份"的观点:不管我们是什么职务,也不管我们做过什么贡献,即便是教授、领导,我们的第一身份永远是共产党员。1989 年,原来任命的总支书记陈伟才从讲师团回来开始走马上任,一年后他离开时,梁和生任书记,党政密切配合,极大地推动了管理工程系的发展。1992 年,电子科大设立管理学院,发展上了一个新台阶。

我特别感谢的是比我小一轮的管理学院副院长姜德明老师,他对管理学院的历史十分清楚且记忆力惊人、工作踏实认真、为人谦和,是学院的好管家,是对我帮助最大的朋友和助手,他帮我分担了行政方面的许多繁琐事务。还有总支书记赵壁全,深受学生喜爱,被同学亲切称为赵指导。由于他艰苦细致的工作,确保了学生的安定团结和学院各项目标的实现。在师资方面,两次破格晋升副教授和教授的唐小我、银路,学术造诣很高的曾勇、知识渊博的李世明、勇于进取的韩轶、讲课艺术精深的陈宏等都迅速地成长起来,成为年轻的学术骨干。正是这批年轻的学术带头人,加上老教师的引领、辅佐和支持,在我退休后,继续把管理学院(后更名为经管学院)引领到更高的发展水平,取得了一系列高水平的科研成果,现已有两个博士点及博士后流动站、三个硕士点,以及 MBA、IDMgt、IMBA 等授予权。特别令我有感触的是,在我当院长时,我成天梦想的学院大楼,终于在我的继任者手中得以实现。

郑家祥与同事、学生们在一起

在我四十年的学校从教经历中,先后教过的学生有上千人,指导的硕士研究生有二十余名,很多的后来者都超过了我,他们为国家和世界的经济与科技发展做出了杰出的贡献。包括在管理学院时我的研究生,他们之中有:京东方创始人、被誉为中国液晶之父的王东升,中芯国际董事长、前电子部总经济师周子学,创维集团董事局主席赖伟德、中电集团(CETC)常务副总经理胡卫东、中国工信出版集团总经理朱师君、西昌学院院长贺盛瑜、电子科大前党委副书记罗佳慧、电子科大党委副书记靳敏等,以及二学位班学生鸿山达(天津)融资租赁公司及北京鸿山泰投资有限公司董事长、北京东阳商会会长张旭明。此外,在无线电技术系时我曾担任班主任、讲授专业课的 7713 班集体,他们之中出了许多包括美国高通公司技术总监张扬、国营

旭光公司副总工程师赵猛奋、国家广电总局科研院副院长高少军、安捷伦公司 HR 总监卢开宇、电子科大前副校长马争等在内的杰出人才。

郑家祥与京东方董事长王东升留影

我的退休生活：根植在成电

2000 年退休后，从 2002 年至 2009 年，我应聘为京东方管理学家，先后担任京东方科技集团顾问、管理开发中心主任、研修学院院长等职，历时八年，亲身见证了京东方从亏损、迷茫、拼搏、凤凰涅槃，一直到成为显示领域世界级领先企业的波澜壮阔的历程；亲身感悟到以王东升为代表的企业家艰难曲折、可歌可泣的心路历程；深切体会到管理科学一旦与企业实践紧密结合，就会产生巨大的生产力与创造力。八年期间，我曾参与过京东方的高层战略决策，为京东方的高中层干部及中方、日方、韩方管理人员进行现代化管理与企业文化培训，总结提炼了京东方十多年的成长经验，主编和参编了《理想之路》（2003、2008 年版）、《京东方集团经营管理模式》、《京东方企业识别系统》、《企业国际化手册》等企业书籍和手册。此外，还参与了京东方企业文化的建设与实践活动。

主编和参编的著作

退休后,我还担任过电子部经调司企业项目申请评审专家,以及托普学院、置信培训学院的顾问及常务副院长,主要从事企业员工培训和企业文化的建设与实施。

郑家祥退休生活剪影

从1960年20岁成电毕业留校当教师,到2000年60岁退休,站在成电的讲台上风风雨雨四十年,成电的传统、文化、作风与精神,在我们这一代人身上打上了深深的烙印。退休后的二十余年,我仍然在从教,只是在人才培养的岗位上,从一个企业到了另一个企业。最后,又回到了母校"成电故事"的讲台上,而成电精神始终牢记于心。

从十六岁的懵懂少年到八十岁的耄耋老人,我始终生活在成电这片故土上。作为一名忠诚于教育事业的老教师,这辈子没有什么优秀的业绩,只有勤奋的耕耘。希望我们的后来者们,不仅要在学术、事业上超过我们,还要在传承成电文化、继承发扬成电精神方面超过我们,并不断注入新的内涵,让成电精神永放光芒,为中华民族的振兴做出更大的贡献。

郑家祥接受成电拾光工作室采访

(作者:成电拾光工作室学生记者 陈浩亮 陈思芹 指导老师:邓长江)

铭记党恩　点燃理想
——记电子科技大学原副校长吴小平教授

【人物名片】 吴小平，1937年出生，江西鄱阳人。1956年考入成电，1957年入党，1960年毕业于无线电遥控遥测专业并留校在电子自动化系陀螺仪表专业任教，同年11月被派往陕西宝鸡市宝成航空仪表厂担任技术员。1961年8月回校工作，先后在电子自动化系陀螺仪表、无线电系遥测遥控教研室工作，1977年11月调学校科研处，先后任副处长、处长，1983年担任电子科大副校长至1997年退休。在担任校领导期间，他在科研方面建章立制，积极争取科研经费，使学校始终保持了良好的科技实力，特别是20世纪80年代为学校积极争取世行贷款并借此建立起计算中心、材料测试中心、微波测试中心和电路实验中心，为学校的后续发展奠定了坚实的基础。其参加研究的两项科研成果靶场无线电遥测遥控系统、地铁无线电接续信息传输设备曾获1978年全国科学大会奖。

初见吴小平教授，一种和蔼可亲的感觉油然而生。虽然已至耄耋之年，老校长仍精神矍铄，眼中透着睿智的光芒，柔和而亲切，流露出经岁月打磨后的从容与淡然。简单的寒暄后，我们开始了正式的采访，聆听吴小平将过往成长岁月中的光辉与艰辛娓娓道来。

生逢战火　坚定求学路

1937年，全面抗战爆发，吴小平在战火中的江西南昌出生，可谓生不逢时。在吴小平童年的记忆中，当时的情形便是山河飘摇，家国难保。父母随工作单位向广西、重庆方向逃难，年幼的吴小平则跟着祖父留在南昌，饱受日寇的铁蹄，在提心吊胆和风雨飘摇中艰难求生。据吴小平回忆，幼年时他经常看到节节败退的国民党士兵远远跑来，他便知道打了败仗，就赶紧收拾东西准备逃往下一个地方。除了逃难，还是逃难——这便是吴小平的童年。

1945年，抗日战争胜利后，吴小平终于结束了逃难的日子，可以上小学了。他在南昌市契家塘小学读书并加入了少先队，后来凭借优异的成绩考上了南昌一中并加入共青团。据吴小平回忆，当时南昌的公立中学只有一中、二中、三中，其中一中在全省只招收八个班共400人，可见公立学校竞争非常激烈，但吴小平还是顺利地进入了南昌一中。1952年，初二的吴小平接到父母从重庆寄来的火车票，从南昌经武汉到重庆父母身边，就读于重庆市二中，在这里完成了他的初中和高中学业，并于1956年考入成电。

吴小平回忆，父亲只是一个小小的职员，家里比较穷，常常入不敷出，交不起学费。但中华人民共和国成立后国家对教育十分重视，公立中学对家庭困难的同学提供助学金。新中国和共产党使贫穷的孩子也能够读得起书。回想起过去的日子，吴小平万分感慨："共产党领导的人民当家作主的国家，一切为人民服务的宗旨，我们能够真切地感受得到。感谢党和国家让我填饱肚子吃饱饭，还能接受良好的教育。那个时候我就想加入中国共产党，报答党和人民，这也成为我一辈子前行的动力。"

筚路蓝缕　风华正茂时

进入成电，吴小平成为成电首届正式招收的学生，开始了全新的大学生活。他回忆说："当年共招收了1448人，分为48个小班，7个小班成一个大班，共计7个大班。读了一学期后，学校开始分系，在分专业前我所在的5619班后来被分到四系（电子自动化设备系），后改为6318班。其余分别是一系有线电系，二系无线电系，三系无线电零件系，五系电子器件系。"当时的专业并不像如今这样可以自由选择，国家缺什么人才学校就培养什么方向。吴小平和当时绝大多数人一样，做好了一颗红心两种准备。

吴小平对于学习一点不敢松懈，他总是抓紧分分秒秒学习各种专业知识。他不但学习成绩好，而且积极追求进步。他担任团支部书记，在当时团支部书记、班长和班主席是班级里的"铁三角"，共同管理同学们的学习、生活及各种活动的开展。由于表现优秀，他在学校发展第一批党员的时候就成功成为一名光荣的预备党员，并于次年顺利转正。

对于大学生活，吴小平依然记忆犹新。开学最初的三个月，学校依然还处在紧张的建设完工中，学生宿舍楼还未建好，于是几百个学生暂时就共同住宿在教学楼和784厂职工宿舍，条件之艰苦难以想象。但是同学们没有什么怨言，无论什么困难都阻挡不了同学们的学习热情，因为大家都有一种很神圣的使命感和由衷的自豪感。他们当时所学的专业都是国家所急需的专业，所以大家都拼命地学，而且大家都很友爱团结，老师们也如父兄一般爱护着学生。每每想起那个时候的师生关系，吴小平都不禁感慨万分。

吴小平和大学室友，从左到右：青秉中、吴小平、解世果、谢恒山

20世纪50年代，新中国发展方兴未艾，国家在技术层面的需求依然很大，吴小平的大学生活紧张忙碌而充实。据吴小平回忆，那个时候除了周六4节课外，周一到周五有6节课，一周共计有34节课，晚上有晚自习。当时作业题目非常多，老师要求也很严，会挨个考核作业成果。由于学业繁重，同寝室的几个同学经常"开夜车"学习到两三点，有时清晨三四点就爬起来看书。到了期末考试复习阶段，老师在大教室的隔壁教室答疑，其间有时会找同学来提问，如果回答不出来就直接挂科，只有一次补考机会，如果补考不及格就留级，要求非常严格。所以当时的学生没有一个人敢偷懒，这就为同学们出色的学习能力和傲人的专业成绩打下了良好的底子。成电之所以学风、校风好，就是与老师们一以贯之的严格要求分不开的，这样一代一代传承下来，就形成了高标准、严要求的良好习惯。

1958年，修建成都钢铁厂时，我校学生参加劳动，后排左一为吴小平

吴小平所在的电子自动化系在1959年后改名为火箭控制系。当时设立有几个专业，一专业是计算机专业，二专业是遥测遥控专业，三专业是自动控制专业，四专业就是航空光学制导专业，五专业是陀螺仪表专业。在当时那个年代，火箭控制技术是事关国防军事的重要技术，其专业具有高度的特殊性和保密性。因此该专业学生学习也高度保密，教室严格与其他教室分开，成为独立的一个区域，门外有人持枪把守，教材和笔记本都不能带出教室。每次听完课后，吴小平和其他同学一样要把笔记本放在属于自己的专门固定的保密柜里才能走出教室，上课或上自习的时候再取出自己的笔记本来学习。作为火箭控制专业的学生，吴小平感到特别兴奋和自豪。他暗下决心，

一定要学好本领，造出属于中国的导弹，为保卫祖国做出自己的贡献。可惜的是学校根据发展需要调整专业，火箭控制专业后来被取消了。

1961年在宝鸡与同学合影，第二排左二为吴小平

作为新中国成立的第一个无线电学校，从一开始建立就有很高的起点，以交通大学、华南工学院和南京工学院等三所院校的电讯专业为主要班底，几乎集中了整个中国南方最强的电讯力量，同时派遣了一大批具有坚定理想的革命干部，具备了良好的学术基因和红色基因。学校不仅培养又红又专的技术型人才，而且特别注重学生身体的锻炼，意志品质的锤炼。紧张的课业之余，同学们不但和工人们一起劳动，还参加各种体育运动和艺术活动，样样都力争第一。在成都市举行的大学生运动会上，我校学生多次夺得团体第一和多项冠军，令各高校都刮目相看。吴小平还高兴地给我们展示了过去参加体育锻炼的珍贵照片。照片里年轻的吴小平意气风发，神采飞扬，正是风华正茂时。

1957年9月4日，是成电建校以来第一批发展入党的学生入党的日子，当时四系只发展了3名党员，而吴小平就是其中之一。吴小平在系里的由3名预备党员和3名正式党员组成的学生党支部里肩负重任。成为党员后，他处处严格要求自己，事事带头，全心全意为同学们服务。他当选了四系的第一届团总支书记，四系在外的学生活动便一直由吴小平带队负责。回忆起当时入党的情形，有着 64 年党龄的吴小平依然很激动，当年的入党誓词仿佛还在耳边回响，并成为他以后几十年坚定不移的信仰和追求。他立志把毕生的精力和才智献给党，献给祖国和人民。

吴小平（后排中）参加学校体育活动

任劳任怨　一心图报国

由于学校专业的不断变化，吴小平和当时很多老师一样，都曾面临专业的转变。1960—1962 年吴小平由陀螺仪专业转为遥测遥控设备专业，同时还按照教师培养计划，吴小平和自己所教的 1966 级学生在同一年考研究生。对此他毫无怨言，迅速自学遥测遥控的专业知识，很快就成为内行。搞学术和科研要迅速提高自己的学术水平，只有项目实战，在解决实际问题中才能快速成长。幸运的是，吴小平遇上了这样的好机会。1970 年 9 月，他参加了由当时学校最年轻的讲师李乐民（后来成为中国工程院院士）等一众老师共同攻关的国家重点项目，并完美地完成了国家托付的任务。吴小平自豪地说，该项目的研究达到当时的国内领先水平。当时吴小平除了进行科研之外，已经是二大队数字通讯连队的指导员，负责了党务和教学行政等方面的一些管理工作。尽管该国家重点项目因为种种原因没能授奖十分遗憾，但对此后学校乃至整个国家通讯发展的影响不言而喻。吴小平回忆说："遥测遥控解决了诸多当时国家科技应用上的难题，这些技术当年都只有成电能完成。"

数字通讯连队合影，前排右一为吴小平，后排左一为李乐民

  1973年年初，周恩来总理亲自挂帅北京地铁二期工程。工程由交通部承办，专门成立650工程队，为北京地铁安装通讯设备。当时的交通部深感无线电讯息传输设备完成程度的困难，向电子部求助，电子部就把这个任务交给成电，而学校就把这个任务交给了数字通讯连队。国家委托的重任在肩，吴小平等以前从未接触过铁路的知识，在专业人士的辅导下，他们加班加点学习了三个半天，简单准备之后就去北京地铁收集数据。为了收集到第一手数据，他连续两晚，从夜里12点半到清晨5点半，趁着地铁停运的时间下地铁，研究线路走向，思考如何在地铁、站台和中心三个部分布线。回到成电之后，借用相关科研项目的基础和技术，花了六七个月完成了车上、站上、中心设备的布线，后来实地试验和正式运行都十分顺利，再一次圆满完成了这一艰巨和光荣的任务，并由六位参与项目的老师下厂移交定型生产，为学校争得了荣誉。

铭记党恩 点燃理想——记电子科技大学原副校长吴小平教授

北京地铁无线接续传输设备科研样机移交北京定型生产后部分科研人员合影，右二为吴小平

遥测小组合影，前排左三为李幼平院士，前排右二为吴小平

1978年3月，全国科学大会召开，邓小平提出的"科学技术是第一生产力"，给科研工作者注入一针强心剂。我校当年有六项工程获奖，单独完成的五项，分别是林为干院士的微波理论与技术基本研究、刘盛纲院士的环圈结构理论，以及靶场无线电遥测遥控系统、时频编码技术、地铁行车自动化中无线接续信息传输设备。其中，第三项和第五项就是由吴小平教授所在的

课题组研究的，另外还有一项是由我校古天祥教授等人与工厂合作完成的H602-毫赫计。

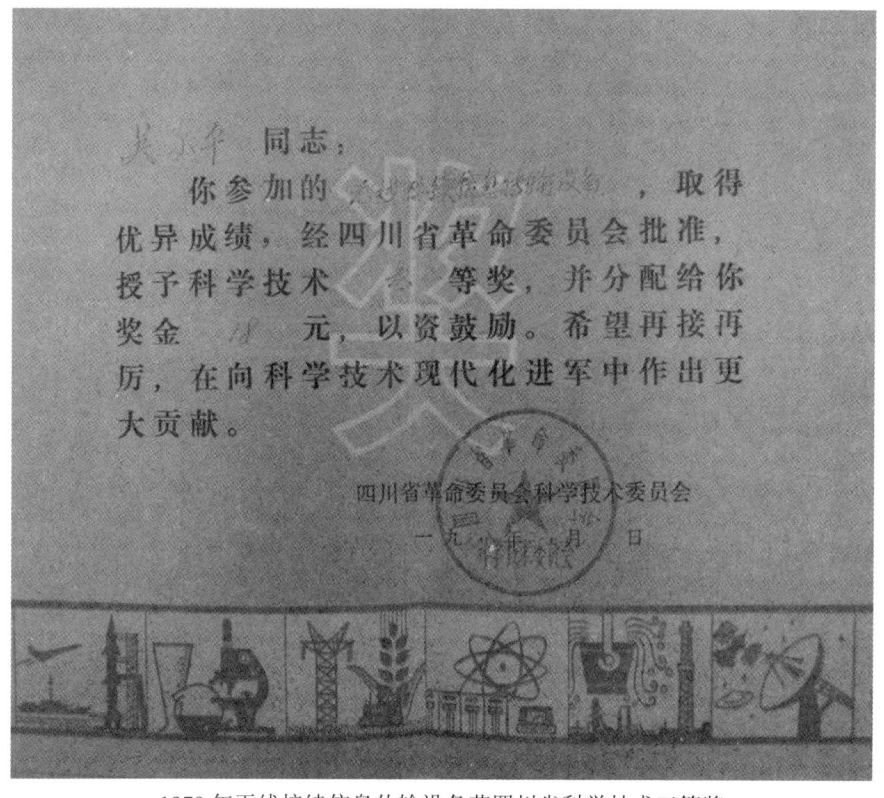

1979年无线接续信息传输设备获四川省科学技术三等奖

"党指向哪里，我们就奔向哪里"，吴小平反复强调这句话，我们终于在他的职业生涯里明白其所含之义。作为一名共产党员，在国家需要的时候挺身而出，即使这个项目并非我所擅长，也要保持着学习的能力不断接受新事物、新方向、新目标。也正是这样的坚定和勤勉，才使每一代成电人为国家事业发展做出新贡献。

"做工程项目和单纯的研究理论不一样，理论可以一两个人做，但工程项目是一个集体，需要大家协调帮助，互相包容，共进退。"在曾经参与的地铁设备等重大科研成果里，吴小平从未争功，在他看来，集体的和谐共处才是最重要的。

遥测遥控教研室全体人员在沙河校区主楼前合影

善治善能　扎根成电

正当吴小平的科研开展得如火如荼的时候，1977年年底，系里通知吴小平到学校科研处担任副处长。从一名科研人员到行政管理，对于吴小平来说，这完全就是一个从来没有想到的新课题。面对学校这一决定，吴小平并没有过多纠结，虽然他知道，搞行政必然影响自己的科研工作，甚至可能荒废，但他深知科研管理的重要性，学校要整体快速发展，必须要有一批科研人员从事科研管理工作，作为一名老党员，他二话不说就走马上任。他上任后第一件事就是建立科研档案。以前学校有很多的科研成果，但是却没有系统完整的记录，这要是时间久了，必然泯灭于历史的长河，留下一段空白。他立即组织人员认真梳理，逐一核实，完整准确地记录下从建校以来所有的189项重大科研成果，从项目名称、人员、奖项等记录得清清楚楚，明明白白，从此之后我校的科研成果记录日臻完善，有迹可循。随后他又将科研经费使用下放到课题组负责，让经费使用更加正规高效合理。

科研处部分老师合影，左三为吴小平

  1983年，吴小平被委以重任，担任副校长。在担任副校长期间，学校正处于发展比较艰难的阶段，作为行业院校，学校20世纪八九十年代，先后经历过电子工业部、机械电子工业部、电子工业集团、信息产业部等多家主管部门，科研经费和基建费很少。为了争取科研经费，吴小平经常赴北京出差，既要和主管部门汇报，同时又不断拓展科研渠道，和航天部及众多科研院所广泛接触，尽量争取科研经费。个中甘苦，吴小平并没有细说，但他为学校科研事业付出的汗水却留下了历史的印迹。特别是20世纪80年代他为学校积极争取第二批世界银行贷款的事迹，可以说是为学校的厚积薄发奠定了坚实的基础。

  改革开放后，世界银行为援助中国高校发展提供了一笔贷款。1983年，第一批项目执行完毕后，世界银行决定再提供第二批贷款。第一批贷款的学校都是当时国家教委的直属院校，第二批贷款国家教委决定主要给一些有代表性的行业院校。吴小平从电子工业部和国家教委获知此事后，马不停蹄地回到学校进行了详细汇报，并组织人员多方争取，还对应国家教委贷款办迅速成立了学校专门的贷款办，专门负责世行贷款事宜。学校任命吴小平为贷款办主任，实验设备处处长陈家祥、七系总支副书记张德镏为副主任，并抽调学校陈耕云教授、王明止教授担任国家教委贷款办专家组成员，和蒋锡民同志为工作人员。专家组主要负责指导购买什么样的设备以及合同谈判。为了争取更多的贷款，吴小平带领贷款办的成员专门到四川大学去取经。经过充分的准备，学校决定以建立计算中心、材料测试中心和微波测试中心为主要方案，这一方案得到了国家教委的高度认可，结果获得了450万美元的SDR（特别提款权），在第二批贷款高校中排名第二。有了这个450万额度的特别提款权，学校立即按照方案计划启动，在购买计算机设备等的谈判中，我校陈耕云和王明止教授也发挥了很大的作用，经过艰苦的谈判，结果对方给我们折扣为37%，大大超出了预期效果。学校一看还有余额，又借此良机建立了一个电路实验中心，当时规模是按1000名学生可以同时进行实验操作设计的，完全能够满足当时的学生需求，甚至还为宣传部购买了电视台设备和校办文印中心的设备。据吴小平回忆，最后实际用到了近600万美元。可以想象，如果没有以上四个中心的建成，学校的发展不知要滞后多少。

提起这么多年在校经历，吴小平感叹，1958年我校与成都电子学会等研制了电视广播系统，并在成都试播，从1958年做模拟电子计算机开始，我们国家最早的计算机我校都参与了其中的研究工作，最早的人工智能服务小姐也是我们曾经的成就，改革开放之前国家计算机所有的当家产品都有我们的研究成果。雷达、毫米波、微波器件……甚至在航天海洋等方面也有很密切的联系，在电子信息的基础理论和实际应用上都有很大贡献。吴小平说到这里很骄傲，为何我们能成为电子工业院校的排头兵？正是由于几代成电人无可比拟的成就与成电人共同的高标准、高追求。

吴小平在跟我们晚辈交流时，我们屡屡讶异于他的思路明朗、记忆清晰，热情言谈中依稀得见当年的风采。回顾过往人生经历，吴小平躬行践履、求实求真，科研技术在不断更迭创新，但不变的是每一代成电人精神火苗的传承与信仰。

提起对当今成电的期望，吴小平诚恳地表示，我们还需要更多实用性的产品研发，曾经的成电在基础理论和实践研发上成果辉煌，如今的电子科大更要迎着时代的风口，新时代的成电青年要把握住每一次提升自己的机会，在学习和工作中风雨无阻，无畏艰险，把脚踏实地的成电精神一代代传承下去。

吴小平接受成电拾光工作室采访

(作者：成电拾光工作室学生记者　栾奇峰　罗令　指导老师：邓长江)

铭记党恩　点燃理想——记电子科技大学原副校长吴小平教授

腹有诗书气自华
——记遥测遥控专家王蔚然教授

【人物名片】 王蔚然，1939年出生，共产党员。1960年毕业于成电遥控遥测专业并留校，长期从事教学、科研工作。中国电子学会遥感遥测遥控专业委员会委员，中国宇航学会自动化学会遥测遥控专业委员会委员，《遥测遥控》学刊编委，中国电子学会会士。主持完成了激光防撞雷达关键技术、相干式二氧化碳激光雷达系统关键技术、自适应技术在激光大气通讯中的应用、煤尘瓦斯爆炸试验巷道遥测遥控系统等十多个项目研究。获部级一等、二等、三等奖，以及全国科学大会奖等九项奖励。在国际光学工程学会（SPIE）会刊、《通信学报》、《电子科学学刊》、《光学学报》、《激光与红外》等学术刊物发表论文40余篇。2004年9月退休。

"粗缯大布裹生涯，腹有诗书气自华"，从初见王蔚然教授开始，这句诗便始终萦绕在我的脑海里，朴素的装扮难掩优雅的气质，岁月的流逝只见于形，未见于心。专访中王蔚然教授谈吐有力，言辞清晰，时而严肃认真，时而欢笑畅谈，把她与成电、她与科研、她与党的故事娓娓道来……

家风传承，少年心怀报国志

"我的家在东北松花江上，那里有……"在谈到家乡的时候，王蔚然教授唱起了大家耳熟能详的歌曲。"九一八事变"后，她的家乡沈阳沦陷。不愿做亡国奴，王蔚然的母亲带着一家人逃离东北，父亲也只身从工作单位出逃。战火滔天，家人无法互通音信，只能一边流浪一边寻找对方，从北到南，由东至西，几经周折，一家人终于团聚，在抗战胜利之前抵达成都。在成都逃难的情景和抗战胜利时人们兴奋狂欢的情景，给王蔚然留下了深刻记忆，至今还清晰如昨。

王蔚然的父母十分看重家风家教，对她和三个哥哥一视同仁，在学业、生活、做事等方面要求非常严格。在父母兄长的潜移默化下，年幼的王蔚然心里早早就根植了爱国抗日的情怀。王蔚然的父亲早年在北洋大学修读土木工程。在王蔚然的记忆里，父亲曾参加过滇缅铁路的修建，也曾投身修建抗日急需的成都凤凰山机场；之后，又积极投身于铁路修筑工作，先后参与了成渝铁路、宝成铁路、内宜铁路、成昆铁路等项目。在工作中，她的父亲尽职尽责，虽然身为负责人，却常常和工人们同吃同住，管理着大大小小的事务。王蔚然的父亲事无巨细、事必躬亲，因此积劳成疾，五十多岁便去世了。王蔚然教授回忆说："2008年汶川'5·12'特大地震，绵阳特大洪水，我父亲负责修建的涪江大桥丝毫未受影响，稳稳地立在水中，他心里应该很安慰吧。"父亲为国奉献、艰苦奋斗的精神影响了王蔚然的一生，成为她效仿的榜样。

安定下来之后，王蔚然从小学跳级考进了初中，后转至成都的华西大学附属中学。1956年的6月，到了高中毕业季，王蔚然的理想是学医，想报考医学院，但她的同学听到她这个想法纷纷摇头摆手，劝她不要浪费理科天赋，让她一时也变得踌躇起来。正巧当时华西附中推荐她填报成电，受父亲的鼓励与身为四川大学物理系学生的哥哥的耳濡目染，让她对电子科学萌生了好奇心。在学校推荐与家人鼓励下，王蔚然迈入了成都电讯工程学院的大门。从此，她与成电结缘，与成电共成长。从此振兴科技的理想之种在她的心中缓缓生根，报效祖国的理想之花在心中徐徐绽放。

惜时如金，风华岁月初启航

身为成电的首届学生，王蔚然等面临的是尚未竣工的艰苦环境，以及开创中国无线电事业的艰巨任务与使命。在尚未完工的主楼教室中，他们坐在一楼教室的土基上学习，手中的木板便是他们的桌椅；水泥地的学生宿舍里，如厕要去坑板式公用卫生间；泥泞的空地中，他们拿起锄头，担起扁担，背起背篓，自己动手参与学校建设……除此之外，大学伊始，课程学习任务便十分繁重，据王蔚然回忆：老师特别强调，电讯科学需要坚实的基础，一年级的数学、物理、化学、俄语、画法几何、理论力学、机械制图、马列主义，哪一门也不能忽视。即便如此，王蔚然却浑然不觉辛苦，心中满是老师口中的督导，眼里皆是书本里的知识。画法几何、机械制图、自动控制……一个个陌生而有趣的词汇，给她的生活带来了快乐与追求，"知识就是力量"在她身上得到了淋漓尽致的展现。

王蔚然及同学和王甲纲副院长一起参加劳动

　　整个大学阶段，在老师严谨的督导中，在良好的学风下，在对知识的无限渴求中，王蔚然一直在废寝忘食地充实着自己。家在成都的王蔚然，本可常常回家，却常常数周不回，一个学期回家的次数也是屈指可数。有一次，王蔚然父母因为她太久没回去，很是担忧与疑惑，便让她的哥哥到学校来探望。哥哥到了学校，正巧遇上背着书包上图书馆的王蔚然。看到此景，哥哥甚是欣慰又有些许无奈，只好折返而归。

　　时隔60余年，再次谈及大学时期的老师时，王蔚然仍能准确而熟稔地道出每位老师的名字与所教学科——教理论力学的郑家璉老师、教电工基础的张永烈老师、教数学的许鹏翔老师、教无线电技术的徐秉铮老师、教物理的林文忠老师……每位老师的授课情形历历在目，每位老师的谆谆教诲犹在耳畔，而且每位老师对知识严谨认真的态度也对她影响甚远。王蔚然甚至清晰地记得吴立人院长在开学典礼上的致辞：我们的学院是新中国第一所新型的无线电工程学院，学院的任务是培养电讯制造方面的高级技术干部，以适应国家经济社会发展等需求。正是吴立人院长与众多老师的言传身教，为日后王蔚然的成长奠定了基础，成为她不断攀登的动力。而各位老师的教导，也让她终生难忘，感恩在怀。

1956年9月29日，吴立人院长在开学典礼上讲话

闲暇之余，王蔚然也爱看书。《钢铁是怎样炼成的》一书，影响了他们那一代人，同样也给了她极大的鼓舞与力量。"人的一生应该这样度过，当我回首往事的时候，不会因虚度年华而悔恨，也不会因碌碌无为而羞愧，这样在他临死的时候可以说，我的整个生命和全部精力都已献给了世界上最壮丽的事业，为人类的解放而奋斗。"保尔·柯察金的话时刻鞭策着她，推动着她不断努力奋进，不断提升自我，这段话也成了她的座右铭。

日夜奋战，吃糠咽菜仍向前

1960年寒假期间，尚未毕业的王蔚然突然接到被抽调到遥控遥测专业教研室工作的通知，于是她立马回校报到，跟随指导教师投入科研工作之中。刚加入教研室，王蔚然被分配到了遥控组。当时的研究任务十分繁重，整个教研室都在日夜奋战：从LC滤波器，到多普勒测速用跟踪滤波，再到实际电路设计实验。初出课堂的王蔚然在老师的带领下，实际动手能力和分析解决问题的能力迅速提高，为后续的研究打下了坚实的基础。

1960年6月19日，王蔚然加入了中国共产党。她感到无比兴奋与自豪，从此更加自觉、更有动力地参与到国家的科研项目中去。记得刚入党不足一个月，6月30日（建党节前一天）的夜里，正投身于"七一"献礼的忙碌中的王蔚然接到一个小任务,去十几公里远的地方取回控制台面板。身为党员的王蔚然不敢有丝毫怠慢,马上跑去取面板。当时正值夜深人静之时,路上人烟稀少,从学校到市中心要经过一片农田,她穿过高高的玉米地,当时还是姑娘的王蔚然很是害怕,但想到自己已经是一名党员,这点困难都克服不了吗?她一边给自己打气壮胆,一边小跑,终于取回了面板,没有耽误献礼。

1961年,苏联专家从援建的工厂撤离,援建的产品、项目被搁置,需要抽调专业院校的教师与毕业学生支援工厂。王蔚然奉命带队前往719厂,开始了核对样机电路板元件参数与验证电路板及系统工作是否正常的任务。而当时正值"三年困难时期",王蔚然等人整日早出晚归,吃糠咽菜,任务繁重,异常艰辛。为期一年的支援工厂任务并没有让王蔚然因处境艰苦、任务艰巨而退缩,反而让她意识到国家缺乏专业性技术人才的现状,也让她对自己所担负的责任有了更深层次的认知,对用所学改变现状的决心更加坚定,对用科技报效国家的担当更加自觉。

返校后,王蔚然又立马投入毕业生专业实验课的教学准备中。这是王蔚然工作后参加的第一项教学任务。为提高教学能力,教研室主任给青年教师布置了暑假期间完成一项学生毕业设计的任务。王蔚然按照指定的题目,整个暑假把自己关在房间里,废寝忘食、夜以继日地完成毕业设计。从攻读有关控制理论的文献和资料,到完成有关的理论分析系统和电路设计,再到进行闭环角跟踪控制系统模拟实验,到最后完成论文撰写。短短一个暑假,做到了一个新项目从零到一、从无到有的突破。功夫不负有心人,答辩会上,王蔚然的毕业设计成果得到了老师们的一致肯定。

通过了教研室老师的考验后,王蔚然正式走上讲台。当时的遥控遥测教研室作为一个新兴专业教研室,所有的课程设置、专业教材、毕业论文指导均是从零开始。在杨鸿铨老师"任务促进专业成长"的理念引领下,教研室的教学系统不断成熟壮大,王蔚然也从一个初出茅庐、所知甚少的大学毕业生,成长为一个专业过硬、桃李满天下的优秀教师,为国家的相关单位培养出了一批又一批的人才,为当时国家科技建设做出了自己的贡献。

随着教研室工作步入正轨,1964年7月,240科研室成立,内含四个课题组。王蔚然在杨鸿铨老师的自适应控制技术组从事课题研究工作,同时担任科研室秘书,负责日常工作。当时科研室的四个课题组均居相关专业学术前沿地位,杨鸿铨教授等人秉持着"科技带动教学"的理念,结合本专业教学工作,开展前沿课题研究,与毕业生论文设计有机结合,在提升毕业生专业能力的同时,提高自己的学术水平。

当时，王蔚然从事的自适应控制是新兴的控制技术，经过了反复的设计改进与模拟实验，却尚未完成之际，因1965年参加的"四清"工作终止。1966年随之而来的"文化大革命"，又让王蔚然所在组的"红旗二号晶体管化"项目刚刚起步便被扼杀在摇篮之中。接二连三的打击与阻碍，并没有让王蔚然退缩不前，1969年，王蔚然又毅然参加到另一个重要项目的研制工作中。王蔚然被分在总体组，他和卢铁城两人承担其中一项功能模块设计任务，负责并圆满完成了跳频抗干扰组合的方案设计和实验研究。

边学边干，遥控系统终建成

1974年，因"文化大革命"被撤去的教研室重建后，在杨鸿铨老师带领下的教研室立马承接了一个项目，王蔚然又投入科研中。当时王蔚然与同事王昌铭老师负责主研一套急需的可以按预定要求和时序控制一系列测试设备启动工作的程序仪，并获取相关实验数据。项目要求使用新推出的TTL数字集成电路实现仪器的便捷化、小型化。项目来得很突然，要求研制周期为2~3个月，时间紧，任务重，技术新，这对他们来说无疑是一个巨大的挑战。这是他们第一次接触并使用TTL数字集成电路，从一点点熟悉芯片、数码显示、继电器等的性能和使用方法，再到能够进行逻辑设计、制版、调试等工作，最终如期做出了灵活可靠、可供使用的程序仪，此次项目为王蔚然以后实现更复杂的逻辑设计奠定了基础。

紧接着教研室又承接了一项新的研制任务。王蔚然等人所研制的程序仪可以暂时解决继续试验的问题，但当时最需要的是研制一套特定的无线电遥控系统，即指挥中心的遥控系统主控站，通过控制指令控制各分控站，分时分段测量记录整个试验过程需记录的全部实验数据。并且除了必备的各项功能外，全部指令的收发传送需具备极强的抗干扰、抗错码能力，做到宁漏无误。于是更高强度的任务来了。教研室全体成员火速行动起来，由高家彭老师拟订总体技术方案，每个任务明确分工到个人。王蔚然的研制任务是负责主控站控制指令码的生成、控制与数字显示，宽窄码的形成与解码，指令码的频调与解调三个方面。任务下达后，王蔚然不敢怠慢，一点一点地学理论，一步一步地做方案，一心一意地做试验，从启动至试验并交付使用，总共耗时不到两年时间完成全部研制。王蔚然骄傲地说，该研制项目是在无任何参照情况下，完全根据研制任务的一项项要求，使用国内最新推出的TTL数字集成电路，自行设计研制成功并投入使用的一套稳定、可靠、先进的设备。

王蔚然等人的努力，得到了国家肯定和社会认可，他们所研制的系统于1978年荣获"全国科学大会奖"（当年学校共五项获奖，另有一项和工厂合作）。

而在当时，王蔚然家里的生活条件很艰苦，家住筒子楼，过道上放着蜂窝煤炉子。她除了科研任务外，还需要照顾自己的家庭。而每次陪孩子在校园玩耍之时，每次结束一天的忙碌准备睡觉之际，王蔚然脑子里想的都是研制任务的一个个问题。就是在这样的情况下，王蔚然成功完成了所负责的每一项任务。高家彭老师对王蔚然此次工作的评价是"认真负责，精益求精"。而正是王蔚然这样精益求精、刻苦钻研的科研人员，才能急国家之所急，解国家之所需。

六年一剑，爆炸试验告成功

在上个项目接近尾声之际，教研室再次承接了煤炭部重庆煤研所为拟建造的中国首条煤尘瓦斯爆炸试验巷道配套的爆炸试验用的遥测遥控系统的研制任务。与上一个项目一样，该项目也是在无参照情况下，针对特定的对象及使用场合自行设计和研制，根据用户的要求完成测控任务，并能提供满足现场实际使用且安全可靠的整套系统。因此实施过程中必然存在各种前所未见的难点。当时的王蔚然，一边撰写前一个项目的技术报告和使用说明，一边参与新项目的方案拟定与论证工作。对于王蔚然来说，一边是刚刚完成的指令控制，一边是瞬变信号的遥测数据处理、数据的数字磁带记录和重演，以及负责主控台总体等任务，且当时主控台工作仅有三位老师，还没能喘口气便重新投入高强度的工作。既然是国家所需，便要拼尽全力。

煤尘系统所面临的问题，除了未知的各种技术难题外，还有工作环境恶劣、合作双方专业相差大、技术问题沟通难等挑战。而王蔚然等人所完成的工作，既有技术性强的，又有工作繁琐而量大的；既有攻坚克难的，又有精细而重复的；既要解决理论性强的问题，又要解决现场突发的实际问题……为在关键问题上取得共识，科研人员进行了多次现场试验。在初次现场试验时，由于当时技术限制问题，对数字化控制台等设备的供电须为弱电，而煤研所研究人员因为专业不通，并没有意识到问题所在，选择了同电网220伏短路方式引爆，引爆的瞬间对同网供电的控制台、接收机造成了极大的破坏性损伤。这次爆炸给项目带来不小的损失，进度拖慢，但也让他们及时意识到专业不通问题的严重性，在此后的专业性问题上便更加小心谨慎，认真负责地把相关技术教给煤研所工作人员。

煤尘瓦斯爆炸试验站遥测遥控系统控制台

  当时的生活和工作条件也十分艰苦，王蔚然等参研老师的月工资仅40~50元，且加班加点出差均无补贴。王蔚然等人曾多次前往重庆清水溪试验站联试。七月酷暑之时，严寒腊冬之际，炎炎烈日之下，狂风骤雨之夜，他们都要居住在几间只有床具的小屋内，露天洗漱，食堂就餐。而在项目检验性爆炸试验阶段，他们还需要每天往返于煤研所和清水溪实验站，每日步行上下山，磨破了鞋袜，磨肿了双脚，也未曾有丝毫怨言。是什么力量支撑着王蔚然等人在如此艰苦的工作条件下，牺牲个人家庭生活，放弃出国进修的机会，为这项艰辛繁琐不知多久能成功的项目勤勤恳恳、兢兢业业地投入了六年时间呢？我想这就是他们始终牢记心中的艰苦奋斗，为国奉献的无私精神吧！

  从1976年2月项目起步，经历了方案评审、巷道建造、设备安装、多次爆炸试验、半年试用，到1982年5月投入实际应用，耗时六年多的项目终于画上了圆满的句号。而试验站一经投入使用，其自动化、数字化、传输方式等先进性能便吸引了国外同行极大的兴趣。日本、波兰、加拿大、美国等国家相关人员纷至沓来，进行参观并请求技术合作，可见由王蔚然等人主研的该设备已步入国际先进行列，也提升了我国电子科技专业的国际影响力。此项成果于1982年在北京电子工业部产品展览会展出，获极高评价，并于1983年荣获电子工业部科技成果一等奖。

煤尘瓦斯爆炸试验巷道遥测遥控系统荣获电子工业部科技成果一等奖

当被问及面对这些急、重任务的感受时，王蔚然淡然笑道："当时是形势所迫，我已习惯了任务带动式的工作模式，经常是在学中做、做中学。生活艰苦，任务艰难，但追求进取成功的过程非常愉悦。"

勇于探索，丹心未泯创新域

1983年，学校强化基础学科教学，淡化专业教学，遥测遥控教研室全部并入应用物理所第三研究室。王蔚然加入了杨鸿铨老师的小组，跟着杨老师主持申报了"自适应技术在激光大气通讯中的应用"课题，由此进入了一个全新的领域——激光光束的跟瞄。

王蔚然老师（左三）和杨鸿铨老师（左一）合影

最初接触激光，王蔚然带着杨老师的两名研究生一起从零开始，从微弧度量级激光的光束入手了解，层层递进，逐步深入。实验室刚刚成立，没有光学系统实验的条件，王蔚然就带着学生配置光具座，安装电源，搭建实验环境。研究工作开展一段时间之后，他们遇到了第一个难关：当时有关大气湍流对 10.6 微米激光大气通讯光束跟瞄影响的资料少之又少，只有一篇针对 10.6 微米空间通讯有光束跟瞄系统的文献，然而空间通讯并不通过大气传输信号，不受湍流的影响，文献的参考价值大大降低，更是让研究进程雪上加霜。王蔚然深知，唯有实际观测才能填补这方面认识上的空白，她一咬牙，拖着抱病未愈（哮喘性支气管炎）的身体登上一级级台阶，喘不上气的时候便站着歇一会，就这样强撑着爬到老图书馆书库顶楼上面，才进入激光大气通讯实验室，实地了解、感受到大气湍流对激光传输的影响力度很大，不容忽视。当然，还有更多的问题：如何控制光束的导向？如何提取控制信号？激光器的稳定性对实验结果有什么影响？他们一边研究一边试探，终于将所有问题完美解决。四个人，两年，在小小的实验室中，研究出了两种跟踪体制，外加 45 度粗搜索镜的实验系统，这些成果为后续课题组探索激光应用方向奠定了坚实的基础。这套系统非常成功，在演示过程中，如果目标束被人为偏转，瞄准器也会调转方向，保证始终瞄准目标束。第一研究室的乐时晓老师忍不住惊叹道："简直不敢相信！你们四个人就能完成国外一整个研究室才能做出的项目！"

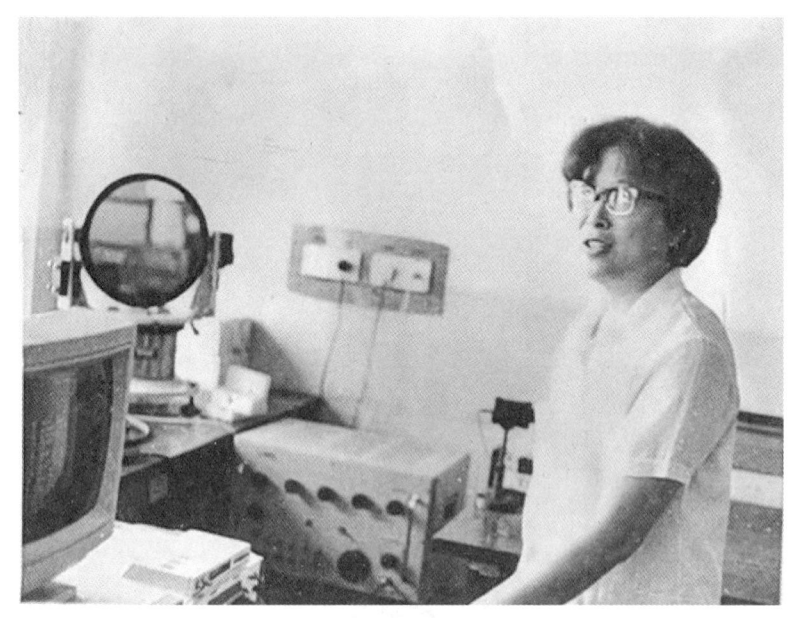

王蔚然老师在做偏转实验

上一个项目告一段落，王蔚然每天都在思索着激光应用新的方向，下一个项目研究什么，什么才是国家特别需要的。某次学校组织出游时，王蔚然站在山顶上眺望远方，突然灵光乍现：遥远的山峰凭借肉眼很难看到，如果能利用激光拓宽人们的视野就好了。她把此设想告诉了小组的其他人，大家一致决定先尝试一下，于是把激光向天花板发射，在接收点收到了强烈的信号，由此验证了机器可以接收激光漫反射回波信息。理论成立，实践开始，自1985年申报"激光跟踪成像技术研究"课题起，大家分工明确，各司其职，兢兢业业，王蔚然带着杨鸿铨、陈维荣负责研究激光成像，刘鸿展设计计算机接口，杨小丽配置扫描器……历时不到两年便成功创建了激光二维扫描成像实验系统。成像结果显示出来的那天，大家迫不及待地把实验室里的东西都放在机器上，杯子、花盆、钢笔……杨鸿铨老师得到消息立刻赶过来，也写了一个"光"字放上去，看着不同的图像一点一点地呈现在显示器上，设想实现了，王蔚然心里充满了无法言说的喜悦和自豪。

短暂的庆祝后，王蔚然认为系统可以优化的空间还很大，例如，转鼓扫描时空利用率不够高，导致成像花费的时间过长，严重拉低了工作效率。为了寻找更合适的扫描器，王蔚然广查资料，搜寻到一种角偏转器。她不辞辛苦奔波于全国多地，功夫不负有心人，终于在上海的一家研究单位找到了可用于扫描的角偏转器，后经过全面细化研究，研制出成像速率达到 1/0.8 帧/秒的半导体激光成像系统。

实验所用的实物和激光成像

1990 年，经专家鉴定，王蔚然小组研究出的半导体激光成像雷达具有成像轮廓清晰、分辨率高、效率高，不仅填补了国内技术空缺，比肩国际先进水平，还推动了我国大功率半导体激光器的飞速发展，这项成果获得了 1992 年机电部科技进步三等奖。有了二维成像研究做基础，进一步获取三维成像，将研究推向应用层面变成了小组新的任务。1990—1995 年，小组将重心转移到了相干式二氧化碳激光雷达和三维成像技术上，均取得了可喜成绩，证实了远距离激光成像雷达的可行性，获得了 1997 年电子部科技进步三等奖。

相干式二氧化碳激光雷达和三维成像技术

王蔚然教授的两项获奖成果

获奖不是终点，王蔚然的理想目标是解决国家的需求问题。从 1993 年开始，王蔚然准备着手申报一项"九五"科技任务。搞科研不能闭门造车，她多次到有关单位调研，以寻求激光成像雷达的最佳应用切入点。经过周密的调研、分析，科研小组确定了研究应用领域。"还清晰地记得，我去成都的一个单位调研时，单位负责人对我们的项目表现出极大的兴趣，热情地邀请我们亲身体验当时相关设备功能上的缺陷。"这番经历更加坚定了王蔚然他们用三维图像即时、直观、清晰地现呈现障碍物的决心。从 1995 年开始上报任务书，到 1996 年正式立项，到 1998 年 5 月系统初步研制成功，进入野外试验阶段，项目取得了较为满意的结果。

新研制的系统采用了新推出的奔 166 处理器，攻克了刚出台的 PCI 总线技术，成像速率达到 1 帧/秒，实现了与扫描同步实时探测、实时定位，将从数据采集到成像显示，系统所需时间延迟最小化，还提供了多项功能供选择。凝聚了大家的精力和智慧，该项目荣获 2001 年部级科技二等奖。

不忘初心，精神之火永相传

醉心科研数十载，王蔚然教授用亲身经历向我们阐释了艰苦奋斗、勇于创新的科研精神。记得 1993 年年底，到北京跑项目的王蔚然因为冬天路滑不小心还摔了一跤，结果骨折了，在北京医院躺了三个月……

潜心教育，桃李万千，从 1982 年起至 2002 年，王蔚然教授带出了硕士生、博士生共 36 名，她的一些学生继续留校从事教育行业，使得成电精神代代相传，绵延至今。从电子科大退休后，王蔚然教授还积极投身于社区管理服务，并且仍然从事着关心教育下一代的工作，时常建言献策，曾两次被离退休党委评为优秀党员（2007—2009 年度、2012—2014 年度）。78 岁的王蔚然老师又加入成电故事讲师团，为一届又一届的成电新生学子讲成电前辈的创业和科研奋斗故事，传承着成电精神。

在谈到给青年人的寄语时，王蔚然教授给我们传经送宝：第一点是要"学中干，干中学"，不能因为没有接触过相关知识而放弃机会，毕竟知识可以通过学习弥补，而机会难以失而复得；第二点是要志存高远、脚踏实地，把个人的追求融入党和国家的事业中，否则做出的项目很难有生命力。在像王蔚然教授一样的老一辈成电人的殷切关注下，成电后生一定会进一步传承弘扬成电精神。正所谓：江山代有才人出，成电后浪催前浪！

退休后王蔚然教授两次被离退休党组织评为优秀共产党员

王蔚然教授

王蔚然教授接受成电拾光工作室采访

（作者：成电拾光工作室学生记者　余雨茹　冯硕　指导老师：邓长江）

笃志穷理　毕生为"芯"
——记功率半导体器件与集成电路专家李肇基教授

【人物名片】 李肇基，1940年9月生，四川内江人，1992年起享受国务院政府特殊津贴。14岁获全国少年儿童工艺作品奖，1958年保送成电半导体专业，毕业留校工作。1982—1984年在美国佐治亚理工学院做访问学者。1992年晋升教授，2006年退休后返聘。曾任校微电子所所长、校科协副主席、省科技顾问团第二届顾问、省电力电子学会副理事长。获国家计委、国家科委和财政部联合表彰的"国家科技攻关"先进个人称号等。他长期从事功率半导体器件与集成电路研究，主持国家自然科学基金等重点项目等10余项。发表SCI论文150余篇，其中IEEE T-IE、T-PE、EDL、T-ED等100余篇，授权中国发明专利和美国专利50余项。荣获国家科技进步二等奖和三等奖、国家发明四等奖、四川省科技进步一等奖、教育部自然科学二等奖等多项。出版《功率超结器件》《功率半导体器件优化技术》等专著。

少年获奖点燃"芯"之火

小学童大家庭

李肇基出生在四川省内江市的一个15人的和睦大家庭，他是家中的长孙，从小受到了一大家子人的宠爱。80多年后，他仍记得父亲坐在床上教他唱《卖报歌》的情景。李肇基的父亲李俊龙，于20世纪40年代在内江器材库做职员，1945年日本投降后，整个器材库迁至天津，他父亲便留在内江。李肇基自小活泼聪慧、思维敏捷、家教良好，父亲鼓励他好好学习，立志成才。在李肇基的家乡，大家认为，早上学的孩子以后会更有成就，于是四岁的他就开始念私塾，学《三字经》《百家姓》等启蒙文章。学堂离家三公里左右，路不太好走，下雨的时候，他就由三姑背着去上学。为了生计，李肇基跟着家人多次辗转，先后上了五所小学。辗转的求学生活，让他有了与众多同学交往的经历，也接触了不同老师的教学方法，培养了他独立生活的能力和活跃的思维。

小发明大奖章

1952年，李肇基考上了全省首批十四所重点中学之一的内江市第二中学。在初二的时候，自己动手完成了第一个"作品"矿石收音机。经过多次失败后，终于收到了四川省广播电台的声音，当声音从自己做的收音机里播出来的那一刻，科学的光芒一下子就照亮了他的脑海，简单的几根导线和一个矿石连接后，竟然可以听到声音，真是太神奇了！

内江二中初中全班的毕业合影，二排右三为李肇基（1955年）

李肇基回忆说，物理老师刘义昌是指引他走上科学道路的领路人。刘老师是北方人，教物理，做过英语翻译，他的物理课生动有趣。在刘老师的影响下，李肇基很快就喜欢上了物理。那时候学校有课外兴趣小组，如物理组、化学组、生物组等，李肇基参加了物理组，后来刘老师还组织大家参加少年儿童工艺作品制作活动。

在刘老师的指导下，李肇基开始设计制作自己的电磁式电流计。他一丝不苟，仅电流计的指针运动设计就数易其稿。这个电流计被学校选送到成都参评。不久刘老师当着全班同学的面非常兴奋地宣布，李肇基获得了全国少年儿童工艺作品奖，且整个内江市只有两名同学获奖。颁奖在内江市川剧院举行，仪式非常隆重，观众席上是从各学校选派来的上千名同学，整个川剧院挤满了戴红领巾的学生。李肇基第一次看到那么多人，敲锣打鼓，无数双羡慕的眼睛注视着他，他心想：原来小孩子也可以获大奖！戴上"全国少年儿童工艺作品奖章"的李肇基激动万分，科学的种子就此播下。同时他还获得 5 元奖金，他用奖金买了一件非常厚实的浅咖啡色的绒衣，一直穿到 20 世纪 70 年代末。

几十年后李老师回忆说，这是他的第一个"国奖"，获奖的喜悦不亚于后来的三次国奖。这是他人生的重要里程碑！从此，他便与"电"结下了不解之缘，为以后的功率"芯"之梦埋下伏笔。

2021 年刘义昌老师和李肇基视频通话

2017 年李肇基与高中同学合影

小芯片大梦想

获奖后李肇基更加努力学习，表现活跃，在高中二年级时任校广播站站长。有一次，学校的扩音器坏了，请了全内江有名的张师傅来修理。张师傅打开机器，里面的线路，密密麻麻，红红绿绿，简直像蜘蛛网，太复杂了！李肇基不知道哪儿是收音部分，哪儿是扩音部分，这给李肇基留下非常深刻的印象，将他引向了一个复杂的"电路王国"。李肇基恨不得每一个问题都向师傅请教，可是张师傅聚精会神，没空搭理他，但这让他更加好奇。高中毕业时，李肇基获得大学保送资格，他毫不犹豫地选择了成电。成电，这所由周恩来总理亲自部署建立的新中国第一所无线电大学，开启了李肇基人生的梦想，也开辟了他人生的新篇章。从此，他把毕生精力献给了成电，谱写着成电的乐章。

进入成电半导体专业后，他正式开启了功率"芯"之旅，从此一辈子就与半导体"芯"打交道。大学开始李肇基就担任了班支部书记，大二时在学长陈艾指导下，组织全系同学，将到金堂县的劳动生活改编成歌舞剧《大丰收》，在成都剧场演出，大获成功，并获得了成都市奖励。可能也正由于这一件事情，促成他后来任校文娱部副部长。

李肇基（三排左四）与大学老师和同学合影（2008年）

李肇基的毕业设计提前进行，由系主任毛钧业教授亲自指导。毛教授是一位淡泊名利、谦虚谨慎、德高望重、学术精湛的好老师。他的毕业设计的题目是"晶体管最高振荡频率 FM 研究"。这个题目课本上没有过多的资料，只出现了"晶体管最高振荡频率 FM"几个字。在毛教授的指导下，他翻遍图书馆，只找到王守觉院士 1962 年发表于《物理学报》的一篇参考文献《关于晶体管最高振荡频率有关因素的测量分析》，他如获至宝，仔细阅读、深刻理解，并将其中复杂的理论推导与实际器件结合，自己设计了测试电路，完成输入端和输出端的共轭匹配，最终获得器件的最高振荡频率特性。在整个一学期的毕业设计过程中，毛教授与李肇基每周讨论一次，毛教授注重启发他的独立思考和分析解决问题能力。这种启发式教学让李肇基终身受益，也逐步形成他以后几十年"鱼渔兼授，注重启发"的传道授业风格。最终，他在毕业答辩中表现优异，受到答辩老师的一致好评。后来他毕业留校，第一件事就是将毕业论文整理为"最高振荡频率 FM 实验"指导用书，并为学生开设了一个新的实验课。李肇基回忆起当年的毕业设计不胜感慨：那就是一个完整的研究过程，为后续科研奠定了良好的基础。

大浪淘沙日月映初"芯"

几多艰辛苦寻觅

李肇基在 1963 年毕业后的 20 年间，经历了很多的事情。1965 年，他与张开华、胡思福老师与辽宁省锦州半导体厂合作，首次见到了光刻、扩散等设备与工艺，了解到我国工艺水平与国际先进水平相差不远，觉得半导体研究大有可为。然而，刚起步的工作因为"文化大革命"的到来很快就被打断了。1966 年 11 月底，李肇基与周毛兴、郭映章老师及四名同学组织了"长征队"，从沙河校区主楼出发，历时一个月，徒步到延安，亲身感受了"长征精神"。12 月的秦岭漫山冰雪，他们翻越秦岭时大雪没膝，走路时出汗，休息时感到特别冷，尼龙袜烤火后就脱不下来，非常难受。这使他更加感受到真正长征的艰苦！

李肇基积极地参与教学科研工作。他与陈星弼老师和学生到成都无线电三厂，参加半导体平面工艺生产劳动。1971 年学校招收文革后的第一批工农兵学员，李肇基承担 7132 班的上课和辅导任务。7132 班全班共有 60 人，由于同学基础知识差距大，分为快、慢班进行教学。慢班有 15 个人，其中有位同学叫林光和，来自学校附近的军工厂，家里非常穷，没有鞋穿，上大学以前，曾参军入党，初中一年级都没有念完。李老师问他："1/2 加 1/2 等于多少？"他说："等于 2/4。"问他："为什么？"他说："分子加分子，分母加分母。"李老师就耐心地教导,给他打了个比方:"1/2 相当于两人分一个饼,每人分多少?"林光和说:"分一半。""那么半个饼加半个饼是多少?"李老师问。他说:"等于 1。"好,这就明白了。四年间,李肇基老师循循善诱,经常辅导他们到深夜,与同学有很多类似的交流,希望他们学有所得。林光和毕业后,又回到了工厂,先后担任车间支部书记和厂党委副书记,成为该厂领军人才。大学四年,李老师与同学们结下了深厚的情谊。毕业至今,林光和几乎每个春节都会拜访李老师,真是四年师生半世情!1974 年,李肇基与沈铎老师带领 7132 班的 13 个毕业生到上海无线电十九厂进行毕业设计,他们的任务是设计和制作市场需要的新产品,包括 4 位移位寄存器、108 位只读存储器和 JK 触发器。当时上海无线电十九厂是全国最大的集成电路芯片厂家之一,这是李肇基真正的"芯片之战"。1975 年,李肇基与艾亚男和贺山林等老师,自己动手粉刷了微固楼二楼的几个大房间,搭建工艺流水线,开展 CMOS 器件与集成电路实验工作。1977 年,李肇基和张开华老师与计算机系的刘锦德、袁宏春等老师赴四川永川(今重庆永川区)的二十四所参与了美国公司的 N-MOS 型 M6800 微处理器系列的存储器剖析工作。1982 年,李肇基与艾亚男在《成都电讯工程学院学报》发表首篇论文《Poly-Si/SiO2/Si 系统的扩散分析》,从理论与实验论述了三层系统二氧化硅最小掩膜厚度问题。李肇基教授回忆说:"到 1981 年,大学毕业后的近二十年,可谓筚路蓝缕,几多艰辛,先后进行了工艺、器件、电路多方面的工作,但始终方向不明,难成正果。目标,在迷途中摸索;研究,在摸索中前行。"

千锤万击淬真金

改革开放以后,国际交流渐增,李肇基迫切想出国开阔眼界,提升自己,但他的出国之路却一波三折。最开始学英语准备去美国,后来学校要改派他到日本,其中最大难题就是语言。此前,李肇基从未学习过日语,怎么办呢?于是 40 岁的他改学日语,他从最简单的"これは何ですか(这是什么)"的短句开始跟着广播电台学。后来,教育部将他们集中到广州外语学院,进行了为期 4 个月的日语培训,并进行了分班测试,根据成绩分慢班和快班。没想到,他测试成绩很不错,直接进入日语为第一外语的快班。李老师回忆说:"做梦都在说日语,头发白了一大片。"功夫不负有心人,他顺利通过日语考试。后来又发生了一个插曲,学校有一个到美国佐治亚理工学院学习的名额,李老师觉得这是一个机会,因此又萌生了到美国留学的想法。1982年元旦前,他出差到北京,多次辗转沟通,终于争取到去美国的机会,但领导要求必须再次通过全国英语统考,合格后才能去美国。李老师喜出望外,可是马上就犯难了，一年来一直在学习日语，完全没碰英语，此时离出国英语考试仅有 15 天，怎么办？后来在电子工业部教育局有关领导的帮助下，他借来了英语的托福资料和录音机，元旦期间，一个人在北京三里河招待所里苦攻英语。在各方的支持和帮助下，他终于通过了英语考试，并做好了出国留学前的各种准备，作为访问学者来到了佐治亚理工学院。李肇基来到位于美国佐治亚州首府亚特兰大的佐治亚理工学院，经过两个多月的英语学习后，开始了短沟道器件的热载流子研究。当时，热载流子效应已成为影响超大规模集成电路稳定性的关键因素，但早期研究忽略了二氧化硅中电子俘获作用；虽然提出热电子衬底电流与栅电流之间的对数线性关系的公式，但是在注入栅电流较大时出现了偏离线性关系。他深入研究沟道中强电场的作用，考虑了二氧化硅中电子俘获的影响，导出硅-氧化硅界面包含肖特基镜象力、隧道效应及电子俘获三者作用的势垒高度，推得包含电子俘获作用的栅电流随时间变化的关系式和热电子衬底电流与栅电流之间的解析表达式，发现两电流之间的对数关系可能是非线性的、准线性的或线性的。从而，从理论上解释了栅电流较大情况下，两电流间的非线性对数关系。同时，他还接触了 SPICE 仿真软件，该软件当时在国际上应用并不普遍，在国内还没有相应的程序，所以他学习非常认真，与朋友 H. L. Wiedserpahn 进行讨论，用 SPICE 程序设计与仿真了一种自动选举系统电路。回校以后，他在全国较早地开办了 SPICE 学习班。

李肇基在佐治亚理工学院（1982 年）访学期间

李肇基与同事讨论

在与美国朋友的交往中，Jim Frasher 和 Ramona Frasher 这对教授夫妇对李肇基产生了终生难忘的影响。这对教授夫妇的祖辈几十年前从德国来到了美国，Ramona 夫人是英语副教授，中文很好。夫妇两人性格开朗、友善，对中国朋友很友好。相识不久，夫妇两人每周五晚上开车接李肇基到家，教他英语，给他讲故事，还邀请他一同赴佛罗里达参观，李肇基与他们建立了深厚的友谊。回国后，他们几十年保持通信，教授夫妇还三次到李肇基家中做客。2008 年李肇基与博士生乔明赴佛罗里达的奥兰多出席功率半导体领域年会 IEEE ISPSD，夫妇二人还接他们到家畅谈。

李肇基在美国的两年时间里，开阔了视野，学到了先进的专业知识，获得了国际友谊，为回国开展科研奠定了良好的基础。回忆到这里，李老师感慨地说，家是逐梦的港湾，他一直感激他的夫人殷明玉老师。殷老师是成电计算机学院的副教授，主要讲授"操作系统"一课，还参与了许多项目。李肇基在美国的两年时间里，殷明玉不仅要上班，还要照顾老人和孩子，非常辛苦。有一次，殷老师要到很远的科研单位上课一周，只能把孩子放到邻居陈老师家里。李肇基说："我非常感激陈老师对我们一家的照顾。我的夫人也特别温柔体贴、善解人意。我夫人一直在默默撑起这个家，特别是我在美国的两年时间。我的军功章的一半属于她。"两位老人陪伴 56 个春秋，同甘共苦，相濡以沫，诠释着"执子之手、与子偕老"的真谛！

1982年李肇基在 Jim Frasher 和 Ramona Frasher 教授夫妇家中

李肇基和夫人殷明玉

李肇基一家人 　　　　　　　　李肇基参加孙子学校活动

美国朋友到李肇基家做客（1990年） 　　2023年集成电路学院老师到李肇基家做客

笃志穷理勇攀"芯"高峰

十年磨剑，迈向功率"芯"

1984年李肇基归国后，三系主任陈星弼教授向他阐述了功率半导体器件研究方向的三点设想：一是学习有关方面的知识，包括功率器件知识和参考文献资料；二是争取项目，并说这是当务之急，因为当时系里还没有一个相关科研项目，全国又没多少人了解新型功率半导体器件，所以争取项目非常困难；三是建立微电子研究所。在陈星弼教授的带领下，崭新的研究方向逐渐变得清晰，并在成电萌芽扎根。经过电子工业部批准，1984年6月微电子研究所成立，陈星弼教授担任所长，挂靠三系。1986年为满足学科发展需求，微电子所独立成为一个行政建制。1986年第六个"五年计划"开始，李肇基陪同陈老师到北京去争取科研项目。向领导汇报工作的时候，一般人都没听说过新型功率器件，不太理睬他们。而且，当时全国还有另外一位研究功率

器件的陈老师叫陈启秀，是浙江大学的。在陈星弼老师回国前，那位陈老师在全国已经小有名气了。李老师他们来回跑了几次，最后还是陈星弼老师联系了他认识的一位管科研的负责人，几经辗转终于争取到了 2 万元的一个项目。经过 1984 年到 1988 年几年时间的努力，功率半导体器件研究在成果、人才队伍建设和经费几个方面，都取得了良好的进展，因此准备在国家第四批学科点的评审时，申报"半导体器件与微电子学"博士点。为了积极筹备申报工作，李肇基与研究生院的黄香馥老师一起去北京出差。夏天的北京非常热，在拥挤的公交车上，黄老师穿着短袖衣、背着一个包，两手扶在公交车拉杆上。这一幕让李老师深受感动，成电精神就这样不知不觉被传承了下来。后来李肇基又不断奔走，多次到其他单位学习申报经验。为了整理好博士学科点的材料，微电子所办公室主任羌定金老师花了不少工夫，他作得一首好文，写得一手好字，整理的材料既丰富又整齐。经过各方共同努力，1989 年 11 月，刘盛纲校长宣布，成电新增了两个博士点，分别是以陈星弼教授为导师的"半导体器件与微电子学"和以张有纲教授为导师的"电子材料与元器件"。

李肇基与半导体专业部分教师合影（20 世纪 80 年代）

陈星弼院士创建了电子科技大学微电子研究所，在我校开创了功率半导体器件研究方向。他治学严谨、勤奋拼搏、极富创新精神。他一生一事，笃志穷理，从 1959 年 7 月在《物理学报》上发表的第一篇论文《关于半导体漂移三极管在饱和区工作时的储存时间问题》，整个一生所研究的问题和发表的论文都是关于晶体管物理和特性问题的。陈老师工作非常刻苦，没有节假日，也没有休息日。有一年除夕的上午，他一个人来到实验室工作。1989年前后，他发明了复合缓冲耐压结构，并在 1993 年申请了美国专利，此发明后来被称为"超结"，被誉为"功率 MOS 的里程碑"，是 IGBT 发明以来功率半导体领域最具创新性和重要性的概念。李肇基回忆说，陈老师既注重创新，又要求严谨。1991 年他探寻最佳表面变掺杂问题，发现分成三段的均匀掺杂的最大电场已很能逼近最佳表面变掺杂的结果，并在李肇基和张波协助下用计算机求公式各系数的数值解。在回复审稿意见时，陈老师仅论文中给出的电场分布函数曲线和详细注解，就花了两个多月才完成。该文经过近两年的修订才发表于国际期刊 SSE。

1996 年李肇基获国家发明奖　　　　　1998 年李肇基获国家科技进步奖

十年磨一剑，经过大家的努力，陈星弼作为第一完成人，李肇基作为第二完成人分别于 1996 年和 1998 年获得了国家发明四等奖和国家科技进步三等奖。李肇基也由于多年工作取得的成果，1992 年被评为教授，1993 年由国务院学位委员会审核批准为博士生导师，这是该委员会第五批审核批准博士生导师，也是最后一批。

昂首阔步，功率团队走向国际

微电子所不断发展壮大，先后建成了三个研究室，包括器件物理室、集成工艺室和 CAD 研究室。1994 年 11 月至 2001 年 11 月，李肇基教授任微电子所所长，兼任微电子科学与工程系副系主任。系和所是一块牌子，当时的领导班子包括谢孟贤、郭蜀燕、张庆中、李平、张波等，大家都很团结合作，每个礼拜共同讨论一次，然后分工协作，效率高，心情也很舒畅。李肇基一直负责微电子所 CAD 研究室，开始时 CAD 研究室只有俞永康、张波和方健几位老师及博士生、硕士生，大家挤在微固楼后面的小二楼，地方实在太小，但正是这微弱的"星星之火"，如今却成燎原之势——功率集成技术实验室的建成正源于当时的微电子所 CAD 研究室。

美国朋友参观 CAD 研究室（1990 年）

李肇基参加国家重点部门微电子专业组工作（2006 年）

2000 年前后是功率集成技术实验室发展的一个重要节点。1999 年年底，张波老师举家从美国返回实验室。1985 年，张波从北京理工大学毕业后，被免试推荐到我校微电子所，师从唐茂成教授攻读硕士，毕业后留校；1996 年年，以高级访问学者和访问教授身份到美国弗吉尼亚理工大学工作，2000 年破格升为教授。此时，学校的 211 大楼基本竣工，实验室迎来了发展的转机，在时任学校副校长吴正德教授的支持下，李肇基和张波他们终于争取到了 211 大楼 8 楼的部分房间。同时，那几年也来了好几位博士和硕士研究生，研究人才和空间一下扩大了不少。

2006 年电子薄膜与集成器件国家重点实验室教师合影

2023 年集成电路学院部分老教师合影

从 2001 年到 2006 年的几年时间里，李肇基教授一直作为重点部门微电子专业组的特邀专家参加工作。多年来，该专业组在北京大学中国科学院院士王阳元教授的领导下，为我国重点部门微电子的发展做出了重要贡献，李肇基也在长达六年的专业组工作中获得了极大的锻炼和提高，并且与专业相关的研究所、高等学校和专业组办公室建立了广泛的联系。从此以后，李肇基和张波经常到专业组汇报工作，积极参加各种科研交流活动。经过他们多年的不断努力，功率半导体与集成电路，从硅基、SOI 基到宽禁带 SiC 和 GaN 材料，从功率器件到功率集成电路，都获到了快速发展，是我校电子薄膜与集成器件国家重点实验室的三个发展方向之一，也是我校集成电路学院具有特色的重要研究方向。张波教授办事认真、工作积极、具有开拓精神，成为该实验室的功率半导体及集成技术方向带头人，入选国家"百千万人才工程"，是政府特殊津贴获得者、国家有突出贡献中青年专家，兼任多个国家重大、重点项目专家职务。近年来，实验室发展很快，在电子器件领域顶级刊物 IEEE EDL、T-ED 上共发表论文 100 余篇，近 10 年居全球前列，在本领域国际顶级会议 IEEE ISPSD 论文发表数近年六次居全球第一，授权获得的中、美发明专利 1170 件（含美国 41 件）。张波作为第一完成人获国家科技进步二等奖等省部级以上奖 5 项，近两年到校科研经费超 1 亿元，研发出 100 余种功率"芯"产品，为合作企业带来直接经济效益超过 100 亿元。实验室现有 15 名正高职称人员、8 名副高职称人员，65 名博士生和 274 名全日制硕士生；已培养博士 75 名、硕士 1000 余名，且培养的学生深得好评，博士生肖志强牵头获得国家科技进步二等奖，郭宇锋成长为南京邮电大学副校长，罗小蓉、乔明入选教育部"CJ 计划特聘教授"。实验室被国际同行誉为"全球功率半导体技术领域最大的学术研究团队"，是国际化功率半导体研究生培养基地和行业公认的研发创新高地，是使"功率芯"成为"中国芯"的最好突破口。

2022 年李肇基、张波等参加博士毕业答辩　　2010 年李肇基获国家科技进步二等奖

功率集成技术实验室研究生毕业合影

老骥伏枥，穷"芯"之理

李肇基近 40 年的"功率芯"研究，目标在于穷功率半导体器件之理。主要探讨器件关态耐压 VB 和开态比导通电阻 Ron, sp 这一对主要矛盾之间的关系。国际上提升器件耐压主要采用表面降场 RESURF 技术，受超结器件的启发，李肇基将目光从器件表面转向内部，以体内场优化作为主要方向。作为负责人，李肇基于 2000 年和 2002 年获批两项国家自然科学基金项目。针对国际上横向 SOI 器件的纵向耐压低的普遍问题，他先后指导郭宇锋、罗小蓉、胡盛东等博士生进行研究，提出介质场增强（Enhanceddielectric field, ENDIF）理论，由此给出提升纵向耐压的三条途径：硅层临界场增强、采用低 K 介质层和引入界面电荷。以此为基础，结合与博士生罗萍在功率脉冲电路研究中提出的脉冲跨周调制模式（Pulse Skip Modulation，PSM），和与博士生李泽宏在研究中提出的结型场效应管取样与控制技术，申报国家自然科学基金重点项目。申报重点项目之前还有一段小故事，当年李肇基已 64 岁，不想再申请了，但是学校大力支持，科研处还先给了 2 万元启动费，这让他深感学校的重视，考虑到学校发展需要，李肇基不顾年事已高，再一次倾尽心力。2004 年他和张波等老师全力准备，经过与几个名校竞争，我校终于作为唯一单位获批 2005 年自然科学基金重点项目。2006 年，李肇基参加德国杜伊斯堡中德科学家交流会，对 ENDIF 的成果进行交流，并于 2007 年在日本福冈 ICCCAS 大会上作特邀报告。另外，李肇基协助张波指导博士生段宝兴，经过深入分析后提出了体内降场 REBULF 技术。ENDIF 和 REBULF 两技术解决了集成器件的纵向耐压问题。

2006年李肇基参加德国杜伊斯堡中德科学家交流会

经专家鉴定，该成果的体内场优化理论具有普适性，研制的横向高压器件达到同类器件国际先进水平。2008年年底，重点项目由夏建白院士等组成的专家组进行验收，专家组认为该项目取得突出进展，综合评价为优。包括上述成果在内的几项成果由张波教授领衔获得2010年国家科技进步二等奖。后来，李肇基说2005年那几年是他一生重要的阶段，理念创新了，思路打开了，团队发展进入"快车道"，当时他喜欢对博士生说：The world is flat（世界是平的）。从此在 IEEE T-ED、EDL 和 IEEE ISPSD 等发表论文成为常态，团队逐步走向国际。同时，实验室很重视技术的应用，提出了一种场氧离子注入技术。2008年5月，李肇基教授与博士生乔明一起参加了在美国奥兰多举行的第20届 IEEE ISPSD 会议，乔明作了大会报告。此次会议规定有论文录用的国家的国旗会挂在会场上，于是，五星红旗在 ISPSD 会场飘扬！此后，实验室研究领域逐渐拓宽，在宽禁带半导体领域，陈万军、周琦等老师和博士生还与李肇基讨论 GaN 异质结的极化电荷场能带调控问题，首次采用界面电荷工程，实现阈值电压调节；同时，还提出了超快高压脉冲功率半导体器件新结构与关键技术，整体技术处于国际领先水平，已获重要应用；明鑫老师等开展 GaN 驱动电路研究，实现产业化应用；罗小蓉等老师开展了超宽禁带半导体材料研究，如 GaO 器件。

2007年实验室老师赴日本福冈参加国际会议，李肇基作特邀报告

2008年李肇基参加美国奥兰多的IEEE ISPSD会议，乔明作大会报告（左图），
2011年李肇基与学校老师访问英国的格拉斯哥大学等大学（中图和右图）

  体内场理论有效地提升了耐压 VB，但这只解决问题的一半，还需要寻求给定 VB 下的最低比导通电阻 Ron, sp。李肇基协助张波指导博士生章文通对此开展了研究，将功率 MOS 耐压层分为阻型和结型耐压层，提出具有普适性的电荷场调制概念。首先将此概念用于超结器件研究，提出非全耗尽 NFD 耐压模式，使传统的 Ron, sp$\propto$VB2.5 和全耗尽超结的 Ron, sp$\propto$VB1.32 降低到 Ron, sp$\propto$VB1.03，创立新的"极限"关系，并提出最低比电阻 Ron, min 理论与新结构。李泽宏和任敏通过与上海华虹宏力半导体制造有限公司合作，研制出我国第一只超结功率 MOS 产品，后来又将该概念拓展至宽禁带半导体 SiC 器件。邓小川、李轩等与李肇基讨论，提出 SiC 超结电荷场的各向异性碰撞电离调制模型，获得优化场下的设计式。另外，他们也对将该概念用于集成器件，提出衬底终端技术，IEEE 功率器件与集成电路委员会主席 Don Disney 在 2017 年 IEEE T-ED 发表的特邀综述文章中，引用了实验室乔明发表的衬底终端技术论文。同时，电荷场调制概念也为新器件的发展指明了方向，他们提出新一类耐压层的匀场（HOF）功率半导体器件，该器件于 2020 年由张波、章文通和李肇基等在 IEEE EDL 论文中首次提出，并入选编辑精选论文，在封面进行报道；随后又提出互补耗尽型 HOF 器件，再次

入选 2021 年 IEEE EDL 封面文章。该耐压层的研究有望突破传统硅基器件的临界场天花板，为相关发展寻求新的路径。

功率集成技术实验室于 2016、2020 和 2023 年出版的专著

基于团队的研究工作，近年来实验室出版了几本专著。2016 年的《功率半导体器件电场优化技术》，阐述了团队所取得的。包括 2010 年国家科技进步二等奖的创新性成果；2020 年的《功率集成电路设计技术》，介绍功率集成电路设计的基础理论与方法，贯穿工艺、芯片级电路设计和系统级电源转换技术；2023 年的《功率超结器件》，重点介绍在功率超结器件研究中获得的理论、技术与实验结果，并介绍了 HOF 器件的最新研究结果。团队获 2020 年首届全国优秀博士论文专著奖和 2021 年中国电子学会科技奖励大会表彰，部分专著入选电子信息前沿青年学者出版工程，由国家出版基金和工信学术出版基金共同资助。

鱼渔兼授与"鱼渔兼受"

李肇基在成电已度过 65 个春秋，耄耋之年仍与青年学子工作在科研第一线，助力英才成长。他认为，作为老师既要授人以鱼，又要授人以渔；而学生则要"鱼渔兼受"，不但要获鱼，更要学会如何获鱼。

他讲述了与张波老师指导章文通研究超结时"659 天煎熬"的故事：论文从投递到录用共经过 659 天，5 次修订，撰写了 88 页回复意见。在第 4 次修改后以为马上录用时，审稿人发现关键的七次积分计算有误，两年辛苦付之东流，章文通说的时候几近崩溃。于是，李肇基与他进行了一次特殊对话，李老师问他："你还记得《孟子·告天下》中的一段话吗？"章文通回答：

"背得一些，天将降大任于斯人也，必先苦其心志，劳其筋骨，饿其体肤。"到此，背不下去了。李老师让他打开《孟子·告天下》继续念："空乏其身，行拂乱其所为，所以动心忍性，曾益其所不能。"李老师说："关键是你背不出的后面这一句。审稿人的'责难'是'乱其所为'，需'动心忍性'，才能'曾益其所不能'，望你好好体会'动心忍性'四字。"他若有所思，当天写了《如何动心忍性》的短文。经过这次谈话，章文通转变心态，最终获得了 Ron, sp∝VB1.03 新关系，使该文在 IEEE T-ED 发表。掌握了"渔"之后，他新的论文又投稿 IEEE EDL，从投稿到录用仅用了 35 天。从 659 天到 35 天的变化，他不仅收获了"鱼"，并且掌握了"渔"，这不正是"鱼渔兼受"吗？

李肇基教授讲"成电故事"

李肇基说要践行笃志穷理，就是要志向专一，物穷其理，他通俗地将其比喻为"勿追两兔，烧开一壶"。他常给学生说"伤其十指，不如断其一指"，科学研究要有"珠峰思维"，而非"高原思维"，需集中精力去研究重要的科学问题。爱因斯坦指出，提出一个问题往往比解决一个问题更为重要。在与学生讨论时，他能从只言片语中抓住关键信息，见微知著地指出其中隐含的"珠峰"，启发他们凝练出科学问题，这是高质量研究的第一步。李肇基还与学生一起构思关键机理图。他特别注重作图，认为"一图胜千言"，有的图片甚至要修订十余次。他还很重视言简意赅的表述能力的培养，常问学生"能用一句话将创新点准确表达出来吗"，然后将重点总结为两三点。经过这样"一对一"的培养，学生各方面都有大的提升。

2022年11月李肇基教授参加博士毕业答辩（右图为视频参会）

多年来，李肇基参加了许多博士学位论文答辩和校人力资源部、学院组织的各级人才的讨论和答辩，他平等地与青年学子进行交流。很多老师都十分感激李老师的点拨，有的还给他发来微信说："衷心感谢李老师对我答辩的悉心指导，您的点拨高屋建瓴、入木三分，从根本上改变了我的思维方式！"

而今李肇基教授已过杖朝之年，却依然精神抖擞地奋战在科研第一线，为年轻的学子演绎着成电老一辈科技工作者奉献拼搏、勇攀高峰的科学精神。用自己的亲身经历诠释着为党育人、为国担责的成电精神，把成电的薪火一代代地传承下去。"路虽远，行则将至；事虽难，做则必成。"衷心祝愿李老师身体健康，"芯"想事成！

（作者：成电拾光工作室　邓长江）

中国互联网垦荒者
——记网络通讯专家雷维礼教授

【人物名片】 雷维礼，1946年出生于四川成都。1965年考入清华大学自动控制系计算机专业。1980年考入成电无线电技术专业攻读硕士学位，师从张宏基教授，毕业后留校工作。1994年，参与建设中国教育与科研计算机网（简称"CERNET"），并于1994—2002年期间担任CERNET首届全国专家委员会副主任。2003年重新返回教学工作第一线，发表论文十余篇，主持编写了《接入网技术》《局域网和城域网》《IP接入网》等专著。获国家科委科技进步二等奖一项、国家教委科技进步一等奖一项、中国高校科技进步一等奖一项。2012年退休后继续参与了多领域的信息化建设工程，担任了党、政、军、警等多个部门的信息化建设顾问和咨询专家，为经济社会发展做出了积极贡献。

雷维礼教授

1994年，正值互联网在全球开始兴起，中国高校和科研院所的一批网络技术先行者极力推动参照国外模式，在中国建设全国性学术计算机互联网络。中国高校一批年轻的网络通讯技术专家,在国家教委全力支持下,向国家计委申请建设一个全国性学术计算机互联网络。最终,国家计委批准、国家教委任命 10 个高校的教授们成立了专家委员会,负责中国教育与科研计算机网建设的技术决策。热血激荡之下,年轻的教授们立下军令状,保证在两年之内建成该网络,不满 50 岁的雷维礼教授就是中国教育与科研计算机网专家委员会的一员。如今"硝烟"散去,雷维礼早已成为国内网络通讯领域卓有声望的专家,虽已退休在家,但依然退而不闲,心系社会,在各个领域和部门担任信息化顾问和咨询专家。

少年有梦醉心无线电
岁月维艰不改青云志

  天府之国,人杰地灵。出生在成都的雷维礼从小就受到人文的熏陶,但同时又对科学充满了神奇和向往。他在小学阶段就读于成都市实验小学和龙江路小学,中学阶段就读于成都七中。雷维礼中小学阶段学习成绩优秀,对无线电技术相关知识十分感兴趣,课余时间经常用零花钱买一些无线电零件来捣鼓,总想着自己能够组装一部收音机。他常常望着小小的收音机发呆,思考声音从什么地方出来的?为什么能够发声?父母本来担心他着魔耽误学习,可是雷维礼每次考试成绩都名列前茅,父母也就睁一只眼闭一只眼,由着他"折腾"。到了雷维礼小学六年级,有一天放学回家做完作业后,他又开始组装自己的收音机,一番精心调制后开始调台,突然从收音机里传出了电台播音的声音,他终于成功地制造出了自己的收音机,虽然仅仅是一台矿石收音机。这更加激发了他对无线电的兴趣。随后他在就读成都七中期间,制作了一台现在称之为 Hi-Fi 的高保真收扩音机,并获得成都市无线电工程制作竞赛二等奖。1965 年,他以优异的成绩考入清华大学自动控制系计算机专业,开启了自己专业学习的历程。

  进入梦寐以求的学术殿堂,雷维礼惜时如金,如饥似渴地阅读了大量无线电技术书籍,向着自己的梦想起航。但不幸的是,"文化大革命"时期,正常的教学秩序被打乱,但雷维礼并没有随波逐流参加各种运动,在大学的后三年,他依旧努力保持一颗安静的心,尽量学习大学课程,努力自学了大学期间重要的基础课和专业课,并培养了自己强大的自学和钻研能力。因而,在 1970 年从清华大学毕业时,雷维礼已经掌握了较为扎实的专业技术基础知识,为他后来的专业发展打下了坚实的学术基础。

"只有学好科技本领,才能更好地报效国家。"雷维礼默默念道。

1970年,雷维礼从清华大学毕业,被分配到自贡无线电三厂工作。这是一个四川省国防工业的"小三线"项目建设,承担了一些军事通讯设备的制造。这一段经历不仅帮助雷维礼提升了自己的技术水平,而且为他之后继续在相关领域进一步学习与研究打下了基础。

一晃十年就过去了。工作之余,雷维礼也常常思考自己未来的路:难道自己就这样一辈子碌碌无为吗?清华大学四年寒窗苦读就付之流水吗?一方面,他渴望有更大的舞台施展才华;另一方面,又深感自己所学不够,正所谓"书到用时方恨少"。1978年恢复高考后,心有不甘的雷维礼一下子兴奋起来,他感到改变自己命运的机会来了。他投入紧张的复习当中,1980年,他如愿以偿,顺利通过研究生入学考试,进入成电无线电技术系攻读硕士学位,师从国内有名的信息论专家张宏基教授学习信息处理。

张宏基是我国信息论领域的著名学者,我校信息论理论的奠基者,所编写的《信息论基础》在我国信息论领域内产生了广泛影响。张宏基不仅学识渊深,在教学上也颇有造诣。张宏基擅长激发学生的想象力和创造力,不会让学生盲从自己,而是先让学生自己动手自己思考,再帮助学生仔细分析原理,纠正错误,同时化繁为简,提纲挈领,使课堂变得生动而充满乐趣。回忆起自己的恩师,雷维礼说道:"张老师经常强调我们做事要从总体上看,从根本上看,在我攻读研究生选课时,张老师建议我首选大量的数学类课程。张老师告诉我,信息学科的基础就是数学,有了坚实的数学基础,在信息技术专业学习上才会有扎实的基础。因此,我尽可能涉及了数学领域的多个重要分支,这使得我在之后的学术生涯中基础打得非常扎实,为我在信息系统领域的研究铺平了道路。"

所谓严师出高徒,在研究生学习期间,雷维礼在导师的严格要求下主动学习了数学专业的相关课程,培养了广泛深刻的数学思维与素养。对于专业课,雷维礼同样非常刻苦,为了更深层次理解技术原理,他常常四处查阅资料、请教导师,彻底弄懂其来龙去脉。

雷维礼完成研究生学业后就留在了成电,而当时的成电正是国内军事通讯技术高校的排头兵,于是雷维礼继续从事军事通讯技术与设备的研究,此前在工厂的工作经历为他的研究积累了良好的经验和帮助,使他的研究工作一开始就如鱼得水,取得了很多的成果。

同心共济披荆斩棘
自力更生从无到有

20世纪90年代，在当时的大环境下，互联网对于中国人来说依然很陌生，而作为互联网前身的阿帕网是占据主导地位的网络。阿帕网起源于1969年美国军方的工程计划，经历了25年的商业化发展，已经到了互联网爆发的前夕。中国一直想建设自己的网络，也有很多国外的大公司愿意提供技术与设备，但是除了需要支付高昂的费用，核心技术也会受制于人，必然埋下安全隐患。在这种环境下，国家自主建设属于自己的网络已经迫在眉睫。

1994年，经历了十余年的积累与沉淀，雷维礼在技术上已经日趋成熟并崭露头角。同年，由清华大学牵头，联合国内多个高校向当时的国家教委申请建设中国教育和科研计算机网（CERNET）项目。包括电子科大在内的十所高校共十一位专家组成核心团队进行CERNET的设计与开发，而雷维礼正是电子科大的专家代表。这一年，也被喻为中国互联网建设的元年。

虽然CERNET已经立项，但是专家团队仍然面临着诸多困难。当时的中国使用互联网的人都很少，掌握互联网技术的人更是凤毛麟角。因此专家们首先需要解决的便是技术问题。国内此前并没有相关项目的经验，仅有的文档资料也都是英文版本，专家们常常感觉到无从下手。另外，项目团队还面临着资金问题。在当时，国家计委还有一些"八五"计划的项目资金结余，可以用于支持CERNET项目建设。但是"八五"的资金不能跨到"九五"使用，即建设项目不得迟于1995年年底完成。时间短、资金紧是挡在专家团队面前的一块巨石。不少人不看好这个项目，不仅仅是国外的公司，甚至国内的一些领导也信心不足。正是在这样的压力下，CERNET专家委员会向国家计委和国家教委立下军令状：两年之内完成项目验收！

立项工作完成之后，专家团队立刻投入项目的具体设计与开发中。项目的建设无异于是与时间赛跑，雷维礼回忆当时的情形时说道："我们争分夺秒地干，累了倒下就睡，睡醒继续工作。有没有压力？"压力山大"。你问压力之下会不会难以入睡？不会，因为我们连难以入睡的机会都没有，累了一下子就睡过去了。"那一年，雷维礼经常往返于成都与北京之间，学校的财务老师甚至调侃道："雷老师每周去北京的次数比我们去建设路的次数还多。"

当时 CERNET 专家委员为了选择一条最优线路，经常会有激烈的讨论，甚至是激烈的争吵。正是这样的一次次讨论，才使得 CERNET 项目一直沿着正确的道路前进。在研究过程中，曾有国外大公司表示可以帮助建设 CERNET 项目，甚至可以免费提供全套设备。然而，天下没有免费的午餐，接受全盘"赠送"不但掌握不了核心技术，还非常容易被"卡"脖子，更不用谈自主创新。这一批技术专家们负重前行，日以继夜，就是为了为祖国争口气，也为自己争口气："国外能行的，中国也一定能行。为了中国的第一个互联网，拼了！"

千淘万漉虽辛苦，吹尽狂沙始到金。凭借着专家团队的顽强拼搏、大胆创新，在教委、计委与各高校的大力支持下，CERNET 项目只用了一年就提前完成验收。1994 年年底，CERNET 一期工程宣布建成，当年接入了全国 108 所高校。同年，在北京召开了第一次亚太互联网信息中心（APNIC），会议，从此中国拥有了全国性的互联网且接入了国际互联网。这次会议可以代表国际学术界对 CERNET 项目的认可，也是中国第一次正式在国际互联网占住位置。

雷维礼接受成电拾光工作室采访

在缺乏资料与样机，没有相关经验的情况下，研究团队克服诸多困难，顺利完成 CERNET 项目建设堪称奇迹。雷维礼对此深有感触：第一，在全国还没有任何互联网发展经验并且缺少技术参考资料的情况下，我们选择了正确的发展方向,能一直沿着合理的道路前进。第二,计委和教委给予坚定的支持,各个高校也给予了许多帮助。国家计委划拨了资金进行项目建设,各个高校也筹集了一部分资金。这两方面的支持共同推动了 CERNET 项目的完成。当然还有最重要的一点,就是大家拼命。

此后,雷维礼继续在 CERNET 专家委员会任职,参与 CERNET 多期工程的规划、设计、建设、优化和运行。CERNET 项目也从一株小树苗成长为壮大整个中国互联网的参天大树。

育人首重传道
桃李下自成蹊

2002 年,雷维礼离开工作八年的 CERNET 委员会,返回自己老本行进行教学工作。雷维礼的课堂常常座无虚席,电子科大的学子对于这位中国互联网的拓荒者无不景仰赞叹。雷维礼对于课堂纪律要求严格,但鼓励学生积极发言,深入理解原理,自主思考与创新。在考试中,他常常会设计一些开放性题目,目的在于考查学生的思考与理解能力,有见地的答案会给出高分,而不是一味地死记硬背就能获得分数。

在多年教学与技术经验的基础上,雷维礼出版了《接入网技术》《局域网与城域网》《IP 接入网》等专著,这些都是互联网通讯领域的高水平书籍。雷维礼提倡不仅要知其然,而且要知其所以然。善于用生动形象的语言解释晦涩难懂的专业名词,甚至会融入一些哲学的深层次思考,这些细节不仅体现他的学术水平,也反映了他的精神境界。

在采访过程中,雷维礼分享了一则轶事。在一次电子科大的自主招生面试中,一位来自哈尔滨的学生回答了专业问题后,雷维礼问学生有什么爱好,学生回答说喜欢琵琶。雷维礼于是问学生:"中国琵琶的名曲《十面埋伏》与《霸王卸甲》是对同一历史事件的不同角度情感抒发,请简单地描述分别所代表的情感。"这个问题显然在学生的意料之外,学生一下子愣住了。雷维礼继续说:"有人说这两首曲子一首表达穷途末路,一首表达决胜前夜,你觉得对吗?"学生顿悟并连连点头。当然,这个看似古怪的问题并不是为了刁难学生,而是考查学生对音乐的理解与独立思考的能力。可以说雷维礼的考察方式独树一帜,但确确实实对学生的成长有莫大的帮助。而这个前提是雷维礼深厚的人文底蕴。

如今雷维礼的弟子桃李满天下，在中国的互联网和网络通讯领域发光发热。有的学生在中国最著名的网络设备制造商中已经成长为"大师级"的技术专家。

老骥伏枥志在千里
大道至简以简驭繁

2012年春季，年过65岁的雷维礼从电子科大退休。雷维礼说，自己经过学校这么多年的培养，也获得了许多机会，掌握了很多核心的技术和经验，他怀着强烈的社会责任感和使命感，明白自己肯定不能每天悠闲在家养老，而是应该利用自己的技术为社会和国家做出贡献，发挥自己的余热。退休后，他继续为军队、公安、党政服务，担任多个部门的信息化顾问和指导专家。他常常与年轻的同事和晚辈们讨论技术方案，指出技术上的不足，毫无保留地把自己的经验传给年轻人。

近年来，他还在成都超级计算机中心担任信息化建设咨询顾问。雷维礼说，我们电子科大有许多前辈都在默默奉献，不求为名，但求为国而已，我只是其中的普通一员。

退休以后，工作和生活的节奏慢了下来，也就更有时间认识专业技术的本质。雷维礼广泛吸纳古今文化的精华，极力深层次探究技术之根本。在分析通讯技术IP化演变时，雷维礼引用一代伟人毛泽东的名言"所谓'化'者，彻头彻尾、彻里彻外之谓也"来描述通讯IP化之变革。在关注信息系统顶层设计时，他引用源自道家的万物初始、大道至简、演化至繁的中国古典哲理，深刻揭示了系统结构引领顶层设计的本质。

对中国互联网的未来，雷维礼充满了期待。他说，在通讯技术发展层面上，中国首次与欧美并驾齐驱，并有所领先，这是中国一代又一代科技工作者奋力追赶的结果。从最近中美技术竞争可以看出，中国的通讯网络技术想要实现更深层次的发展，就需要自主创新，掌握核心技术，避免受制于人，唯有如此才能实现中国信息网络技术真正的飞速发展。随着近年来各项互联网新兴技术的出现，如区块链、人工智能、物联网等，只要我们与时俱进，牢牢地把握住机会，踏踏实实地搞技术，认认真真地做研究，重视互联网人才的培养，相信未来中国互联网将会达到一个前所未有的高度。

回顾雷维礼走过的路，从成都到清华大学，从电子科大到CERNET建设，从大学讲台到国家诸多部门专家，雷老的道就是一生为国的图强之道，就是

自力更生的奋进之道,就是勇攀高峰的拼搏之道,就是走自己的路的开拓之道。

雷维礼和作者合影

(作者:成电拾光工作室学生记者　吕建安　肖宇阳　指导老师:邓长江)

心中有"数"，滋兰以爱
——记数学科学学院徐全智教授

【人物名片】 徐全智，1952年5月生。四川宜宾人，民盟盟员。1976年毕业于中山大学数学力学系，同年至成电工作。长期从事随机理论及应用的教学和科研工作。主讲"概率论与数理统计""线性代数""数学分析""数学建模"等多门本科课程，以及"随机过程""时间序列分析"等研究生课程。主编"十一五"国家级规划教材《概率论与数理统计》《数学建模》，主编研究生教材《应用随机过程》。四川省数学建模系列课程教学团队带头人，在国内率先建设"数学建模"课程，并担任校"全国大学生数学建模竞赛"总教练。主持国家级精品课程及国家资源共享课程"数学建模"，主持四川省精品课程"概率论与数理统计"。曾获国家级教学成果一、二等奖各1项，省级教学成果一等奖4项。并获"四川省师德标兵"荣誉称号。

1956年，成电刚刚诞生，年幼的徐全智便与父亲一同扎根于沙河边上。随着悠悠流去的河水与时光，徐全智与成电缔结了长达64年的不解之缘。正如她说："我的故事，就是和成电一同成长的故事。"

求学中大，幸遇良师

常年深植于随机理论及应用的教学科研领域，乃至后来推动成电的数模竞赛发展，徐教授在数学领域的专精贡献与其年轻时的学习成长有着密不可分的关联。

1956年，因父亲由四川大学调至创建初期的成电，幼年的徐全智来到成电，可谓成长于成电，是名副其实的"成电人"。来到成电后，更是与"中国微波之父"林为干等名师比邻而居，老一代成电人治学的精神潜移默化地滋润着她的童年。徐全智说："给我印象最深的是邻居钟祥礼叔叔，在'三年困难时期'，他身患重病，食不果腹，但却与林为干先生一同发表了传输线研究领域的重要论文,被国外学界称为最佳解的'林-钟方法'。钟叔叔每日都工作至深夜,对我而言,他就是我身边的焦裕禄!"在前辈榜样的激励下,年幼的徐全智便开始懂得了做什么都需吃苦的道理,也形成了她今后踏实肯干、治学严谨的作风。

徐全智和同学的合影

徐全智和所有的孩子一样在最需要营养的时候却忍饥挨饿地在课堂里学习。"文化大革命"期间,才在初一仅学习了不到 10 个月的徐全智不得不离开心爱的课堂。在迷茫中唯一能让她安心和快乐的只有读书。她想尽办法找书阅读,1969 年插队下乡,她的行李中仍带着哥哥和姐姐用过的各科教材。1971 年,徐全智又回到成电当上了一名车工,工作之余,她抓紧一切时间自学,她最大的乐趣就是做数学题,这成为她以后和数学结缘的开始。

1973 年成电推荐青年工人上大学,徐全智上了推荐名单并参加考试,虽然等待的过程让人忐忑不安,但她最终还是迎来了录取通知。由于她学历太低，不少人质疑她成绩的真实性，中山大学为此还特别安排了一场测试，而徐全智也以过硬的知识正式进入了中山大学数学力学系。

徐全智是幸运的。她有幸与大师比邻而居，更有幸在中山大学遇到良师——我国概率论的"开拓者"郑曾同先生，郑先生与林为干先生曾同在美国留学，同年回国工作，并当选为学部委员（院士）。

徐全智年龄小，身体也格外瘦小，虽然她和其他人一样通过了推荐考试，但毕竟进入大学前只读到初一，这一切加重了她的心理负担，使她很不自信。徐全智回忆上第一节英语课时，因为过度紧张，自己将"a"念作了俄语的发音，同学们哄笑一堂，给她取起了外号"小四川"，还是老师心细照顾了学生情绪，说这是标准的国际音标读法，让徐全智倍感暖心。

徐全智离开工厂上大学

平日里的教学里，老师们总是想尽办法让学生们学到更多知识，29人的班级分为3个组，配上数个教授辅导答疑。觉得教材不够系统，老师们还亲自编排教学内容，自费印制油印讲义分发。老师们在生活中对学生们也同样无微不至，归国副教授潘孝瑞是一位女老师，在路上看见徐全智从食堂打回的饭菜，痛惜不已地说："营养不足怎么能承受如此的学习负担？"其实，食堂的伙食相对于"三年困难时期"和插队落户时期不知好了多少倍！没想到当晚潘老师就给女生宿舍送去了许多卤鸡蛋，老师送的是哪里是鸡蛋，那是父母一样的爱，是严冬里的温暖，是那个年代人性的光辉！

毕业后，学习成绩优异的徐全智本来很想考研，可因为特殊原因又无法考研。郑曾同先生知晓后，深感惋惜。但惜才的郑先生于 1978 年提携她回母校与自己招收的几名研究生跟读。郑先生是一位非常严格的导师，常批评学生："连对错都不知，还读什么研究生！"可是他却特别关照徐全智，亲自挑选书籍借给她阅读，认真批阅她的读书笔记和小论文等，随时耐心给予释疑解难，让徐全智倍感温暖。她在心里默默发誓："当老师当如郑先生。"

1980 年成电数学老师紧缺，希望徐全智立即回校上课。年轻的徐全智虽万般不舍，但还是毅然听从学校的召唤，忍痛放弃了在中山大学再坚持半年完成硕士研究生学位论文的机会，回到了学校。在中山大学老师们的帮助下，通过两年扎实刻苦学习，徐全智打下了随机理论及应用的坚实基础，后来成为我校首开"概率论与数理统计"课程的三位教师之一，并长期担任课程首席老师。她还在师资队伍、教材、教学方法，教学改革，教学规范等方面做了大量基础性建设工作。

问及大学生活里的趣事，她兴致勃勃地讲述了和同学在迎春花丛中偷偷学习的情景，老师与同学们为知识点辩论得酣畅淋漓，冬天里一件一件地脱外衣……星星点点的轶事像是艰苦年代里的快乐源泉。老师们深耕讲坛、关怀学生的品质也在徐全智年轻的心中埋下了爱的种子并深深地影响着她后来的教学生涯。

数学建模，成绩卓著

回到学校后，徐全智开始了紧张而繁忙的教学生涯，并很快参编了众多院校使用的《概率论与数理统计》教材。由于大学期间打下了扎实的数学基础，她的教学工作很快就得到了同学们的肯定，也得到了数学系领导很高的评价。1993 年，徐全智服从系领导的工作安排，赴上海参加全国第一届"数学建模教练培训班"，这一次学习在很大程度上改变了她以后的教学轨迹，甚至可以说改变了她的人生。她首次接触到了数学建模。数学建模属于应用数学范畴，与过去主修的基础数学理论不同，更加贴近实际应用，需要完全不同的思维方式。回来后，她并没能搞懂数学建模为何物，但越是弄不懂的东西，越是能勾起她强烈的好奇心。

相当长一段时间里，她满脑子都是建模，几乎天天跑图书馆查阅相关资料。可惜当时国内几乎就没有建模的论述，好在她从四川大学老师那儿寻到了稀有的美国建模竞赛优秀论文集。她如获至宝，教学之余潜心钻研，不断和国内同样关注数学建模的教授们讨论学习，很快就迈入了数学建模研究的大门。她下定决心要在电子科大把数学建模搞起来，与其他高校有志于此的同行共同推动数学建模在中国高校的开展。

彼时，美国举办的全美数学建模大赛在全球盛行，吸引了各国高校参与。徐教授给系领导作了汇报，准备建立电子科大的数模竞赛队伍先参加全国竞赛，然后参加美国竞赛。系领导抱着试一试的态度将信将疑地同意了她的想法。

徐全智在上计算机编程课

理想是美好的，现实是骨感的。数学建模离不开计算机的使用，但由于刚组建队伍，学校几乎就没什么投入，条件相当落后。徐全智一个人带领着7个队共21人，共用一台电脑，亦步亦趋地摸索前进。为了给参赛的队伍打气，在参赛的那一段时间，40多岁的徐全智几乎天天晚上和同学们一起熬通宵，半夜饿了她就给同学们烧开水煮泡面，或者买点儿零食，或者煮咖啡提神，同学们都被老师这种拼命精神和慈母般的关怀深深感动。

功夫不负有心人。1993年参赛的第一年，徐全智便带领同学们取得了当时国内数学建模地区联赛的奖项。此后的进步是突飞猛进的，1994年电子科大的团队取得数学建模赛事国家一等奖，其成果形成论文，并入选优秀论文。从1998年开始参加美国MCM&ICM竞赛至今，学校已共获全国一等奖69项、全国二等奖81项；近十年曾获高教社杯、知网创新奖各一项，全国优秀论文5篇；获美赛O奖11项、F奖6项、M奖160余项，且有7篇优秀建模论文在UMAP Journal发表。

徐全智荣获1997年国家级教学成果证书

累累的硕果背后，离不开徐全智潜心经营一手建立起的数学建模竞赛指导教师团队，努力创建以建模竞赛为载体的优秀学生培养模式，这些在国内产生了较大影响。她说，一个团队必须要有凝聚力，劲往一处使，才可以迸发出强大的能量。在徐全智的感召下，第二年杨晋浩老师主动找到徐全智，表示愿意加入数学建模的队伍做教练工作，随后队伍逐渐壮大，先后涌现出覃思义、张勇、何国良、高晴、王志勇、李良等数学建模团队的优秀教练。

在她的带领下，教师团队间互相照顾互相体谅，在工作分配及教学目标等方面少有争议，大家都发自内心地维护着徐教授花心血建成的一流团队。下发奖励经费时，徐教授从不会因为自己的地位和资历多占一点，而是建立起一套严格而细致的工作台账作为奖金分配的主要依据；发表教学科研成果或论文时，徐教授也不居头功，总是把机会优先让给需要的年轻人。徐全智说："人心换人心啊，林为干、郑曾同那些老先生对我那么好，那么照顾我。年轻人总有困难，我为什么不去尽我所能帮帮年轻人呢？"事实证明，徐教授的付出是有回报的，不光年轻教师愿意跟着她干，她所在的团队参与的教改项目更是获得了2018年度全国唯一的数学类教学成果一等奖。徐全智不仅以身作则，关爱学生，对老师也是关怀备至。正是由于她的无私和公正，才使得她们的团队具有强大的凝聚力。经过数年的竞赛之旅，徐全智的数学建模团队已经形成了非常健康且高效的运行模式，新成员也不断加入，成为一支"敢打硬仗、善打硬仗、能打胜仗"的队伍。

徐全智等荣获 2018 年度全国教学成果一等奖

课程思政，立德树人

"师者，所以传道授业解惑也。"在教学过程中，徐全智逐渐认识到要做一名好老师不仅仅是体现在基本的教学水平上，更体现在老师的人格魅力、道德修养上，不但能做经师，更要做人师。基于此，徐全智不断探索和研究数学本身的内在规律和数学潜在的育人功能，率先在"概率论""随机数学"等课程尝试课程改革。她首先解决大班授课师生互动性不理想的情况，推行"大班教学+小班研讨"的特殊方式。大班教学中，徐全智力求做到不断设问牵引学生思维，帮助学生准确理解基本概念，并用生动有趣的案例训练学生口头的表达,引导学生开阔的科学思维。此外,用拆分的方式开设小班讨论,调动大家的参与度和积极性,充分加深理解并挖掘学生的学习潜能。在课程评价方面,徐全智更是开创地采用了课堂表现与卷面成绩并行的方式。从两方面抓起,同时关注学生的基础知识方面与思维发散方面。

建模学生回校与徐全智相聚

"漫话数学建模"课程则是徐全智课程思政教学理念的具体实践。在该课的讲授上,她的讲授内容不限于数学知识和基本的数学解题技巧,而是尽量涉及到天文地理、人文精神等多个层面。她会问学生们"月上柳梢头,人约黄昏后"里用到了数学吗?体现了什么数学思想?她也会拿出一张新西兰夜空的照片,问大家在新年那一天是否能见到满天繁星?对于徐全智来讲,她只想告诉学生们一件事——数学在生活中无处不在。为达到教学目标,课程组强调要开展课程思政,涵养家国情怀,徐教授正是把这句话内化进了教学,为大家带来了一堂堂妙趣横生而又受益无穷的艺术享受。在徐全智的带领和努力下,该课程已被列入四川省"课程思政"示范课,她还希望能够将其建设成为全国的"课程思政"示范课程,让更多的学生受益。

徐全智和数学学院学生讨论

身退心留，大爱不竭

  徐全智爱学生就像爱自己的孩子。她说："前辈们高尚的品德滋润了我，老师们给我的爱让我成长。我现在有幸成为一名老师，我希望把前辈师长们的品德传承下去。"徐全智对学生们的爱不仅体现在课堂与竞赛赛场上，更体现在日常的学习生活中。"很多学生都知道我的电话号码，我告诉他们有什么事情都可以来问我。"她这样告诉学生。徐老师打开手机微信，我们看到各个年级学子的节日祝福密密麻麻，隔着屏幕也可以感受到那份感激的拳拳之心。

  20世纪90年代，徐全智的工资每个月仅有400多元。当时有一名大四的毕业生被北京一家企业单位相中，但因为跨部委就业必须交4000元的"转部费"，这名学生来自农村，家境比较困难，拿不出这笔钱，他迫不得已向徐老师求助。徐全智了解情况后，当即将自己几乎全部积蓄取出来借给了他。这名同学也没有让老师失望，到了工作单位如鱼得水，半年就将这些钱如数还上。多年以后，这名同学早已成为单位的技术骨干，他感慨地对老师说："老师，您当年给我的不仅仅是4000块钱，更是我的未来和一辈子的温暖。"

  徐全智回忆到，有一次上课的时候，有个中年人坐在后面听课，她当时很奇怪，下课后中年人主动走到她面前鞠躬问候："徐老师您好，您还记得当年我这个学生吗？"一番交谈才弄清楚这位中年人在大学的时候听过她的数学课，回校来就是想专门来看望徐老师，再听一次徐老师的课。

桃李不言，下自成蹊。徐全智教过的学生数不胜数，有在华为研究网联汽车的高级工程师，有立志当院士的科研"大佬"，胡俊副校长也是她的弟子。她培养的数学建模的学生更是各行各业的"抢手货"。

徐全智与学生留影

如今徐全智退居二线，但她对学生的爱却毫不稍减，对于年轻后辈教师，徐全智更是关爱有加。今年开始，徐全智非常乐意地加入了"成电故事"讲师团，为年轻的学子们讲述成电前辈爱国奉献、艰苦创业、奋勇拼搏、勇攀高峰的精神和事迹，传承着成电精神，让年轻的成电学子们从中汲取精神力量。

徐全智说："师者有大爱。"2005年徐全智作为当年的四川省师德标兵作了一次演讲——《动力源于爱》。诚如所言，徐老师以她44年教学生涯诠释了何为师者大爱。因为爱，她肯放弃自身利益，一心一意，以学生为本，坚持创新教学寓教于乐；因为爱，她肯以身作则，组织团队，培养后辈教师，为成电输送一批又一批教育人才；因为爱，她才让我们感受到了老一辈成电人奉献拼搏、潜心学术的高贵品格。

"世界是一本数学写成的书"，对于毕生从事的事业，徐全智对此理解得尤为透彻。当她单薄的身躯站上讲台的那一刻，那些数学公式和符号就如一枚枚跃动的音符，将她的爱播撒给年轻的学子，他们是国家和民族未来的脊梁。

毕业学生与徐全智合影

（作者：成电拾光工作室学生记者　卜佳辉　康俊　指导老师：邓长江）

探索思政育人新天地
——记原马克思主义学院副院长戴钢书教授

【人物名片】 戴钢书，1954年7月出生于湖北省武汉市。法学博士，教授，博士生导师，曾任电子科大马克思主义学院副院长。全国高校思想政治理论课教师2016年度影响力标兵人物。主要从事思想政治教育教学、统计学、脑科学等学术领域研究。出版专著15部，在《人民日报》《统计研究》等报刊发表论文100余篇。参编的《思想政治教育方法论》（1994年）获教育部高等学校科学研究人文社会科学优秀成果奖一等奖，《德育环境研究》（2006年）获教育部教育科学优秀成果三等奖，获其他省部级政府奖（二、三等奖）6项。主持国家社会科学基金项目4项、教育部课题4项。曾原创性提出德育环境三维理论结构方程模型，首次揭示大学生科学社会理想信念树立的脑机制，开发思想政治理论课立人微教教学微信公众号软件平台，成功建设都江堰市向峨乡棋盘村实践教学基地，在此基础上提出高校思想政治理论课教学链。撰写的《高校思想政治理论课教学原理概论》《高校思想政治理论课教学链论》《高校思想政治理论课实践教学论》《高校思想政治理论课入脑教法跨学科研究方法论》《高校思想政治理论课教学脑科学论》5部专著在高校思想政治理论课教学领域作出了探索。

思政课在很多人心目中是妥妥的纯文科课程，然而戴钢书教授却另辟蹊径，把自然科学的研究方法应用到了思政教育的研究之中，让人们耳目一新。第一次看到戴教授的《理论学习叙事——以思想政治理论课入脑为核心的教学链及脑科学与信息化应用检验》，不禁疑惑"思政"与"脑科学"这样的词碰撞在一起，会产生怎样的火花呢？

动心忍性，发于畎亩

1954年，戴钢书出生于武汉，他的父亲是一名技艺精湛的钟表匠，在当时拿着不错的薪水，一家人过得也算其乐融融。一个良好的家庭环境，往往对个人的成长有着至关重要的作用。谈起家庭对自己的影响，戴钢书感慨良多："我父亲 11 岁就离家做学徒，到了后来手艺精湛，被评为七级工。父亲经常教育我一定要在自己的领域里精益求精、追求卓越，这对我影响巨大。"同时，戴钢书的叔叔在西安交通大学无线电专业读书，叔叔对他说的最多的一句话就是"一定要上大学"，这句话成为支撑他学习的重要动力。

戴钢书（前排左一）初中毕业

戴钢书的童年生活多彩而丰富，在哥哥的带领下，他学会了游泳、表演话剧。有一次哥哥所在的高中表演东方红史诗，不到十岁的戴钢书脸上涂满了油彩也上了舞台。"这次经历对我的影响很大，我后来遇到这种场合都不会怯场。现在回首，幼年的经历丰富一点对后来的成长成才都是有很大帮助的。"戴钢书回忆道。童年的游泳经历也让戴钢书记忆犹新。

1966 年 7 月 16 日毛泽东畅游长江在武汉轰动一时，后来每年的这一天就成为武汉的"渡江节"。1967 年，13 岁的戴钢书刚刚上初中，就通过了层层选拔进入游泳队，代表学校参加"渡江节"，这对当时的戴钢书来说是一项莫大的荣誉。同时，这也让他压力满满，在接下来的一个多月时间里，戴钢书勤学苦练。"长江的水很急，游的时候一定要朝着上游的桥墩游，才能保证到达对岸，不然会被冲到下游。"戴钢书对当年的游泳技巧记忆犹新。"当时我就怕水下有什么东西抓我，因为小时候听了很多鬼故事嘛。这次经历之后我胆子就大了很多。"他津津有味地笑着说道。

1973年4月,高中毕业的戴钢书被分配至湖北省钟祥县(今湖北省钟祥市)下乡插队,在农村一干就是近五年。下乡的生活是艰苦的,一天只有不到一斤米的口粮,更不要说开荤了,同时还要从事繁重的体力劳动。"我是戴'钢'书,就要有钢铁般的意志!"面对这些艰难险阻,不到二十岁的戴钢书握紧了拳头,发誓无论自己身处何方、面临何种困境,都要迎难而上,闯出一片天地来。虽然大多数人出工不出力,但戴钢书却宁愿做"傻子":每天下地第一个到、最后一个走,农忙期间割麦子三天三夜轮轴转,冬天挖塘泥赤脚上阵……戴钢书的所作所为大家都看在眼里,打心眼里认可了这位诚实勤奋的年轻人。

戴钢书(左五)在湖北钟祥村下乡插队劳动

湖北钟祥村下乡插队知青劳动(戴钢书右四)

1975年7月1日，戴钢书顺利加入了中国共产党，同年在全省的知青代表大会上被评为先进知青。戴钢书回忆起这次表彰大会，最令他印象深刻的是这次表彰的奖品，他说："当时我们的奖品是马克思恩格思选集、列宁选集四卷本，这给我枯燥的劳动生活带来了心灵的慰藉，也成为我后来与马克思主义教学与研究结缘的重要因素。"

1976年，戴钢书当选生产大队的党支部副书记。年轻的戴钢书一方面做好了扎根农村的准备，一方面也盼望自己有再读书的机会。终于等到了1977年恢复高考的消息，戴钢书闻之欣喜若狂，立即开始复习。面对已经淡忘了四年的高中知识，戴钢书白天干农活，晚上争分夺秒地学习，终于在当年冬天成功考入中国地质大学探矿工程系，开启了人生的新篇章。回首知青生涯，他特别珍惜这段对意志的磨砺经历。

戴钢书（后排左一）在北京实习期间和全班同学在天安门广场合影

三顾茅庐，起航武大

进入了大学，因为先前下乡期间的工作经验，他担任了班级的党支部书记。起初支部只有三名党员，但大学四年戴钢书积极带领支部吸收优秀同志，在毕业之际，支部的党员人数已接近二十人。1982年大学毕业之后，戴钢书留校担任学生辅导员。因为工作表现优异，戴钢书被选作代表参加湖北省思想政治工作会议，在会议上戴钢书得知华中师范大学要招收思想政治理论专业第二学位的学生，思政专业正合戴钢书的胃口，他随即就开始了考试的准备。

1984年，戴钢书通过选拔考上了华中师范大学的思想政治专业第二学位班。同时结合自己过去七八年党建工作的经验，戴钢书开始思考如何在思想政治教育领域走出一条新路子。具有理工科和人文社科交叉背景的戴钢书突发奇想：思政教育有没有可能引入理工科的方法呢？这个问题的答案他当时还不能具体地给出。他一边学习，一边探索。

"从华中师范大学到中国地质大学骑自行车需要四十分钟，我印象比较深的是，有一次下大雨，我赶回中国地质大学上一门课，虽然穿着雨衣，但身上还是湿透了。"凭借着一股子知青下乡干农活的韧劲儿，八十多个学时的多元统计分析这块"硬骨头"硬是让戴钢书给啃下了，地质数学与多元统计分析的学习为后来戴钢书的研究打下了坚实的理论基础。后来，他的毕业论文《大学生思想政治状况的因子分析》表现十分亮眼，第一次触碰了把理工科和人文社科结合的初步设想。

1987年，武汉大学党委副书记郑永廷教授注意到了戴钢书的毕业论文，惊叹之余不禁有意引才。然而戴钢书的母校是中国地质大学，中国地质大学的领导也不舍得放戴钢书走，因此武汉大学的第一次请求便被中国地质大学的党委婉转退回。郑书记并未放弃，后面又来了一次，还是吃了闭门羹。武汉大学锲而不舍，第三次直陈学校的思政专业建设急需像戴钢书这样的骨干人才，恳请中国地质大学支持。武汉大学"三顾茅庐"的诚恳，打动了中国地质大学。1988年10月，戴钢书前往武汉大学工作，很快受到王玄武教授的赏识。王玄武教授曾担任过李达的学术秘书，学问精深。1992年，戴钢书完成专著《思想政治教育调查统计》，王玄武教授亲自为其作序，戴钢书也凭借这一成果成功晋升为副教授。

1996年，武汉大学设立了第一个博士点，戴钢书随即开始考博，然而早年下乡的经历让他的外语底子一穷二白，连续两年都因为外语差一分而名落孙山。这样的打击并没有击倒戴钢书，他回想起了自己的知青岁月的"名言"：我叫戴"钢"书，要有钢铁般的意志！下乡的艰苦岁月都挺过来了，这点困难自己还不能克服吗？戴钢书以顽强的毅力，终于在1998年成功考上了博士。

在读博期间，戴钢书主持了多项思政学科的科研项目。1999年，戴钢书主持了国家哲学社会科学教育科学"九五"规划项目"市场经济条件下影响德育的社会环境因素分析"。他继续深入研究,并在2002年完成了专著《德育环境研究》,王玄武教授再次为其作序,该书获四川省第十一次哲学社会科学优秀成果三等奖、教育部教育科学三等奖。同时,他继续在跨学科进行思政教育研究的路上探索。有了在中国地质大学构建的多元分析知识体系,2002年戴钢书主持了国家哲学社会科学教育科学"十五"重点规划项目"德育研究方法创新性研究——德育研究中的多元统计模式",并在2005年完成了专著《思想政治教育统计研究方法论》,获四川省第十二次哲学社会科学优秀成果三等奖。这表明戴钢书在思政教育的研究上引入自然科学的方法不但可行,而且前景广阔。

西入成电,新的天地

2003年戴钢书博士毕业,恰逢电子科大即将申报马克思主义理论学科博士点,引进人才极为迫切。时任电子科大党委书记的胡树祥看中戴钢书的特长,希望戴钢书前来电子科大帮助建设博士点。

这对当时的戴钢书来说是一个艰难的抉择,自己已经在武汉生活多年,家庭也扎根在武汉,现在突然要去电子科大这样一个"人生地不熟"的西部高校,该如何选择?武汉大学其实也舍不得他走,但为了支持电子科大该学科的发展,忍痛决定让戴钢书西行。武汉大学领导还专门找到戴钢书做思想工作,说明电子科大的现状。胡书记也说:"你是电子科大申报马克思主义理论与思想政治教育专业博士点教授团队中唯一有博士学位的教授,这个教授团队需要你!"这句话深深打动了戴钢书。思索再三,戴钢书毅然决定西迁。

初来乍到,戴钢书立刻投入马克思主义理论博士学位授权点的申报工作之中,在申报工作和标书撰写上他殚精竭虑,常常拿着标书去和党委书记胡树祥以及博士点申报团队教授讨论,数次易稿。由于电子科大有着优秀思想政治工作的传统,有管文虎教授团队全国教学成果一等奖的深厚积淀,有着现任团队紧密团结合作,以及全校资源一盘棋的思想,2005年,电子科大最终获得马克思主义理论与思想政治教育专业博士点。这一博士点的成功申报和建立,为2009年马克思主义学院的成立、马克思主义理论学科的建设奠定了基础。

该博士点建成之后,戴钢书全身心投入了教学和科研之中,一次国际会议让戴钢书获得灵感,诞生了将脑科学和思政教学结合的想法。2003年,戴钢书在波兰克拉科夫举办的世界道德教育协会第 29 届年会上了解到美国人已经开始用脑科学的方法研究道德教育。他表示："我当时在会议上听到报告时目瞪口呆，脑科学是理工科领域前沿中的前沿，它与道德教育的研究联系起来，着实让人惊艳！"在此之后戴钢书对利用脑科学研究思政教育产生了浓厚的兴趣，在进行常规研究的同时，他开始将思政教育和脑科学研究这二者联系起来。八年时间里，他曾经前往美国、瑞士、波兰等国家考察，汲取国外前沿知识，丰富壮大自己的理论体系。

到了 2012 年，电子科大生命学院购置了一大批实验器材，包括核磁共振仪，为戴钢书展开脑科学实验提供了基本的硬件条件。2013 年，戴钢书就以自己授课的学生为样本，开展了用脑科学方法研究理想信念教育的实验。整个实验持续了三年，戴钢书将得到的数据进行整理得到了十三组结构方程。"脑科学使用图论揭示相互独立脑区之间脑网络的关联，我用的是结构方程的方法，结构方程就是揭示维度之间的相关性和联系强度的方法。"谈起自己的研究，戴钢书如数家珍。

戴钢书开展理想脑机制研究，和第一位参与磁共振测试志愿者合影

2014 年，在进行脑科学与思政教育研究结合的过程中，戴钢书还主持申报了"当代大学生马克思主义观教育链研究"项目，实现了电子科大国家社科基金重点项目零的突破。

在教学方面，戴钢书承担了大量的思政课教学工作。他坚持"入脑"是思政课教育的根本目的，将理论与实践相结合，并且采用多种方法来调动同学们的积极性，推进思想政治理论课的艺术化、科学化、技术化，使思政课程成为学生真心喜爱、终身受益、毕生难忘的优秀课程。

戴钢书的教学方法颇为独特。他鼓励同学们交流及上台发言，因此课堂上气氛十分活跃，甚至还开展了全班一百多人的"大辩论"。"立人微教"微信公众号这样的平台促进了同学课上和课后的交流，同学们可以看到彼此的理想信念并相互点赞。在该课程结课之时，戴钢书组织学生排练话剧，和学生合作编写了歌曲《铸魂之歌》，并为其作词。"以艺术的形式呈现理论观点，这是思政教育领域中一种新的尝试。"戴钢书介绍道。

学生们也表示上了不一样的思修课，一个学生说："作为新生刚进校时，戴老师直接把我们带到成都市区的春熙路去上课，从实践经历中更加深刻地去理解书本上的知识，这种形式确实很新颖，知识不再显得那么死板，挺佩服戴老师！"由于教学效果突出，戴钢书受到了电子科大学生们的一致好评，获电子科大"三育人"一等奖。

参加全国学校思想政治理论课教师座谈会（第二排左二为戴钢书）

从事教学的过程中，戴钢书依据马克思主义理论学科教学研究发展规律，不断总结教学实践的经验，并将之提高到理论高度，规划了高校思想政治理论课教学研究五部专著的构想，以推动教学研究走向高精尖。专著《高校思想政治理论课实践教学论》（2015年）、《高校思想政治理论课跨学科教学论》（2017年）、《当代大学生马克思主义理论教育链论》（2020年）由马克思主义理论教育研究出版高地的中国人民大学出版社相继出版。前两部属国家出版基金项目、教育部高校马克思主义理论教学与研究文库（全国30部），后一部是国家社会科学基金重点项目。另外，由教育部哲学社会科学后期资助立项的"高校思想政治理论课教学原理概论"项目、由学校跨学科计划资助的《基于大学生理想脑机制的教学内容与方法实证报告》业已完稿。

戴钢书及其团队围绕教学所完成的部分科研成果

智力扶贫，"棋盘"焕新

一名思政工作者，特别是早年的知青生活，使戴钢书对党中央的脱贫攻坚政策十分关注。他常常想自己能否利用所学助力脱贫攻坚，帮助老百姓脱贫致富。他一边思考，一边积极进行探索实践。

2008年5月12日，汶川大地震给巴蜀大地带来了深重的灾难。处于地震灾区的棋盘村95%的房屋倒塌，400余名老百姓遇难，2000余人受伤，地震给人民群众的生命财产造成了巨大的损失。灾后，很多电子科大师生积极参与抗震救灾及灾后重建工作，支援灾区群众。然而，地震给人们带来的不仅是物质上的伤害，还有精神、心理上的创伤。

戴钢书经过思考，决定从思想建设入手帮助灾区人民，他申报了国家社科基金项目，带着"理论、价值、精神：汶川地震灾后思想建设研究"课题组成员的硕、博研究生深入北川重灾区进行调研，也因为参与灾后重建，他与都江堰棋盘村结下了不解之缘。灾后10多年时间里，戴钢书聚焦脱贫攻坚、乡村振兴，充分利用自身及学校的学科专业优势，为棋盘村脱贫致富贡献一份力量，并逐渐形成了"四做"的帮扶工作格局。

一是把"铸魂"作为党建扶贫的核心。戴钢书老师热心指导、帮助棋盘村党组织学习习近平新时代中国特色社会主义思想，把党的创新理论转化为推进新时代乡村振兴的实践力量，结合乡村社区新的实际推进改革创新，使党建扶贫工作更好体现时代性、把握规律性、富于创造性。提到这里，戴钢书自豪地说道："我这 10 多年来，基本每年去棋盘村四五次，每次去都会同棋盘村党支部书记李天平有一个长时间的交谈。谈话的内容涉及国家大事、国家复兴全局和世界百年变局，面临的挑战、可能的风险、出现的阻力、新的历史特点的斗争，以及村上社区新的情况和出现的问题。这样，李书记能够了解当前发生的大事、国家政治经济的走向，以及村上各项工作的重点，有效实现村上党的组织和党的工作全覆盖，补齐基层党组织领导基层治理的各种短板。"

棋盘村党支部书记李天平和戴钢书一起带学生参观猕猴桃果园

二是把"多元"作为经济扶贫的中心。戴钢书依据对棋盘村的产业发展的实际情况做了深入的了解，在此基础上，帮助棋盘村大力发展猕猴桃产业，不管在品种、种植，还是管理、销售等各个环节，都有针对性地采取组织团队、开发技术、成立公司等帮扶措施，有针对性地开展扶贫工作。例如，戴钢书联系了四川农业大学猕猴桃专业博士后涂美艳给村民做专项指导，使棋盘村猕猴桃种植逐步走上一个科学的轨道。现在，村民们了解了他们最适合种的猕猴桃品种，把握了猕猴桃授粉的技术和最佳时机，孕育了智慧果园的创新理念。同时，他联系了专业公司为当地提供志愿服务及技术指导，强化猕猴桃技术链，创新猕猴桃管理链和完善猕猴桃产业链，逐步推进猕猴桃生产的标准化、规模化和品牌化。通过开发猕猴桃网上销售平台，促进优质猕猴桃销售。棋盘村村民还在农闲的时候到贵州等地作农村培训，利用自身学到的技术获得培训费。通过多元经济帮扶，棋盘村村民产业增效、村民增收，2019年年人均收入达到2.9万元。

三是把"育人"作为教育扶贫的关键。扶贫先扶智，针对这个目标，戴钢书协助棋盘村的基层党组织有针对性地开展村民思想政治、文化素质等方面的教育活动。教育引导农民既"富口袋"又"富脑袋"，依靠自己的辛勤劳动创造幸福美好生活。戴老师组织本院部分师生通过夜校讲授、入户交谈等方式，围绕习近平同志在政治、经济、文化、社会、生态等方面的思想，结合村上的实际进行讲解；同时，在教学方面他利用课题调研、社会实践、假期支教和思政课实践教学的机会，组织自己的学生对农民开展中国梦、爱国主义、集体主义、民主法制教育，培养有理想、有道德、有文化、有纪律的新型农民。这样的实践教学活动每年都会开展，同学们会到村民家里访谈，对引起村民重视教育、注重家教起到了重要作用，也成为棋盘村一道亮丽的风景线。

2018年戴钢书（右一）组织200多名同学前往都江堰向峨乡棋盘村实践教学

四是把"网站"作为信息扶贫的载体。帮助棋盘村建立一个社会生产生活信息化服务平台，是戴钢书多年来的夙愿。为了实现这个愿望，他积极组织起本校的学生，尤其是将有信息网络专业背景、跨学科学习马克思主义理论的学生组织起来，同时利用学校的电子信息技术学科优势，着手棋盘村网络平台建设。经过两年时间的努力，最终为棋盘村量身打造集党建、猕猴桃种植技术、猕猴桃网上销售、群众思想政治工作、社会主义精神文明建设、法治宣传教育、社会治安综合治理、生态环保、美丽村庄建设、民生保障为一体的网站和微信公众号。同时，还利用在马克思主义理论教学中总结出来的教学经验与教学方法，与相关企业合作，开发出了有自主知识产权的"立人微教"微信公众号思想政治工作平台。网站是对外的窗口，"立人微教"是对内的窗口，这两个窗口的组合，较好地发挥了信息平台在扶贫中载体作用。

经过十多年的建设，棋盘村发生了翻天覆地的变化，成为社会主义新农村的典范。整齐划一的新房，丰富多彩的文化生活，展现了社会主义新农村的物质文明和精神文明高度统一。如今，棋盘社区先后被评为"中国最具发展潜力十大乡村"之一、都江堰市统筹城乡发展物业管理全覆盖先进社区。谈到棋盘村的未来，戴钢书自信地说道："棋盘村的未来发展前景可期。在以习近平同志为核心的党中央领导下，棋盘村的明天会更美好。"

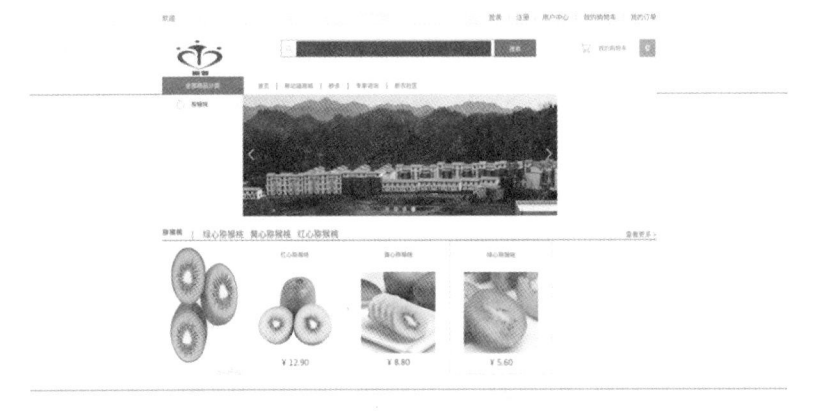

团队成员为棋盘村建设的网站

2019年，戴钢书光荣退休。但是，他对自己的研究所展现出的兴趣和决心并没有丝毫减退。谈起未来的规划，他希望继续进行脑科学和思政教育的融合研究。回首过去，他这样勉励年轻的成电人：希望成电的年轻一代能够秉承前辈们筚路蓝缕的精神，承担起历史使命，为国家发展做出贡献！

（作者：成电拾光工作室学生记者　陈思芹　陈浩亮　指导老师：邓长江）